星火燎原系列

珠江烽火

第一册

黑云压城欲遮天

段立欣◎著

SPM 南方出版传媒 广东人民出版社

·广州·

图书在版编目（CIP）数据

珠江烽火 / 段立欣著．— 广州：广东人民出版社，
2018.6
ISBN 978-7-218-12731-6

Ⅰ．①珠… Ⅱ．①段… Ⅲ．①广州起义－史料 Ⅳ.
① K263.306

中国版本图书馆 CIP 数据核字（2018）第 065931 号

Zhujiang Fenghuo

珠江烽火

段立欣 著

出 版 人：肖风华

责任编辑：严耀峰　马妮璐
装帧设计：袁　涛
责任技编：周　杰　易志华

出版发行：广东人民出版社
地　　址：广州市大沙头四马路 10 号（邮政编码：510102）
电　　话：（020）83798714（总编室）
传　　真：（020）83780199
网　　址：http://www.gdpph.com
印　　刷：北京时尚印佳彩色印刷有限公司
开　　本：880mm×1230mm　1/32
印　　张：24　　字　　数：320 千
版　　次：2018 年 6 月第 1 版　2018 年 6 月第 1 次印刷
定　　价：79.20 元（全四册）

如发现印装质量问题，影响阅读，请与出版社（020－83795749）联系调换。
售书热线：（020）83795240

目录

甘南火 年龄 15岁

身份：第4军警卫团第3营营部传令兵

　　出身书香世家，因为父亲帮助地下党，被反动派迫害至家破人亡，沦落成沿街乞讨的孤儿。后被共产党员唐教官所救，"七·一五"反革命事变后，他被编为教导团的传令兵。随教导团南下广东后，在叶副总指挥和李维义等共产党员的言传身教下，迅速成长为一名革命战士，在广州起义中作战英勇，意志坚定。

钟赤星 年龄 15岁

身份：第4军警卫团第3营营部传令兵

　　码头工人家庭出身，原省港大罢工工人纠察队中最年轻的队员，革命积极分子。自幼因机缘巧合拜师学会一身好功夫，10余岁开始在码头上干活，对反动派的剥削压迫有深刻的仇恨。广州起义前被编入警卫团，在起义前手刃了奸细，战斗中勇敢机智，屡立战功，起义失败后意志坚定，毫不动摇。

李维义 年龄 28岁

身份：第2方面军教导团参谋

中共秘密党员，广州黄埔军校毕业生，曾在第4军叶挺独立团中参加北伐，后编入教导团任团部参谋，辅助叶副总指挥的秘密工作。进入广州后积极组织教导团的起义准备工作，又奉命直接掌握警卫团第3营，起义中率部攻击敌人的第4军军部和军械库，现场指挥长堤和观音山两处的保卫战，因伤重暂时离队。

梅傲雪
年龄 15岁

身份：地下党员

生于广州富商之家，自幼学习琴棋书画，后进入执信中学，在学校接触到进步思想，支持北伐和工农运动，曾参加进步学生的宣传活动。广州起义前夕，被发展成党的秘密交通员，起义爆发后随进步学生和民众支持前线的战斗，对前线战士进行慰问和补给支援。起义失败后革命意志更加坚定，加入广州地下党。

朱参谋长
年龄 41岁

身份：第4军教导团参谋长

第4军教导团参谋长，张发奎的表弟，反动地主家庭出身，在反动军阀部队中混迹过多年。为人贪婪狡诈，阴险残忍，极端仇视工农革命运动，是死硬的反动分子。起义前收买、拉拢革命意志不坚定者，妄图分化、控制教导团，监视、阻挠、破坏教导团的起义准备，向张发奎密告教导团的起义动向。

　　1927年秋冬之际的广州，两广军阀为争夺广东，正在周边地区混战，城内敌人力量十分空虚。中共广东省委决定趁此机会，以被党秘密掌握的第4军教导团和警卫团为核心，联合省港大罢工工人纠察队等广州革命民众，发动武装起义，建立苏维埃政权。在中共中央的直接领导下，起义前的各项准备工作正紧锣密鼓地秘密展开，几个出身迥异、各怀梦想的少年，即将投身到这铁血激荡的历史洪流中。

黑云压城欲遮天

第一章

·········· 挺进广州 ··········

1

1927年10月16日，广州北郊。

眼看日头西斜，天却一丁点儿要凉下来的意思也没有。干燥龟裂的土路上，零星杂草懒洋洋地趴在地皮上，因为没有风，连草尖都不曾晃动一下。都十月过半了，居然还是这样暑气逼人！

"踢踏踢踏……"一阵不太整齐的脚步声打破了土路的宁静。

抬眼望去，在空中弥漫的烟尘中，隐约可见一支分成数队、首尾相连的国民革命军，正朝广州方向行进着。这支队伍就是奉命前往广州驻防的国民革命军第2方面军教导团。

在一个行军队列的前方，一名看上去只有十五六岁的少年，紧跟在几名军官的身后。这少年瘦瘦高高，身上的军装倒是蛮合体的。他背上背着一个四四方方的行军包，那行军包看上去比他那瘦弱的肩头还宽一些。

此时虽然已接近傍晚，但烈日的余威还在。少年每走几步，就抬起胳膊用手背蹭蹭额头。即便如此，他也没皱一下眉头、没喊一声累。脚下的道路虽长，但他心里要琢磨的事儿多着呢，可没时间顾及这些。

"李参谋，咱们今晚能到广州吗？"少年紧跑几步，追上了队伍最前方的一名军官。

这位被称作李参谋的长官叫作李维义，此时他回过头来，笑着问那个少年："甘南火啊，怎么？心急了？"

"嗯，有点儿。我长这么大，还从没去过广州呢！"这个被称作甘南火的少年不好意思地挠挠头，"我小时候看书，上面说广州被称为'食都'，遍地美食，也不知道是不是真的。"

李维义轻拍了少年的后脑勺儿一下："看来你这孩子是饿了！"

"不是，我只是对异乡风土人情有一点儿好奇罢了。"甘南火呵呵一笑，马上又满脸期待地说："李参谋，您别总叫我孩子，我都十五岁了。人家

太平天国的陈玉成十四岁就已经随军攻打过武昌、南京了，还立下过赫赫战功。虽然我不一定能比他强，但要是扛枪上了战场，也绝不会比他差！"

"哟，好样的，甘南火！有这种志气倒是不错！"李维义说完假装瞪起眼睛，一对剑眉向上一挑，责备道："不过，关于枪的事儿，已经跟你说了多少遍了，现在还不到给你配发的时候，你就服从安排吧！"

"是——"少年甘南火拖着长音答应了一声，显然对这个"安排"十分不满。

好不容易想了个"好主意"打算给李参谋"敲敲边鼓"讨要个武器，没想到又失败了，甘南火的心里有点儿小小的失落。

"不行！人都说锲而不舍才有成功的希望，我怎么能这么快就放弃呢？很快我就会有枪了！"甘南火小声嘀咕着，扯了扯背包带，重新加快脚步，紧紧跟上了队伍。

这时，迎面忽然传来一阵急促的马蹄声。

"嗒嗒嗒嗒——"马蹄声越来越近。

甘南火好奇地抬起头，右手搭在额前，眯起眼睛看过去。只见马上的骑手穿着跟他们一样的军装，一手挽着缰绳，一手牢牢地按着头上的帽子。他的左肩头露出一截枪杆，腰间则挂着一个小小的皮质挎包。

甘南火见过这种装备，那些长官们手下"真正

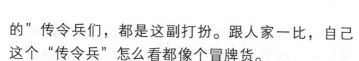

的"传令兵们，都是这副打扮。跟人家一比，自己这个"传令兵"怎么看都像个冒牌货。

"啧啧，横戈跃马，这才是男儿本色啊！"甘南火默默地感叹道。

战马这时已经行至了近前，马上的骑手用力一勒缰绳，马儿打着响鼻抬起前蹄，然后稳稳停了下来。骑手翻身下马，跑到李维义面前敬了个军礼。

"长官好！我是总指挥部的传令兵，奉命前来传达张总指挥和叶参谋长的命令！"那个传令兵边说边从腰间的挎包中取出一份文件。

李维义回敬了个军礼，伸手去接文件，并示意传令兵说下去。

"叶参谋长？那不是教导团的老团长吗？现在教导团的新团长一直都没到，团长的职务还是叶参谋长兼着呢。"听到有老团长的消息，甘南火赶紧往前凑了凑，想听听还有什么重要的消息。

然而，传令兵口中说出的话让甘南火大吃一惊——总指挥部竟然不准他们教导团进入广州市区，命令他们就地扎营！更过分的是，还要教导团上缴所有枪支弹药！

上缴？他甘南火费尽千辛万苦都没得到的枪，就这么被人全都收了去？那他不是更没希望了？

甘南火急得憋着一口气，差一点儿就脱口而出问道："凭什么啊！"幸好他还知道轻重，硬生生把这句话吞回了肚子里。

他强压住心中的气愤，努力装出一脸平静的样子，满心期待着李参谋能把那个讨厌的传令兵给骂回去。

没想到李维义只是微微皱了皱眉头，仔细看了一遍手中的文件，回头向甘南火吩咐道："去传张总指挥和叶参谋长的命令，部队就地驻扎，各营长速将本营武器弹药统计上缴。"

甘南火简直不敢相信自己的耳朵，他把眼睛瞪得比马铃铛还大，看着李参谋，想要确认一下自己听错没有。

李维义面不改色，只是声音里更添了一份威严："还不快去！"

"是。"甘南火咬咬牙，一跺脚转身跑到队伍中间，把命令传达了下去。作为传令兵，今天这个命令，是自己最不想要传达的！

果然不出所料，听了这条命令，教导团的队伍顿时炸开了锅，就像在滚烫的热油里倒进了半碗凉水似的，老兵们立刻议论起来。

"张发奎这不会是打算对咱们动手吧？"

"谁知道！反正他们现在都和军阀差不多了！"

"希望别再来一次'七·一五'啊……"

队伍里传来七嘴八舌的讨论声，一股不满的情绪迅速蔓延开来。

甘南火心中一惊。

天哪！如果第2方面军总指挥张发奎，也要

发动一次"七·一五"那样的事变，那可就太可怕了！虽然已经过去了三个月，但只要一提"七·一五"，包括甘南火在内的每一名教导团官兵，还都心有余悸。

就在今年的7月15日，汪精卫这个大坏蛋不但秘密召开了"分共会议"，叛变了革命，还在武汉地区展开了大规模的屠杀。他提出的"宁可枉杀千人，不使一人漏网"的号令，让多少鲜活的生命就这样倒在了叛变者的枪下。

就算到了今天，武汉街头的鲜血估计都还没有干透吧！

幸亏当时叶参谋长看透了张发奎急于扩张实力的野心，及时建议将国民党中央军事政治学校武汉分校，改编为了第2方面军教导团，不然的话，恐怕他们这些人，早就被军阀唐生智、何键趁乱炮制的洪山野外演习计划给"一锅端"了。

其实甘南火不怕死，他原本就是死里逃生活下来的。可问题是，他不想白死。

长这么大，他还没上过阵、杀过敌，没报答过救他教他的唐教官和李参谋，更没给父亲报完仇，怎么能就这样死了呢？

想起这些，甘南火什么都顾不上了。传完令后，他急匆匆地回到李维义面前。

2

　　甘南火左右看了看，确定总指挥部的那个传令兵已经离开了，这才一脸担忧地问道："李参谋，张发奎真的会把咱们都杀了吗？"

　　"别胡说！"李维义瞪了甘南火一眼，"你这都听谁说的？"

　　"老兵们说的。他们说张发奎跟汪精卫都是一丘之貉，就是仿照'七·一五'再弄出个'十·一六'来，也不稀奇呢！"

　　李维义略有所思地摇摇头，指了指天边仅剩的一点儿残阳："得了吧！还'十·一六'呢，这'十·一六'眼瞅着都快过去了！"

　　这么说着，李维义的表情又变得严肃起来，他用不容置疑的声音说道："甘南火，别跟着那些老兵瞎议论。要知道，扰乱军心可是违反军纪，会被杀头的。"

　　甘南火缩缩脖子，一吐舌头，举着右手保证道："不会的李参谋，《论语》有云：'君子讷于言而敏于行'！谨言慎行的道理我还是懂的。"

　　"嗯，《论语》背得不错，难怪大家叫你小书生呢！"李维义替甘南火抻了抻衣领，接着说道："行了小书生，请各营营长、连长到团部，我有话要跟大家说。"

"是！"甘南火敬了个标准的军礼，转身跑开了。

一顶军用帐篷内，李维义耐心地向十几个军官解释着："同志们，我知道大家心里在担心什么，你们怕张发奎对付咱们，怕他再搞一次大屠杀，但他们办不到！叶参谋长就在广州，现在还兼着咱们的团长，我刚才看了，命令上有他的签字，他一定会保护我们的！现在的关键是我们要团结，要安抚好队伍，不要生出事端，给张发奎找到对付我们的借口……"

军官们听了李维义的话纷纷点头，交头接耳起来。

一个军官首先接口道："李参谋说得对，我们要尽快安抚好队伍，等老团长回来。"

"对！老团长不会不管我们的！""有老团长在，什么危险都不怕！""我们还是赶快回去安抚好队伍吧！"军官们边说边急匆匆地向帐篷外走去。

各营连的士兵经过军官们的安抚，很快安定了下来，开始井然有序地分头扎营。

甘南火在远处一脸崇敬地望着站在团部帐篷前的李维义。

"李参谋真厉害啊！这么快就平定了队伍中的不满和恐慌，书上那句'文能提笔安天下，武能马上定乾坤'，说的一定就是他这样的人！要是我有一天也能像他这么厉害，那该有多好！"甘南火心中暗想着。

对于少年甘南火来说，自从被救命恩人唐教官托付给李参谋以后，儒雅而又坚毅的李维义，就成了他崇拜的偶像，他恨不能处处都学李维义的样子，把自己变成一个小号的李维义。

老兵们点起了篝火，在跳跃的火苗中，甘南火陷入了无尽的回忆中。

出生在湖北黄陂一个书香世家的甘南火，父亲是黄陂当地的一位教书先生。因为学问好，待人又亲切，很受当地乡亲们的爱戴。甘南火更是天资聪慧，五岁就开始和父亲学习诗文。一家人的生活过得虽然平淡，但却幸福安定。

哪承想，就在甘南火十二岁那年，父亲因为帮助了一名共产党地下工作者，遭到了反动地主的迫害，不但家产悉数被反动官府和地主搜刮干净，连所有的家人也全都被杀害了。如果甘南火当时不是恰好出去买药，恐怕也早就遭了毒手了。

小小年纪忽然就这样一夜之间家破人亡，甘南火顿时觉得天都要塌了！无依无靠的甘南火不知道该去哪里，只能沦落街头，以要饭为生。

那段日子是甘南火一生中的噩梦。

他每天衣不蔽体、饥肠辘辘地在大街小巷中游荡，稍不留神，还会被那些地痞流氓和小混混欺负，弄得遍体鳞伤。

有一天，甘南火又被一些小混混围在角落里毒打，就在他的意识渐渐模糊，觉得自己很快就要与爹娘见面的时候，忽然耳边传来了一声怒吼：

"住手！你们干什么呢？"

甘南火挣扎着睁开眼，只见一名身穿军装的叔叔正迈着大步朝那几个小混混冲过去。那几个小混混根本不是这个人的对手，三下两下就被他打得鬼哭狼嚎，夹着尾巴逃跑了。

后来甘南火才知道，自己的这位救命恩人，是当时国民党中央军事政治学校武汉分校的唐教官。再后来，甘南火又知道了，唐教官是一名共产党员。

从那以后，共产党员这个形象便在甘南火的心中，变得无比高大！

唐教官救了甘南火后，得知了他的遭遇，便把他收留在自己的身边。甘南火的流浪生活终于结束了！

在唐教官身边生活的那段时光，使甘南火真正感受到了什么是关怀。"七·一五"事件突然爆发后，唐教官因共产党员的公开身份，不得不离开学校。

临行前，唐教官特意将甘南火托付给了自己的战友李维义，让他跟着李维义好好学习，希望他将来也能成为一个顶天立地的男子汉。

甘南火这才知道，原来这个李参谋不但是黄埔军校的高材生，还曾跟着第4军的叶参谋长参加过北伐，立过不少战功呢！这可着实是个能文能武的厉害人物！

小孩子哪有不崇拜英雄的？于是甘南火满心不舍地送走了唐教官，一扭头，就像个跟屁虫一样，缠在了李维义身边。

在李维义的帮助下，甘南火终于实现了自己梦寐以求的理想，成为了真正的战士，当上了一名传令兵。

"不，也不是'真正的'战士，真正的战士哪有没有枪的呢？"一想到枪，甘南火的倔劲就又上来了，他从回忆中抽离出来，感觉噼噼啪啪的火焰烤得自己的脑仁儿都发涨！

"真是半路杀出个程咬金，要是张发奎不下这条命令，或许我的枪就能拿到手了！"甘南火一边气哼哼地捅着柴火，一边叼着根草棍儿默默念叨："希望张发奎能快点把枪还给我们。"

教导团就这样原地待命了几天，广州城里终于又传来一条命令，不但让教导团立刻开拔到广州四标营驻防，还答应全数发还他们武器。

这可是件大好事，队伍里的气氛顿时轻松了不少，甘南火更是高兴得转着圈地欢呼起来。

一名老兵故意逗他说："那是'我们'的枪，跟你这个小不点儿可没半点儿关系！"

甘南火的脸顿时一沉，不服气地说："那可不对，我也是教导团的一员，怎么能说跟我没关系

呢？没听说他们这里有句俗语，叫'宁欺白须公，莫欺少年穷'吗？虽然我现在还没上过战场，但早晚有一天，我也会上阵杀敌、建功立业的！"

"是是是，"另一个老兵憨着笑点点头，"你也会建功立业的，不过前提是，你得扛得动枪才行啊！"

甘南火噘着嘴也无法反驳，心情大好的老兵们则挨个拍了拍他的脑瓜儿顶，一哄而散了。

3

几天后，教导团按计划进驻了广州。

才进广州城，张发奎便又接连下了几道命令，其中一道是说叶参谋长因工作繁忙，主动辞去了兼任的教导团团长一职，改由一位姓杨的人来担任代理团长。另一道则说，为了充实教导团的指挥力量，特派出朱勉芳任教导团参谋长，并从总指挥部抽调了一批骨干人员补充到教导团任职。

虽然明知张发奎是想派人来监视教导团，但大家也只能服从命令。幸好杨代团长是叶参谋长亲自举荐的，又是李维义黄埔军校的同学，人品和能力都没的说，和教导团的军官们相处得也很融洽。张发奎安插的那个眼线朱勉芳，又推说另有公务迟迟没到岗，李维义和各营连长趁此机会，抓紧时间带领全团官兵进行紧张的军事训练和思想教育，同时熟悉广州地形。

转眼一个月过去，11月16日中午，甘南火收拾好碗筷跑到团部门外，正打算敲门喊杨代团长和李维义吃饭时，屋里忽然传来了"砰"的一声响，像是用力拍桌子的声音。

紧接着，杨代团长的大嗓门响了起来："太好了！你回去转告参谋长，就说我们立刻着手准备，随时可以行动！"

杨代团长话音才落，门"吱呀"一声开了，里面闪出一个人影。还没等甘南火看清他的长相，那人就一晃跑没影儿了。

甘南火赶紧回头，兴奋地拉着刚从屋里出来的李维义的衣袖，连声问道："李参谋，李参谋，老团长是不是给咱们布置什么大任务了？是要打仗了吗？打哪儿？跟谁打？啥时候打？"

李维义两眼略带关爱之色地责备道："冷静点！有什么问题不能一个一个问？瞧你这跟机关枪似的，平时的沉稳劲儿都哪儿去了？"

"嘿嘿，"甘南火不好意思地摸摸后脑勺儿，"我这不是一听打仗，就有些迫不及待了嘛！"

任务紧急，李维义来不及和他多说，而是让他立即传令，让各营做好准备，教导团马上就要配合黄琪翔部展开驱桂战役了。

一听是这样的命令，甘南火不高兴地小声嘟囔起来："啊？那不是帮张发奎抢地盘儿，新军阀打新军阀吗？"

"你说什么呢？"李维义先是低声喝止了甘南火，然后警惕地扫视了一下四周。

"这里是军营，说话要注意！"李维义面色严峻地对甘南火说，"军人必须服从命令！这是叶参谋长亲自下达的命令！快去传令！"

李维义少有的严厉把甘南火吓了一跳，看着李维义坚定的眼神，甘南火突然想起了老团长的革命宣传，想起了全团官兵对老团长的信任和爱戴，想起了老团长为教导团所做的一切，既然是老团长亲自下达的命令，一定是有自己不明白的革命道理。想到这里，甘南火恍然大悟，匆匆向李维义敬了一个标准的军礼后，转身向外跑去。

看着甘南火远去的背影，李维义脸上露出赞许的笑意，低声自语道："这孩子，领悟力还蛮强的……"

当天晚上，教导团各营连全副武装地在四标营内集结待命。

17日凌晨，叶参谋长的命令传来，杨代团长立即带领官兵们冲出驻地，摸黑向着黄绍竑的桂军总指挥部开进。

就像一只早就蓄势待发的猎豹一样，教导团的官兵们趁着夜色，一鼓作气拿下了黄绍竑的总指挥部、黄埔军校和兵工厂三个据点，随后向虎门要塞进发。

虎门要塞位于珠江入海口，是进入广州的门户，守备森严，是教导团这次战斗任务的难点。

甘南火跟着部队风尘仆仆地赶到虎门要塞时，一轮红日刚好自海平面升起。

杨代团长一声令下，战士们用最短的时间筑好了工事、搭好了掩体，一点儿一点儿地向要塞的方向推进。

别人都上了前线，可一心想要上战场的甘南火，却被李维义给塞到了卫生队，让他留在后方帮忙给伤员包扎伤口，这可把甘南火憋屈坏了。甘南火一边理着绷带，一边听着前方阵地传来的密集的枪炮声，心里别提多痒痒了！

过了没一会儿，他就坐不住了，干脆把绷带丢到了一边，趁着没人发现，悄悄往阵地的方向蹭了过去。

"说不定能在战场上捡到杆枪呢！"甘南火想着美事，趴在地上匍匐前进着。

眼瞅着离前线越来越近了，忽然一个黑影冲着他压了过来。甘南火赶紧就地一滚，躲过了那个黑影。等他定下神来仔细一看，却发现是教导团的一名战士小哥，因为中弹受伤而昏过去了。

不远处，两名卫生兵抬着担架冲了过来。为了不被他们发现，甘南火赶紧趴到了旁边的一个土窝里，等卫生兵抬着伤员离开后，才爬出土窝。

　　没想到刚爬出来，就意外地发现了伤员丢在地上的枪！

　　"真的捡到枪了？"甘南火惊喜地拿起枪，可细细查看后，之前的惊喜立刻转化成了愤怒。

　　只见那枪托上一片暗红的血迹，那么刺目。这血迹是战友留下的，是为革命事业而流的！

　　甘南火不由得攥紧了枪杆，怒视着对面敌人的炮楼，自言自语道："要是能为战友报仇，挨骂和关禁闭又何足惧哉！"

　　说到这，他拎起枪，"蹭蹭"几下就爬到了一片掩体后面，悄悄趴了下来。

　　略略扫视了一下周围后，甘南火很快就将目标锁定在敌人炮楼里的两个重机枪手身上。要知道，就是因为这两个重机枪手不断持枪扫射，负责拔除炮楼的三营才迟迟攻不上去。

此时，甘南火仔细回忆着以前在学校时唐教官教给他的射击技巧，虽然从学校出来后一直没有摸过枪，但基本功是不会丢的。

"枪托抵住肩窝，左手托稳枪杆，单眼瞄准，三点一线，右手食指扣扳机……"他小声念叨着，"砰！"的一声扣动了扳机！强大的后坐力顿时震得甘南火的肩膀窝一阵酸痛。

甘南火虽然只是个少年传令兵，但神枪手的天赋此刻却突然爆发，竟然就这样一枪一个，在敌人还没反应过来是怎么回事的时候，就放倒了两个机枪手！

趁着甘南火打掉了敌人的重机枪，三营战士集中火力发起了冲锋，在震耳欲聋的冲锋号和呐喊声中，终于攻克了虎门要塞！

不远处，杨代团长的声音传了过来："好！太好了！这是哪位狙击手开的枪？"

甘南火吓得一个激灵，心里偷偷想着："糟糕，有功不能领！现在可不能给杨代团长和李参谋发现了，不然就真要被关禁闭了！"

想到这，甘南火把枪放在一个显眼的位置，一扭头，迅速原路摸回了后方的卫生队。

火力最猛的炮台被拔掉，战斗很快就结束了，部队旗开得胜，也撤回了营部。

还在驻地卫生队帮助伤员擦洗伤口的甘南火，忽然听到身后有人叫他的名字，接着李维义的大手从身后重重地拍在了他的肩膀上。

"甘南火，你在这儿啊！"

甘南火吓了一跳，以为自己偷偷上战场的事被李维义发现了，于是战战兢兢地回过头去，使劲装出一副平静的表情，说道："到！李参谋！"

"小子，交给你个任务，能完成吗？"李维义说着晃了晃手里的一封信。

"不就是送信嘛！"一听李维义说的不是偷上战场的事，甘南火悄悄松了口气。

"送信也是很重要的任务哦！"李维义笑了，继续说道："你帮我把这封信送去给执信中学的老师叶一民。叶老师是我的老同学了，我们多年未见，趁着这次到广州来的机会，我很想跟他叙叙旧。"

"这种任务难不倒我！"甘南火自信地接过信揣进怀中，撒腿就往外跑。

他的身后，传来李维义不放心的声音："记住，必须亲手送到叶一民手上，路上可别乱跑啊！"

"知道啦！"甘南火头也不回地摆摆手，一会儿就跑远了。

黑云压城欲遮天

第二章

·········· 风声满城 ··········

1

说起来，这还是甘南火来广州后，第一次有机会独自一人上街，这个异乡城市在他看来，处处都透着一股新鲜感。

只是因为有任务在身，甘南火不敢太分心，他按了按胸口的衣兜，加快脚步，一门心思地朝着执信中学的方向奔去。

从教导团驻地到执信中学的距离可不近，中间要经过好几条街巷。

广州城人口众多，街市繁华，只可惜现在是兵荒马乱的战争年代，所以街上的行人个个显得谨慎小心，行色匆匆。

甘南火急匆匆地刚走到一个街口，身后突然传来一阵刺耳的警笛声，接着，汽车发动机的声音也由远及近地传了过来。甘南火回头一看，两辆警车正一前一后地朝他的方向冲来，右侧车门处还分别站着两个举着枪的警察。

警车穿过人群，一点儿要减速的意思都没有。街上的行人当然不敢得罪这些"警察老爷"，纷纷让开了道路。

眼看着警车离自己没几米了，甘南火这才反应过来，向旁边连退了好几步，直到撞上了什么，才停了下来。

与此同时，他身后传来一阵不满的责怪声："哎呀！怎么走路的？"

甘南火赶紧回过身，这才看清自己竟然撞到了一个挑着担子的大叔。担子里装得满满的都是黄澄澄的柑橘，有几个已经滚到了地上。那位大叔正蹲在地上一边心疼地去捡橘子，一边低声嘟囔着："开那么快的车，急着去见阎王爷啊！"

看来，他的火气也不全是冲着自己来的。

但甘南火还是赶快给大叔赔礼道歉："对不起啊大叔，我不是故意的。您的橘子可有摔坏的？我可以照价赔偿。"

大叔一抬头，才发现站在自己面前的，是一个穿着一身笔挺军装的半大小子，顿时惊讶地瞪圆眼睛，连声说道："不用不用，是我撞到了长官，长官别介意，别介意……"

说着，一把捞起担子架在肩头，迈着碎步一溜烟地跑走了。

甘南火站在原地纳闷了半天，明明是自己的错，这大叔怎么却好像更心虚呢？看来，一定是自己身上这身军装惹的祸。

"算了，送信要紧。"甘南火看着大叔的背影摇了摇头，甩开步子继续往前走去。

又走了一段路，街上的行人更多了。

道路两旁尽是茶棚食肆。有些小摊主支起了简易的灶台，当街架着一口大铁锅，现炒现卖热气腾腾的河粉。街边熟食铺子的窗口前，一块块油亮亮的叉烧肉挂在铁钩子上，静候着客人的点选。食物的香味弥漫在空气中，让甘南火第一次对"食在广州"这四个字有了切实的体会。

"好香啊！"甘南火咽咽口水，强压住肚子里的馋虫，尽量目不斜视地朝前走。

又是"砰"的一下，这次不是甘南火撞到人，而是别人撞到了他身上。这一下用力之猛，直撞得甘南火打了个趔趄。

他还没回过神来，撞他的那个人已经跌跌撞撞地跑出去了十几米，连一声"对不起"都没说。

甘南火有些不满，小声嘀咕着："这人未免也太没礼貌了。"他摇摇头，揉了揉被撞得生疼的肩膀，刚想走，就听到一阵吵嚷声响起："站住！别跑！"

"给我站住！不然开枪了！"

"出事了？"甘南火心知不妙，立刻贴边站在了一家食肆的屋檐下。

只见十几个举着枪的警察和便衣特务先后从他面前冲了过去，为首的一人放慢了脚步，举枪瞄准前面，"啪"地就开了一枪。

这一声枪响吓得老百姓如同惊弓之鸟，不管不顾地四下逃散。

炒河粉的壮汉丢下了手里的锅铲，卖凉茶的小贩扔掉了手中的勺，街边小食摊的粗瓷大碗掉在地上碎成几片，青花纹样的盘子摔在石板上粉身碎骨，发出阵阵刺耳的声响。

人们都慌不择路地往路边挤，钻进几家临街的店铺里。人群中不断响起"哎哟哎哟"的声音，那是不知谁又被谁踩到了脚。

街道中心瞬间变得空旷，只有刚刚撞到甘南火的那个人还在极速狂奔。他身后，是狗皮膏药似的紧紧追赶的警察和特务们。

那个警察的枪法显然不怎么准，虽然频频开枪，但都不知道打到哪里去了。

被追赶的人步伐慌乱却很是矫健，一晃而过时，看样貌不像是坏人。

023

"快跑，别被这些家伙抓住！"甘南火默默咬着牙，心里想着。虽然他和那人并不相识，但凭他对那些警察和特务的了解，会被他们这些人盯上的，十有八九都是共产党。

警察和特务们跑远后，远处又响起了几声枪声，甘南火的心差点揪到嗓子眼。

人们陆陆续续回到了原来的位置，该做生意的做生意，该行路的行路，仿佛刚刚的一切没有发生过一般。显然，大家对这种"疯狗乱咬人"的情形早已见怪不怪了。

甘南火紧跑了几步，又踮起脚尖，向警察消失的方向望去，可惜早就什么都看不到了。

他叹了口气，这才想起自己还有任务没有完成，疾走几步转入了一条小巷。

按照李维义交代过的，只要穿过眼下他正在走的这条小巷，离执信中学也就没有多远了。甘南火深吸一口气，加快了速度。

离小巷的出口只剩不到一百米了，甘南火心中着急，干脆小跑起来。

然而，他忽然觉得好像有哪里不对。他猛然停下脚步，四处瞧了瞧，发现除了前面有一群人正围在一户人家门外，小巷里就只有他一个人了。

"不应该啊？"甘南火心想。这里虽说只是条巷子，但路并不狭窄，又处在还算繁华的地段，按理应该有不少行人才对。

黑云压城欲遮天

第二章·风声满城

　　他警惕地又走了几步，眯着眼睛仔细看了看，终于明白了是怎么回事。

　　前面的那些人虽然没穿警服，但全是一身黑色中山装加黑色呢子礼帽，手中还都握着枪。其中一个看着像领头的人正挥动着右手的驳壳枪，似乎在向他的手下们说着什么。

　　"原来又是便衣特务！"甘南火小声嘀咕着，"难怪把老百姓都吓跑了。"

　　大白天的，在广州城里一连遇上两起特务抓人的事件，甘南火对这些特务的厌恶之情又加深了不少。

　　甘南火正琢磨着，特务们已经发现了他。其中一个人朝他跑了过来。

　　那个特务上上下下打量了甘南火一遍，用手中的枪点着甘南火问道："小兄弟，你是哪部分的？"

　　甘南火立正答道："第2方面军教导团团部传令兵，奉命前去执行任务。"

　　"教导团的？"那个特务又上下打量了一下甘南火，脸上还有一丝怀疑地追问道。"是的。"甘南火面不改色地回答。

2

　　"快点离开这里，我们正在执行公务。"那个特务又看了一眼甘南火后，好像感觉这个穿着军装的半大孩子没什么问题似的，不耐烦地用手中的枪冲甘南火挥了挥，催促他快点离开。

"哼，什么执行公务！一定又是害人的勾当！"心里虽然这么想，表面上甘南火还是一点儿也没表现出来，答应了一声后，迅速离开了这个是非之地。

多绕了两条街后，甘南火总算来到了执信中学的大门口。

站在学校紧闭的大门前，甘南火擦了擦额头上的汗水，平复了一下一路奔波而略显急促的呼吸，又正了正头上的帽子，抻了抻身上的军装，然后才迈步往大门旁开着的小门走去。

甘南火一只脚刚迈入小门，小门旁的门房里就走出来一位看门的大爷。

大爷快步走过来，伸手在甘南火身前一拦："站住。你是干什么的？"

甘南火把左脚收了回来，连忙礼貌地鞠躬说："大爷您好，我是第2方面军教导团的，奉命来找一位叫叶一民的老师。请问他在吗？"

"在倒是在，"大爷点点头，紧盯着甘南火身上的军服，"不过我们这是学校，不能随便让你们这些当兵的进去。"

"大爷，我找叶一民老师真的有事，您能通融一下吗？"甘南火语气诚恳地请求。

"什么事，说说看！"大爷坚决地摇头，又向前跨了一步，干脆拦在了甘南火的正前方。

甘南火要完成任务，可又不能硬闯，只好继续跟看门大爷商量："大爷，既然您不让我进去，那能劳您驾，帮我请叶一民老师出来吗？我有一封重要信件要交给他。"

"放这里吧，等叶老师出来的时候，我会提醒他拿！"这位尽职的大爷还是不肯通融，而且眼睛像防贼一样盯着甘南火。

"李参谋可是一再叮嘱要把信亲手送到叶一民的手上啊！"甘南火想到这里，准备继续向老大爷求情时，身后忽然响起一个声音："谁要见我？"

大爷转过身，对身后的人说："叶老师来了，是这个当兵的要见您。"

听到这两句对话，甘南火立刻明白来人正是他要找的叶一民老师。他赶紧上前一步，向老大爷的身后望去。

只见这位叶一民老师年纪看上去三十岁左右，中等个头，清秀的面庞上挂着一丝温和的微笑。他身穿一身整洁的长衫，手中握着两本书和一叠教案，举手投足间带着一股温文尔雅的气质，让人很自然就生出亲切的感觉。

为了确保任务不出差错，甘南火向那人敬完礼后问道："先生，您好！请问您就是执信中学的叶一民老师吗？"

叶一民迟疑地点点头："是我。你是？"

甘南火又问："那么，请问您认识李维义吗？"

"李维义？"叶一民一听这个名字，眼中立刻露出了惊喜的神情，说话的语气都变得不一样了，"认识，当然认识啦，我们是老同学啊！"

看来都对上了，甘南火松了一口气。

"叶老师您好！我是教导团的传令兵甘南火，奉李维义参谋的命令，前来给您送信。李参谋此时正在广州驻地，他说与您久未相见，甚为想念，急盼能与您一晤。这是他写给您的信。"

说着，甘南火将口袋中的信取出，双手递给了叶一民。

看门大爷一看这个当兵的真是来给叶老师送信的，总算放下心来，让甘南火随叶老师进学校后，又回门房去盯着了。

叶老师带甘南火来到校园内的一处小树林，在一张长椅上坐下后，才拆开信细细读了起来。看过之后，叶老师又把信折好，重新塞进信封，夹到他手中的书里。

甘南火是个爱思考的少年，他隐隐约约觉得李参谋的这封信，应该不只是叙叙旧那么简单！否则他干吗这么谨慎，一定要自己亲手交到叶一民老师的手里呢！只是想不通叶一民这位中学老师，身上会有什么秘密呢？

叶一民看完信后，温声细语地向甘南火询问了李维义的一些近况，以及他们教导团进驻广州后的情况，甘南火基本上是有问必答。

　　他们聊得正起劲儿，身后突然传来一个女孩子银铃般的声音："叶老师，原来您在这儿呢，我们找您半天了！"

　　甘南火一扭头，两个女孩子已经手拉着手跑到了叶一民的面前。

　　这是两个跟甘南火年纪相仿的女孩子，身上穿着的都是青布斜襟衫，蓝色的棉布裙和白袜子黑布鞋。这是时下正流行的新式学生装，也是执信中学的女生校服。

　　走到跟前的两个女学生看了一眼甘南火，一起站到了叶一民的身边。

　　其中一个女生侧着身子躲在了另一名女生身后，小声地跟那个女生说了句什么。站在前面的女生上上下下地仔细打量了一遍甘南火，小声问叶一民："叶老师，他是谁啊？"

　　叶一民笑了笑，向她介绍："这是甘南火，是教导团我一位老同学团部的传令兵。"

　　"你好甘南火，我是梅傲雪，这是我的同学李晓菲。"梅傲雪落落大方地笑着说。

　　她说的是"我是"，而不是"我叫"，就好像她们和自己是同学一样。甘南火顿时有些好奇，不由得多看了梅傲雪几眼。

这个自信的女生长着一张瓜子脸，两道弯弯的柳叶眉下，是一双颇具古典意味的丹凤眼。她不像一般的女孩子那样留着长辫子，而是梳着一头齐耳的短发。奇怪的是，这种发型不但没有让她看上去过于男孩子气，反而给她的美丽增加了几分英气和青春的活力。

甘南火不小心跟梅傲雪对上了眼，他赶紧把目光稍稍错开了一点儿，站起身来，举起右手敬礼道："梅傲雪同学，李晓菲同学，你们好，我是甘南火。"

也不知道甘南火这声招呼打得哪里不对，两个女生听后立刻捂着嘴巴笑了起来，弄得他一时间感到有些手足无措。

叶一民发觉了甘南火的窘态，急忙替自己的学生解释："傲雪她们是觉得你太拘谨了。"

"噢。"甘南火不好意思地挠了挠头。

他确实是有点不自在，从小爹只教过他经史子集，却从没跟他说过该怎么和女孩子说话。被唐教官收留到了军校和教导团后，更是进入了清一色的男人世界，没有机会去接触女孩子。所以跟梅傲雪比起来，他反而更像个害羞的小姑娘。

"你们找我干什么？"这时叶一民才有机会问梅傲雪和李晓菲的来意。

"我们的大字报写好了，想请您看一眼。"梅傲雪说。

"那个不急，你和晓菲先跟甘南火说说话，我给我的老同学写个回条。"

说着，叶一民从那叠教案中抽出一张信纸，又在长衫的口袋中取出一支钢笔，把书垫在信纸下写了起来。

甘南火刚想探头，梅傲雪就在一旁喊了一声："喂，不许偷看别人写信！太不礼貌了！小传令官，你今年多大啊？"

"我，我十五岁了。"甘南火立正站好，答道。梅傲雪又笑了，调皮地说道："你别敬礼了，我们可没兴趣当你的长官！我也十五岁了，晓菲也是。"

"噢。"甘南火不知该说些什么，傻乎乎地应了一声。

一直没说话的李晓菲，看看正在写回信的叶老师，好奇地问甘南火："叶老师说你是教导团的，教导团是什么？"

总算说到甘南火擅长的话题上了。一提到教导团，甘南火就有说不完的话。

"我们教导团是由国民党中央军事政治学校武汉分校改编成的一支队伍，这支队伍里的成员全是武汉分校原来的革命师生……"

甘南火滔滔不绝地给两个女生讲了教导团改编的原因和过程，讲了他们的老团长、现在的代团长，讲了他最尊敬的李参谋李维义，也讲了他们刚刚打的那一场胜仗……梅傲雪和李晓菲圆睁着两双大眼睛，全都听入了神。

3

正当甘南火讲到部队攻打虎门要塞时，叶一民老师的回信写好了。

他把回信递到甘南火手中，拍拍甘南火的肩膀，说："小伙子，回信就拜托你了。替我转告李维义，我一切都好，其他见面再说。"

"是！保证完成任务！"甘南火敬了个礼，收好回信，向叶一民、梅傲雪和李晓菲道别，转身就要走。

没想到梅傲雪却拦住了他："哎，你别走啊！打虎门要塞的故事还没讲完呢！你们到底有没有把虎门要塞打下来啊？"

甘南火带着歉意地说："当然打下来了！但具体的经过今天没时间说了，下次如果有机会再见面，我接着给你讲。"

对甘南火来说，能认识同龄的进步学生固然是好事，但作为一名传令兵，完成任务才是最重要的。叶一民好像看透了甘南火的心思，赞许地点点头，见梅傲雪还要继续追问，忙替甘南火解围道：“好了傲雪，别再问了，不能耽误甘南火回军营的时间。”

“知道啦。”梅傲雪轻轻噘了下嘴，扬起脸对甘南火说：“那你走吧。不过可说好了，下次你得给我们讲完这场胜仗的全过程。”

“好！一言为定！”甘南火冲叶一民和梅傲雪他们摆摆手，离开了学校。

回去的路还算太平，甘南火选了一条最近的路线，跑步回了教导团的驻地。

进了驻地，他发现教导团官兵正在整理装备和各种战利品。不远处，李维义正从团部出来，拿着一沓文件，低着头往会议室走。

甘南火小跑着追了上去：“李参谋，李参谋！”

听到甘南火的喊声，李维义回过头来。

甘南火停住脚步立定站好：“报告！传令兵甘南火完成任务，特来向您汇报！”

“好啊，这么快就回来了，真不错！”李维义看上去很高兴，“说说吧，你有没有找到我的那个老同学？”

“报告，找到了，您的信已交到叶一民老师手上。这是他写给您的回信，并让我转告您，他一切

都好，详细的情形等跟您见面后再叙。"说着，甘南火将叶一民的回信交给了李维义。

李维义把回信顺手装进了上衣的贴身口袋里，然后掏出一块大洋递给甘南火："任务完成得很好。喏，这是给你的奖励！"

甘南火后退一步，连连摆手："李参谋，您这是干什么啊？执行任务是我的分内之事，怎么能要奖励呢？"

"怎么不能要？你这是帮我给同学送信，算是替我办私事，我奖励你一下还不行啊？"李维义假装生气地板起了脸，"再说了，唐教官把你交给我，我就要照顾好你！"

李维义抓过甘南火的手，把大洋塞进了他的手心里："好了，你快拿着吧，等哪天放假去街上逛逛，吃点儿你从书上看到的，一直很好奇的好东西。"

甘南火犹豫着把钱收下了："那，谢谢李参谋。"

"行了，我这边没事了，你快回去休息吧！"李参谋摆手让甘南火离开，笑着摇摇头，边往会议室走边低声自语道："这孩子，跟我还这么客气！"

"李参谋，我不是孩子了，我十五岁了！"身后，传来甘南火不满的声音。

甘南火顺利完成了送信任务，揣好李维义给他的奖励，刚回到自己住的屋子，几个通信班的战友就一窝蜂地撞了进来。

"甘南火！请客请客！"

这几个十七八岁的小伙子笑嘻嘻地把甘南火围了起来。

甘南火有些纳闷："请客？请什么客？"

"还想瞒着我们呢，我刚刚可看到李参谋给你奖励了！"一个战友搂住甘南火的肩膀，"老弟，请大家去街上吃顿消夜吧！"

"是啊是啊，甘南火，我们来了广州这么久，还没逛过街呢，一起去开开眼界嘛！"其他的战友也附和着。

甘南火犹豫了一下："可咱们不能随意出营啊！"

"放心，我们可没打算让你违反军令！"搂着甘南火肩膀的战士说，"你还不知道吧，从咱们打完胜仗回来后，门口监视咱们的人就都不见了。你刚才送信的时候，杨代团长给我们开过会了，说限制令从今天开始也解除了！"

"真的？"甘南火有些不信。

"当然，我们这些做哥哥的还能骗你不成？"

这个消息可让甘南火激动不已，没想到打了一场胜仗，还有意外收获啊。自己早就想上街去开开眼界了，既然解除了限制令，当然不能错过这个机会了。想到这，甘南火点点头说："嗯，那好，我去找值日官请假，晚饭后咱们一起出去吃夜宵！"

"就是不知道值日官能不能准假？"甘南火突然又想起了教导团严格的军纪，脸上露出为难的神色。

"一定能准的！我们保证熄灯号前回来就是了。等你的好消息哦。"几个战友给甘南火打完气后，又像来时一样，一阵风似的离开了。

甘南火整理好身上的军装，独自去找了值日官。

果然，就像通信班的战友们说的那样，限制令已经解除，值日官只是稍稍叮嘱了他几句后，就准了他的假。

为了能留着肚子多吃点广州的特色美食，甘南火晚饭时只喝了一碗米汤。离营时间终于到了，几个少年像脱缰的野马一样飞奔出了军营，把落日远远地甩在了身后。

太阳虽然已经完全落山，但天还亮着。

甘南火和战友们一起穿大街过小巷，不管见到什么店，只要人家还没有打烊，他们就要进去瞧上一瞧。千奇百怪的商品和听不懂的语言，让他们兴致盎然。

在一家专卖潮汕木雕和增城榄雕的小店里，甘南火被那些栩栩如生的艺术品吸引得挪不动步了，他拿起这个，放下那个，每一样都爱不释手。

不过他的那些伙伴们可没有那么好的雅趣，他们不断地催促着甘南火："甘南火，别看了，这一堆木头疙瘩，有什么好看的啊！"

　　说着，他们连拉带拽地把甘南火给带走了。

　　还好甘南火已经买下一件榄雕的小玩意，也没有过多遗憾了。在木雕店耽搁的这一会儿，天已经黑了下来，甘南火他们的肚子都咕噜噜地叫了起来。要知道，他们正是长身体总是吃不饱的年龄，偏偏他们晚上还没吃过什么正经东西。此时，大家伙满脑子都是"烧鹅虾饺云吞面"！

　　不远处飘来了阵阵香气，先是油汪汪的肉香，再是甜丝丝的芝麻香。这香气就像一根根钓鱼的绳子，把甘南火他们"钓"到了这个夜档前。

　　甘南火抬起头，看到斜上方挂着一幅藏青色的布帘子，布帘子上面用白色的粗线绣着几个大字——"沈家肠粉"。布帘下面，一块黑色的木板斜靠在夜档旁的一根木头柱子上，用白灰块写的几行小字依稀可见——沈家夜档，主营肠粉，兼卖各种小食。

　　"决定了！咱们就吃肠粉！"几个战友一起吞着口水喊道。

黑云压城欲遮天

第三章

·············· 夜档里的冲突 ··············

1

　　这沈家肠粉的档口不完全是露天的，大概是为了给客人挡风遮雨吧，它的四周和顶棚，都被深灰色的粗帆布围了起来，搭成了一个像简易房子似的大棚子。剪成两半的门帘布掀起，用铁钩子左右挂了起来，以便来用夜宵的客人能隐约看到夜档里面的情形。

　　甘南火和战友们迈步往夜档里走，走在最后面的甘南火随意地向四周看了看，竟然无意间发现夜档不远处的一个小酒馆门外，有两个熟悉的身影。

借着月光，甘南火一下子就认出了这两个人，一个是李维义，另一个，则是他下午才刚刚见过的执信中学的教师叶一民。

"原来李参谋跟叶老师约在今晚见面叙旧啊。"甘南火这么想着，跟在伙伴们身后进入了夜档。

他们找了张桌子坐了下来，其中一个战士咽着口水说道："老听人说广州肠粉好吃，这个肠粉到底是啥？肥肠炒粉条？"

"才不是呢！"另一个微胖的战士接口答道，"就说你们没见识吧，你们还不信！告诉你们吧，这肠粉跟肥肠一点儿关系都没有，不但跟肥肠没关系，跟什么大肠小肠血肠全都没关系！这玩意其实是用米浆做的一种小吃，只是因为看着像猪肠，所以才叫肠粉的。"

一听没有荤腥，几个战士都大感失望地问道："啊？米做的啊，那能好吃吗？"

"嘿！什么叫好吃吗？那是相当好吃啊！"胖子往前凑了凑，上半身几乎趴在了桌子上，"跟你们说啊，这肠粉有咸甜两种，甜的用水果和芝麻做馅，再淋上特制的糖浆调味，吃起来爽滑香甜。至于咸的嘛，那馅料就更多了，可以是各种肉，也可以是猪肝、虾仁、鱼肉什么的，只有你想不到的，没有肠粉里包不了的。"

"那不是北方的饺子吗？"有人不服气地问道。

"不不不，那可不一样！"还是胖子有吃的经验，他继续说："这包好了馅料的肠粉是上屉蒸的，蒸熟后，那肠粉的皮薄得几乎透明，里面的馅隐约都能看到了，哎呀……不说了不说了，我口水都快出来了！"

"得了吧！不是快，是已经流出来了吧！"几人一起揶揄着胖子。

甘南火一边跟着大家哈哈大笑，一边还在想着刚才看到李参谋和叶一民的事。李参谋既然这么急着见叶老师，为什么不直接去执信中学找他，然后再一起找个地方叙旧呢？虽然心里有疑问，但甘南火的脸上却一点儿也看不出来，因为他不想战友们知道李参谋也在附近。

夜档的老板听他们说话的口音，知道他们不是本地人，也就不说粤语了，而是改用不太标准的普通话招呼起来："几位军爷，菜牌子都挂在墙上，想吃什么就吩咐一声！"

"好嘞！"几人一起把目光移向被老板称为"墙"的那块帆布。

被竹竿抻得平整的帆布上挂着几块水牌，上面写着夜档内供应的各类吃食和价格。甘南火和战友们盯着水牌看了半天，上面少说也有十几二十样小吃，看名字好像每样都很美味的样子，这可让他们犯了难，一时决定不下到底该点些什么。就连肠粉是要吃甜的还是咸的都定不下来。

想了半天，他们的肚子都开始抗议了。

甘南火也有些挠头，只能怪广州人在吃这件事上，花样过于繁多了。

　　就在他们纠结的时候，门口突然呼啦啦涌进来一群手持棍棒的年轻人。他们四处扫了一眼，马上把目光定在了甘南火他们身上，就在甘南火他们还没弄明白是怎么回事的时候，这些年轻人已经将他们几人团团围住了。

　　"你们要干什么？"胖子大声喝问。

　　"我们要干什么？你们自己干了什么自己不知道吗？"对面一人语气不善，说话时，还不断用右手的棍子轻轻击打左手的手心，"要是你们忘了，我们倒是可以用手里的家伙帮你们好好想想！"

　　甘南火和战友们吃了一惊，立刻站了起来。有两个战友下意识地伸手往腰间摸去，才发现由于是因私外出，按照团里的规定，他们并没有把武器带出来。另几个平时配长枪的战友，则早已顺手将身边的板凳抄了起来，摆在胸前。

　　甘南火没拿到趁手的"武器"，赤手空拳地站在原地，趁着大家还没动手的间隙，仔细打量了面前的这些人一番。

　　这些人都是一副普通百姓的打扮，其中一个跟自己年龄差不多的国字脸少年，右手举着棍子站在最前面，正是刚刚说话的那人。他看着虽然年龄比其他人都小一点儿，但却最是气势汹汹的样子。

　　那少年比甘南火略矮一点儿，顶着一个刺猬

头，一双剑眉下圆睁着两只虎目，看上去炯炯有神。他上身穿着一件对襟盘扣的褂子，腰上扎着一条一掌宽的黑色腰带，手腕上还箍着一副黑布护腕。为了不影响活动，下身的那条紧腿裤在他的脚腕儿处收得很紧，脚下配着一双黑色的千层底布鞋。一眼看去就像个练家子。

见甘南火盯着自己多看了几眼，那少年不满地瞪着眼睛冲甘南火嚷道："看什么看，别装作没事人似的！"

其他人将手中的棍棒握得更紧了，瞧这样子，只要少年一声令下，他们就会冲上前来，大打出手。

"你们找错人了吧？我们根本不认识你们！"甘南火想要尽量平息事端，而且他说的也确实是实情。

"不会找错的，就是你们这些当兵的！"那些年轻人叫嚷着，又向甘南火他们逼近了些。

甘南火和战友们虽然完全搞不清状况，但既然人家都拉开了架势，他们自然也只好做出"迎战"的准备了，毕竟他们是一群年轻又有血性的军人，不可能毫不还手地任人欺负。

眼看一场流血冲突已不可避免，甘南火心中不由对那个蛮不讲理的少年起了怨意。好不容易出来一趟，美食没吃到，却莫名其妙地和老百姓发生了冲突，不管谁把谁打了，关禁闭都是免不了的了，尤其是在爱护百姓的李参谋眼中，自己会变成什么样子呢？

就在甘南火又恨又急，绞尽脑汁儿，想着该如何劝说双方之时，门外突然飘进来一个声音："住，住手，弄错了！不是他们！"

伴随着喊声，一个小姑娘上气不接下气地跑了进来。

小姑娘进了门，左手撑住膝盖努力想把气喘匀，一边摇晃着右手，又说了一遍："弄错了，不是他们！"

那些来"找茬儿"的年轻人一起回过头去，甘南火他们也看向了小姑娘。

这是一个娃娃脸的女孩子，留着一头乌黑的长发，用一根红头绳在脑后绑成了一个高高的马尾辫。她穿着一身花布短打的衣服，腰上还围着一个小花围裙，看上去就像年画里胖乎乎的福娃。

　　那些气呼呼的年轻人一看到这个小姑娘，马上像亲哥哥似的露出了爱怜的神情。

　　为首的少年走到小姑娘面前，攥紧了手中的棍子对她说："小霞别怕，有我们在呢，他们不敢把你和大叔大婶怎么样！你说实话，到底是不是他们？只要你点个头，我们手中的棍子可不是吃素

的，一定会给你出气！"

2

那个少年和小姑娘说的都是广东话，语速又快，甘南火他们根本听不明白。但从语气上猜，估计不是什么好事。而且看样子，好像是这个小姑娘被谁欺负了，这群年轻人是来帮忙报仇的。

甘南火他们正听得头大，那个小姑娘突然一字一句地说道："赤星哥，真不是他们！"

夜档的老板这时也走了过来，向那个少年连连摆手道："赤星啊，确实不是他们，那几个当兵的早就走了！"

"什么？就这么让他们跑了？！"那个被叫作赤星的少年大喊一声，手中的棍子砸在了旁边的一条板凳上，"这群混蛋，别让我见到他们，不然没他们好果子吃！"

因为语言不通，赤星的这一声喊，让教导团的几个战士误以为这是他们要动手的信号，大家立刻把手中的板凳又都举高了一些。胖子还往前蹿了一步，挡在了甘南火的身前。

甘南火心中一热，知道这是战友在保护自己。

只是这么一来，周围那几个年轻人也跟着紧张了起来，把棍子都举了起来。

双方怒目相视，马上就要动上手，老板急忙伸手去阻拦。

他站在两伙人中间，紧张地左右看了看，用普通话对甘南火他们说道："几位军爷，都是误会，几位先把凳子放下好不好？"

胖子不服气，瞪大眼睛指着对方说："事儿是他们挑起来的，要放也得他们先放！"

"明明就是你们这些穿军装的不要脸，还往我们身上赖，真是一群敢做不敢当的怂包！"对面那群人中有人喊道。

"你说谁怂！"胖子气得又扬起了手中的板凳。

老板冲过去双手抱住板凳："别，别！可千万别动手，我这摊子撑起来不容易，砸了摊子，我们一家老小就什么都没了！"

甘南火见吓到了老板，连忙拍了拍胖子的后背："胖哥，先别冲动，听听老板怎么说。"

"好吧，你先说！"胖子"砰"地把凳子砸在了地上。

老板这才把心放回肚子里，又扭头冲着那个少年喊道："赤星，你们还不把棍子放下，真要拆了大叔的这个摊子吗？"

赤星犹豫了一下，悻悻地垂下右手，将棍子松松地拖在身后。其他几个年轻人也跟着松了劲儿，不再围着甘南火他们，而是撤到了赤星身边，跟他一起把那个小姑娘挡在了身后。

他们走开后，甘南火这边的人也把板凳都放回了地上。

甘南火向前迈了一步，来到老板身前问道："大叔，您说是误会，这到底是怎么回事？"

老板脸上挂着几分歉意，赔着笑向甘南火他们解释道："嗐，别提了！这是我家丫头，那几个是省港罢工工人利益维持队的小伙子，他们都是我家的常客，是被我家丫头找来帮忙的……"

经过老板一番解释，甘南火他们才总算明白，原来在他们之前，也来了一拨当兵的到这里吃肠粉。不过，那几个当兵的不但态度蛮横，呼三喝四的，吃完后还不肯给钱！

沈家小姑娘气不过，所以跑去省港罢工工人利益维持队找人来帮忙，想把肠粉钱给要回来。可没想到，等她把帮手找来时，那几个当兵的早就走没影了。巧的是，甘南火他们正好也穿着军装，因而被那群年轻人误会，给那些兵痞子背了黑锅。

"对不住啊军爷，让你们受惊了。"老板一连声地给甘南火他们赔不是。

甘南火摇摇头，谦和地说道："既然都说了是误会，也不能怪他们。大叔，您别管我们叫什么军爷了，听着怪别扭的。我们跟那些兵痞子可不一样。"

"哎，哎，我知道，我知道！"老板连声答应着，"你们一看就是好人。尤其是小伙子你，知书达理的，错不了！"

老板话音刚落，那几个年轻人，却用鼻子冷哼了几声，看那神情，都是一副充满敌意和不相信的样子。

那个叫赤星的少年，脸上更是挂着鄙夷的神情，用略带挑衅的口气对老板说："大叔，您看人的眼光什么时候变得这么差了？他们是好人？他们要是好人，这广州城可就没坏人了！"

"你说什么？有种再说一遍！"胖子的火刚压下去，腾地又被拱了起来，站起来就要冲上去理论，被甘南火给拦腰抱住。

"几位兄弟！"甘南火扭头对那几个人说道，"你们真的误会了，我们是国民革命军，是保护百姓的，绝不是什么坏人。"

"嘀，说得真好听！"那个叫赤星的少年冷笑一声，"街上到处抓人的不是你们当兵的？天天打着征用军饷的名义抢百姓口粮的不是你们当兵的？还有，刚刚在这吃霸王餐的不是你们当兵的吗？谁跟你是兄弟？我们这些小百姓可高攀不起呢，军爷！"

"赤星，你少说两句！"这时老板看到甘南火的战友们都气得站了起来，脸上不由露出几分惊惧之色，连声劝阻那个少年。

"大叔，不用怕他们！"赤星毫不示弱地瞪着要冲过来的胖子等人。

这时，原本在夜档内吃夜宵的食客都吓得纷纷逃到了街上。

老板看到夜档内只剩下两拨剑拔弩张的年轻人，又急又气又惊，用粤语冲赤星喊道："赤星，你真要拆了大叔的这个摊子吗？"

赤星闻言涨红了脸急切地辩解道："大叔，你别误会！我就是看不惯这些当兵的，他们干的坏事太多了，我们的工人纠察队就是被他们给封的！今天我要和他们新账旧账一起算！"

赤星越说越气，伸手指着甘南火等人叫道："当兵的，有种我们出去比划比划！"

胖子这时候挣开了甘南火，重新抄起一条板凳，不甘示弱地冲赤星叫道："出去就出去！谁怕谁啊！"

赤星的不可理喻让甘南火也暗自生气，吃霸王餐的事，刚才沈家父女明明已说得很清楚了，是另有其人，至于他们的那个什么工人纠察队，教导团进广州还不到一个月，根本就没听说过，怎么也算到自己这伙人的头上了？既然他们如此蛮不讲理，就是发生冲突，将来李参谋也不能怪我们。

有了这样的想法，甘南火没再阻拦胖子等人。

战友们少了甘南火的阻拦，很快每人都抄起一条板凳，向那群年轻人逼上去。

　　甘南火心里再不愿意，但在这种气氛下，也只能无奈地抄起一条板凳，跟在战友身后，准备随时支援战友。

　　那群年轻人原本就是奔着打架来的，自然更不甘示弱，早就把棍棒又纷纷举了起来。

　　"好！有种！咱们出去练！"赤星叫嚷着，领头向夜档的"大门外"走去，那群年轻人舞动着棍棒，慢慢向街上倒退出去。

　　两伙人在夜档门口高举着棍棒或板凳，狠狠地盯着对方，好像随时准备冲上去给对方一下子，对夜档内老板苦口婆心的劝说，仿佛根本没听到似的。

　　街上的行人都停下了脚步，在离夜档不远处围成了一个半圆，好奇地观望着。

　　眼看双方就要大打出手，就在这紧要关头，一个矮小的身影"倏"地一下冲到了两伙人的中间——

　　"你们都给我住手！"

3

　　甘南火定睛一瞧，原来拦住两伙人的，竟是刚刚被那群年轻人挡在身后，赤星叫她小霞的那个夜档老板的小丫头。

小霞站在他们中间，虽然头顶离高举的棍子和板凳很近，但脸上却看不见一丝惧色。她冲着赤星叫道："赤星哥，你快把棍子放下！"

"不放！"赤星眼睛死死地盯着他对面的胖子。

"哎呀，你快放下！"小霞踮起脚双手抱住赤星的胳膊，用力往下压。但赤星身强力壮，尽管小霞用尽力气，也没能把他的胳膊压下来一点点。僵持了一小会儿，小霞眼珠一转，双手向旁边挪了一下，干脆去抢赤星手中的木棍。然而，赤星的手臂像铁铸的一般，小霞还是没能如愿地抢下棍子来。

小霞一甩手放开了赤星，用力跺了跺脚，嗔怒地大声说："哼！赤星哥欺负人！以后再也不让你们来我家吃肠粉了！"

赤星急忙放缓了语气哄小霞道："别呀小霞，你也看到了，是他们要打架的。"

"你当我没听见呢，本来就不是人家的错，你还没完没了地说人家，那个……"小霞一指甘南火，"那个哥哥……"

甘南火赶紧接了一句："我叫甘南火。"

"嗯。"小霞点了点头，又回头板着脸接着"教训"赤星："甘大哥明明好好跟你们说了，你看看你，什么态度！还跟个斗鸡似的没完没了！"

"我……"赤星被小霞说得哑口无言，又不愿认错，只能"哼"了一声，嘟囔道："他们这些当兵的本来就没一个好东西，咱们平时吃的亏还少吗？自从几个月前他们背叛了革命，封了我们工人纠察队后，我看见当兵的就手痒痒。"

甘南火这时见赤星等人已被小霞劝得放下了棍棒，也急忙劝战友们放下了板凳。

"这位兄弟，你真的误会了。"甘南火又诚恳地向赤星解释道，"你说的背叛革命、欺压百姓的，那都是桂系军阀的反动军队，我们刚参加了护党驱桂的战斗，那些反动军队已经被赶出广州了，他们的指挥部还是我们教导团攻占的呢。"

小霞听到甘南火的话，脸上立刻露出兴奋和敬佩的神情。

她一手叉腰，一手指着赤星说道："听见了吗？他们都是教导团的，不是你恨的那些反动军队，还把那些反动军队都打跑了呢。"

"真的？"钟赤星撇撇嘴半信半疑地反问道。

甘南火见他态度有些缓和，赶紧趁热打铁地继续解释说："当然是真的，你们要是不信，可以去打听一下，看看桂系的反动军队是否像我说的那样，已经被赶出广州。"

"这个不用打听我们也知道，不就是今天刚打完的那场仗嘛，原来被赶跑的是桂系……"赤星说到这里，好像突然又想起了什么，再次举起手中的棍子，指向甘南火。

甘南火被吓了一跳。

本已缓和的双方，因赤星的举动，再次紧张地举起了手中的武器。

小霞不依地摇着赤星的胳膊道："赤星哥，你又要干吗？"

赤星这次是理直气壮地用棍子指着甘南火质问道："你说欺压老百姓的是桂系的反动军队，已经被你们打跑了，那刚才在沈大叔家吃霸王餐的是什么人？也是你们教导团的人吗？"

"当然不是！"甘南火立刻反驳道。教导团军纪严明，怎么可能出这样的败类呢。

"那他们是什么人？"赤星得理不饶人地追问。

"我不知道他们是什么人，但我敢保证，那绝不是我们教导团的人！"甘南火充满自信地答道。

"保证？你拿什么保证？"赤星撇撇嘴问道。

"我们团有严令不得骚扰百姓，违令者自有军法处置。所以你放心……"

甘南火还没说完，钟赤星已经不耐烦地打断了他："让我们对你们这些当兵的放心？我不是在做梦吧！"说完，他对身旁一个同伴招呼道："来来来，快掐我一下，让我看看自己到底是醒着呢，还是做大头梦呢！"

他身旁的同伴嘻嘻哈哈地拧了钟赤星的衣袖一下："怎么样啊赤星？疼不？"

"哈哈，不疼，一点儿也不疼，我说是做梦吧！"

　　"赤星哥！"小霞的一声大叫，打断了赤星他们戏谑的笑声。

　　赤星得意地对小霞说："小霞，你听这小子一套一套的，说的比唱的还好听，其实天下乌鸦一般黑，千万不能相信这些当兵的。"

　　"赤星哥！"小霞瞪大了眼睛冲赤星嚷道，"我虽然比你小，也见过不少欺负人的兵，但也不能一竿子打死一船人啊！戏里都演了，再好的军队也有坏人，再坏的军队也有好人，要不哪来那么多杀奸除恶、弃暗投明的好看故事呢？"

　　甘南火听了忍不住想乐，没想到这小丫头还有这两下子，关键时刻竟把从戏里听到的"词儿"全都用上了。

　　赤星被小霞说得张口结舌，嘴里嘟嘟囔囔的不知道要说什么，既不好跟甘南火他们动手，又不甘心就这样放下手中的棍子。

　　小霞还要再说时，一个人影钻过看热闹的人群，来到夜档门口。

　　"钟赤星，别在这里惹事了！快跟我走！"来人急匆匆地一把夺过钟赤星手中的木棍，拉着他的胳膊就要拽走他。

　　"原来他叫钟赤星啊。"甘南火记住了这个令他有些恼怒的少年。

钟赤星看上去跟那人很熟，并没反抗，而是边跟着走边问："怎么啦？"

"队里有事，队长让你们立刻回去。"

"啊？"钟赤星答应着，冲小霞摆摆手，"小霞，大叔，我们先走了！记着，要是这些当兵的敢欺负你们，就来找我，我一定帮你们出气！"

说完，几个年轻人像来时一样，呼啦啦地跟着来人快速走远。

小霞冲钟赤星他们的背影摇了摇手，才歉意地对甘南火说："甘大哥，真对不起呀，都怪我没说清楚，你们快进来坐吧，我让我爹请你们免费吃肠粉。"

夜档老板也赶紧回到灶前，大声招呼："是啊是啊！快进来坐！肠粉马上好！"

甘南火连连摆手："那可不行，我们有纪律，不能占百姓的便宜。再说，要是我们不付钱，跟那些吃白食的兵痞子还有什么区别？"

小霞乐了，边拿来碗筷调料边说："看吧，我就说你们是好兵嘛！"

肠粉很快上来了，像胖子说的一样，热气腾腾的肠粉趴在盘子中，透过半透明的粉皮，依稀可以看见里面的馅料，红的是虾仁，白的是鱼肉，绿的是蔬菜，灰黑的是牛肉。

要是一开始有这么几份肠粉摆上来，甘南火他们一定特别兴奋。可现在，经过了刚刚那场冲突，他们早已没了来时的好心情。

几个人拿起筷子品尝着，颇有些食不知味。

草草将盘中的肠粉吃下，甘南火掏出李维义给他的大洋付了账，几个人起身准备离开。

小霞把他们送到棚子门口，一个劲儿地给他们道歉："几位对不起呀！甘大哥，下次有时间一定还要过来，我和爹娘一定好好招待你们！"

"这也不是你们的错，快回去吧，我们有机会一定再来。"甘南火说完，跟在战友们身后，一起往驻地走去。

回到驻地时，月亮已经爬过了最高的那棵树的树顶。月光透过枝叶洒在地上，看上去有些清冷。营房的灯都熄了，静悄悄的，只有李参谋屋里的灯光还亮着，窗子上投射出一个人影，看样子李参谋还在办公。

甘南火让其他几个人先回营房，自己想悄悄在窗外看一眼李参谋。

刚走近李参谋的屋子，门突然从里面被打开了，一束灯光顺着敞开的屋门悄悄溜了出来。李参谋站在门口的光束中，朝甘南火招了招手："甘南火，回来啦！我正好有事要找你！"

黑云压城欲遮天

第四章

············ **工人纠察队** ············

1

夜色已深，街上的行人越来越少，店铺相继关了张，喧嚣了一天的城市渐渐沉寂下来。

在小酒馆和李维义分手后的叶一民，此刻正拐入一条十分偏僻的小巷。借着初冬清冷的月光，隐约可见小巷两侧是陈旧斑驳的灰色泥土墙，地上铺着的青石板经过人们多年的踩踏，已如开裂的龟甲一般凹凸不平。

小巷深处灰墙的阴影里，影影绰绰有一团黑影，若不是事先知道，哪怕仔细看都不一定能看得出，那是站着一个人。

但叶一民显然是知道的。

只见他径直朝着那个人影走去，在离人影还有一两米远的地方，叶一民停下来说了句什么，之后那个人影晃动着右手做了个手势，又低声回了句话。叶一民这才又匆匆走上前去，一把握住了那人的右手。

这诡秘的场景要是让执信中学的教工和学生看到，一定不敢相信，平时看上去儒雅温和的叶老师竟会如此出现在这里。

叶一民和那个躲在阴影中的人耳语了几句，两人似乎达成了什么共识，又一次紧紧地握了握手。然后叶一民朝南，那人朝北，两人头也不回地快速离开了小巷，仿佛刚刚什么都没有发生过一样。

那人走到横街上，才总算能看清他的模样，原来是一个不到四十岁的中年男人，圆寸头、国字脸，一身工装，身材结实。

就在那个中年人低着头脚步匆匆地赶路的同时，钟赤星一伙人已心急火燎地赶回了省港罢工工人利益维持队的总部——一座废弃的祠堂里。一进屋，钟赤星就发现有点不对劲儿，已经这么晚了，屋子里却坐着好多人，而且都是原先工人纠察队的骨干。要知道自从受"四·一二"反革命事变影响，省港罢工委员会工人纠察队的武装被解除，省港罢工工人宿舍和中华全国总工会广州办事处，也被反动军阀封了后，工会领导虽然重新将工友们组织了起来，但为了避免惊动反动军阀，没有特殊情况，很少会召集这么多人夜晚在一起的。

钟赤星顾不上再多想，直接问人群中间一个粗壮的中年汉子："许大叔，你们怎么都在这儿？这么着急把我们都叫回来是有什么事吗？"

"是啊，是有什么大事吗？"跟着钟赤星一起回来的几个年轻人也七嘴八舌地问道。

"是赵队长让我把大家召集来的。"那个被钟赤星称作许大叔的中年人答道，"赵队长现在出去办事了，一会儿等他回来就都清楚了。"

"那要等到什么时候啊？"钟赤星焦躁地又问了一句。

"就你性急。"许大叔用略带疼爱的口气说了他一句。

话音刚落，门就被推开了，一个穿着工装的中年人疾步走了进来，正是刚刚和叶一民在小巷中秘密相会的那个人。

一见是他，屋子里的人都纷纷站了起来。

钟赤星反应最快，一下子跳到那个人面前，大声问道："赵队长，你把我们大半夜的都找来，一定有重要的事情，对不对？"

赵队长边往屋中间走，边微笑着拍拍钟赤星的肩膀："看把你急的。"

"嘿嘿！"钟赤星挠挠后脑勺，不好意思地笑了。

　　在赵队长面前，钟赤星好像突然变成了一个天真的少年，不再是沈家夜档里那个蛮不讲理的浑小子了。因为对钟赤星来说，赵队长是他走上革命道路的引路人，是他最敬重的人。

　　原来，钟赤星出生在广州一个普通的码头工人之家，从小就经常看到自己的父母和码头上的那些工友受尽工头、奸商、警察、地痞等恶人的欺压。尽管父母和工友们每天都勤勤恳恳、没日没夜地工作，可拿到手里的钱，往往就只剩下能勉强糊口的那么一点点儿。因此幼小的心里，就充满了对那些恶人的仇恨。

　　因为贫困，钟赤星从小没吃过什么好东西，不是米汤就是面糊，所以身体瘦弱多病。

　　等长到七八岁的时候，有一次钟赤星独自在码头边上玩，遇到一个须发皆白的老人，对着大海默默流泪，他以为老人也像自己以前一样，因为饿得受不了才哭的。犹豫了好久，钟赤星才下了决心，把自己珍藏的十几个花生，捧到了老人的面前，劝老人道："老爷爷，这个给你吃吧，吃饱了就不想哭了。"

　　老人被眼前这个明显经常吃不饱的孩子的义举所感动，又发现钟赤星虽然瘦得皮包骨，但筋骨却非常适合练武，于是决定收钟赤星为徒，但却不许他告诉任何人，只是在暗中教他武功。后来钟赤星的父母还是发现了此事，在和老人避开钟赤星深谈过一次后，就再没有过问过。直到三年后，老人飘然离去，钟赤星向父母追问老人的身世，他的父母也只是说老人是一位奇侠，怕给钟家带来麻烦，所以才如此隐晦。

钟赤星的父母还告诉他，他的师父希望他能好好练武强身健体，并把中华武术除暴安良、保家为民的精神传扬下去。

钟赤星虽然一直不知道师父究竟是谁，但却牢记师父的教诲，每天刻苦练功。

这样又过了两年，钟赤星不但身体变得比同龄的孩子都要健壮，力气也快赶上一个成年人大了。为了减轻家里的负担，钟赤星就嚷着要和爹爹叔伯们一起去码头工作，一开始父母都不同意，他就背着家人偷摸去码头上找活干。

但因为年纪小，总有人想欺负他，钟赤星的性格又急躁好胜，没过多长时间就在码头上和人打了好几架。他的父母知道后，一来怕他打坏人或被人打坏，二来还怕他在码头上跟坏人学坏，眼看实在拧不过他，只好答应让他跟着爹爹叔伯们在一起干。

码头上都是扛麻包、搬东西的重活，钟赤星怕父母伤心，总是在家人和熟人面前，故意抢着膀子显示自己有力气。

在码头上工作了一段时间后，钟赤星对那些欺压工友的恶人更加憎恶，简直恨得拳头痒痒的！要不是怕给父母和工友们惹麻烦，他早就狠狠地教训教训那些家伙了。但总是把火憋在心里，小小的钟赤星也快要被憋疯了！直到两年多前遇到赵队长，钟赤星才明白这都是阶级压迫造成的，只有打倒一切剥削阶级和反动派，穷人才能过上好日子。

记得那是一个金桂飘香的日子，空气中弥漫着淡淡的桂花香。早过了晚饭的时候，劳累了一天好不容易盼到收工的工友们，都急匆匆地往家赶，只有下午受了工头点闲气的钟赤星，闷闷不乐地落在最后面。

眼看就要离开已经没人的码头了，忽然一个中年男子从远处向钟赤星跑来，那人手中抱着一个小包，跑得很急，看上去像是在被人追赶。

事实也确实如此。

眼瞅着那人跑近钟赤星，更远的地方又出现了几个手拿警棍的警察，他们一路追一路还耀武扬威地大呼小叫。

对码头上这些坏事做尽的警察，钟赤星向来就没什么好感，此刻见那人被追得急，不禁起了同情之心，不想见又一个好人被欺负。

"哎，你等一下！"钟赤星伸手一把拦住了跑到面前的那人。

那人被他这么一拦，愣了一下，接着满脸焦急地对钟赤星说道："小兄弟，我有急事，麻烦你让让！"

　　钟赤星扫了一眼越追越近的警察，一把拽起那人的手腕，不待那人反应过来，就拽着那人朝码头边堆放货箱的货场跑去，边跑边对那人说："跟我来，这里我熟！"说话间带着那人三拐两拐，就钻进了货箱中间那些只有码头工人才知道的小道里。

2

　　在货箱中间又绕了几圈后，钟赤星终于停了下来，那人也停住了踉踉跄跄的脚步，喘着气四下张望，赫然发现竟在不知不觉间到了码头边上，前面就是行人如织的街道了。那几个在后面追赶的警察，早就被甩得没了踪影。

　　那人长长松了一口气，伸出右手握住钟赤星的手向他道谢："小兄弟，今天真是多亏你了！不然这次麻烦就大了！"

　　钟赤星眼睛瞟着那人左手中的包，带着怀疑的口气问道："没什么，不过他们为什么要抓你？该不会是你偷了东西吧？"

　　那人笑着摇摇头："小兄弟，你误会了，我是工会识字班的老师，来码头是给工友们上识字课的，那几个警察被资本家收买了，诬陷我在这煽动工人……"

　　"你就是赵老师吗？"钟赤星闻言兴奋地打断了

那人的话。

"是的，我姓赵，你认识我？"那人好奇地反问道。

钟赤星前几天听爹爹说过，工会办了一个识字班，有个姓赵的老师教工友们识字，还给大家讲很多革命的道理。一开始他嫌识字班太闷了就没去，后来听爹爹回家说起赵老师讲的革命道理，听得让人热血沸腾，再想去的时候，识字班却因地痞流氓的捣乱和警察的刁难停办了。这几天钟赤星正后悔呢，没想到今天竟无意间救了赵老师。

"赵老师，我没见过你，但我爹爹和叔伯们总提起你。"钟赤星兴奋地说，"你能给我也讲讲那些革命的道理吗？"

"好啊，当然可以了。"赵老师看着钟赤星激动渴望的目光微笑着答应道，"不过今天不行了，我还有事要办，过几天你来识字班吧。"

"识字班还办吗？"钟赤星担心地问道。

"当然还要办！"赵老师斩钉截铁地回答。

可钟赤星等到的不是识字班，而是省港大罢工。原来，就在他认识赵老师不到一个月后，为了支援上海人民五卅反帝爱国运动，广州和香港各界工人，在中华全国总工会的组织领导下，爆发了规模宏大的大罢工，钟赤星和爹爹叔伯们都参加了。赵老师先是忙着领导码头工人参加罢工，后来又当了工人纠察队的队长，顾不上再办识字班了。

好在钟赤星死缠烂打，终于被编入工人纠察队，成了赵队长的小跟班。

对这个有"救命之恩"的纠察队年龄最小的队员，赵队长十分喜爱，不仅抽时间教钟赤星识字，给他讲革命道理和革命先烈的感人故事，还经常带着他参加省港罢工委员会和工人纠察队的活动。在赵队长的言传身教下，钟赤星更加坚定了要投身革命，为老百姓做事的信念，很快成长为工人纠察队的骨干。

北伐开始后，码头上的很多叔伯们都参加了运输队，上前线去支援北伐军，钟赤星也积极报名去前线，但赵队长却对他说，工人纠察队的任务，是要保护好广州这个革命的大本营，还要支持罢工工人对香港的封锁，钟赤星只好服从赵队长的安排留在了广州。

这时候，钟赤星知道了赵队长的一个秘密，他竟是中国共产党的秘密党员！这是赵队长带他去中华全国总工会汇报工作时告诉他的。钟赤星听到后马上就下定决心，要用生命替赵队长保守这个秘密，还要成为像赵队长那样的共产党员。

但如火如荼的大革命很快就遭到反动派的背叛，先是蒋介石在上海发动"四·一二"反革命事变，紧接着广州的反动军阀就对共产党人和革命工人动手了，在他们用武力解除工人纠察队武装的时候，如果不是赵队长严令阻止，并让人强行将他带走，钟赤星当时就想和敌人拼个同归于尽了。事后赵队长教导他，必须要讲究斗争的方式，不能凭感情用事，只有保存革命的力量，才能夺取最后的胜利。

钟赤星虽然知道赵队长说的对，但这口气却一直咽不下，总想找个机会，好好教训一下那些嚣张的反动军警们。

只是这几个月来他一直跟着赵队长在忙着搞串联，以省港罢工工人利益维持队的名义，暗中将原先的工人纠察队又组织了起来，并以这座废弃的祠堂为大本营，积极准备与反动军阀展开新的斗争，所以没找到机会下手。

今晚本想借着兵痞吃白食的机会，大干一场，没想到还是未能如愿。

"大家辛苦了！"赵队长的话，打断了钟赤星的胡思乱想。

他抬起头，看到赵队长环顾了一下屋内众人后，低声和许大叔交谈了几句，许大叔两眼放光地点了点头。

许大叔站起来，挑了包括钟赤星在内的几个壮实小伙子，说了句和我去执行任务，就急匆匆带着大家出了门。

屋内剩下的人，都好奇地瞪大眼睛盯着赵队长，希望他能给大家说说，许大叔他们去执行什么任务了。

但赵队长却像是把他们忘了似的，独自一人踱到墙上一张广州市地图前，冲着那张已经看了无数遍的地图面起壁来。

"赵队长，他们去执行什么任务去了？"终于有人忍不住问出来。

"一会儿他们回来你们就知道了。"赵队长头也不回地答道。

大家虽然对这个回答不满意，但也没有人再问，只是相互大眼瞪小眼地看着，时间就在众人一头雾水的等待中悄悄过去。

忽然，屋外传来一阵喧闹声，仔细听去，还夹杂着钟赤星豪放的笑声。

众人刚刚站起身来，屋门就被撞开，钟赤星等人抬着几个长箱子，喜笑颜开地闯了进来。

赵队长回过身来，两眼放光地冲钟赤星等人身后的许大叔问道："都拿回来了？"

"都拿回来了！"许大叔难掩兴奋地点点头。

箱子被钟赤星他们摆在屋子中间，众人全都围了上去，纷纷猜测箱子里装的是什么。

"路上没遇到什么状况吧？"赵队长也走过来，低声问许大叔。

"没有，一切顺利。"许大叔看了一眼身边那些迫不及待想知道箱子里装的是什么的纠察队员，笑着冲赵队长努努嘴，示意他看最猴急的钟赤星，只见钟赤星不知何时手里多了一根铁撬棍，正期待地看着赵队长。

"你快开箱验货吧，有人已经等不及了。"许大叔调侃道。

"好！"赵队长笑着点点头，接过钟赤星递来的铁撬棍，俯下身去，将铁撬棍插入箱盖和箱子中间的缝隙中。

在众人期盼的目光注视下，箱盖被赵队长撬开。

"啊！"看到箱子里装的东西，大家都惊喜地叫了起来。

3

箱子里是用黄色的油布裹成的一个个长卷筒。

那形状大家再熟悉不过了。

除了早知道内情的赵队长和许大叔外，其余众人盯着那熟悉的油布卷筒，都露出无法掩饰的狂喜之色。

钟赤星更是一个箭步就窜到箱子前，俯身抓起一个油布卷筒，有些手忙脚乱地打开来。

油布里包裹的竟是一支崭新的汉阳造步枪！

"嗷！"众人一见立刻兴奋地欢呼起来。

赵队长和许大叔马上严厉地制止了众人的呼叫，并即刻派出几个机警的纠察队员，去祠堂周围查看巡逻。

　　也难怪大家会如此兴奋，自工人纠察队被解除武装后，这还是他们第一次再摸到枪呢。

　　大家小心翼翼地把箱子都打开，把里面的油布卷筒取出来。

　　几十支崭新的汉阳造，摆满了屋内唯一的一张桌子。

　　二十几双眼睛兴奋地盯着桌子上的汉阳造。

　　这时钟赤星好像突然想到了什么，好奇地问赵队长："赵队长，这些枪都是哪来的？"

　　听了钟赤星的话，屋内的人都哈哈大笑起来。

　　"钟赤星，你乐糊涂了？这不是你刚刚扛回来的吗？"

"我不是说这个！"钟赤星急忙分辩道，"我们刚才跟着许大叔，在黄花岗烈士陵园附近找到一辆汽车，许大叔和车上人说好后，我们就把车上的箱子抬回来了，当时不知道箱子里是枪，所以根本没注意开车的是什么人。"

和钟赤星一起去取枪的人也纷纷点头："是啊，当时我们也没注意。"

没去的人听他们这么一说也都起了好奇心。

大家都把目光投向赵队长和许大叔。

两个人对视了一眼，赵队长面带微笑但语气很严厉地说道："这事保密！而且我们有枪的事也要严格保密，不能有丝毫泄露，所有人都要严格遵守，明白吗？"

"明白！"大家立即齐声回答道。

这时赵队长看到钟赤星欲言又止的样子就问他："钟赤星，你有什么问题吗？"

"不，不是。"钟赤星有点儿不好意思地挠挠头说道，"我，我就是想问问，给我们枪的人，还能再多给我们点吗？"

"哈，看不出，你人不大，胃口还不小。"赵队长打趣道。

"咱们还有那么多没来的队员，这些枪不够分啊。"钟赤星急忙辩解道。

听到"分枪"这个重要又敏感的话题，屋内的纠察队骨干们立刻瞪圆了双眼，紧张地盯着赵队长，看他怎么回答钟赤星。

"谁说要分枪了？"赵队长反问钟赤星。

"那这枪……"钟赤星指着桌上的汉阳造刚想追问，但看到赵队长的表情越来越严肃，就没敢再问下去。

"你的意思是咱们几百名队员的武装，都找别人伸手去要吗？"赵队长环顾了一下屋内的纠察队骨干们，反问钟赤星。

"不！不！我不是那个意思！"钟赤星急得涨红了脸连连摆手。

"同志们，这些枪是很多人冒着生命危险帮我们筹集的，我们不能再坐等组织的支援，而是要利用好这些枪，等待战斗的机会，从敌人手中去夺取武器！"赵队长激动地说。

"赵队长，他们也是一时高兴过了头，没想那么多。"看到钟赤星和几个刚才一心想先分到枪的人，被赵队长批评得耷拉着脑袋，许大叔连忙劝赵队长。

"同志们，现在还不是高兴的时候，严酷的斗争还在前面，我们要先用这些枪练好杀敌的本领……"赵队长冲许大叔点点头，就着许大叔的话头做起动员来。

经过赵队长的动员，大家的热情被完全激发出来。

虽然枪没分到每个人的手上，但全体队员被分成了几个组，大家在屋内骨干们的带领下，可以轮流用这些枪进行秘密训练。

第二天天还没亮，在省港罢工工人利益维持队总部不远处一个荒凉的土岗后，钟赤星等第一组训练的队员，早早地就抱着枪集合了。

看着在荒地上散乱训练的队员们走形的动作，站在不远处一棵矮树下的许大叔，忧心忡忡地向身边的赵队长说道："赵队长，离起义的时间已经很近了，但队员们这样训练的话，很难迅速形成战斗力啊！"

"是的，组织上也考虑到这点，已经做出了安排。"赵队长答道。

赵队长贴在许大叔的耳边低声说了几句，许大叔立刻眉头舒展高兴地点点头。

赵队长和许大叔将队员们集合起来。

"同志们，现在我们虽然有了武器，但如果用不好，那这些枪就是一根烧火棍。"赵队长扫视了一遍眼前的队员，"为了尽快让大家掌握手中的武器，提高杀敌的本领，组织上决定在军队中请一些教官来训练大家。"

赵队长话音未落，队员们中间就炸开了锅。

钟赤星第一个站出来反对："什么？让那些反动派来训练我们？我不干！赵队长，你忘了当初来咱们工人纠察队收武器的是谁了？要是那些反动派再来，咱们好不容易到手的枪，还能保得住吗？"

"就是！就是！我们不用反动派来教！"队员们纷纷附和。

赵队长和许大叔对视了一下，都从对方的眼神中看到了相同的意思，既为队员们朴实坚定的斗争意识欣慰，又感到必须要做通队员们的思想工作，否则下一步的任务将很难完成。

"同志们，安静一下，听赵队长说完。"许大叔制止了队员们的喧哗。

"同志们，大家误会了，这次我们请的教官，不是反动军阀部队的，而是第4军教导团的革命军人。"赵队长向队员们解释道。

"第4军教导团。"钟赤星下意识地重复了一句，眼前浮现出甘南火的样子。

"怎么证明第4军教导团就是革命的队伍呢？"有人小声地问道。

"第4军是一支战功卓著的革命队伍，是北伐先锋，省港工人罢工委员会的运输队，曾给他们运送过物资，对他们爱护百姓的严明军纪是很了解的。"

赵队长继续向大家介绍道："蒋介石发动

'四·一二'反革命事变后，第4军继续执行扶助农工的政策，和蒋介石的反动军队坚决斗争。这次来到广州后，为了维护广州民众的利益，刚又发动了驱逐桂系反动军阀的战斗……"

"前两天是打了一场仗。"

"现在广州街上当兵的，好像是比之前的军纪要好多了。"队员们再次小声地交头接耳起来。

钟赤星还在回想昨天晚上沈家夜档里甘南火的表现，没有再次出言反对。

赵队长又给大家讲了一些第4军北伐途中的英雄战绩，和教导团来广州后爱护老百姓的故事。或许是忘了，或许是出于什么特殊考虑，赵队长并没和大家说，有许多他尊重的共产党员，都曾在第4军战斗过，而且立下过赫赫战功。

经过半个多小时声情并茂的介绍，赵队长终于做通了队员们的思想工作，大家认同了请第4军教导团教官来训练他们的安排。

赵队长和许大叔简短商量一下后，留下许大叔带着大家继续抓紧时间训练，赵队长则带着钟赤星还有两个机警的队员，匆匆离开了训练场。

黑云压城欲遮天

第五章

········· 士兵训练委员会 ·········

1

广州四标营，教导团的驻地内，因在夜档被人误会扫兴而归的甘南火，刚和几个战友分开，准备去看一下李参谋，就被推门而出的李参谋叫住。

随李参谋进屋后，甘南火笔直地站在办公桌前，看着李参谋在办公桌后坐下才问道："李参谋，您找我有什么事？"

李参谋指了指办公桌前的一把椅子，示意甘南火坐下。

甘南火坐下后，李参谋说道："我晚上见到老同学叶一民了。"

说完这句话李参谋略微停顿，他看到甘南火的眼神闪烁了一下，知道自己猜得不错，晚上在小酒馆门前随意一瞥时看到的，正是甘南火，显然甘南火也看到了自己和叶一民。

"我和叶一民除了叙旧外，还谈了些别的，他希望我们教导团能派几名教官，去给执信中学的学生们做一次军训。"李参谋继续说道。

"军训？"甘南火有些奇怪。

新兵训练他见得多了，但学生们为什么要军训呢？

看到甘南火不解的目光，李参谋解释道："这是学校几个老师提议的，校长也已经同意了。对学生们来说，军训的好处还是很多的：一来可以提高学生们的身体素质；二来能让他们更加遵守纪律便于学校管理；三来嘛，还能让他们接触到一些时局要政、革命思想，发扬执信中学的光荣传统。"

原来是这样，甘南火点点头："还是叶老师他们想得周到。"

"我刚才已报请杨代团长批准，准备在士兵训练委员会里抽调几个优秀的学员，去当这次军训的教官。"李参谋把手臂放在桌上，身子向前倾了倾，继续说道。

这个士兵训练委员会，是当初老团长在的时候一手建起来的，目的是为了提高教导团战士的作战能力和思想觉悟，并让大家能团结起来相互帮助。

甘南火刚跟随武汉分校的师生们，一起被编入教导团的时候，虽然名义上是一个传令兵，但真正干的大多是打扫会议室、帮忙抄录文件之类的事儿。士兵训练委员会成立后，实际上已接替唐教官成为他监护人的李参谋，便让他跟随士兵训练委员会的学员们一起训练。甘南火为了不辜负唐教官和李参谋对自己的期望，在训练场上非常刻苦，虽然年小体弱，但各项军事技能要领却比谁领悟得都快。

有段时间天气非常炎热，每次训练结束后，甘南火的衣服上，都是一道道白色的盐印子，那是他刻苦训练的汗水凝结的印迹。

经过不到两个月的训练，李参谋和几个教官就惊奇地发现，或许是自幼苦读诗书，文化底子好的原因，甘南火对技战术的领悟能力特别强，在进行战例分析时，他总能提出独特的见解。更让人意想不到的是，他居然在射击方面有着惊人的天赋，枪法很快就能赶上一些征战多年的老兵了。只是因为他几乎没有什么实战经验，所以李参谋还是将他留在自己身边，当一个名义上的传令兵。

一直想在战场上立功，给唐教官和李参谋争光的甘南火，对李参谋的安排还有些小不满，总想找机会能领到枪去作战部队。其实他不知道，教导团里有很多共产党的秘密党员，李参谋就是其中的领导者之一，老团长成立士兵训练委员会，就是想通过这个秘密的革命组织，为革命培养优秀的军事人才，并将全体官兵团结在党的旗帜下。

对他的安排，就是李参谋和党组织，对他的培养和爱护。

这次帮执信中学进行军训，李参谋准备让甘南火也作为教官参加。

因为有一个秘密，他现在还不能告诉甘南火，那就是他想把甘南火培养成他与叶一民之间的交通员，让甘南火在严酷的斗争中得到锻炼。

此前派甘南火去给叶一民送信，就是抱着考验他的想法，甘南火已顺利通过了考验，不但将信平安送到并带回回信，而且对此事守口如瓶，这让李参谋十分满意。

"你愿意去执信中学当教官吗？"李参谋微笑着问甘南火。

"我服从命令！"甘南火"腾"地站起身来大声回答。

"这不是命令，只是想征求你的意见，说说你真正的想法。"李参谋示意他坐下说。

甘南火重新坐下后有点儿心虚地问："李参谋，您觉得我能行吗？要是做不好的话，不会坏了咱们教导团的名声吧？"

"哈哈……"李参谋听他这么说，不禁笑出了声，"你是士兵训练委员会培养出来的优秀学员，怎么会做不好呢？自信点！"

"是！要自信，绝不给您和教导团脸上抹黑！"甘南火再次起立大声回答。

"嗯，这还差不多。"李参谋满意地站起来，走到桌前拍了拍甘南火的肩膀。

之后李参谋又叮嘱了甘南火一些军训时要注意的事项。

事情说得差不多了，甘南火向李参谋道了晚安准备回去就寝，走到门口的时候，又被李参谋叫住了。

李参谋走向甘南火，慈爱地问道："你还记得自己当初是怎么到武汉分校去的吗？"

"当然记得！"甘南火脱口而出。

虽然甘南火不知道李参谋为什么会突然提起这件事，但此事对他来说是人生最重要的转折点，他怎么可能不记得呢？

"是唐教官救了我，把我带到了学校。"甘南火眼含感激之情继续说道："要是没有唐教官，我恐怕都活不到今天。"

李参谋叹了口气："是啊，都是这世道不好，否则以你的年龄，也应该像执信中学的那些学生一样，坐在教室里念书吧！"

甘南火百感交集地点了点头。

他想起了早些年父亲对他说过，等他长大些，将诗书念得熟练些，就送他到"洋学校"继续深造，让他见识见识更广阔的天下。他甚至还能想起父亲说这话时温柔的语声，和父亲那宽厚的手掌抚摸在自己头顶上的温暖感觉。

可现在……

"唉！"甘南火忍不住叹了口气，眼神中流露出和年龄不相符的沧桑感。

"你恨害得你家破人亡的那些地主贪官吗？"李参谋问甘南火。

　　"恨！怎么能不恨呢！"甘南火两眼喷射着仇恨的怒火，双手攥紧拳头，"都是那些地主贪官！如果没有他们的迫害，我又何至于会沦落到家破人亡、乞讨街头的地步！总有一天，我会和那些吃人的反动派算总账的！"

　　"那你恨共产党吗？"　一阵短暂的沉默过后，李参谋忽然又问了一句。

　　"恨共产党？为什么？"甘南火愣住了，有些迷茫地反问李参谋。

2

　　"因为当初如果不是你父亲帮助了共产党的地下工作者，也不会被反动地主迫害，你的家人也就不会遇害了。"李参谋说道。

　　甘南火坚定地摇了摇头："不！这不怪共产党！"

　　他想起了父亲曾跟他说过，共产党心系国家民族，是真心为老百姓谋幸福的。

　　他本想把父亲的话转述给李参谋，可又不知道李参谋对共产党有什么想法，怕惹李参谋不快。但转念一想，唐教官就是共产党，既然他都能对李参谋深信不疑，那起码能说明李参谋对共产党是友好的。

想到这，甘南火说道："家父当初帮了那位共产党员后，曾私下里教导我，乱世之中更应明辨是非，坚守德操，勿以善小而不为，勿以恶小而为之。"

李参谋脸上露出欣慰的笑意，连连感叹道："甘南火，你有个好父亲！你应该为他感到自豪。"

甘南火点点头，他也觉得自己的父亲是天底下最好的父亲。

沉默了一小会儿，甘南火有些犹豫地再次开口："李参谋，我觉得，在老百姓心中，共产党好像比咱们要好得多。"

"噢？"李维义奇怪地问道，"为什么这么说？"

"无论以前在家乡，还是如今在广州，每次听到百姓们提起共产党三个字时，多是溢美之词，老百姓都是真心拥护共产党的。可是一说到我们的部队，老百姓表面上虽然恭敬，常以'军爷'相称，但在背地里，却常常骂我们是兵痞和反动派的走狗。"甘南火的声音中带着一丝不易察觉的委屈。

"那你觉得咱们是走狗吗？"李参谋反问甘南火。

"当然不是！"甘南火用力地摇摇头，"咱们教导团是革命的军队，从没做过伤害老百姓的事！"

"没错，我们是革命的军队。"李参谋点点头，"共产党有共产党的信仰，国民党有国民党的信仰，国民党信仰的中山先生的三民主义，本质也是要为人民谋福祉，所以蒋介石叛变革命前国共两党才会合作。只是再好的信仰也要由人来贯彻，这之中难免会有一些害群之马。甘南火你记住，只要我们行得正，就不要在意别人怎么看。"

"是，李参谋，我知道了。" 甘南火边答应边细细回味李参谋话中的意思。

"好了，今天太晚了，你快回去睡觉吧。"李参谋笑着对甘南火说。

甘南火答应了一声，转身要出屋时，又想起了今天晚上在沈家夜档发生的事，觉得还是应该主动汇报，就拣主要的向李参谋说了一下。

"既然是误会，说清楚就好，还好没有真的和百姓动手，对了……"李参谋说到一半，像是突然想起了什么，"你说他们是省港罢工工人利益维持队的？"

"是的，听夜档老板这么说的。"甘南火答道。

"今天他们的人也找到我们，希望我们能派几名教官，帮他们的队员进行军事训练，你觉得该不该派人去呢？"李参谋若有所思地问甘南火。

"应该啊！"甘南火毫不犹豫地答道。

"为什么？你对他们没意见吗？" 李维义又问。

"我对那个叫钟赤星的是有意见，根本就是蛮不讲理，但听夜档老板说，他们原先是工人纠察队，是维护工人利益反抗反动派的，如果咱们帮他们训练，将来他们一定能更好地保护老百姓。"甘南火坦诚地答道。

"好了，快回吧，明天还要去执信中学。"李参谋欣慰地拍拍甘南火的肩头。

"是！李参谋，您也早点儿休息。"甘南火敬了个礼，转身离开。

外面的月光越发明亮，甘南火似乎看到了天边有一颗明亮的星，正一点点儿显露出光亮。

第二天一大早，甘南火照常起床跟战友们一起晨练，没因晚睡耽误一分钟。

在长官们的带领下，甘南火和战友们排着整齐的队列，从驻地一路跑到位于观音山南麓的黄花岗烈士陵园，这里长眠着广州"三·二九"起义中牺牲的七十二先烈。

此地本名红花岗，1911年同盟会领导的广州起义失败后，同盟会员潘达微冒险奔走四方，由慈善机构出面收殓先烈遗骸七十二具，合葬在这里。1912年广州军政府拨款十万元在原墓地建成烈士陵园，潘达微认为红花不及黄花一词雄浑优美，遂上报后将红花岗易名黄花岗，这次起义也因此被称为黄花岗起义。孙中山先生曾亲手栽植了青松，并手书了"浩然正气"四个大字，彰显革命先烈的丰功伟绩。

教导团在进驻广州后，每天清晨都会组织官兵进行长跑训练，迎着朝霞一路跑到黄花岗，在威然肃穆的七十二烈士墓碑前，列队集合，高唱革命歌曲，缅怀革命先烈。

晨跑结束后，折返驻地的部队开始早餐。

当教导团全体官兵迎来新一天的紧张操练时，

甘南火和几个被挑选出的士兵训练委员会优秀学员，则奉命赶赴执信中学。

这是甘南火第二次来到执信中学了，对于他来说，这个校园充满了莫名的亲切感。

刚走到学校门口，就看到叶一民老师已经等在那里了。

"欢迎欢迎！"叶一民迎上前来，跟他们一一握了握手。握到甘南火的时候，叶一民并没有多说什么，但甘南火却感觉他的笑容仿佛另有深意。

既然叶一民不愿意提昨天送信的事，甘南火也就没再多嘴。

走进执信中学的操场，学生们早已列队站好。叶一民把甘南火他们领到队列前，向学生们介绍了一番，便请他们按照学校的分班，分别去带队训练了。

甘南火走到了自己分到的班级前，立正站好，敬了个标准的军礼："同学们好！我是教导团的甘南火，今天起将由我担任各位的教官。希望我们能相处融洽，共同进步！"

学生们鼓起掌来，齐声喊道："甘教官好！"

甘南火紧张得手心都出汗了，这是他第一次被人称为教官，而且这么喊他的，还是一群跟他年龄相仿的学生。

这时，他隐约听到面前的学生在窃窃私语："这个小教官长得好文静。""教官的年龄和咱们差不多呢。""年龄这么小就当教官了，好厉害。"

为了缓解自己紧张的情绪，甘南火轻咳了一下："下面我们开始训练。第一项，队列训练！"说到训练，甘南火的紧张立刻烟消云散，迅速进入了平时的训练状态，他拿出自己平时训练的劲头儿，挺直腰板，一脸严肃地给大家讲授着训练的要点。

　　甘南火的威仪很快感染了面前的学生们，队列里再听不到窃窃私语和嬉笑声了，虽然学生们的动作很不规范，但能看出他们在非常努力地跟着甘南火去做。甘南火带着大家一遍遍重复动作的要领，直到队伍里有学生忽然喊道："甘教官，能休息一下吗？好累啊！"

　　甘南火四下看了看，这才发现其他班级差不多都休息了。

　　"好，休息十分钟。"

　　就在学生们欢呼一声，刚要解散时，甘南火又喊住了他们："等一下！记住，以后训练的时候如果要说话，必须先喊报告，得到允许后才能说。"

　　"是！"学生们答应着，在甘南火一声"解散"后立马撒欢跑开了。

　　甘南火独自走到操场边，刚刚席地坐下，一个影子忽然挡住了他头顶的光线。紧接着一个欢快的声音在头上响了起来："喂！甘南火！我们又见面了！你答应我的事儿没忘吧？"

甘南火抬起头，发现一个熟悉的身影站在面前，急忙站了起来。

3

那个满脸阳光般笑容的女孩，正是昨天刚见过的梅傲雪。

"你好啊，梅傲雪同学！"甘南火有些拘谨地和梅傲雪打招呼。

"哎呀，什么你好我好的，那么生分。"梅傲雪爽直地问甘南火："我问你，你上次答应我的事儿忘没忘？"

答应的事儿？甘南火想了想，对了，他确实答应过梅傲雪，再见面时要接着给她们讲攻打虎门要塞的事。

想到这，甘南火点点头，又往梅傲雪身后看了一眼："李晓菲同学呢？"

"她今天生病请假了。"梅傲雪脸上带着一丝遗憾，"不过你讲给我也是一样的，我放学后要去看晓菲，可以再讲给她听。"

"这样啊。"甘南火有点儿为难地说道，"可是现在在军训，休息时间不长，我怕讲不完。"

梅傲雪嘟起了嘴："那还不都怪你，才给我们十分钟的休息，那么短！"

梅傲雪怎么知道只有十分钟的休息？

甘南火好不容易才反应过来，梅傲雪也在自己的军训队伍中啊！刚才他太紧张了，几乎没怎么敢看这些学生。作为一个教官，连自己的学员都不认识，真是太丢人了。

甘南火感觉自己的脸在发烧。

梅傲雪可不知道他在想什么，她"喂喂"地喊了甘南火几声，向他抱怨道："甘南火，你就不能把休息时间再延长些吗？"

"那怎么行？命令是不能随便更改的！"一说起关于训练的事，甘南火立刻严肃起来，"我来的任务就是帮你们训练，可不能徇私懈怠！"

"谁让你徇私懈怠了？我就是想听你讲个故事而已，是你说话不算话。"梅傲雪不高兴地用脚尖踢着操场上的土地。

"这……"甘南火有些挠头，他不想徇私懈怠，但也不愿失信于人。

又想了一下，甘南火用商量的口吻和梅傲雪说："要不这样吧，一会儿我们抓紧时间训练，请大家好好配合，争取上午尽快把队列练好，如果能节省出来些时间，我从头给大家讲一遍打虎门要塞的故事，你看好不好？"

"好！就这么说定了！"梅傲雪高兴地转身跑回同学中间，把甘教官要给大家讲战斗故事的消息说给了同学们，当然也没忘了转述甘南火提出的条件。

十分钟的休息很快结束了，接下来的训练同学们更投入了，很快就掌握了队列训练的技术要领，这有点出乎甘南火的意料。

其实甘南火不知道，执信中学的学生，在叶一民和其他老师的引导下，早就接触了很多进步思想，对救国救民的革命战斗一直心怀向往。对于此次军训，他们也是有非常高的热情的，只是刚开始的队列训练有点枯燥，学生们提不起太大的兴趣，现在听说训练好可以有战斗故事听，立刻来了精神，效果当然不一样了。

学生们不明白，队列训练是军事训练的基础，是军人素质养成的起点，但因为是重复简单机械的动作，所以显得有些枯燥，也是新兵训练的难点，没想到因为甘南火要兑现向梅傲雪的承诺，用讲战斗故事做鼓励，竟轻松过了第一关。

虽然之前从未参加过这类军事训练，但好在学生们的领悟能力都很强，又都肯用心学，再加上有甘南火的"承诺"在前方召唤，他们连之后的休息都主动要求放弃了，一门心思想要赶紧练好队列，然后好安安稳稳地听故事。

功夫不负有心人，刚过十一点，甘南火带的这个班就完成了训练任务。

虽然力量还不够，但队形已经是有模有样了。

再看看其他几个教官带的班级，不但队形依旧散乱，而且学生们还被累得筋疲力尽，一点儿刚训练时的热情和朝气都没有了。

"好了，大家休息一下吧，解散！"

甘南火的话音刚落，梅傲雪马上和几个女学生

冲过来，把甘南火拉到了操场边一棵大树的树荫下，其他的同学则紧紧追在他们的身后，在树荫下坐成一大圈，把他们这位拘谨的小教官围在了中间。

听着周围一群女学生叽叽喳喳的笑声和说话声，脸红心跳的甘南火更加拘谨了，完全没了刚才在训练场上的教官威风。

"好了，快别吵了，好好听故事。"梅傲雪看出甘南火的窘态，出面替他解围道。

大树下面安静了，甘南火开始讲起教导团的战斗故事。

甘南火越讲越投入，渐渐没有了一丝的拘谨。

他从教导团的官兵们趁着夜色，一鼓作气攻克了桂系军阀的总指挥部、黄埔军校和兵工厂三个据点讲起，一直讲到攻打虎门要塞。当然，他并没有把自己也偷偷上了战场，并打掉了敌人机枪手的事儿告诉大家。

甘南火讲得生动，同学们听得入神，仿佛身临其境，一会儿跟着紧张地瞪大眼睛，一会儿又一起松了口气。

讲完了攻打虎门要塞，大家还都觉得意犹未尽。

数十双眼睛充满敬意地盯着甘南火，又把他看得不知如何是好了。

"甘南火，你们教导团肯定还打过很多大胜仗吧？再给我们讲几个吧！"梅傲雪的请求说出了全体同学的心声。

"是啊，再讲几个吧！"同学们纷纷附和。

甘南火想了想，又讲了另外一场战斗，以及他们教导团每天坚持训练的情况。

教导团英勇杀敌的故事，和革命军人崇高的理想，听得同学们热血沸腾，都忍不住讨论起来，恨不能自己也马上投身革命洪流，消灭一切反动派，为人民谋福祉。

此时，叶一民老师正站在一旁静静地听着他们的谈话，脸上露出了欣慰的笑容。

这样的场景正是他最希望见到的。

当初想要给自己的学生们组织军训，李维义就出主意说，要让这些年轻的战士们，来给学生当军训的"小教官"！因为他们年龄相仿，容易沟通，更容易让学生们接受和了解革命队伍，为以后投身革命奠定基础。

现在看到甘南火和学生们打成一片，叶一民知道，自己的想法已经实现了。

听说甘南火他们每天都要晨跑去黄花岗烈士陵园，在那里唱革命歌曲，缅怀先烈，激情澎湃的学生们也要求以后每天一起去。

"那可不行！你们的体能暂时还达不到那种高强度训练，训练和革命一样，不能着急，要循序渐进！"甘南火急忙劝阻学生们，一着急把平时李参谋教的道理都搬了出来。

叶一民在旁边听到这句话眼睛一亮。

学生们被甘南火说服，答应他先认真完成这次军训。

　　就在甘南火他们去执信中学开展军训的同时，士兵训练委员会的几名教官，也悄悄来到了钟赤星他们训练的荒土岗。但由于这些原来的工人纠察队员们，对国民党军抱有很大的成见和戒心，所以并没有像执信中学的学生们那样好的态度，只是因为信任赵队长和组织，才勉强接受了这些穿着军装的教官。

　　幸而教导团的教官们并不介意这些，他们好像和赵队长早有默契，一来便投入到紧张的训练中，而且他们的训练和执信中学的不一样，不是简单的基础训练，而是非常直接实用的作战技能和技战术训练。

　　赵队长看着队员们在教官的指导下，训练效果迅速提高，脸上不但没有喜色，反而有点儿担忧地和许大叔说："希望时间能来得及！"

　　许大叔也是喜忧参半地点点头。

黑云压城欲遮天

第六章

·········· 祝捷大会 ··········

1

在执信中学当了几天小教官后，甘南火和学生们成了无话不谈的好朋友，以至于每天军训结束，甘南火要回驻地时，他们彼此都有点儿恋恋不舍。

甘南火答应学生们，这次军训结束后，一定带他们去看教导团早晨在黄花岗烈士陵园的训练，学生们都非常兴奋，训练起来更是热情高涨。

这天军训后刚回到驻地，甘南火就被李参谋叫了去。

"刚接到军部通知，明天要在东校场召开广州各界'护党'祝捷大会，你明天和部队一起参加，不用去执信中学了。"李参谋对甘南火说。

"护什么党？"甘南火不解地问道。

"就是庆祝驱逐桂系，广东省政府继续执行中山先生的三民主义政策。"李参谋答道。

"说的比唱的还好听。"甘南火心里暗暗想着，从武汉一路南下，他见了太多第2方面军其他部队的所作所为，哪里是教官们所宣扬的三民主义，分明就是老兵们私下说的新军阀在抢地盘儿。但这些话，他不想在李参谋面前说，怕李参谋不高兴。

"叶老师那儿怎么办？"甘南火不想去参加那个什么祝捷大会，希望李参谋还是能让他去执信中学给学生们军训。

"执信中学刚才给团部来电话了，他们也会派一些学生去参加祝捷大会，所以明天的军训暂时停一下。"李参谋的回答，打破了甘南火的期待，看来明天的祝捷大会，是没办法不去参加了，甘南火有点儿不甘心地想。

"你有多长时间没见到老团长了？"李参谋看甘南火情绪不高，就换了个话题。

"两个多月了！"甘南火有些怅然地回答。

"听说明天老团长也会去，还要以参谋长的身份代表第4军讲话呢。"李参谋笑着说。

"真的？老团长也会去？"提起老团长，甘南火立时兴奋起来。

"当然是真的了。"李参谋见这招果然奏效，不禁暗暗笑了笑。

"我去！明天我也去！"甘南火高兴地叫道。

与此同时，省港罢工工人利益维持队总部的祠堂内，钟赤星却把头摇得像拨浪鼓一样。

"不去！不去！坚决不去！"钟赤星梗着脖子，涨红了脸嚷着。

"我为什么要去？他们那些当兵的就是狗咬狗一嘴毛，我才不去给他们捧臭脚呢！"钟赤星冲着赵队长不住嘴地嚷嚷着。

几分钟前，赵队长召集原工人纠察队的骨干开会，刚一宣布上级决定，明天要派他们代表广州工人组织，参加在东校场召开的广州各界"护党"祝捷大会，钟赤星就像是被点燃的炮仗一样，"噌"地就炸了，而且怎么劝也劝不住。

"好，你明天可以不去。"赵队长的话，让屋内所有人都愣住了。

"你不但明天可以不去，以后也不用去任何地方给别人捧臭脚，也不用再来这里了。"赵队长接下来的话，让钟赤星彻底傻眼了。

"队、队长，你什么意思？"钟赤星有点儿结巴地问道。

"别叫我队长，我们的组织需要的是坚决服从命令的成员，你这样的脾气我们请不起！你还是自己做快意恩仇的独行侠吧。"

见到赵队长是真生气了，钟赤星也慌了，一时之间不知道该如何替自己辩解，只好把求助的眼神投向赵队长身旁的许大叔。

　　许大叔先是用责备的目光看了一下钟赤星，接着又无奈地摇摇头。

　　在许大叔的劝说下，赵队长终于收回了成命，不再提开除钟赤星的事，但责令钟赤星写一份深刻的检查，并保证以后绝不再干违反纪律的事。

　　经过此事，钟赤星终于明白了服从纪律的重要性。

　　不管参加大会的人抱着何种目的，经过什么波折，祝捷大会第二天都如期召开了。

　　这是一个没有太阳的阴霾天，各行各业、各个团体的代表陆续来到东校场。

　　新搭的主席台铺着崭新的大红绒布，看上去十分隆重，上面拉的红色条幅上，写着"热烈庆祝护党祝捷大会召开"的标语。

　　张发奎和黄琪翔等广东省政府及第4军的官僚们，先后发表了冗长空洞的讲话，虽然不时有人组织响起一阵阵掌声，但分散在东校场不同角落里的甘南火、钟赤星和梅傲雪等人，却听得索然乏味，昏昏欲睡。

　　这时东校场外一支前来助兴的舞狮队引起了甘南火的注意。

　　中国的舞狮文化传承已久，广东醒狮作为南狮中一个最有名的代表，融武术、舞蹈、音乐等为一体，更是名扬四海。甘南火从书上看到过介绍，广东醒狮脱胎于唐代宫廷的狮子舞，传到民国已有一千多年的历史了。

甘南火的注意力完全被那几只狮头吸引，台上在讲什么他根本没在意。

来广州的路上，李参谋和他闲聊时，曾说起过一些广东的风土民情和物产风味，就有这广东醒狮。与北方舞狮讲究形似不同，广东醒狮更讲究神似，并且在表演中还多了一个至关重要的程序——采青。醒狮寓意吉祥，广东人一直认为它具有驱邪避害的作用，因此每到节日或有重大活动时，总要舞上一舞，一来助兴，二来讨个好彩头。

李参谋在说的时候，将醒狮表演夸得精彩无比，甘南火早就心痒痒地想找机会亲眼看一看了，没想到今天的祝捷大会，张发奎等人为求吉利，或者是为了造势，竟特别安排了醒狮表演，让甘南火无意中得偿所愿。

就在甘南火等得望眼欲穿时，随着一阵鼓声响起，醒狮表演即将开始了，刚刚还七七八八散坐在地上的醒狮队员，已经各司其职地在空地上准备起来。

醒狮队的乐手们站于一侧，围了个半圆。几个鼓手手持绑着红绸的鼓槌，抡圆了肩膀相互配合着，在皮鼓上敲出极富节奏的"咚咚"声。随着鼓点越来越急促，一名穿舞狮服的表演者几个箭步跃入中场，双手抱拳微施一礼，接着拉开架势动作利落地打起了南拳。

甘南火记得好像李参谋说过，醒狮表演必以南拳开场，此为"开桩"。

"开桩"结束后，锣鼓声一变，一位戴"笑面佛"面具、手持一把大葵扇的表演者踏着鼓点走入场中。"笑面佛"手中的葵扇不断翻飞挥舞，由六人撑起的三只"狮子"在扇子的召唤下徐徐进场，一边眨着铜铃般的大眼睛，一边时不时抖抖身上的绒毛。接着，它们一起围在"笑面佛"旁边，做出了众星拱月之势。

接下来，出洞、下山、过桥、饮水、采青，整场表演惊险万分、一气呵成，周围响起了一阵阵雷鸣般的掌声。

和甘南火一样，坐在不同角落里的钟赤星和梅傲雪也是看得入迷，手掌都要拍红了。

突然，甘南火感觉身边有些异样，急忙收回眼神四下一看，只见身边的战友没有一人在看舞狮，而是都把目光紧紧地盯在主席台。

甘南火急忙也把目光投向主席台。

2

这一看，甘南火恨得直要掐自己的大腿。

原来就在自己贪看舞狮的时候，主席台上不知何时已换成了老团长，也就是第4军的叶参谋长在讲话。

当自己静下心想侧耳倾听的时候，老团长的讲话好像是刚好告一段落，靠近主席台听得真切的人群中立时响起了发自真心的、雷鸣般的掌声。受前面人群的影响，老团长洪亮的声音再次响起时，整个东校场都变得鸦雀无声。

连舞狮的鼓乐都仿佛变得非常遥远似的。

老团长的讲话内容，几乎全是关于支持工人革命斗争的，引起了台下工人代表和革命士兵的强烈共鸣，将会场的气氛带到了高潮。

台下千万只拳头在挥舞。

校场上海啸般的口号声一浪高过一浪。

甘南火仿佛全身被巨大的、莫名的烈焰包裹着，已无法分辨自己口中在喊着什么了。

此刻他如果看到钟赤星的话，一定不会相信，昨天晚上还抵死都不愿意参加大会的火爆少年，现在已经激动得泪流满面。

就连梅傲雪这样一个柔弱少女，也受身边氛围的感染，恨不得马上投身到革命的队伍中。

祝捷大会结束了，但工人革命斗争的热潮，却从东校场迅速蔓延开来，整个广州城仿佛一夜之间被点燃了。

然而工人和士兵的革命热情，却吓坏了伪装革命的张发奎之流，他们开始暗中密谋镇压重新兴起的工人运动，一场血雨腥风悄然罩向广州城。

　　广州的革命形势陡然变得严峻起来，不仅满城鸣着刺耳笛声的警车在飞驰，荷枪实弹的军警特务肆无忌惮地抓人，被反动派收买的流氓工贼，也在大街小巷中疯狗般乱窜，跟踪刺探杀害革命工人和进步人士。偌大的一座美丽都市，如同变成了人间地狱，吓得很多店铺都关了张，老百姓没事都是很少出门，生怕无端地招惹上是非。

　　根据上级的指示，赵队长他们的训练变得更加隐秘，也不再请教导团的教官来指导了，好在前几天教官们已经把基本的要领都教了，剩下的就是队员们自己刻苦的练习了。

　　经过祝捷大会后，钟赤星的性格好像一下子变得沉默了许多，每天再也听不到他略显夸张的叫声和笑声，而只见到他像是和谁较劲似的，拼命地进行训练。

　　本来大家是分组轮流训练，一来枪少不够分，大家只能轮流用，二来人少隐蔽性大，不太引人注意，三来也是考虑让大家可以适当休息，避免强度过大。但钟赤星却像是长在训练场上了一样，不管哪个组来训练，他都想办法参加，没有枪的时候，就徒手练习各种作战动作。赵队长和许大叔发现了他的变化，在找他谈了一次话后，竟默许了他的做法，这让其他队友有些摸不着头脑了。

这天下午，钟赤星看到赵队长要独自一人外出办事，有些不放心，想陪他一起去，好暗中保护他，但却被赵队长拒绝了。

"街面上这阵子不太平，您还是带我去吧。"钟赤星还在争取。

"不用了，你还是和大家好好训练吧。"赵队长拒绝了钟赤星，又不放心地叮嘱了他一句："现在是非常时期，千万不要出去惹事啊！"

"放心吧，赵队长，我绝不会出去惹事的。"钟赤星悻悻地答道。

赵队长看钟赤星有些失落的样子，笑着拍了拍他的肩头说道："快去训练吧，等我回来给你带沈家的干蒸烧卖吃。"

"谢谢队长！"钟赤星还是有些不开心地和赵队长道别。

不是自己不理解钟赤星的好意，也不是自己不想带他，而是组织要求，自己一会儿要和地下党的一位重要同志秘密接头，不能让任何人知道。要不现在这个局势，带着一身好功夫的钟赤星，一定会是个好帮手。

赵队长这样想着，离开了新的秘密训练场。

这次接头非常顺利，天刚擦黑，得到新指示的

赵队长就兴奋地往回走了。

　　路过沈家夜档时，赵队长想起了对钟赤星的承诺，于是迈步走了过去，就在快走到门口的时候，赵队长的眼角余光好像扫到一个熟悉的身影，他急忙扭头去看，但在行人稀少的街上，并没有发现自己认识的人。

　　"难道是这几天太紧张看花眼了？"赵队长边想边走到了沈家夜档的门前。

　　"小霞，来一笼烧卖。"赵队长掀开帘子走了进去。

　　"好的，赵队长，您喝茶。"小霞跑过来，麻利地给赵队长倒了一杯茶。

　　"赵队长，您先坐，我这就给您包去。"小霞的父亲也冲赵队长招呼一声，开始忙碌起来。

　　最近太乱，来吃肠粉的人很少，这时候夜档里并没有客人。

　　赵队长坐在那儿，有一搭没一搭地跟沈家父女闲聊着。

　　过了约莫有二十分钟，烧卖好了，小霞的父亲用荷叶包好烧卖，又拿一张纸包在荷叶外，再用苇草将纸包仔细系好后，才递到赵队长手中。

　　"等世道好了，就凭您这好手艺，准保能开一家大酒楼！"赵队长说着付了钱。

　　"那就谢谢您的吉言了！"沈家父女和赵队长道

了别，送他出了夜档。

刚走出夜档，赵队长就感觉不对劲儿，好像暗中有人在盯着自己。赵队长表面装作毫不在意的样子慢慢向前走，暗中仔细观察着四周，可是却没有任何发现。

但被人盯着的感觉却越来越强烈，赵队长决定不走回去的路，而是漫无目的地换了个方向，拐向一条相对繁华的大街，就在马上要走到那条街的时候，一个人影忽然"唰"地从斜刺里冲出来，撞向赵队长。

赵队长以为遇到了醉汉，立刻向后一闪，躲过了这次撞击。

但这根本就不是一次无心之举，那人见赵队长躲开了，竟马上收住脚，回身再次向赵队长冲过来。

"你要干什么？"赵队长又一次闪开那人的冲撞。

这时赵队长才看清面前的这个人，上身是一件灰棉布短褂，下身穿着一条紧腿的黑裤子，脚上蹬着一双千层底的黑布鞋。他的头上戴着一顶刻意压低的鸭舌帽，加上天色已经变暗，几乎无法看清他的样子。而他的手中，紧紧握着一把闪着寒光的匕首。

赵队长暗叫一声不好，转身欲走。

但那人显然不打算放过他，一个箭步挡在了赵

队长面前，紧紧攥住手中的匕首，探身上前凶狠地往赵队长腹部刺去。

赵队长敏捷地躲过那人匕首的连续攻击，慢慢向后倒退，寻找机会准备逃离。

那人见接连几次都没刺中，急得大声喊道："你们再不来他可就跑了！"

赵队长顿时一愣，这人的声音太熟了！到底是谁呢？

就在这时，从原本赵队长要回去时应该走的巷子里，又冲出来四五个手持匕首的壮汉，将赵队长围在中间，手中的匕首向赵队长身上乱刺。

赵队长躲闪不及，身上很快被刺中了四五刀，倒在了地上。

倒地的一瞬间，赵队长终于看到了鸭舌帽下那人的脸，震惊地指着他叫道："是你，原来叛徒真的是你！"

那人见赵队长认出了他，凶狠地连着向已经倒地的赵队长身上又刺了几刀。

"来人啊！快来人啊！杀人啦！"小霞的声音从远处传来。

那些人看到赵队长倒在血泊中已没了呼吸，才相互招呼一声，四散逃走。

此时小霞才跑过来，扑到赵队长身上喊道："赵队长！"

小霞的父亲和几个人也从远处向这里跑来。

但凶手已逃得只剩下几个模糊的背影了。

3

小霞是来给赵队长送香醋的。

刚刚在夜档中，她听赵队长说这烧卖是买给钟赤星的，她知道钟赤星吃她家的烧卖，最喜欢蘸着她爹调制的香醋。赵队长离开后，小霞才想起来忘记给赵队长打包香醋了，因此特意用细竹筒装了些追出来。

没想到刚追到这里，却看到赵队长被几个凶手围攻，等她喊人的时候，赵队长已被刺倒在血泊中，那几个凶手也逃得没了踪影。

鲜血从赵队长的胸前和腹部流出，染红了他的衣服，也染红了他身下的地面。地上不远处，还丢着他要带回去给钟赤星的烧卖。装烧卖的纸包已经扭曲破裂，烧卖从破口处露出，染上了一层尘土。

小霞惊恐地瞪大了眼睛不知如何是好时，他父亲和几个临近店铺的人也相继赶到了。

见到赵队长倒在血泊中已没了呼吸，有些胆小的人就悄悄溜了，沈老伯和几个常受工人纠察队关照的小摊贩，将赵队长抬到了沈家夜档里。

小霞被吓得够呛，在沈老伯的一再催促下，才战战兢兢地跑向省港罢工工人利益维持队总部的祠堂。

钟赤星他们刚刚结束训练返回总部，就见小霞一脸惊恐地跑进来，上气不接下气地喊道："赤星哥，快，你们的赵队长出事了！"

"什么？"钟赤星闻言立刻蹦了起来，待问清楚是赵队长遇刺被抬到沈家夜档后，二话不说就冲了出去，其他队员也一窝蜂地跟在他的身后向沈家夜档狂奔，小霞被远远地甩在后边。可是当他们奔到沈家夜档时，赵队长早已牺牲了。

"赵队长！"钟赤星狂叫一声，扑向赵队长的遗体。

只见赵队长被平放在一张桌子上，双眼紧闭，鲜血早已染红了他的衣衫。

钟赤星不敢相信眼前这一切，几个小时前赵队长出门时，还在跟自己说话，还说要带烧卖给自己吃，他的笑容仿佛就在眼前，可却再也听不到他的笑声了。

悲伤笼罩着沈家夜档，每个人都在流泪，为失去了一位好师长，为失去了一位好战友，为失去了一位好兄弟。

钟赤星把拳头攥得"咯咯"直响，含泪的眼睛充满血丝，用阴沉得有些吓人的声音问刚进门的小霞："小霞，大叔刚才说是你发现赵队长被坏人刺杀的，你看到凶手了吗？"

小霞难过地摇摇头："对不起，赤星哥，我去晚了，只看到了几个背影。"

"背影也行！快说说，他们都长得什么样？"钟赤星急切地追问。

小霞经过往返祠堂的奔波，情绪已渐渐稳定下来，凭着自小在夜档锻炼出来的好记忆，将那几个人的背影向钟赤星描述了一遍，最后她又说道："好像有个戴帽子的人，个子很高，很瘦，背略微有点驼。"

"好！"钟赤星听完，向桌子上的赵队长遗体深深鞠了一个躬，转身冲出夜档，一头撞进了夜色中。钟赤星身旁的两个队友一把没拉住他，只得跟着冲出夜档，向钟赤星的背影喊道："钟赤星，快回来，等许大叔来了再说！"

但回答他们的，只有夜色中传来的钟赤星近乎嚎叫般的声音："赵队长，你等着，我一定给你报仇！一定……"

钟赤星一口气跑到了码头区，冲入一片棚户中大喊道："小猴子！侯江海！你快出来！"

"喊什么喊？来了！"随着一个懒散的声音响起，一个少年从黑暗中走来。

这个被叫作小猴子的少年，年纪和钟赤星差不多大，梳着小分头，看上去流里流气的。他小脸瘦

黑云压城欲遮天　第六章·祝捷大会

109

腮，细眉毛眯缝眼，眼珠子不停地骨碌碌乱转，透着一股子狡猾劲。身材长得确实像猴子一样瘦，身上松松垮垮地挂着一件半新不旧的短褂，和一条略显肥大的紧腿裤，脚上的布鞋都快磨出毛边儿了。

少年远远地就调侃钟赤星道："这么晚了过来，不会是还没混上饭吃，想在我这蹭一顿吧？"待走到近前，忽然发现钟赤星的脸色不对，于是又小心地问道："你怎么了？眼睛怎么红红的？"

钟赤星脸上的泪水早就干了，他沉声对少年说道："小猴子，赵队长牺牲了。"

"什么？"小猴子大吃一惊，"什么时候的事？怎么回事？"

"就在刚才，离沈家夜档不远，赵队长被几个像是帮会的人刺杀了。"钟赤星瞪着血红的眼睛说道，"小猴子，我来找你，是想让你帮我……"

"好，你说吧，只要是我能做到的，刀山火海决不皱一下眉！"小猴子慷慨地拍拍胸脯。

这个被叫作小猴子的少年大名叫作侯江海，他自小跟钟赤星一样在码头的棚户区长大，因为身体瘦弱干不了活，就一直无所事事地在街头瞎混。前两年因为得罪了一个恶棍，差点被人家打死，恰巧路过的钟赤星救了他，此后他便对钟赤星感恩戴德，成了钟赤星的小跟班。

钟赤星知道小猴子眼皮子杂，三教九流的人都认识，就把小霞描述的那几人背影的样子转述给小猴子，让他帮忙查找线索，并提醒他："有个家人做屠夫的队员说，赵队长的伤口不对劲儿，好像有的伤口是左手用匕首刺成的。"

"凶手中有左撇子？"小猴子重复了一遍，"钟赤星你放心，我一定想办法帮你把这几个凶手都找出来！"

小猴子说话算话，那天起，他便开始走街串巷，找平时和他一样在街上混的熟人打听，赵队长出事那天有没有见过什么可疑的人，认不认识一个有点儿驼背的瘦高个，总在外面混的有谁是左撇子。

接连打听了两天，一点儿消息也没有，小猴子有点儿失望。

那天他又在街上跟几个小混混打探时，一个叫毛三的小混混走了过来，站在旁边一言不发地听他们说话。等小猴子说完了，毛三忽然开口问道："你找这人干什么？谁告诉你他是刺杀赵队长的凶手的？"

"沈家肠粉的小丫头亲眼看到的还能有错！"小猴子肯定地说，"怎么，你认识这个人？"

"不不不，我只是好奇！"毛三说着连连摆手，然后手插进兜里，晃晃荡荡地离开了！

小猴子哪里想到，自己帮钟赤星查找凶手，消息还没打探到，反被"别人"给盯上了。

那天晚上，他前脚刚从沈家夜档出来，后脚就有几个手持棍棒的流氓冲进了夜档，二话不说一阵猛砸。

"你们干什么！我们招你们惹你们了？"小霞急得红了眼，大叫着要冲上去拼命，被沈老伯含着泪硬拉了下来。

小猴子听到身后传来砸东西的声音，回头瞄了一眼，想了想，最后还是溜走了，边跑还边嘟囔："留得青山在，不怕没柴烧！小霞妹妹，哥哥对不住你了！等我把消息都打探清楚，让你赤星哥帮你把这个仇和赵队长的仇一并报了！"

那些流氓将沈家夜档里的东西砸了个稀巴烂后，其中一个领头的胖子，恶狠狠地踢了沈老伯一脚，还丢下一句话："告诉你们，以后少管闲事！不然你们的下场就跟这些破桌子烂板凳一样！"说完带着手下扬长而去。

"爹，他们为什么要为难我们？"小霞哭着问。

"爹也不清楚，爹只知道，我们做了对的事，而他们，迟早会遭报应的！"沈老伯抱着小女儿缩在角落瑟瑟发抖，看着一地狼藉，默默地流下了眼泪。

第七章

风云骤变

1

因为赵队长的牺牲，给原工人纠察队的秘密训练，蒙上了一层悲伤的阴影。

而在广州四标营的驻地里，教导团的日子也不好过。

自从东校场"护党"祝捷大会结束后，张发奎、黄琪翔等盘踞在广州的所谓革命的国民党左派，不仅撕下了革命的伪装，开始暗中破坏工人运动，对一向支持工人运动的第4军教导团，也是越来越不放心。

为了能将教导团牢牢控制在手中，他们最终想出了"掺沙子"的损招，就是往教导团派出一批反动军官，监视教导团官兵的一举一动。

　　这天上午一辆军绿色的大卡车忽然驶进了教导团的驻地，从驾驶室下来了一位四十岁出头，腰佩手枪，足蹬皮靴的军官。此人中等个头，身形偏瘦，细眉小眼的脸上总是挂着笑，看上去仿佛很和善，但若是仔细观察就会发现，这人的笑总给人一种笑里藏刀的感觉。

　　那个军官下了车后，先昂着头四下扫视了一圈，然后一挥手，卡车后面车厢的挡头放了下来，车厢里的半车官兵稀里哗啦地跳下车，很快站成两列纵队。

　　"报告！"团部的值日官跑到那个军官的面前立正敬了个礼。

　　"你们团长呢？"那个军官回礼后问道。

　　"报告长官！我们杨团长有事外出了。"值日官立正回答。

　　"外出？"那个军官皱了皱眉，"那现在团部谁负责？把他叫过来。"

　　"是！您稍等，我这就去请李参谋来！"值日官说完，转身跑向团部。

　　几分钟后，李参谋来到卡车前。

　　"我是教导团作战参谋李维义，请问长官有何指示？"李参谋敬礼问道。

"你就是李维义啊……"那个军官回了个礼，皮笑肉不笑地扫了李参谋几眼，"我是朱勉芳，新任第4军教导团参谋长，命令你们接到了吧？"

"是，参谋长，命令接到了，杨团长说您另有公务要处理，会稍晚些才到任。"李参谋听说面前之人，就是组织上特别要他留意的张发奎亲信，表面上并没有流露出特殊的神情，只是例行公事地做了简短回答。

"总指挥部为了充实教导团的力量，从各部抽调了一批优秀官兵，我就是挑人去了，所以才晚来了几天。"朱参谋长指指身后的那两排官兵。

朱勉芳嘴上说得冠冕堂皇，其实他是回老家帮反动地主家庭抢占农民土地去了。

只不过祝捷大会后，上峰催得急，他才不得不暂时放弃在老家的巧取豪夺，赶回广州到教导团上任。至于他身后的这些人，一部分是他在反动军阀部队混迹时的亲信手下，一部分是张发奎派给他的反动军官，根本不用挑选，都是极端仇视工农革命运动的死硬分子。

就这样，教导团莫名其妙"空降"了一位朱参谋长，各营连也都多了几个被上峰器重的"革命骨干"。

朱勉芳到职后下达的第一道命令，就是召回协助执信中学军训的官兵。

不仅如此，他还密令自己的亲信，暗中调查曾帮助原工人纠察队训练的官兵，但因这项任务当时就是秘密进行的，现在又停止了，所以他们的调查没有任何结果。

甘南火他们在执信中学接到命令后，立即匆匆赶回驻地。

朱勉芳和他的亲信到了之后，教导团内再没有了以往的团结和活力，每个人都变得谨小慎微。甘南火等了半天，好不容易才等到一个机会，和李参谋在营房的一角单独说话。

"李参谋，军训刚刚有了点儿效果，为什么要终止啊？"甘南火不解地问道。

"这是朱参谋长下达的命令，杨团长也不好说什么。"李参谋轻声解释道。

"来了姓朱的这伙人，教导团的日子恐怕以后更不好过了。"甘南火心里这样想着，嘴上可没有说出来。

因为昨天朱勉芳和他的人到了后，晚上李参谋就私下暗示过甘南火，这朱勉芳既是张发奎的表弟，也是张发奎的心腹，据说是个无恶不作的老兵痞，在反动军阀的军队中混过很多年，阴险、狡诈、残忍。张发奎这次派他来，就是不放心叶参谋长在教导团的影响力，和教导团支持工人运动的革命倾向，想用朱勉芳他们"掺沙子"，监视教导团的一举一动，收买、分化一些意志不坚定的官兵为他们所用。

"所以现在一举一动，一言一行都要特别注意。"昨晚李维义曾严肃地叮嘱过甘南火。

　　甘南火还知道，昨晚朱勉芳他们刚一到教导团，就打着关心官兵生活的旗号，找一些军官和士兵进行过单独的谈话。

　　就是不知道今天从执信中学撤回来的事，是否和昨天的秘密谈话有关。

　　"想什么呢？"李参谋的问话打断了甘南火的思绪。

　　"我在想……"甘南火刚想把自己的疑惑说出来，就看到有一个军官跑着来找李参谋，急忙止住了话头。

　　李参谋赞许地看了他一眼，示意他先离开。

　　甘南火的疑惑不是没有道理的，这个阴险狡诈的朱勉芳，在收买人心方面确实有自己的一套方法，用他的话说就是：人都是有弱点的，要钱的许给钱，要名的许给名，要官的许给官，什么都不要的，还能用家人或日后所谓的安宁生活来威胁。在他的威逼利诱下，只过了短短几天的时间，教导团里真的出现了"归顺者"。

　　有人偷偷向朱勉芳告密：团部的李参谋，把在驱桂战役中缴获的一些武器弹药，秘密送给了工人纠察队的残余分子。

　　这个消息把朱勉芳吓了一跳，他来教导团的主要目的，就是防止教导团支持工人运动，现在居然有人暗中送武器给那些工人，这还得了？他立即派人秘密清点教导团枪械库中的武器，并给军部写信，请求核对教导团上报的缴获武器清单，但结果却令他大失所望，库存武器和清单上的种类数量完全吻合。

虽然没查出什么问题，但朱勉芳仍不死心。

他一面命令心腹继续暗中调查这件事，收买威胁知情人员，搜集李维义勾结工人偷送武器的证据；一面又命人严密监视李维义的一举一动，包括和李维义有密切往来的人，想从这方面找到李维义的破绽。

李维义发现了朱勉芳对自己的怀疑和监视，却装作什么都不知道的样子，每天照常完成自己的各项工作。

但却减少了和甘南火等人的单独接触。

甘南火明白李参谋的苦心，不但没抱怨李参谋对自己的疏远，还像是有默契一般，也再没主动去找过李参谋。

由于朱勉芳的干扰，教导团的日常工作已没了章法，官兵们对训练也没有以前那么热情和刻苦了。这天下午刚过四点，甘南火他们就已经无所事事了，正在团部外和通信班战友闲聊，李参谋拿着一叠文件从团部出来，擦身而过的时候，甘南火看到李参谋向自己做了一个动作，暗示自己去单独找他。

"现在风声这么紧，李参谋有什么重要的事要找自己呢？"甘南火虽然想不出李参谋找自己的原因，但还是马上找了个借口，悄悄去找李参谋了。

2

　　"怎么了？你看上去情绪不高嘛。"在李参谋的屋中，他看到甘南火如约来找自己很欣慰，关心地问甘南火。

　　"那个朱老虎和他的手下天天在团里搞小动作，弄得团里乌烟瘴气不得安宁，怎么可能情绪高呢。"甘南火叹了口气答道。

　　李参谋皱了皱眉："朱老虎？"

　　"老兵们给参谋长起的外号，大家说他是笑面虎，天天盼着有武松来呢。"甘南火小声告诉李参谋。

　　"胡闹！现在这个时候，还说这些无聊的话。要是给他听到，又不知要生出多少事端来。你以后要注意，不要搅到这种事里。"李参谋轻声严厉地批评甘南火。

　　"是！"甘南火心悦诚服地点头答应。

　　李参谋见甘南火能接受批评，脸色缓和了一些，迅速从衣兜里掏出一封信递给甘南火，低声嘱咐道："想法把信亲手交给叶一民老师，不要让任何人知道！"

119

"是！保证完成任务！"甘南火答道。

"你来我这不是领任务的。"李参谋话中有话地说道。

"明白。"甘南火会意地笑了。

已经几天没去执信中学了，不知道为什么，甘南火竟隐隐有一种迫不及待的冲动。

他一路上健步如飞，没多长时间就到了执信中学的门口。

看门的大爷已经和他很熟了，知道他是学生们的小教官，还是叶一民老师的熟人，问都没问，笑着跟他摆摆手，就放他进了校园。

甘南火径直去了教师办公室，找了个借口把叶老师叫了出来，在楼道的拐角处，看看四下没人，才将藏在腰带中的信交给叶老师。

叶老师对眼前的一切好像并没有感到意外，很平静地接过信，飞快地看了几眼，就把信谨慎地收了起来。

"我知道了，甘南火，你回去转告李参谋，我一定照办。"叶老师对甘南火说。

"是！"甘南火答了一声，又向叶老师确认道："叶老师，就'一定照办'这句话吗？您不需要给李参谋回一封信吗？"

叶一民摇摇头："不用了，我们信任你，不必那么麻烦。"

"我明白了，叶老师，再见！"甘南火向叶一民道过别后，刚走到操场上，就看见梅傲雪和一群学生正准备放学回家。

梅傲雪眼睛尖，老远就看见了甘南火，朝他招了招手："喂！甘南火！"

甘南火跑了过去："你好，梅傲雪同学。"

"同什么学啊，真不嫌麻烦！我都不叫你甘教官！"梅傲雪笑着说，"说了多少次了，叫我梅傲雪就行啦！"

甘南火不好意思地笑了笑："好，梅傲雪！"

跟同学们都打过招呼后，梅傲雪把甘南火叫到了一边："军训怎么停了？你今天怎么自己来学校了？"

"军训是团里通知停的，原因我也不知道。这段时间和大家相处得很愉快，今天正好有时间，就来看看大家。"甘南火明白李参谋和叶老师不想让别人知道他们之间的事，所以没说出来这儿的真正原因，但想同学们了也是实情。

显然，他这一番话让梅傲雪听了十分高兴。

"我们也很想你啊！"她的脸上绽放出一个鲜花般的笑容。

富商家庭出身的梅傲雪生活优越，打小就被父母宠上了天，从来不知生活的艰辛，更无法体会像甘南火这样的同龄人，在经历过无数困苦磨难后的内心！不过，自从上了执信中学后，接触了进步思想的梅傲雪，对革命战士非常敬佩，总希望自己有一天也能投身到革命洪流中，成为时代英雄中的一员！

前些天军训时听甘南火讲了许多的战斗故事后，她早就把甘南火当成了心目中的偶像。

"瞧你这一头的汗，是跑过来的吗？"梅傲雪突然发现，这么冷的天，甘南火的头上竟布满了细密的汗珠。

"我是怕学校放学了……"甘南火话说到一半又停住了。原来刚才他怕学校放学找不到叶老师，耽误李参谋的事，所以一路赶得非常急，和叶老师说话时精神太集中，这会儿才意识到自己满头是汗。

梅傲雪显然是误会了甘南火的意思，两只大眼睛惊喜地盯着甘南火。

甘南火这时也无法向梅傲雪解释，怕放学是为了找叶老师，而不是找同学们。

情急之下甘南火抬手用衣袖去蹭额头，梅傲雪赶紧拦住了他："哎哎，你能不能讲点儿卫生？亏你的战友还叫你小书生呢，你这哪有一点儿文化人的斯文！"

说着梅傲雪掏出一块手帕递给甘南火："喏，本小姐大发善心，这个给你擦汗！"

"谢谢啦！"甘南火愣了一下，才红着脸接过手帕。

这是一块洁白的绸子手帕，四边用月白色的丝线锁了一圈边儿，一个角上，绣着一朵红色花瓣、淡粉色花蕊的小小梅花。

甘南火将手帕在额头上轻压了几下，鼻尖竟闻到一股清香。

"我回去洗干净了再还你。"甘南火看到手帕被汗水浸湿，不好意思地对梅傲雪说。

梅傲雪白了他一眼："谁要你还，留着吧，免得下次再用衣袖擦汗，有辱斯文。"说完捂着嘴笑了起来。

甘南火知道她是在开玩笑，也跟着腼腆地笑了一下。

这时他俩已走到学校门口，同学们都在相互道别，甘南火和同学们都道别后，看着梅傲雪和接她的家人走远，才匆匆返回驻地。

没想到刚进驻地大门，就被几个士兵给拦住，带到了朱勉芳的办公室。

朱勉芳坐在办公桌后面，看到甘南火被带进来，笑眯眯地问他："甘南火是吧？听说你刚刚去了趟执信中学？能不能说说，你干什么去了？"

甘南火心中一惊，自己去执信中学，他们怎么会知道的呢？但听朱勉芳问话的意思，他们只知道自己去过执信中学，并不清楚自己是给李参谋去送信。

"报告长官，我是去看军训时认识的学生了。"甘南火镇静地立正敬礼回答。

"看学生？什么学生？"朱勉芳眼睛一眯追问

123

道。

"就是我军训过的学生。"甘南火答道。

"听说你去执信中学前找过李参谋？能告诉我你们都说了些什么吗？"朱勉芳看似漫不经心聊家常的问话，却令甘南火的心里起了阵阵寒意，看来李参谋果然被这些家伙盯上了。

"报告长官，我找李参谋是去请假。"甘南火镇静地回答。

"甘南火，欺瞒长官后果是很严重的啊！"朱勉芳语气中带着明显的威胁意味。

"属下所言句句属实，并无欺瞒，请长官明鉴！"甘南火不为所动。

朱勉芳又问了几句，见还是问不出什么破绽，就向那几个士兵一扬下巴，其中一个士兵心领神会，走上前在甘南火的身上搜查起来。

甘南火皱了皱眉，没有反抗，任由那个士兵去搜。

"报告，搜到一样东西！"那个士兵从甘南火上衣右侧的底兜中掏出一样东西。

"拿过来！"朱勉芳眯着的眼睛中射出阴冷的凶光。

3

那个士兵把东西交给朱勉芳，朱勉芳把东西拿在手上反反复复地看了一会儿，然后晃动着问甘南火："这是什么？"

甘南火定睛一看，脸上立时像火烧似的红了，原来朱勉芳手中拿的，正是梅傲雪给自己擦汗的白手帕。刚才那个士兵搜身时，自己正想着如何应付朱勉芳，因为身上没有叶老师的回信和任何违禁品，所以没太注意，没想到他们会盯着这块手帕。

"报告长官，这是手帕，是军训的学生送我的。"甘南火硬着头皮答道。

"是女学生吧？" 朱勉芳把手帕送到鼻子下闻了一下，阴阴地问道。

看到朱勉芳这个轻佻的举动，甘南火的心中蓦地腾起强烈的怒火，但前几年的流浪生活让他学会了忍耐。此刻不能和这个笑面虎发生冲突，否则会

牵连到李参谋和叶老师的，想到这里，甘南火强压心中的怒火，表明平静如常地回答道："是的，长官。"

"这手帕真是送你的？还是你帮别人传递的？"朱勉芳还想问出点儿别的什么。

"是送我的。"甘南火答道。

"甘南火，你可知道，私下和女学生交往是违反军纪的，后果是很严重的！"朱勉芳又开始威胁甘南火。

"报告长官，我们没有私下交往，只是在军训时认识而已。"甘南火不卑不亢地回答。

"大胆甘南火！非常时期，竟敢私自外出，和女学生交往！"朱勉芳见甘南火软硬不吃，问不出任何有价值的信息，顿时恼羞成怒，一拍桌子怒吼道："来人！把他给我关禁闭室去！"

"长官，我没有私自外出，我找李参谋请过假的。"甘南火争辩道。

还没把叶老师的回话带给李参谋，甘南火想着不能就这样被他们带走。

"哦，你找李参谋请过假……"朱勉芳听到这儿，示意手下先放开甘南火，小眼珠滴溜溜转了两圈，不知道又想起了什么坏主意。

"去，把李参谋请来，看他怎么说。"朱勉芳有点儿自鸣得意地吩咐手下。

不一会儿李参谋就被找来了，他看到甘南火被朱勉芳扣住后，心中暗暗有些焦急，可又不能表现出来，只能一再说甘南火确实是找他请过假的。

但朱勉芳咬定甘南火和女学生私下交往，给教导团带来了极坏的影响，坚持要关他禁闭，否则不足以警示其他人。甘南火怕李参谋为救自己与朱勉芳发生冲突，就主动认错说自己年幼贪玩，辜负了长官们平时的教诲，愿意去禁闭室悔过，这让李参谋和朱勉芳都有些诧异。

直到看见甘南火手指中夹着一片干枯的金橘叶，并连说了两遍之前自己写给他的要求，他一定照办，李参谋才恍然大悟，"一定照办"是叶一民的回复，甘南火是用这种方法，巧妙地在朱勉芳的眼皮子底下向自己传递情报呢。

"真是个聪明的孩子啊！"李维义不禁暗暗惊喜。

甘南火见李参谋明白了自己的意思，真心地高兴，完成任务的他并不怕被关禁闭。

朱勉芳见两个人都不反对他关甘南火的禁闭了，反而成了丈二的和尚摸不着头脑。

就在甘南火关禁闭期间，朱勉芳又找了他一次，想挑拨他和李参谋的关系，说李参谋已经抛弃了他，放任他被关禁闭都不管，让他揭发李参谋，但甘南火只是一味地装傻，最后朱勉芳被气得扬长而去。

转眼过了几天，忽然有消息传来，说是在驱桂战役中仓皇逃跑的黄绍竑，在广西重整兵马，调兵遣将，想一雪前耻夺回广州。

张发奎闻讯后急忙调集重兵，在广州外围的要点布防。这些部队被调走后，广州城内就只剩下教导团和少数几支部队来防守了。为了安抚教导团，确保广州安全，张发奎特别密令朱勉芳，对教导团内的革命官兵不要压迫太紧，避免引起教导团的不满。

朱勉芳接到命令后，只好悄悄将派去监视杨代团长、李维义和其他革命官兵的人大部分都撤了，又随便找了个理由解除了甘南火的禁闭。

甘南火在禁闭室内，并不知道外面的情况，突然被通知禁闭解除了，不知道是不是朱勉芳又要玩什么新花样。从禁闭室出来后，他并没有急着去找李参谋，而是先回了自己的营房，想找战友问一下最近团里的情况。

果然从禁闭室到营房的一路上，甘南火都感觉到有人在暗中盯着自己。

原来狡诈的朱勉芳一直都怀疑李维义和甘南火之间有什么秘密，而且这个秘密很有可能和给工人送武器有关，只是他的人一直抓不到李维义的把柄。一开始他是想从这个和李维义关系密切的小传令兵身上下手，但没想到这个甘南火看似年幼没心机，其实比老兵油子还难对付，软硬不吃，油盐不进。这次朱勉芳又想借着表面上放松对教导团监视的机会，来个一石二鸟之计，放了甘南火在李维义面前卖个人情，再看看李维义和甘南火放松下来后，是否会露出破绽，没想到还是被甘南火识破了。

甘南火在营房里又是洗澡，又是大吃，又是找战友闲聊打闹，但就是不去找李参谋。

不是他不想去找李参谋，而是不知道现在李参谋的情况如何，如果自己去找他，会不会给他带来麻烦。

而且甘南火坚信，自己解除禁闭的事，李参谋一定知道，如果需要见面的话，李参谋一定会找到一个恰当的理由，不会引起朱勉芳的怀疑。

眼看到了晚上，突然有人传令让他去找李参谋，甘南火虽然不知道是怎么回事，还是立即穿戴整齐赶到李参谋那里。

原来是朱勉芳沉不住气了，他看一天都过去了，甘南火一直不去找李维义，李维义也像不知道甘南火被放出来似的只字不提，分明还是在较着劲呢。现在正是要拉拢教导团的时候，如果因为甘南火的事，和李维义闹得太僵，将来有些事也不好办，所以就主动和李维义说，请他安抚一下甘南火，李维义顺水推舟，终于找到了和甘南火单独见面的好机会。

甘南火一进屋，就被李参谋一把拉住。

"委屈你了！好孩子。"李参谋动情地说道。

"没什么。没耽误您的事情吧？"甘南火此刻表现出和年龄不相符的平静沉稳。

　　"没耽误。你做得很好！"李参谋夸赞道。

　　"我是什么人，你大概已经猜到了吧？"李参谋沉默了一会儿，像是下了很大的决心，问出了这个问题。

　　"是的。"甘南火给出了肯定的答案。

　　"我们要做什么样的事，你也知道吧？"李参谋又问甘南火。

　　"是的。"甘南火点点头。此刻他想到的，都是唐教官当初向他描绘的美好世界。

　　"你愿意加入我们吗？"李参谋好像看到了甘南火的内心所想，再次问他。

　　"我可以参加吗？"甘南火两眼闪着兴奋的光芒问道。因为他曾经听唐教官说过，要成为一名共产党员的话，是要经过很多考验的。

　　"当然可以！"李参谋看到甘南火的反应，非常高兴。

　　"我经过考验了？"甘南火有点儿不自信地问道。

　　"经过了！经过了！你做得非常好！"李参谋高兴地连连点头。

　　"我愿意继续接受考验！"甘南火庄重地说道。

　　"你一定会成为最优秀的共产主义战士！"李参谋兴奋地低声说道。

黑云压城欲遮天

第八章

······· 扩 编 ·······

1

　　虽然没有了教导团教官的指导，为了躲避流氓反动分子的破坏，还要经常更换秘密的训练地点，但省港罢工工人利益维持队中的原工人纠察队的队员们，将赵队长牺牲的悲痛，化作巨大的动力，训练时反而更加刻苦拼命了。只是他们当中原本最刻苦认真的钟赤星，却已经连续多天见不到身影了。

　　原来，为了追查杀害赵队长的凶手，钟赤星早就顾不上什么训练了。

　　即使有小猴子每天早出晚归地在街上打探消

息，怒火焚心的钟赤星还是无法就那么干等着，也大街小巷地四处去寻找线索。

几天下来，人就变得黑瘦黑瘦的。

沈家夜档被砸的这天，钟赤星在街上又转悠了一整天，还是一点儿有用的线索都没找到。

直到夜色已深，街上的行人越来越少，他才拖着疲惫的脚步返回总部的祠堂。

就在快要走到的时候，钟赤星发现祠堂的大门外，一个人影歪靠在墙上，借着天上的月光和远处房屋的灯光，他马上就认出了那个人。

"小猴子！"钟赤星大叫一声，飞快地跑了过去，"你怎么来了？是不是找到凶手了？"

"嗐，别提了，我还没打探到消息，却让别人给盯上了！"看到钟赤星，小猴子一脸沮丧地说。"而且他们一定知道了，是沈家父女第一个发现赵队长遇害的事，结果……"

"结果怎么样？"钟赤星心头一紧，急忙追问道。

"沈家夜档刚被人给砸了！"小猴子说这话的时候，脸上红一阵白一阵的，他当然不好意思说，自己没敢出手相助，只说自己是事后才知道的。

"这帮混蛋！"钟赤星气得一拳砸在灰色的土墙上。

"对了，那你没事吧？"钟赤星关切地问小猴子。

小猴子摇摇头，脸上现出得意的神色："当然没事儿，我是谁啊，我可是小猴子，哪能被那帮混蛋轻易抓住！"

　　"那就好。我得去趟沈家夜档，他们一定被吓坏了！"钟赤星松了口气后说道。

　　"我陪你去！"有钟赤星壮胆，小猴子这才敢去看看。

　　他们一路小跑，没一会儿就到了沈家夜档，掀帘进去，看到沈家父女正在收拾东西。

　　"赤星哥，你可来了！"小霞一见到钟赤星，立刻委屈地掉下了眼泪。

　　"大叔，小霞，对不起，都是我不好，为了找凶手连累了你们！"看着眼前的一片狼藉，钟赤星深感歉疚。

　　沈老伯连连摆手："你这孩子说的是什么话，什么连累不连累的。赵队长平时常来光顾我们，有坏人欺负我们时，他也没少给我们撑腰出气，现在他走得不明不白，我们也想知道到底是谁害了他呢。"

　　"就是！"小霞接过话头说，"那些坏蛋，以为砸东西我们就怕了吗？我偏不怕他们！赤星哥，你一定要找到凶手，给赵队长报仇！我们这边来客人吃饭的时候，我和爹爹也会留心帮你打听，看能不能找到有用的东西。"

　　"小霞，你别冲动！"钟赤星急忙劝阻小霞，

133

"你们保护好自己才是最重要的，找凶手的事有我和别的大哥哥呢。"

小霞看钟赤星急得什么似的，就抹了把眼泪点点头，不再多说了。

帮沈家父女收拾完，钟赤星跟小猴子便分头离开了。

返回总部祠堂的路上，钟赤星想着以前跟赵队长相处的往事，好几次差点儿没忍住眼泪。

第二天一大早，钟赤星又跑到赵队长遇害的地方。那周围原本有不少商铺，他已经打听了好几次，可遗憾的是，这些日子街上不太平，人也少，所以除了沈家的夜宵摊子，在那个点还开张的并不多，而且就算听到外面有什么动静，也没几个人敢出去瞧。

钟赤星总是找不到线索，急得见人便拦住问。

当问到一个身穿黑色外套、头戴一顶礼帽的人时，那人竟停住脚步，眼睛在礼帽后看了钟赤星一会，反问道："你打听这事干什么？"

钟赤星觉得有戏，立刻惊喜地追问道："大叔，你是不是看到了什么？那天被刺杀的人是我们队长。"

"哦！"那人低着头，好像在仔细回想。因为帽子压得低，钟赤星完全看不见他的脸。"我每天都走这条近道回家！那天晚上我正好路过这里……"

"真的？那你快告诉我，那晚到底发生了什么事！"钟赤星一把抓住了那人的胳膊。

那人似乎被抓疼了，甩了甩胳膊，钟赤星连忙不好意思地放开手。

"我看到有几个喝醉了酒的流氓，在那的街上打了起来，就躲在了远处的墙根下，想看看热闹。"那人继续说道："后来来了个劝架的，不知怎么着，他们就打到一起了，还动了刀子。我吓得够呛，就赶紧回家了。"

"流氓打架？"钟赤星听到那人的话后大吃一惊！

"是啊，你说的那个队长，大概是因为劝架，才被人误伤的吧。"那人说着又瞄了钟赤星一眼，"这世道太乱，可不能多管闲事啊，搞不好会被误伤的。"

那人说完不理愣住的钟赤星，脚步匆匆地离开了。

难道赵队长真的是因为流氓打架被误伤，并不是被反动派暗杀的？

可凭赵队长的身手，几个喝醉了酒的流氓，怎么能伤到他呢？

况且既然动了刀子，怎么会打架的人毫发无伤，只有劝架的赵队长一个人中刀呢？

钟赤星的脑子越想越乱。

"这人真的看到了吗？"当钟赤星想找那个黑衣人再确认一下的时候，却发现那个黑衣人早就走得不见了踪影。

钟赤星正懊悔自己怎么就没问清楚，不知道什么时候才能再找到那个人，忽然听到有人喊他的名字，原来是队友奉许大叔的命令来找他，让他赶快回队里，说有大事发生。

自从赵队长牺牲后，经广州地下党组织决定，由许大叔接替赵队长的工作，成了省港罢工工人利益维持队的新队长。

许大叔原是广州的一名产业工人，省港大罢工时，他和赵队长一样，都是省港大罢工工人纠察队的领导者，跟赵队长既是战友，也是好友。就是在那时，赵队长将钟赤星介绍给许大叔认识，许大叔也和赵队长一样，非常疼爱这个小家伙。

但此时却一点儿也看不出许大叔对钟赤星的疼爱，从被队友在街上叫回来，他已被许大叔批评得抬不起头来，像个受了极大委屈的孩子似的，耷拉着脑袋站在一脸严肃的许大叔面前一言不发。看着被痛苦和仇恨煎熬得瘦了一圈的钟赤星，许大叔心里像针扎似的，然而如果不帮钟赤星克服无组织无纪律的坏毛病，他就不可能成长为一名合格的革命战士，许大叔心里的矛盾，可能只有已牺牲的赵队长才能理解了。

"好了，你也别再委屈了，通知你一件事，从现在开始，你不再是省港罢工工人利益维持队的队员了。"许大叔缓和了一下口气说道。

“什么？”钟赤星一听这话立刻蹦了起来，“为什么？为什么开除我？”

2

“谁说要开除你了？”许队长没想到钟赤星误会了自己的意思，看他着急的样子，急忙安抚地反问他。

“那你是什么意思？”钟赤星瞪大眼睛问道。

“我的意思是你要去执行新的任务！”许队长严肃地说。

“什么任务？是给赵队长报仇吗？找到凶手了吗？”钟赤星一连串地追问。

“赵队长的仇我们一定要报！”许队长坚定地说道，“凶手现在还没有找到，你和队友们是要去接受改编，成为真正的军人。”

原来，张发奎为了对付黄绍竑桂系军阀的反扑，将所属部队都调离了广州，使得广州基本变成了一座空城，为了加强广州的防守力量，叶参谋长提议扩编第4军警卫团。这个警卫团组建时间并不长，原本只有两个营，第1营是由原来的第4军军部特务营改编的，第2营则是由原来桂系第8军特务营改编，官兵成分十分复杂。张发奎同意扩编第3营的建议后，在叶参谋长的帮助下，广州地下党决定从省港罢工工人利益维持队中，挑选300名原工人纠察队的骨干队员，编入第3营，为下一步的革命斗争积蓄力量。

钟赤星可不知道这些情况，一听说是要去自己痛恨的国民党部队当兵，因赵队长牺牲压抑了很久的怒火，此刻也立即一起爆发了出来，扯着嗓门吼起来："我不去！我不要和那些兵痞在一起！我要给赵队长报仇！"

"钟赤星！你以为只有你一个人想给赵队长报仇吗？你擅自放弃训练，找了这么多天，找到凶手了吗！"许队长见钟赤星又要违反纪律，厉声质问他。

"我……"钟赤星一句话堵在嗓子眼，"我早晚会找到的。"

"早晚？早晚是什么时候？"许队长继续厉声质问，"你要是一直找不到，难道还打算一辈子什么事都不做了？"

"我……"钟赤星无言以对。

"赵队长总说你优秀，说你是听得进去道理的孩子。你就是这么优秀的？"许队长一脸恨铁不成钢的表情。

"赵队长的仇是仇，老百姓的仇就不是仇吗？你是打算给赵队长一个人报仇，还是给全天下所有被欺压的老百姓报仇？"见钟赤星被自己批评得不再吱声，许队长稍微缓和了一下口气，继续开导他。

"是啊，自己当初就是为了给受欺负的老百姓出口气，帮被反动派迫害的老百姓报仇，才一定要赖着赵队长加入工人纠察队的，可现在赵队长一牺牲，自己怎么连这个伟大的目标都忘了呢……"钟赤星的心中充满了懊悔。

许队长看着眼含热泪的钟赤星，叹了口气说："赤星啊，我相信你能理解，杀害赵队长和欺压老百姓的都是一伙人。若不是赵队长碍着了他们，又怎么会平白招来杀身之祸呢？"

"现在让你们编入警卫团，就是要名正言顺地拿到武器，壮大我们的力量，只有这样，我们才能给赵队长报仇，才能给全天下所有被欺压的老百姓报仇。"许队长语重心长地开导着钟赤星。

许队长的话，让钟赤星的心中豁朗了许多，这些天压抑的悲伤、仇恨和苦闷，终于稍稍得到了缓解。

而且他隐隐地意识到，去警卫团一定不会是这么简单的事，肯定后面还隐藏着组织上的重大秘密，赵队长的牺牲可能和这件事也有关系呢。

想到这里，钟赤星抹了抹眼睛，向许队长保证道："我明白了，许队长，我服从命令，明天和大家一起去警卫团。"

许队长听后笑了，他也像赵队长生前那样，摸了摸钟赤星的脑袋："好，赵队长没看错，你果然是个听得进去道理的好孩子。"

从祠堂里出来，钟赤星没有马上回去收拾行装，而是一个人在大院内里里外外转了几圈，打算把这里的一切都深深地刻进脑子里。

就在钟赤星为当兵做着准备时，教导团的甘南火也面临着新的考验。

因为表面上张发奎虽然放松了对教导团的限制和监视，但教导团内朱勉芳和他的手下，却一刻也没有停止对共产党秘密党员和革命官兵的追查迫害，只是变得更隐秘了。李维义和广州地下党的联系越来越不方便，为此他决定将甘南火正式发展为秘密交通员，专门负责他和叶一民之间的联系。

上次甘南火为自己和叶一民传递情报，成功躲过了朱勉芳的盘查，表现得非常出色，李维义对他充满信心。

但甘南火对自己反倒没有那么大的自信，听李参谋说要自己做他的秘密交通员后，甘南火既激动又感到压力巨大，他知道秘密交通员的重要，也感谢李参谋对自己的信任，可自己毕竟经验太少了，能胜任这个任务吗？

李参谋为了增强甘南火的自信，一直在鼓励他。

李维义这面的问题解决了，叶一民也发展了自己的秘密交通员，就是执信中学的女学生梅傲雪。因为军训已经被阻止，叶一民和甘南火没有了必须经常见面的理由，如果继续直接联系的话，时间长了一定会引起朱勉芳和他手下的怀疑，所以李维义和叶一民才想到这个办法，由交通员之间见面传递情报。

梅傲雪虽然出身富商之家，但心地善良，有救国救民的思想，对革命的热情很高，尤其是在叶一民的引导下，接触了进步思想后，更是对北伐和工农运动表现出十分支持的态度，曾多次参加进步学生的宣传活动，所以叶一民一直在有意培养她。

这次考虑秘密交通员人选时，叶一民首先想到的就是她，因为她还有一个得天独厚的条件，就是她的家庭背景，那将成为她很好的身份掩护。

叶一民和梅傲雪的正式谈话很顺利，梅傲雪对他的共产党员身份并没感到惊讶，原来她早就从叶一民之前的教诲中，猜出了他的真实身份。对于要交给自己的任务，梅傲雪更是欣然接受，因为这是她一直以来热切期盼的。

两个交通员定下来后，第一次的正式接头，被安排在了沈家夜档。

在进沈家夜档之前，梅傲雪发现街对面有一家专卖双皮奶的档口，立刻抬不动腿了。

这双皮奶是广东独特的甜品，源自佛山的顺

德，好的双皮奶有上下两层奶皮，上层甘香爽滑，下层味厚浓郁，吃起来滑嫩可口，唇齿留香，实在是让人欲罢不能，是梅傲雪无法割舍的最爱。

梅傲雪忍不住到档口买了三份双皮奶，一份留给甘南火，另两份则是她和小霞的。

梅傲雪曾听甘南火说起过沈家夜档的这个小丫头，当初要不是她出面阻止，甘南火他们有可能就会莫名其妙地和一群工人纠察队的人打起来。

对这个爽快勇敢的小丫头，梅傲雪既好奇又喜欢，一直想找个机会见见本人，只是平常都是放学就回家，或者去同学家里玩，没有一个人晚上出来逛街的习惯，所以到现在才第一次来这里。

正好还可以借这个机会，尝一下甘南火念念不忘的沈家肠粉。

3

此时的沈家夜档，基本没什么客人，虽然广州人爱吃夜宵，但在这兵荒马乱的年月，很多人还是选择了待在家里。

沈家夜档原来的桌椅碗筷被那帮流氓砸烂后，又添置了一些新的，这都是省港罢工工人利益维持队的队员们帮着凑钱买的。

梅傲雪进门后，找了张靠角落的桌子坐下，小霞马上笑着迎了上来。

"这位姐姐，你吃点什么？"小霞甜甜地问。

"你就是小霞吧？"梅傲雪笑着问。

小霞愣了一下，叫自己名字的都是和自己熟悉的人，可这位打扮得像学生的漂亮姐姐，看上去却很眼生呢。

看到小霞愣在那里，梅傲雪马上明白是自己有点唐突了，连忙解释说："我是从甘南火那里知道你的。"

"甘南火？哦，你说的是那个和气的兵哥哥啊。"小霞想了起来，"上次赤星哥误会了他们，还差点儿打起来呢。"

"对，就是他，说你家的肠粉特别好吃，一定要我来尝尝。"梅傲雪笑着把双皮奶递给小霞，"给，见面礼。"

两个女孩子一个活泼开朗，一个亲切热情，几乎一见面就成了好朋友。

当甘南火从教导团一路小跑着来到沈家夜档时，这两个女孩子已经一边吃着双皮奶，一边嘻嘻哈哈地聊起天了。

虽然是第一次接头，但甘南火和梅傲雪并没有显得特别紧张，反而显得像好朋友见面一样，非常的自然。

梅傲雪招呼甘南火过去坐，还说要请他吃好吃

的。

甘南火赶紧摆手："还是我来请吧，有件事我还要向你道歉呢。"

听甘南火这么一说，梅傲雪马上好奇起来，瞪着一双亮晶晶的大眼睛看着甘南火，等着他"主动坦白"。

甘南火脸微微有些红地对梅傲雪说："抱歉，你送我的手帕我没收好，给弄破了。"

原来甘南火被解除禁闭时，朱勉芳的手下虽然把手帕还给了他，但上面不知道被哪个混蛋的烟头烧出个大洞，甘南火心疼得半宿没睡着觉。

梅傲雪听甘南火讲了事情的经过，见他从兜里拿出洗得雪白、叠得异常整齐的手帕上，果然有一个小手指肚大的烟洞，眼睛立时闪出奇异的亮光，轻声安慰满脸痛惜之色的甘南火："没什么，一块手帕而已，你先把这个给我，下次我再送你一块。"说着把手帕收了起来。

"这个朱老虎这么阴险，你以后可得小心点儿啊。"见小霞去招呼新来的客人，周围没人，梅傲雪转移了话题，轻声提醒甘南火。

甘南火点点头，压低声音："咱们都得小心点儿，那个朱老虎估计现在还在盯着我呢！"

"那你这么出来不会有问题吧？"梅傲雪有点儿担心地问道。

"应该没问题，现在朱老虎收敛了很多。"甘南火对梅傲雪说，"再说我就是请假出来吃个夜宵而已。"

说起吃夜宵，甘南火坚持要请客，梅傲雪也不好太驳他的面子，跟他说好下次自己请后，也就随他了。

甘南火点了沈家的招牌肠粉，云吞面和艇仔粥。

小霞把他们点的东西端上来后，梅傲雪吓了一大跳。装牛肉肠粉的是一只方盘，里面的四卷肠粉满满当当，晶莹剔透，看上去分量十足。中间的一只白瓷大海碗里，盛的是三鲜云吞，清澈的汤底里静静地卧着一团竹升面，和七八只用虾肉、猪肉、韭黄为馅制成的胖嘟嘟的云吞。再加上那一大碗恨不得有十几种配料的艇仔粥，桌子都快摆满了。

梅傲雪看看这些吃食，又看看甘南火，面露难色。

甘南火会错了意，连忙介绍说："这里的肠粉极其美味，你尝尝，很卫生的。"

"不，不，我不是说卫生，我是说，这也太多了！"梅傲雪笑了。

"没关系，有我呢，我能吃！"甘南火自信地说道。

"你是请我呢，还是请你自己呢？"梅傲雪取笑甘南火。

甘南火听梅傲雪的话，才知道自己失言了，一时不知道该怎么回答，脸都憋红了。

"好了，开玩笑呢，快吃吧。"梅傲雪说着夹起一块肠粉放在甘南火面前的碟子里。

然后给自己也夹了一块肠粉，放在嘴中嚼了几下，不住地点头称赞。

梅傲雪每样都吃了一点儿后，就表示自己吃饱了，甘南火再怎么让她也不动筷了，只是笑着看甘南火风卷残云般，把桌上的美味一扫而光。

这次接头只是简单地交换了一下两方面目前的情况，没什么重要文件要传递，李维义和叶一民也是想测试一下，这种方式是否安全。甘南火和梅傲雪两人抓住没人在身边的机会，装作边吃边聊的样子，很快就把情况通报完了。

"这里闹中取静，沈家父女又心向革命，而且东西还好吃，实在是最理想的地方了。"见甘南火吃得开心，梅傲雪就提议把下次的接头地点还是放在这儿。

甘南火自然没有异议。

跟梅傲雪分手后，甘南火回到了驻地，一个影子一直跟着他，最后进了朱勉芳的办公室。甘南火猜得没错，朱勉芳果然没有放弃对他的怀疑，从他一出驻地就一直有人在暗中跟踪，只是没有抓到任何把柄而已。

就这样在朱勉芳的严密监视下，一条连接教导团和广州地下党之间的秘密交通线，通过甘南火和梅傲雪安全地建立起来。

几天后，教导团接到了一道新命令，要求从团里调一批骨干到警卫团第3营去加强力量，随命令一同下来的还有一份调动名单，其中就包括李维义和甘南火。

大家不知道的是，这条命令虽然是张发奎签发的，但名单却是叶参谋长拟定的。

接到命令后，甘南火虽然心中舍不得教导团的这些战友们，却明白组织上这么安排，其中一定有自己不知道的原因，所以立刻做好出发的准备。尤其令他安心的是，李参谋也会一起去警卫团，而且还名正言顺地直接领导自己了。

这边李参谋带着大家有条不紊地做着准备，那边朱勉芳可坐不住了。

他一直重点监视的两个可疑人物，竟然一下子都要脱离自己的视线，这怎么了得？不管怎么说，自己都要抓住李维义的把柄，才能向表哥张发奎去邀功请赏。

为了继续监视甘南火和李维义，朱勉芳费尽了心机。

他本打算把自己的人也安插到警卫团去，继续跟踪监视李维义和甘南火，但他不管找什么理由想增加或替换去警卫团的人，都被杨代团长以"上面直接下达的名单，不可私自更改"为由给挡了回去。

最后朱勉芳没办法，只得请上面协调，想以警卫团点名要调人的方式，把自己的人安插进去，但警卫团的团长根本不想他的势力渗透进去，竟回复说让他把相关情报都转给警卫团，由警卫团派人来继续监视，朱勉芳怎肯将要到手的功劳送给别人？结果是不了了之，气得朱勉芳在办公室不住地骂娘。

但这个朱勉芳毕竟是阴险狡诈之徒，骂累了之后，又想出一条毒计，他把曾跟踪监视过李维义和甘南火的人，全都叫了去，威胁说因为他们的失职，没能及时找到两人叛党作乱的罪证，给部队留下了隐患，现在命令他们戴罪立功，从教导团和两人有密切关系的人入手，想办法找到线索，否则二罪合一，必定重处。

李维义和甘南火虽然离开了教导团，但从教导团伸出的黑手，还是不肯放过两人。

黑云压城欲遮天

第九章

········ **不打不相识** ········

1

没能将自己的心腹安插进警卫团的朱勉芳并不死心，他利用自己的职务之便，找各种借口阻挠李维义等人，硬是将他们去警卫团的时间拖后了两天。

在这两天的时间里，朱勉芳像条疯狗一样，不分白天黑夜，将所有要调到警卫团的近百人，都叫到他的办公室进行了一次单独谈话，对每个人都施展出他那套威逼利诱的手段，企图胁迫或收买意志不坚定者，并故意让所有人都知道他在这么做。

朱勉芳的这条诡计果然毒辣，弄得这些人还没到警卫团，就开始人心惶惶。

　　因为谁都不知道是否有人被朱勉芳收买，是否有人被朱勉芳胁迫，身边的人可以相信谁。

　　李维义和这些人中的秘密党员却没上朱勉芳的当，因为他们相信彼此对党和革命事业的忠诚，相信彼此的高尚情操和品格，绝不会做出背叛自己信仰的事情。

　　但朱勉芳的毒计还是给他们带来了很大的麻烦，因为到警卫团后，他们必须要对一些人做甄别，这不仅会削弱革命的力量，还会挫伤一些人的革命积极性。

　　当然甘南火是不用排在被甄别之列的。

　　此刻他正意气风发地紧跟着走在队首的李维义身后，昂首阔步行进在广州的马路上，在他的身后是近百名精神抖擞的军人，正在奔赴新的战斗岗位。

　　摆脱了朱勉芳的阻挠后，李维义带着这些被调往警卫团的官兵，终于顺利到达警卫团。

　　在警卫团的驻地外，早有几名军官在等着他们。

　　他们被直接带往操场，那里早已有一支约300人的队伍在列队站立，每个人都穿着崭新的军装，没配武器。他们到达后，被要求在这支队伍左侧的空地上列队。

　　这时，一群官兵簇拥着一个军官来到了两支队伍前方长官训话的地方，甘南火见李参谋跑步上前报告，才知道这个军官就是警卫团的团长。甘南火不知道的是，这位新上任的警卫团梁团长，其实是一位中国共产党的秘密党员，是叶参谋长推荐给张发奎的，目的就是要掌握这支新组建的部队。

梁团长先是给操场上的全体官兵做了简短的动员，告诉大家警卫团是一支革命的队伍，忠诚执行孙中山先生的三民主义，希望大家加入后，继承第4军北伐精神，打倒反动军阀，为天下民众谋幸福。虽然话不多，但是很实在，也讲得慷慨激昂，大家鼓掌时听得出很多人还是发自真心的，甘南火也觉得这个团长和许多第4军的军官不太一样。

接着，梁团长又宣布了新编的第3营营连长等长官的任命。

甘南火听到李参谋被任命为第3营副营长，心里就在想，以后要叫李副营长了。

梁团长宣布完任命，鼓励了营长、副营长几句，就先被簇拥着离开了。

营长没有训话，而是让各连长按照事先编好的花名册点名，按1、2、3连的顺序，先把队伍分好，然后带回各自的营房。让老兵带着新兵，以班为单位去团总务股领被服等用品，先都各自安顿好，明天早晨再按军中要求出操。

甘南火之前在教导团时听李参谋说过，这次新编的第3营是采取混编的办法，就是把教导团的人和新扩招的原工人纠察队的队员，打散后再重新编成，用教导团的老兵带工人纠察队的新兵，这样可以快速形成战斗力。

随着各连长的点名，操场上站在原来位置上的人越来越少，1、2连已经被带走。

"看来营部的人是排在最后点名了。"甘南火这样想着，因为他知道这次来警卫团，他干的还是传令兵，只不过是营部的了，李参谋是这样说的。

"不知道要和哪些人成为新的战友了。"甘南火看着越来越少的人，开始四处张望，突然发现一个穿着新军装的身影很眼熟，想起了李参谋说过这些人都是原来工人纠察队的，不由心中一动，"难道会是他？"

3连连长点完名带着人走后，操场上已没有几个人了，这时候李参谋开始点名。

"钟赤星！"当听到李参谋叫到这个名字，甘南火终于确认了自己的判断没错，那个熟悉的身影，还真是差点儿打过一架的那个浑小子。

"甘南火！"听李副营长叫到这个名字，钟赤星也是一愣，待看到甘南火应声来到李副营长身前，才认出他来，不禁在心里想到了"冤家路窄"这个词。

两个人彼此略带敌意地对视了一眼。

李维义安排好营部的其他人员后，来到两个人面前说道："钟赤星，甘南火，你俩握个手认识一下，以后你俩就是营部的传令兵了。"

两个人沉默了一下，谁也没有伸出手，只是彼此看着对方。

"怎么？你俩之前认识？"李维义感到蹊跷地问。

"他就是那天晚上浑不讲理找茬的人。"甘南火有些耿耿于怀地答道。

"你才浑不讲理呢！"钟赤星要爆发的样子。

"好了，好了，我知道了。"李维义马上明白了是怎么回事，"甘南火，你先去营部等我，我带钟赤星去营房，一会儿就回来。"

"是！"甘南火立正敬礼后转身向营部走去。

钟赤星对李维义没有偏袒明显和他很熟的甘南火感到有些奇怪，用戒备的眼神看着他。

李维义好像没在意，边走边和钟赤星聊起来。

甘南火在营部等了没多久，就看到李维义带着钟赤星走进来。

"对不起！是我误会你了，我向你道歉！"钟赤星主动向甘南火伸出手诚恳地说。

甘南火一下子愣在那里，这才多大一会儿工夫，李参谋用了什么妙计，这么快就说服了这个浑小子？

"甘南火，还记得我昨天晚上和你说的那个勇敢的小纠察队员吗？那个小队员就是钟赤星。"李维义笑着对甘南火说。

"啊！是他？"甘南火指着钟赤星有点儿不相信地问道。

原来，许队长怕钟赤星在警卫团惹祸误了组织上的大事，又不想因此放弃这个好苗子，就把他的情况向组织上做了汇报，请警卫团的同志帮助钟赤星，李维义就这样了解了钟赤星的情况。刚才去营房的路上，李维义暗示知道许队长和钟赤星的关系，并讲了甘南火的身世，这才打动了钟赤星。而昨晚李维义也和甘南火讲了钟赤星在省港大罢工时的英勇事迹。

见李维义笑着点头，甘南火也急忙向钟赤星伸出手，连声说："对不起，对不起，是我不好，是我误会你了。"

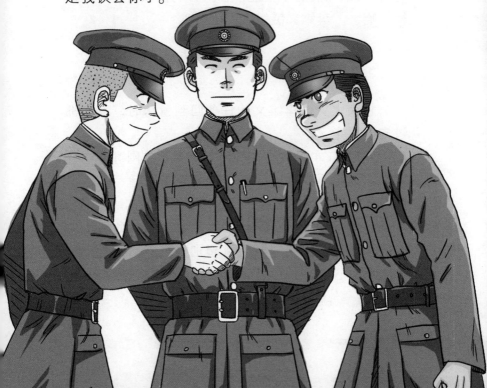

两个少年的手瞬间握在了一起，两个少年的心中，也瞬间接受了对方。

李维义看两人之间的误会解开了，笑着对两人说："甘南火，你先带钟赤星去领被服用品，然后回营部，我还有任务要你去。"

"是！"甘南火立正敬礼。

"是！"钟赤星也想学甘南火的样子立正敬礼，但动作走形，让人忍俊不禁。

看到李维义和甘南火脸上强忍住的笑，钟赤星不好意思地伸手挠挠军帽里的头发。

两个人走出去后，李维义在屋内听到钟赤星的声音："你一会儿就先教我敬礼吧。"

"如果他们两个要能学会对方的优点，那可是不得了啊！"李维义感慨地想到。

2

甘南火完成李维义的任务回到营房时，下午都过去一大半了。

"你怎么才回来？"钟赤星一把抓住刚进屋的甘南火，为了早点和这个新交的好朋友说话，钟赤星急得下午不知道在屋里转了多少个圈了。

甘南火简单说了两句公事后，就和对此并不关心的钟赤星，兴高采烈地聊起别的来。

当听甘南火说起沈家夜档的肠粉如何好吃，自己如何如何喜欢时，钟赤星更是来了兴头，非要拽着甘南火立马就去沈家夜档请他吃肠粉，说是要为那天的无礼赔罪，连晚饭都不在军营里吃了。

甘南火告诉钟赤星，这里是军营，不允许随便外出，必须要请假，钟赤星又立刻拖着甘南火去营部找李维义请假。

看到钟赤星拽着甘南火闯进来，李维义还真是吓了一跳，以为两人又发生矛盾了呢，待听到钟赤星请假的理由后，他不由得笑了，虽然准了两人的假，但还是告诫钟赤星，这是他进军营的第一天，所以特别破例，以后不可因这样的理由请假，又悄悄暗示甘南火照顾好钟赤星，不要让他惹事。

两人兴高采烈地来到沈家夜档，一进门钟赤星就发现小猴子竟然也在，强行压在心底的为赵队长报仇的渴望再也无法抑制，他顿时顾不上甘南火了，一个箭步蹿到小猴子的桌子前："小猴子，你怎么也在这儿？是不是凶手有线索了？"

军装在自己眼前一晃，把小猴子吓了一跳，筷子上的炒河粉又滑回了盘子中。

等看清是钟赤星后，这才长出了一口气。

"原来是阿星啊，我这不是不放心沈老板他们，特意来再看看嘛！顺便教教他们万一那帮混蛋再来找麻烦该怎么说。对了，你怎么来了？"小猴子上下打量了钟赤星几眼，"怎么还穿了身军装？"

"这么说还是没找到线索？"钟赤星还不死心地

追问。

小猴子无可奈何地点点头。

"甘大哥，你来了。"小霞的声音提醒了钟赤星，他这才想起还带了个人呢，连忙伸手把甘南火拉过来，对小猴子说："这是甘南火，是我的好战友，也是好兄弟。"

小猴子把筷子往桌上一丢，站起来冲甘南火一抱拳："甘兄弟，你好，我叫侯江海，是阿星的好兄弟，他们都叫我小猴子，这街面要是有事尽管来找我。"

"赤星哥，甘大哥，你们怎么一起来了？赤星哥，你怎么也穿了军装呢？"小霞好奇地问钟赤星。

"是啊，阿星，你怎么也穿了身军装呢？"小猴子也很好奇。

因为事关工人纠察队的秘密，钟赤星没有多说，只是含混地说自己和一些工人到警卫团当兵了，现在和甘南火在一起，原先的误会已经说开了。

"真好，我就说赤星哥和甘大哥都是好人，你俩早就该当好朋友啦！你们想吃什么？我这就让爹爹给你们做去！"

甘南火点了一份最喜欢的牛肉肠粉。

钟赤星则点了一份跟小猴子一样的沙河粉。

钟赤星原本最喜欢的是沈家夜档的干蒸烧卖，

只是赵队长牺牲后，他就再也没吃过了。小霞和小猴子都知道这里面的原因，因此谁也没说什么。

"赤星哥，你穿这衣服真好看。"小霞说完就去帮沈老伯忙去了。

小霞离开后，小猴子上来伸手扯扯钟赤星的衣领，又摸摸他的衣袖，羡慕地说："小霞妹子说得没错，这军装是挺好看、挺威风的！"

"有什么好看不好看的，不就是身衣服嘛。"钟赤星不愿意在这个话题上纠缠。

"这几天你就一点儿线索都没找到吗？"钟赤星还是不死心。

"唉，别提了。"小猴子有些泄气地摇摇头。

"怎么回事？"钟赤星立刻瞪大了眼睛问道。

"前一阵子是一点儿消息都没有，这几天是各种各样的消息漫天飞，有的说是赵队长喝多了和流氓打架遇害的，有的说是流氓打架赵队长劝架遇害的，还有的说是赵队长带着几个流氓和另一伙流氓打架……"

"放屁！"钟赤星不等小猴子说完，气得猛地一拍桌子，桌上的碗筷都跳了起来，旁边有桌客人吓了一跳，但看到钟赤星和甘南火两人身上穿着军装，就没敢说什么。

"有话慢慢说，别着急。"甘南火急忙安慰钟赤星。

"我感觉是有人知道我们在追查线索，故意捣乱的。"小猴子怕钟赤星再发火，就换了个话题。

　　"你也这么觉得？"钟赤星皱着眉头，把上次有人好像故意假装目击者，给他提供假线索的事儿也说了一遍。

　　甘南火在一旁听得一头雾水，忍不住插嘴问道："你们到底在说什么呢？"

　　钟赤星眼中含着泪把赵队长遇害的事告诉了甘南火。

　　甘南火知道钟赤星是把赵队长当成了自己的亲人，他亲身经历过失去亲人的痛苦和悲愤，所以明白此刻钟赤星的内心在经受着怎样的煎熬。

　　"这些反动派实在可恨！钟赤星，我愿帮你一起给赵队长报仇。"甘南火对钟赤星说。

　　"谢谢你！"钟赤星激动地一把握住甘南火的手。

　　甘南火又向钟赤星和小猴子详细打听了一遍赵队长遇害前后的情况，小霞上菜时也把自己知道的事都跟甘南火详细地说了。

　　甘南火把他们说的这些情况串起来想了想，分析道："此事可能是熟人所为。"

　　"熟人？怎么讲？"钟赤星立刻瞪圆了眼睛。

　　"凶手显然是有预谋的，但钟赤星说赵队长警惕性很高，那么如果有人每天跟踪赵队长的话，他绝不会发现不了，所以凶手一定是提前知道了赵队长的行踪，才能预先埋伏在那里。"甘南火分析道。

"还是你分析得有道理！我和小猴子查了这么多天，怎么没想到可能会是内奸干的呢。"钟赤星有些感激地对甘南火说。

有了新的调查方向，小猴子匆匆把剩下的河粉扒拉到嘴里，就又出去打探了。

甘南火看钟赤星食不知味的样子，就匆匆把牛肉肠粉消灭掉，拉着他回军营了。

路上钟赤星一直说抱歉，本来要请甘南火好好吃一顿的，但为了要找凶手的线索，也没吃好，并一再说改天一定要好好再请一次。甘南火就和钟赤星约定，等给赵队长报了仇，再去沈家夜档告慰赵队长，感动得钟赤星差点儿没忍住眼泪。

交了甘南火这样的好朋友，晚上钟赤星激动得翻来覆去好长时间才睡着。

夜里钟赤星做了一个梦，梦中自己和甘南火、小猴子一起，抓住了杀害赵队长的凶手，为赵队长报了仇，大家一起流了泪，快天亮时钟赤星哭醒了。

第二天一早，警卫团新兵的训练生活正式开始了。

为了尽快提升第3营的战斗力，在主持训练的李维义的安排下，原教导团的官兵，以实战训练为主，手把手地教这300名新兵。

就在大家都努力训练的时候，有人悄悄盯上了甘南火。

3

盯上甘南火的是钟赤星，因为在射击训练的时候，他发现甘南火竟是一个百发百中的神枪手，这让他羡慕得不得了。

钟赤星虽然武功不错，但枪法却根本没法提，因为他在工人纠察队的时候，最初是枪少没发到他，等他终于有枪的时候，没过几天又让桂系的反动军阀给收缴了。前些天赵队长请教导团的教官来教大家，他本来有机会提高一下的，却因为闹别扭不听教官的，结果后来想学的时候又没有人教了。

如果钟赤星知道甘南火和他一样，也是今天在警卫团才领到属于自己的配枪，而且之前摸枪的时间比他还少，一定会大吃一惊的。

上午的训练一结束，钟赤星就急急忙忙把甘南火拉到一边。

"甘南火，你的枪法真好，怎么练的？能教我吗？"钟赤星充满期待地问。

"当然可以了。"甘南火毫不犹豫地答应。

"噢！太好了！"钟赤星兴奋地原地向后凌空翻

了一个跟头，把甘南火吓了一跳。

在教导团的时候就听李参谋说过钟赤星的武功好，但上午训练的时候，看他的各项动作都达不到要求，还差得挺多，甘南火一直在为他暗暗着急，现在见他露了这么一手，立刻放下心来，他的底子这么好，看来那些技术动作就是练得少，多练几遍一定就没问题了。

"不过我有个条件啊。"甘南火笑着说。

"什么条件，你说！"钟赤星答应得倒痛快。

原来甘南火个子矮、力量小，训练又不得法，所以单兵格斗这一关总过不了，现在见钟赤星的武功这么好，就想让他帮自己找个速成的办法，有针对性地进行训练，尽快解决单兵格斗这个大难题。

"就这个条件啊，没问题，包在我身上！"钟赤星拍着胸脯大包大揽地答应下来。

接下来的几天，甘南火和钟赤星都是在集体训练后，相互给对方再开小灶：甘南火教钟赤星射击和军事知识，钟赤星教甘南火格斗技巧和广东话。两个人的训练热情非常高，有时候部队都熄灯了，他们还偷偷跑到操场上去练。

功夫不负有心人，只几天的时间，他们的努力就显出成果了，原先不过关的项目，现在连有些老兵都比不上了。

李维义看在眼里，喜在心里，还特意在全营的训练动员时表扬了甘南火和钟赤星。

在他们两人的带动下，全营掀起了一股练兵高潮，警卫团第3营的操场上，到处是刻苦训练的身影和振奋人心的呐喊。

驻地内第3营的训练热火朝天，驻地外的广州城却是风声鹤唳。桂系军阀李济深、黄绍竑在广西集结大军，兵分两路杀入广东，准备从张发奎的手中重新夺回广州。现在双方的十多万大军，就在广州外围不远的地方对峙着，一场大战随时爆发。

中共广东省委决定利用反动派争夺地盘大打出手的时机举行武装起义。

其实起义早在八月初就开始秘密准备了，只是时机一直不成熟。现在广州城内敌人兵力空虚，力量最强的第4军教导团和警卫团又在叶参谋长的掌握中，另外以省港罢工工人为核心组织起来的工人赤卫队，也已经编成了7个联队，敌我力量对比是敌弱我强，正是武装起义的最好时机。

接到起义通知的李维义心情久久难以平复，这一天盼望得太久了，"四·一二"和"七·一五"反革命事变中牺牲战友的仇终于可以报了，革命事业终于可以继续向前了。

他马上召集第3营内的秘密党员，传达起义精神，落实起义部署。

为了适应起义的需要，在警卫团内分工负责第3

营训练的李维义，迅速调整了第3营的训练方向，有针对性地突击训练巷战所涉及的科目，包括射击、投弹、爆破、近身攻击和刺杀，以及夜战等。

随着起义日期越来越近，各项准备工作越来越多，李维义召开的秘密会议也越来越多。

"站住！什么人？"甘南火和钟赤星正持枪守在营部外，突然发现有一个陌生的军官，贼头贼脑地从墙角处转出来，贴着墙边想溜到营部的窗户下，于是急忙同时举起手中的枪，一起冲着那人喝问道。

"兄弟，别误会！我是1营的。"那人看甘南火和钟赤星举枪对着自己，赶紧从墙边走出来，连连向两人摇手示意。

外面的声音惊动了正在屋内开会的李维义等人，他用手示意其他的秘密党员先不要动，自己则站起来走向屋外。

"是哪位啊？"李维义走出门问道。

"报告长官，我是1营营部的参谋，奉营长的命令来请3营的长官，晚上到我们营部去喝酒。"那人向李维义敬了个礼说。

"营长外出办事了，我是副营长李维义。"李维义回了个礼说。

"李副营长好！"那人又敬了个礼。

"谢谢你们陈营长，等营长回来后，我会向他报告的，你先回去吧。"李维义向那人摆摆手说。

"是，长官。"那人敬了个礼后离开了。

甘南火上前低声向李维义说了刚才的情况，并说他和钟赤星都觉着那人是想来偷听的，李维义对他俩的警惕性非常满意，冲他俩笑着点点头以示鼓励。

"同志们，起义的日期越来越近了，为了做好战斗动员，我们必须要在起义前，向那些进步官兵讲清楚这次起义的伟大意义。但人多嘴杂，保密工作最重要，大家一定要做好。还有就是朱勉芳给我们制造的这个大麻烦，对教导团过来的官兵，我们已没有时间进行逐一甄别了，只能在外围控制好，不让消息泄露。"李维义返回屋内，对参加会议的秘密党员们轻声说，那几个人都点头表示同意。

"好了，散会，大家分头去准备吧。"

那些秘密党员陆续分头离开了营部。

这期间甘南火和钟赤星始终手握长枪，瞪大双眼，警惕地注视着四周的任何风吹草动，两个人一句话都没说。

自从昨天晚上李副营长告诉了甘南火和钟赤星将要起义的消息后，两个人激动得几乎一夜没合眼，都盼着这一天早点到来。关于今天的秘密会议，李副营长也和他们说了，并让他们两个负责警戒。他俩知道这个会议的重要性，一刻也不敢放松，心中虽有很多话要和对方说，却不敢在这个时候分心，所以才没让那个1营的家伙偷听得逞。

但李副营长还是有些担心，因为起义的消息，已经传达给第3营中的革命骨干分子，如果不是这些人走漏了风声，那个1营的家伙不可能来偷听。

事情果然像李副营长判断的那样，在当晚的酒桌上，第1营的陈营长，一直在旁敲侧击地打探第3营的情况。好在营长并不知情，李副营长又早有准备，不但回答得滴水不漏，还套出了陈营长的底牌。原来陈营长并没有抓住什么真正的把柄，只是有些骨干分子因为过于兴奋，警惕性降低，言语行动不够谨慎，让他们听到些风声，这才有所察觉。

危险虽然暂时解除了，但李维义绷紧的神经还是不敢有丝毫的放松，他又连夜通知相关的秘密党员，一定要加强保密工作和对第3营外围的控制。

黑云压城欲遮天

第十章

·········· 一触即发 ··········

1

　　广州冬日的黎明，寒意还是很浓的，天刚蒙蒙亮，甘南火和钟赤星就悄悄从床上爬了起来。为了不惊动同一营房的战友，他俩小心翼翼地放轻动作，快速穿好衣服，拎着鞋子，踮着脚尖溜出了营房。关好房门后，两个人相视一笑，坐在门口的台阶上把鞋子穿上，一前一后跑向了操场。

　　自从知道共产党要发动武装起义后，甘南火和钟赤星就像是被点燃了的两颗火种，浑身充满了澎湃的激情和力量，他们两个商量好，每天都要从黎明开始进行加倍的训练，好在即将到来的战斗中发挥更重要的作用。

甘南火和钟赤星来到操场后，先是做了一些热身运动，然后就绕着操场跑起步来。

甘南火曾跟钟赤星说过，他们在教导团的时候，每天晨跑都要跑到黄花岗烈士陵园，一来是加强运动量，二来是通过缅怀革命先烈，激发革命斗志。这让钟赤星一直很羡慕，不过警卫团自有警卫团的规矩，不可能让他们擅自跑到黄花岗烈士陵园去。

其实警卫团的晨练项目里也有跑步，但甘南火和钟赤星都觉得强度不够大，决定每天先早起出来多跑几圈，自己增加一下强度。

几圈下来，甘南火的额头已见了汗，喘息声也越来越大了。

但钟赤星却好像一点儿反应都没有，节奏依旧平稳，脚步依旧有力。

他们正跑着，忽然发现操场上多了一个人。

那人坐在操场边的一个单杠上，歪着个脑袋，晃荡着一条腿，好像在往甘南火和钟赤星这边看呢。蒙蒙的晨光中，一点儿火星一明一暗地闪烁着，看上去应该是在吸烟。

甘南火紧跑两步跟钟赤星并排，低声提醒道："钟赤星，那边好像有人在看咱们。"

钟赤星此时也看到了那个人，同样压低了声音对甘南火说："好像不是咱们的人，老盯着咱们，不知道捣什么鬼。"

第3营中原教导团和工人赤卫队的人，虽然也有很多吸烟的，但因为这段时间的训练非常严格，所以每个人都是站有站相坐有坐相，即便是放松的状态下，也绝不是这副样子，所以他们两人判断那人一定不是第3营的，顿时提高了警惕。

眼看甘南火和钟赤星越跑离单杠越近，那人突然跳了下来，把烟头丢在地上踩了两脚，晃晃悠悠地朝他们两人迎了过来。

"两位兄弟好早啊！"那人主动跟甘南火和钟赤星打招呼。

离得近了，甘南火和钟赤星才看清这人的长相，细长脖子瘦高挑，身上虽说也穿着一身军装，却没系扣子，敞开的军装里面露出了有些发黄的白衬衣。那条灰突突的军裤的小腿处并没有打绑腿，也没穿军靴，脚上趿拉着一双脏兮兮的黑布鞋。

甘南火和钟赤星停了下来。

那人嘻嘻一笑："我是1营的，姓李，兄弟们都叫我李大个儿。两位小兄弟是3营的吧？起得好早啊，训练干吗卖命啊？"

钟赤星悄悄扯了甘南火的后衣襟一下，接口道："我这兄弟身体弱，我陪他多练练，把身体练结实点，省得老生病，发那点关饷还不够买药吃的呢！"

李大个儿打量了一下稍微有点儿喘粗气的甘南火说道："这位小兄弟的身子骨，看上去是有些单

170

薄，像个文弱书生似的，不过我看你们3营，好像每个人训练都挺卖力的，还以为你们是准备去打仗呢。"

"你可别吓唬我们，我们可不想去打仗。"甘南火急忙装作害怕的样子说。

"是啊！我们3营刚成立，营长说我们太差，比不上你们1营和2营的老兵，给他丢脸了。每天逼着我们拼命练，还说练不好不但没有关饷，连一日三餐都不给饱饭吃。"钟赤星也装作一脸委屈地接茬道。

钟赤星说得夸张，还故意不断强调关饷，好像很贪心的样子。

自小在码头上长大的钟赤星，对各种各样的市井手段自然不陌生，此时见这个李大个儿分明是想从他们的嘴里套话，所以干脆就假装成爱财的样子，看他往下如何说。

果然李大个儿听了甘南火和钟赤星的一唱一和后，故意装作神秘地对他们说："在警卫团要想多弄点儿钱还不容易，不至于非得去拼命。"

"哦？"钟赤星立刻瞪大眼睛，做出一副好奇的样子，"李大哥有什么好路子，能不能也指点指点我们兄弟俩？"

"这个嘛……"李大个儿眯着眼睛沉吟了一下，看到操场上已经开始陆陆续续有人活动了，就故意吊两人的胃口说："以后有机会再告诉你们吧。"

"谢谢李大哥！谢谢李大哥！有发财的机会，你可千万别忘了我们兄弟啊！"钟赤星急忙装作感激的样子说道。

"好说，好说，两位小兄弟先练着，等有什么发财的好机会，大哥再来找你们。"李大个儿说完得意洋洋地摆摆手扬长而去。

"啊呸！谁跟你是兄弟！"看到李大个儿走远，钟赤星狠狠地往地上吐了一口。

"你俩刚刚聊得不是挺投机嘛。"甘南火和钟赤星开玩笑地说。

"你敢笑话我！"钟赤星假装恼怒地去抓甘南火，没想到甘南火竟躲开了钟赤星抓来的第一只手，看来这几天钟赤星对他的特训还是蛮有成效的。

但终究训练的时间短，甘南火没能躲开钟赤星抓来的第二只手。

"好了，好了，我投降。"甘南火急忙认输。

"这姓李的一看就不是什么好东西，还想来探咱们的口风，决不能让他得逞。"钟赤星也不再和甘南火闹了。

"是的，咱们得快点去告诉李副营长。"甘南火说。

"对，对，咱们快走。"甘南火这么一提醒，钟赤星才想到这一点，连忙点头同意。

因为怕那人还在暗中盯着自己，甘南火和钟赤星并没有马上去找李维义，而是先正常参加了第3营的早操，之后又有说有笑地和战友们一起到了食堂。

趁着吃早饭的工夫，他们才找机会把早上发生的事情汇报给了李维义。

没想到李维义对此并未感到吃惊，他边吃饭边像聊闲天似的小声说，最近由于第3营的训练过于积极，已经引起了警卫团内一些反动分子的怀疑，他们现在正千方百计地找机会想打探第3营的消息呢。

"而且听说第1营的陈营长，已经开始和教导团的朱勉芳以及第4军情报处的一些反动分子勾结，想收买第3营中意志不坚定的人，找到我们要起义的证据。" 李维义说这话的时候，脸上的表情还是笑眯眯的，让人远远看上去，一定会以为他们在谈论什么好笑的事情呢。因此就算被远远地盯上，也不会被怀疑的。

"啊？那可怎么办？万一谁哪句话不注意说漏了，那就麻烦了！"钟赤星立刻急了，他听甘南火说过朱勉芳在教导团时对李副营长和甘南火的监视，那可是个老奸巨猾的大坏蛋啊。至于第4军情报处什么的，他因为不熟悉，倒没怎么往心里去。

"小声点儿，别惊动人！"甘南火急忙提醒钟赤星注意掩饰。

李维义看到这一切眼前一亮，笑着用手指轻扣了几下桌子，说道："不如……咱们给他们来个将计就计！"

按照李维义的计划，既然敌人已经找上了甘南火和钟赤星，正好就让这两个口无遮拦的"孩子"去跟那些人接触，故意说出一些他们想要得到的"重要情报"！

于是，行动开始了。

首先是甘南火除了接头，还另外找借口去约梅傲雪。有时候是一个人去，有时候是拉上钟赤星等几个战友一起去。

因为外面的花销都是甘南火一个人付，所以很快他就开始四处找人去借钱了，没想到去找李副营长借钱时，李副营长不但没借钱给他，还狠狠训了他一顿，声音大得每一个经过营部外面的人都能听得到。

钟赤星也因在训练时顶撞教官挨了军棍。

就在这小哥俩倒霉的时候，第1营的那个李大个儿又来了。

他先找到了独自坐在操场边愁眉苦脸的甘南火，故作亲切地拍了拍甘南火的肩头问："怎么的，小兄弟，听说你挨训了？"

"唉，别提了，我去找李副营长借钱，他不借就不借吧，还说什么我请假外出多了，耽误训练了，影响不好了，啰里啰唆一大堆。想当初我在教导团鞍前马后地伺候他，又和他一起来了警卫团，他竟然这么不讲情义。"甘南火装作失望的样子说。

"这不是特殊时期嘛，也怪不得你们李副营长行事小心。"李大个儿偷眼看了甘南火一眼，见他依然眉头紧皱，于是继续说："不过话说回来，这李副营长也有些过分了，像你这种自己人，也不肯帮一把，何必呢？"

　　"说的就是呢！"甘南火郁闷地说道。

　　"好啦，别不痛快了，叫上你那个小兄弟，咱们喝酒去！"李大个儿去拉甘南火。

　　"那可不敢，我刚被训完，要是再被闻到酒味，还不得被赶走啊！"甘南火为难地说。

　　李大个儿毫不在乎地摆摆手说："那就不喝，但东西总要吃的嘛！走吧，到我们1营去，哥哥那里正好有几个好菜。"

　　"那就谢谢李大哥了，我这就叫钟赤星去。"甘南火说着跑开了。

　　按照李大个儿说的地址，甘南火和钟赤星在第1营的一个小屋内找到了他。

　　屋内的桌子上早已摆满了饭菜，中间是一整只切开来的烧鹅，和一大砂锅正呼呼冒着热气的艇仔粥，粥里的鱼片、小虾、蛋丝和炸花生等配料，放的比沈家夜档的还多，周边放着一盘腊肉炒冬笋，一盘广式蒸腊肠，一盘卤水金钱肚，一盘白胖胖油汪汪的叉烧包，还有两碟炒青菜。

　　李大个儿热情地招呼两人："快坐，两位小兄弟，别客气啊！"

　　"谢谢李大哥！谢谢李大哥！"甘南火还在和李

大个儿客气。

钟赤星却已两眼放光、迫不及待地直接伸手去抓那只烧鹅了。他先是往自己嘴里塞了一大块，又抓起一只鹅腿放到甘南火面前的碗中，嘴里含糊不清地说道："来啊，兄弟，快吃啊，别辜负了李大哥的美意。"

李大个儿看到钟赤星的吃相得意地笑了，他拿起面前的筷子边给甘南火和钟赤星夹菜，嘴里边说："对，对，两位小兄弟，多吃点儿。"

甘南火也不再客气，夹起碗中的鹅腿，细嚼慢咽地品尝起来。

李大个儿自己没怎么吃，而是遮遮掩掩地观察着甘南火和钟赤星。

过了一会儿，他假装端起茶壶给两人续水，看似不经意地问道："两位小兄弟最近很辛苦吧？我看你们可瘦了不少呢！要说咱警卫团，就数你们3营练得最苦了，等见到团长，我一定帮你们说说，让团长好好奖赏奖赏你们！"

钟赤星含着满嘴的食物含糊不清地谢道："那可有劳李大哥了。"

李大个儿又东拉西扯了几句后，终于慢慢进入了正题。

他放下筷子，假装谨慎地左右看了看，然后一脸神秘地小声说："我听说，最近街面上不太平，共产党怕是要搞事情呢！"

"真的吗？广州还有共产党吗？"甘南火和钟赤

星故作惊讶地反问他。

"当然了！"李大个儿郑重其事地点点头，"我可是听上面说的，听说咱们团里就有共产党呢！你们听到什么风声了吗？"

甘南火和钟赤星故意装作满脸迷茫地一起摇摇头。

"没有啊。我们俩小兵儿，消息还能有你李大哥灵通吗？"钟赤星恭维了一句。

李大个儿得意地笑了："小兄弟太客气了！你们俩都是传令兵，天天跟着营长副营长，接触的人多，消息当然也灵通了。"

接着他又假装卖关子地说："我可听说上面对这事儿十分重视，要是谁能提供啥有用的线索，奖赏可是不少啊！"

"赏多少？"甘南火和钟赤星立马异口同声地追问。

李大个儿看到甘南火和钟赤星的反应不禁心里暗喜，故意夸张地伸出一个手指头说道："最少也得一百个现大洋！要是线索重要，肯定给得更多！"

"两位小兄弟，你们平时多留点儿心，万一你们3营里恰好有共党分子混进去，恰好他们要做什么，又恰好被你们发现了的话，那你们可就发达了！"李大个儿接着又故作亲热地提点甘南火和钟赤星。

"哪有那么多恰好的事情啊？"甘南火失望地摇

了摇头。

"李大哥，不瞒你说，我们3营之所以平时跟1营和2营走动得少，那是因为营里的人，向来以为自己是张总指挥钦点到警卫团的，觉得高你们一等，不屑与你们为伍。尤其是我们的李副营长，总说自己原先是怀才不遇，现在当上副营长了，就盼着前面和桂系的作战不利，把我们调上去，他好立上几个大功，一步登天呢！"甘南火抱怨道。

钟赤星撇撇嘴："可不是嘛！他自己想当大官，就拉着我们玩儿命训练。我们当兵就是为了混口饭吃，谁想去战场上拼命啊！"

"那李副营长真是这么想的？"李大个儿听了甘南火和钟赤星的话后惊讶地问。

"可不是嘛！"钟赤星把一块鹅骨头吐在桌子上，"他私底下和几个教导团来的长官说的，还说将来一定要压过教导团的风头呢。"

"原来他也想着升官发财啊……"李大个儿轻声嘟囔了一句。

"李大哥，这都是李副营长他们私下说的，你可千万不能和别人说啊，要是让李副营长知道了，我俩就完了！"甘南火装作突然害怕的样子一再拜托李大个儿。

"小兄弟，你放心，我不会和任何人说的。"李大个儿言不由衷地答应着。

两人于是装作有点儿害怕的样子，匆匆离开了1营。

李维义听了两人的报告后，夸奖了他们，又叮嘱他们敌人不会那么轻易就相信的，以后还是要小心。果然如李维义所料，敌人并没有放松对3营的监视，而且随着起义准备工作的推进，敌人发现了越来越多起义的迹象。

就在距起义只有几天的关键时刻，李维义最不愿意看到的事情发生了，原定于12月12日举行的起义提前暴露了。

3

那是甘南火和梅傲雪接头后带回来的一个坏消息，工人赤卫队一处秘密的武器转运站，竟然被敌人发现并破坏了。

原来不止是在警卫团内，随着起义准备工作紧锣密鼓的推进，教导团和隐藏在工人赤卫队内的反动分子，都察觉到了起义前的异象，他们挖空心思想找到共产党要起义的证据，尤其是教导团的朱勉芳，武器转运站被破坏，就是他一手造成的。

李维义调离了教导团后，一直不死心的朱勉芳终于想方设法和警卫团第1营的反动分子陈营长搭上了线，丝毫没放松对李维义的跟踪监视。

同时，他又调了一批亲信进教导团，进一步加强了对教导团内革命官兵的监视。

而且由于朱勉芳的多次报告，张发奎也渐渐起了疑心，担心共产党真的要在广州举行武装起义，只是因为没有看到任何切实的证据，又正处在主力部队全部布防广州外围，与桂系大军紧张对峙的关键时刻，城内治安还需要依靠教导团和警卫团来维护，因此才没立刻对有嫌疑的教导团、警卫团及工人组织进行镇压和大规模的抓捕。

只是已起疑心的张发奎对此事也不敢掉以轻心，于是悄悄安插了更多眼线在各支队伍中，并让朱勉芳通过第4军情报处和这些眼线保持联系。

正是混入工人赤卫队的工贼，泄露了工人赤卫队有大批武器的消息。

"省港罢工委员会工人纠察队的武器早被桂系收缴，中华全国总工会广州办事处也已被查封，哪来的工人赤卫队？还有大批武器？"朱勉芳得知这个消息后，首先是感到无法理解，但这个老奸巨猾的敌人，马上就联想到刚进教导团时得到过的那个消息——李维义暗通企图暴乱的工人，将在驱桂战役中缴获的武器悄悄送给了这些危险分子。

"当时自己仔细调查过，并没有发现武器对不上登记记录的情况，而且李维义已离开教导团，又是谁给工人赤卫队提供的武器呢？"朱勉芳还是感到很困惑。

"莫非是他们有秘密的武器库？"想到了这个可能性，朱勉芳立刻让教导团内的反动分子，配合工人赤卫队内的内奸，对工人赤卫队进行严密的监视。经过一段时间的打探，这个内奸真的发现了一处武器转运站，幸运的是，朱勉芳带人去查封前，许队长刚将转运站中的大部分枪支都运到了工人赤卫队，转运站中的人员也都安全撤离了，只给反动派留下了一些没有标记、查不清来路的枪支。

但敌人也由此确认了共产党要在广州举行武装起义一事，并准备调回一部分和桂系作战的部队，封锁广州城，进行大规模地镇压。

警卫团第3营的营部里，面对这一突如其来的危机，在甘南火和钟赤星的眼中，看似平静的李维义，其实内心深处却像掀起了滔天巨浪，他知道现在已到了最关键的时刻，每一步都面临着生与死的抉择，稍有不慎，就将付出难以挽回的巨大牺牲。

下午甘南火带回情报后，梁团长刚好去向上级请示工作，还没有回来，李维义只好先和警卫团内其他几位党的负责人临时召开紧急会议，研究应对方案。

经研究决定，以第3营营部为临时指挥部，由李维义坐镇，一方面等待上级的最新指示，一方面协调各方的情况变化。

其他几位负责人则分头去联系警卫团和第3营的骨干人员，秘密组织掌握好的起义部队，控制武器弹药和战略要点，对反动派掌控的军队暗中警戒，随时做好应对各种突发情况和提前起义的各项准备工作。

"李参谋！"甘南火的招呼，打断了俯身看地图的李维义的思路。有时候甘南火还是习惯称呼李维义为李参谋，而不是李副营长。

"您让我找的人我都找来了。"甘南火向李维义报告。

李维义扫了一眼门口处七八个精干的小伙子，又回头看了看身边的甘南火和钟赤星。

"这些年轻人，都是自己为党精心培养的革命火种，他们即将面临武装起义的战火洗礼，今后将逐步成长为中国革命的中坚力量，只是不知道自己还能陪他们走多远。"李维义想到这里，强行将思绪拉回到现实中来。

李维义从办公桌的抽屉中，拿出几张小纸条，每张上都写着一个名字。

他将面前的这些年轻人两个人分成一组，每组给了一张小纸条。

"这些都是警卫团内死硬的反动军官，你们现在按照自己分到的目标，马上对这些人暗中进行监视，一旦发现他们有什么异动，要马上派人回来向我汇报。"李维义表情严峻地向甘南火和钟赤星他们命令道。

"是！"甘南火和钟赤星他们立正敬礼，响亮地回答。

甘南火和钟赤星分在一组，他们的监视目标是第1营的陈营长。

当他们轻车熟路地赶到1营时，天已完全黑了下来。

就在两人为如何找到陈营长犯愁时，竟发现了一个熟悉的身影，原来是之前曾经想拉拢收买他们的那个李大个儿。

只见李大个儿正往营房外面走，边走边回头向一个军官扬手说："孙副官，你回去帮我向陈营长说，我这次一定把东西拿回来。"

甘南火和钟赤星听到这话后，兴奋得差点儿叫出声音来。

两人借着树荫墙角的掩护，悄悄跟在那个军官身后，来到了1营的营部。

"报告！"那个军官在营部的房门外喊道。

"进来！"里面传出一个沙哑的声音。

甘南火和钟赤星立即听出这就是陈营长的声音，他俩之前随营长来这里时见过陈营长，对他独特的沙哑嗓音有印象。既然陈营长是在屋里，他俩就在不远处的墙角，找了个可以监视整个营部的隐蔽地方，潜伏了起来。

这时，熄灯号已经吹过，警卫团内一片沉寂，只有风吹树梢发出的声响。

那个军官进去后，就一直没出来。

营部的灯光一直亮着，除了响过两次电话铃声外，再没有任何情况。

两个人静静地潜伏在那里，不知过了多长时间，甘南火突然发现，钟赤星的眼中似乎有泪光在闪动。

"在这马上就要打响起义枪声的前夜，他一定是又在想赵队长了吧？"甘南火猜测。

甘南火的猜测没有错，钟赤星此刻心中确实在想赵队长。

从第一次见面帮赵队长摆脱反动警察的追捕，到被赵队长领上革命的道路，再到赵队长被反动派杀害，往事一幕幕在钟赤星的脑海中浮现。赵队长为之奋斗和牺牲的起义马上就要开始了，可是杀害赵队长的凶手还没有找到，赵队长的仇还没报！

想到给赵队长报仇，钟赤星又想起了小猴子，

不知道他现在怎么样了？找没找到凶手的线索？有没有遇到危险？

钟赤星想到这里的时候，忽然感觉甘南火伸出右手，紧紧钳住了自己的胳膊，在他耳边以极轻的声音说了一句："我们会和你一起给赵队长报仇的！"

一股暖流霎时间涌入心中，钟赤星握了一下甘南火的手，刚想说话。

"小心！有情况！"甘南火急促的低喝声在耳边响起。

钟赤星急忙扭头看向1营的营部。

冰心新人新作奖得主
最新力作
星火燎原系列
珠江烽火
第二册
红旗漫卷寒敌胆
段立欣◎著
SPM 南方出版传媒 广东人民出版社
·广州·

图书在版编目（CIP）数据

珠江烽火 / 段立欣著 . — 广州：广东人民出版社，
2018.6
　ISBN 978-7-218-12731-6

　Ⅰ . ①珠⋯　Ⅱ . ①段⋯　Ⅲ . ①广州起义－史料　Ⅳ .
① K263.306

中国版本图书馆 CIP 数据核字（2018）第 065931 号

Zhujiang Fenghuo

珠江烽火

段立欣　著

出 版 人：肖风华

责任编辑：严耀峰　马妮璐
装帧设计：袁　涛
责任技编：周　杰　易志华

出版发行：广东人民出版社
地　　址：广州市大沙头四马路 10 号（邮政编码：510102）
电　　话：（020）83798714（总编室）
传　　真：（020）83780199
网　　址：http：//www.gdpph.com
印　　刷：北京时尚印佳彩色印刷有限公司
开　　本：880mm×1230mm　1/32
印　　张：24　**字　　数：**320 千
版　　次：2018 年 6 月第 1 版　2018 年 6 月第 1 次印刷
定　　价：79.20 元（全四册）

如发现印装质量问题，影响阅读，请与出版社（020－83795749）联系调换。
售书热线：（020）83795240

目录

人 ★ 物 ★ 介 ★ 绍

甘南火 年龄 15岁
身份：第4军警卫团第3营营部传令兵

　　出身书香世家，因为父亲帮助地下党，被反动派迫害至家破人亡，沦落成沿街乞讨的孤儿。后被共产党员唐教官所救，"七·一五"反革命事变后，他被编为教导团的传令兵。随教导团南下广东后，在叶副总指挥和李维义等共产党员的言传身教下，迅速成长为一名革命战士，在广州起义中作战英勇，意志坚定。

钟赤星 年龄 15岁
身份：第4军警卫团第3营营部传令兵

　　码头工人家庭出身，原省港大罢工工人纠察队中最年轻的队员，革命积极分子。自幼因机缘巧合拜师学会一身好功夫，10余岁开始在码头上干活，对反动派的剥削压迫有深刻的仇恨。广州起义前被编入警卫团，在起义前手刃了奸细，战斗中勇敢机智，屡立战功，起义失败后意志坚定，毫不动摇。

侯江海 年龄 15岁

身份： 第4军警卫团第3营医务兵

　　绰号小猴子，生于贫苦工人之家，和钟赤星住在同一个码头工人的棚户区，自幼因身体弱而好逸恶劳，没钱读书，整天在街头胡混。因帮钟赤星查探杀害赵队长的凶手，被动卷入了广州起义，随钟赤星他们一起行动。在参加保卫苏维埃的战斗中，亲眼目睹了共产党人的坚强勇敢和高尚品格，受到了很强的震撼和感染，决心像钟赤星一样投身革命。

沈秀霞
年龄 14岁

身份：
沈家夜档的跑堂小妹

　　沈家夜档老板的女儿，大家都亲切地喊她小霞，心地善良，心直口快，爽朗活泼。自小就在档口帮父母干活，亲眼见过太多贪官污吏、恶霸流氓、军警兵痞对民众的盘剥残害，心底对反动势力充满了阶级仇恨。因甘南火和钟赤星的误会而与甘南火相识，甘南火将他和梅傲雪的秘密联络点就设在沈家夜档，多次得到她的掩护。

身份：
第4军警卫团副团长

王副团长
年龄 40岁

　　第4军警卫团副团长，张发奎的心腹，原第12师营长，死心塌地地追随张发奎。为人粗暴鲁莽、凶残蛮横，五毒俱全，无恶不作，是典型的反动军队中的兵痞。甘当反动势力的走狗，仇视共产党和工农运动，被张发奎调到警卫团后，一直和梁团长等共产党秘密党员作梗，暗中监视和破坏李维义的准备行动。

　　共产党准备在广州起义的消息泄露，张发奎紧急调动反动派部队准备镇压，危急关头起义提前至1927年12月11日凌晨3点，第4军教导团打响了广州起义的第一枪。警卫团第3营在李维义的率领下，对第4军军部和军械库等要点展开强攻；后又配合教导团炮兵连，参加观音山平叛；旋即移防珠江北岸天字码头，在教导团炮兵连的支援下，顽强抗击珠江上英国军舰的疯狂炮击，坚守珠江北岸阵地。

红旗漫卷寒敌胆

第一章

奸 细

1

　　只见是那个李大个儿回来了，刚叫开营部的门。

　　"情报带回来了吗？" 陈营长沙哑的声音在静夜里传得很远。

　　"带回来了。" 李大个儿回答的声音很小，甘南火和钟赤星隐隐约约刚能听到。

　　"快，孙副官，去叫各连长，就说有情报了！" 陈营长听到李大个儿的回答兴奋地命令道。

　　"是！" 孙副官应声出门，快步跑向黑夜里。

　　"别，先别去。" 李大个儿似乎想阻拦孙副官，声音提高了一些，但为时已晚。

"你先在这里盯着，我马上回去向李参谋报告。"甘南火趴在钟赤星的耳边，把声音压得极低地匆匆说了一句后，就猫着腰贴着墙边悄悄地往回跑去。

"站住！什么人？"眼看就快要跑到3营的营房了，突然一声大喊从前面传来，把甘南火吓了一大跳。

"难道敌人把3营封锁了？"甘南火焦急地想着，并没有站住，而是又向前紧跑了几步，来到了3营的门岗前，向前紧张地看了一眼，这才松了一口气。

借着微弱的月光和门岗处的灯光，甘南火终于看清楚了，原来刚才的那声喊并不是冲着自己的，而是3营的几个战友，在门岗前抓住了一个便装的小瘦子，看那个样子好像是小瘦子竟偷偷摸躲过了门岗混进了营房，是被暗哨给擒下的。

那个小瘦子被两个高大的暗哨扭住双臂，嘴里一个劲儿地喊着："哎哟，老总，老总，轻点儿，我不是坏人，我是来找人的！"

"有翻墙进来找人的吗？"一个暗哨质问他。

这时，门岗里的一个哨兵跑到他们面前说："这小孩刚才来说要找人，但又说不清楚是那个连队的，我说部队已经就寝了，让他明早再来，刚开始他还赖着不走，后来不见了，我还以为回去了呢，没想到他会爬墙进去。"

"老总，我真是着急要找人，明天就来不及了。"那个小瘦子连声辩解。

门岗前的喧哗惊动了营房里的人，就在甘南火赶到时，一个壮硕的青年军官，也刚好从营房里走到了门岗那。甘南火一看，原来是7连的蔡连长，甘南火和他在中央军事政治学校武汉分校时就很熟，那时他是学员队长，总去找唐教官，现在甘南火才知道，原来他是一名中国共产党的秘密党员。后来他们一起被编入教导团，警卫团成立后，他又和李维义一起调入警卫团第3营，被任命为第7连连长。

"你要找谁？哪个连队的？"蔡连长严厉地问那个小瘦子。

"我要找钟赤星，不知道他是哪个连队的。"小瘦子答道。

"钟赤星！"甘南火和蔡连长一样愣了一下。

"小猴子？怎么是你？"甘南火觉着那个小瘦子的声音有点耳熟，就走上前去看了一眼。

"甘南火，你认识这个人？"蔡连长问道。

那个小瘦子听到有人叫自己的名字，拼命挣扎着扭头看了一眼，大叫起来："啊，你是，你是甘兄弟，快帮我和这几位老总说说，我不是坏人，真的是来找赤星的。"

"报告蔡连长，他叫侯江海，外号小猴子，是钟赤星的好朋友，我们曾经见过一面。"甘南火立正向蔡连长报告。

"甘南火，李副营长不是有任务让你去执行吗？你怎么在这里？"蔡连长并没再继续问小猴子的事，而是有些奇怪又严厉地问甘南火。

"报告蔡连长，我是有情况要向李参谋报告，刚好路过这儿。"甘南火答道。

"好，先去营部吧。"蔡连长说完扭头要走。

"哎，哎，老总，还有我呢。甘兄弟，快帮我说说。"小猴子被暗哨扭住动弹不得，虽然是分别向蔡连长和甘南火说话，但脸却都是冲着前面。

"蔡连长。"甘南火想请示，但又不知道该如何说好。

"把他也带上。"蔡连长头也不回地命令道。

"是！"两个暗哨齐声回答。

营部外，小猴子虽然已经被放开，但还是夹在两个高大的战士之间，抓耳挠腮地站在听不到屋内说话的地方。

屋内，李维义听完甘南火的报告，脸色严峻地问蔡连长："你怎么看？"

"小猴子？你怎么跑到这里来了？是不是有凶手的线索了？"屋外钟赤星的惊叫让屋内的三人同时一惊。

"阿星，你来了，快和他们说说放了我。"小猴子的叫声中，李维义一个箭步跨到门前，一把拉开房门。

"钟赤星，你先进来！"李维义以少有的严厉语气命令到。

"是！"钟赤星被李维义的严厉所震慑，急忙跑向他。

"阿星！阿星！你不管我了！"营部的房门在小猴子的哀嚎声中被"砰"地关上。

钟赤星知道李副营长急需自己的情报好决定3营的行动，又着急要听小猴子带来的消息，就连珠炮般一口气把甘南火走后的情况全说出来，李维义、蔡连长和甘南火三人，这才长长出了一口气。

原来1营的陈营长是派李大个儿去联系隐藏在工人赤卫队内的奸细，想得到警卫团内中共秘密党员的名单，因为有奸细的同党，就藏在编入第3营的300名原工人纠察队员中，正在想方设法刺探这个情报。关于第3营训练的情况，也是敌人通过这个渠道得到的。但李大个儿之前连去了两趟都没拿到，这次去还是只带回了一个正在侦察的口信。

李大个儿报告清楚后，气得陈营长连扇了他两个耳光，就和被招来的各连长，及孙副官回营睡大觉去了。

钟赤星看那面暂时没什么情况，又怕李副营长担心，就先赶回来报告了。

"好，好，你做得很好！"李维义连声表扬他。

"快把你的小朋友带进来吧。"李维义又笑

着说。

原来就在他们刚才说话的时候，屋外小猴子的哀嚎就没停过，就差骂钟赤星了。

"找到凶手了吗？"钟赤星把小猴子带进营部后，根本不理他哀怨的目光和抱怨的唠叨，火急火燎地问道。

李维义知道赵队长遇害和钟赤星查找凶手的事，在旁边小声向蔡连长介绍了一下情况。

"找到了。"小猴子点点头。

"凶手是谁？"钟赤星咬牙切齿地问道。

哪曾想小猴子竟然摇了摇脑袋，说了句："还不知道。"

见大家都盯着自己，尤其是钟赤星，恨不得把自己一口吞下去的样子，小猴子吓得急忙说："哎呀，你们别这么看着我。我只是听到了两个特务的说话，找到了一点儿线索！但那人到底是谁，叫什么名字，长什么样子，我真的不知道。"

"有线索就是好事，你让他慢慢说。"李维义示意钟赤星别急，让小猴子别那么紧张。

小猴子稍微稳定了一下，这才把自己打探到的事情一五一十地说了出来。

那天他和钟赤星、甘南火在沈家夜档分手后，虽然知道有人在制造谣言，将杀害赵队长说成是和流氓打架有关，但怎么打听，还都是这样的消息，就在小猴子都快绝望的时候，竟被他无意中听到一个惊人的秘密。

2

有一天，他跑得累了，在街边的一个小店吃东西，从身后的一张桌子那里传来两个人的聊天声，瞬间就引起了他的注意。

小猴子耳朵尖，一下子就抓住了其中的几个词——"共产党、纠察队、赵队长"。

他顿时来了精神，偷偷向身后瞄了几眼。

见后面的桌子上摆了四五盘小菜和几个小酒坛子，两个黑衣人已经喝得面红耳赤，面前的酒碗里还斟着满满的酒，看来是没少喝。

小猴子常年混迹于街头巷尾，自然明白醉酒的人是最守不住秘密的。于是他眯眼一乐，故意丢了根筷子在地上，然后趁着捡筷子起身时向后移了移凳子，支起耳朵偷听起来。果然不出他所料，这两个人都是反动派的特务。

通过他们的对话小猴子得知，赵队长的牺牲并不是因为什么卷入流氓斗殴致死，而是因奸细出卖才遇害。那个奸细了解赵队长的活动安排，所以特务才能在那个时间、那个地点，有预谋地对赵队长进行暗杀行动。

最重要的是，那个奸细并非是特务安插到工人纠察队里的人，他本身就是工人纠察队的一名老队员，以前还参加过省港大罢工。省港大罢工以后，那人就被特务收买了，开始监视工人纠察队和赵队长的行动。

"还有个更坏的消息，那两个特务说，这个曾经在工人纠察队的奸细，现在已经混进警卫团，而且就在你们3营。" 小猴子一口气把听到的消息都说了出来。

"什么？" 听到这话，大家都是一惊。

难怪3营的一举一动，敌人都好像是知道似的，看来这一切都是因为有这个害群之马。

"李参谋，1营的陈营长让李大个儿去找的奸细，会不会就是这个奸细的同党呢？" 甘南火想起刚才钟赤星报告的情况，最先反应过来问李维义。

"非常有可能！" 李维义和蔡连长都点头表示认同。

"他既是工人纠察队的老队员，那必定和钟赤星一样，是那300名一起编入3营的工人纠察队中的一人。" 李维义沉思着自言自语道。

钟赤星此时两个拳头攥得死死的，发出咯嘣嘣的响声。

"该死的奸细，看我怎么宰了你！" 钟赤星恨恨地说着，扭头就要往出走，"我现在就去把你揪出来！"

"钟赤星！站住！" 李维义大喊一声。

"你要干什么？你知道奸细是谁吗？你难道要

把那300人挨个问一遍吗？"李维义厉声质问钟赤星。

"我……"钟赤星愣在了那里。

是啊，自己去找谁报仇呢？

钟赤星又急又怒，脑子里像一团乱麻，不知该如何是好，一拳狠狠地砸在门框上。

大家都明白此刻钟赤星的内心。

"你现在要是这么出去一闹，不但报不了赵队长的仇，还会给我们即将举行的起义，带来巨大的危害，你明白吗？"李维义缓和了一下，开导钟赤星说。

"报告！"李维义的话音刚落，门外突然传来一个报告声。

"进来！"李维义回应道。

一个清秀白净、斜跨盒子枪的年轻士兵推门而入，向李维义立正敬礼："报告李副营长，梁团长请您马上去一下，有重要军务。"

屋内除了小猴子外，都认识这个梁团长的贴身卫兵。

梁团长在北伐战争中曾随第4军参战，屡立战功，深得张发奎赏识，因此才在叶参谋长的推荐下，得到了警卫团团长这个重要职位。但张发奎并不知道，梁团长其实是即将参加起义的警卫团中，所有中共秘密党员和革命官兵的最高领导者。

平时为了不引起敌人的怀疑，梁团长尽量都不与李维义直接联系，如今却在气氛紧张到极点的深夜，突然派人来找李维义，看样子一定是有特别重要的事情发生。

李维义二话不说就随梁团长的卫兵向门口走去。刚走到门口，他像是又想起了什么，转过身来。

"蔡连长，你把钟赤星给我看好，千万别让他出去惹事，等我回来。"李维义嘱咐道。

"钟赤星，你要严格服从蔡连长的命令。"李维义严厉地命令钟赤星。

"要像服从赵队长一样！"李维义不放心，又补充了一句。

钟赤星听到李副营长提起赵队长，眼圈一红，立正答道："是！"

李维义离开后，蔡连长见钟赤星还是一脸不甘心的样子，就拉他在一边坐下开导他："钟赤星，我们都理解你要为赵队长报仇的心情，但报仇不能蛮干，也不能单打独斗，要像革命一样，要团结大家的力量，要有组织有计划。"

甘南火也在一边紧紧抓着钟赤星的胳膊说："是的，钟赤星，赵队长是我们的革命战友，也是我们的亲人，我们一定会和你一起报仇的！"

小猴子在一旁虽然听得不是很明白，但也被他们之间的情义所感动，眼圈有点湿湿的，心里莫名有了一种想加入他们的冲动。

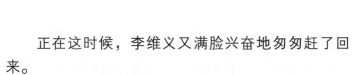

正在这时候，李维义又满脸兴奋地匆匆赶了回来。

他扫视了一眼屋内众人，眼光落到小猴子的身上时，稍一停顿又迅速掠过，然后激动地对大家说："定下来了！"

看到李维义脸上那难掩的兴奋，大家先是愣了一下，紧接着都明白了他的意思。

甘南火更是激动地压低声音问道："什么时候？"

"时间提前了！定在11日凌晨！"李维义庄严地宣布。

"现在已经过了12点，那就是明天凌晨了！"

蔡连长激动地说，李维义点点头。

"太好啦！"在场的几个人激动地相互把手攥在了一起。

小猴子站在一边，看着几个人兴奋的样子，一脸的莫名其妙，忍不住悄悄拽了拽钟赤星的衣角小声问："阿星，你们明天要做什么啊？"

他这话一出口，虽然声音不大，却把甘南火和钟赤星都吓了一跳："糟糕，怎么把他忘了呢？"

只有蔡连长会意地看了一眼好似胸有成竹的李维义。

"小家伙，抱歉！刚才我们急着处理军务，委屈你了，千万别记恨我们啊。"李维义和颜悦色地向小猴子致歉。

甘南火和钟赤星有点儿不明所以地看看李维义，又看看小猴子。

"别，别，老总，别这样，您是赤星的长官，我担待不起。"小猴子红着脸摆手说。

"刚才听你说，你冒了很大风险去帮钟赤星打探消息，是要帮他给赵队长报仇吧？你就不怕危险吗？"李维义笑着问小猴子。

"不怕！阿星救过我，为他上刀山下油锅我都不怕。那个赵队长我见过，是好人，我帮阿星给他报仇，是应该的。"小猴子挺起胸脯说。

钟赤星很感动，但不知道李维义要做什么，所以没出声。

"我也是好人，我现在有件事要你做，你愿意吗？"李维义问小猴子。

"什么事？"小猴子反问道。

3

"侯江海，你愿不愿意留下来，和我们一起帮钟赤星给赵队长报仇？"李维义表情变得严肃起来。

"什么？留下来？"小猴子一时没明白是什么意思，眼睛瞪得老大反问道。

甘南火和钟赤星闻言都替小猴子感到高兴。

蔡连长则早猜到李维义是要发展这个出身贫苦又机灵的小鬼。

"您是说要收我当兵吗？"小猴子这才反应过来，有点儿不敢相信地问李维义。

看到李维义确定地点点头，小猴子兴奋地连声答应："愿意！愿意！当然愿意！"

"我们是一支为全天下穷苦人谋福祉的队伍，要消灭所有的反动派，会遇到很多的危险，有时会像我们的战友赵队长那样有牺牲，你怕不怕？"李维义又问小猴子。

听了李维义的话，小猴子明白了，他们是传说中的共产党。

小猴子有些犹豫了，倒不是因为共产党，也不是因为他现在还不是很明白，共产党和国民党到底有什么区别，而是因为李维义说到了有危险。要知道他一直在街头胡混，早就养成了趋吉避凶的习惯，一般情况下，遇上什么危险的事，他跑得比被狗追的兔子都快。但这次可是为了帮阿星啊！阿星救过自己的命，又是自己的好兄弟，如果自己怕有危险就逃避，那以后还怎么有脸见人呢？

想到这里，小猴子咬了咬牙说："我不怕危险！只要能帮阿星给赵队长报仇，能和阿星一起给穷苦人做事，我就不怕！"

"好兄弟！"钟赤星冲过来一把抱住小猴子。

李维义笑着示意甘南火把钟赤星和小猴子带出营部。

接下来，李维义连夜召集第3营内的几个主要负责人和秘密党员举行起义前的最后一次会议，将起义的所有细节和准备工作又仔细检查了一遍，并明确在奸细没找到之前，一切有关起义的准备都要秘密进行，作息训练等都要保持常态。

会议结束时，东方已经亮起了第一道曙光。

为了应对可能出现的突发情况，李维义一面安排人继续监视昨天确定的那些反动分子，一面又选出了几个绝对忠诚的精干战士，在营部集结待命。

甘南火和钟赤星监视陈营长的任务由别人代替，他俩和穿上军装的侯江海一起，也在营部等候命令。

虽然只是一天的时间，但在甘南火、钟赤星、侯江海他们焦急的等待中，却像是过了几年般一样漫长。在风平浪静的等待中，天色终于慢慢暗了下来。

　　甘南火、钟赤星、侯江海他们等来了属于自己的任务。

　　李维义命令蔡连长带领钟赤星和侯江海，还有几个一直在营部待命的战士，在晚饭后去起义部队的集结地点，暗中抓捕混进工人纠察队的奸细。

　　"我们也不知道奸细到底是谁，怎么抓呢？"没等蔡连长说话，一心急着报仇的钟赤星就抢着问李维义。

　　"晚饭后全体官兵都将接到武装起义的正式通告，那时第3营内外联系也将被切断，得到消息的奸细一定会急于向主子报告，必然会想尽办法偷逃出去，你们只要在集结地点外守株待兔，抓到的人，肯定就是奸细！"李维义胸有成竹地说。

　　"对呀，我怎么没想到，等晚饭后消息一颁布下去，奸细肯定坐不住了！"钟赤星激动地一拍大腿，"所以只要有偷跑出去的工人纠察队的老队员，就一定是奸细。"

　　李维义和蔡连长被钟赤星的举动逗乐了。

　　"阿星，赵队长的仇马上就能报了！"侯江海激动地拍了钟赤星一下。

　　"没错！"钟赤星用力点点头，右手摸了摸藏在腰间的匕首。要知道，自己想报这个仇，已经不是一天两天了，今天机会终于来了！

"李参谋，我的任务呢？"甘南火见营部内的人都走了，只剩下自己和李维义，不禁有些着急地问道。

"你的任务时间还早，我一会儿再和你说。"李维义说完，就拿起一支铅笔和一把刻度尺，在桌上铺开的一张广州地图上画起来。

甘南火见他画得很投入，不敢打扰他，只好独自一人焦急地等待。

很快晚饭的号声响起，李维义这才停下了画图工作，对甘南火说："你现在马上去吃晚饭，吃完后去团部找梁团长的卫兵，他会告诉你具体的任务。"

"是！"甘南火高兴地答应一声，三步并作两步地冲出营部。

营区的食堂内，甘南火根本没心思吃饭，他一反平时的文静吃相，狼吞虎咽地迅速把面前饭盆里的食物填进肚中，如果你要问他吃的是什么，恐怕他都答不上来。

应付了晚饭后，他几乎是一溜小跑地向团部赶去。走出3营营房的时候，他还特意放慢脚步四处寻找了一下，没有发现蔡连长、钟赤星、侯江海他们的任何踪迹，心中不由暗想，奸细一定想不到有一张隐形的正义之网，正在等着他吧。

甘南火赶到团部的时候，梁团长的卫兵已经在等他了，他们的任务是配合团部直属连的秘密党员，秘密监视警卫团的王副团长，等起义的枪声一打响，如果王副团长有什么异动，就立即将他和他的卫兵控制起来。执行监视和控制任务的，主要是直属连的一位军官和几名干练的士兵，甘南火和梁团长卫兵的任务，是一旦控制了王副团长后，立即分别向自己的长官去报告，保证消息能第一时间让长官们知道。

这个王副团长原是12师的一个营长，追随张发奎多年，可谓死心塌地，张发奎对他也极为信任。这家伙性子粗暴鲁莽、凶残蛮横，向来对共产党和工农运动十分仇视。自从被调入警卫团后，和第1营的陈营长狼狈为奸，没少跟梁团长作对，尤其是处心积虑地监视进步官兵的行动，给起义的准备工作带来了极大的阻碍，大家对他可以说是恨之入骨。

知道任务的内容后，甘南火自然明白这项任务的重要性，于是跟在梁团长卫兵的身后，迅速赶往和直属连战友的会合处。

甘南火他们赶到王副团长的住处时，天已经完全黑了下来，这个王副团长在外面喝酒还没回来，于是那个直属连的军官，就安排大家迅速分散潜伏到事先选好的隐蔽处，静静等待王副团长回来。

大约过了两个多小时，才看到一群人摇摇晃晃地向王副团长的住处走来，当中一个四十来岁，上身军装敞开着，国字脸、高颧骨、络腮短须的粗鲁大汉，正是喝得醉醺醺的王副团长，几个军官和两个卫兵簇拥着他。

这群人进去没多久，里面就响起了噼噼啪啪的麻将声和粗野的叫骂声，显然已经喝得半醉的王副团长，又和那些军官赌起来了。

由于大家是分散隐蔽的，甘南火看不到其他人的表情，但他自己对这些反动军官欺压百姓、奴役士兵、醉生梦死的腐朽生活是深恶痛绝的。

还有几个小时，起义的枪声就要打响了，面前的这些反动派就要被消灭了。

在这让人心潮澎湃的时刻，甘南火想起了被地主迫害至死的父亲，想起了父亲向自己描绘的大同世界，甘南火还想起了现在不知身在何方的唐教官，想起了唐教官追求的理想世界，也就是李参谋和自己正在追求的理想世界。

等消灭了面前像朱勉芳、王副团长、陈营长这样的反动派后，他和钟赤星、侯江海将会追随革命的队伍，像唐教官说的那样，为了天下穷苦大众的幸福，去消灭所有的反动派。

一想到这些，甘南火觉得全身的血都像在燃烧，恨不得马上就打响起义的枪声。

红旗漫卷寒敌胆

第二章

·············· 提前打响的枪声 ··············

1

　　时间很快就到了晚饭后。

　　凌晨起义的消息，已经秘密通知到了第3营全体官兵，每个人脸上都洋溢着无法掩饰的兴奋，因为这支部队，本就是叶参谋长为起义准备的力量，全体官兵都是心向革命的。

　　各连排班正迅速又不露痕迹地陆续朝指定地点集结，很快就集结完毕，静候起义到来。

　　外围埋伏的蔡连长见部队都已集结完毕，还不见有人偷跑出来，不仅有些奇怪，难道是自己和李副营长判断错误？还是有了其他变故？

时间紧迫，蔡连长不敢再等，于是带着钟赤星和侯江海去集结地查看，其他人则继续在外围隐蔽监视。

但在集结地，除了感受到部队的兴奋和期待外，他们并没有发现什么异常。

"这个奸细还真沉得住气啊，怎么还不露出狐狸尾巴？"就在钟赤星有些焦急地这么想时，一个战士的声音引起了他的注意："石班长怎么还没回来呢？"

一种不好的感觉涌上了钟赤星的心头。

"怎么回事？"蔡连长也听到了战士的小声议论，赶过来问道。

"报告长官，我们班长刚才集合后说肚子痛，去上厕所还没回来。"一个战士立正回答。

"去了多长时间了？"蔡连长追问。

"好像有半个小时了。"那个战士答道。

"你们班长叫什么名字？"钟赤星心急地插嘴问道。

"石楚生。"那个战士答道。

"不好！"钟赤星大叫一声，扭身就向厕所跑去，蔡连长和侯江海紧随其后。

厕所里空无一人，很明显这个石楚生就是藏在第3营中的奸细，但蔡连长和钟赤星、侯江海搜到集结地的外围，也没有发现石楚生的踪影，问了隐蔽在外围负责监视的战士，都说没看到任何人跑出来，这让大家非常奇怪。

蔡连长带着人又里里外外搜了一遍，还是没有石楚生的踪迹。

这时，蔡连长突然想起钟赤星昨晚监视1营陈营长时发现的情况，那个李大个儿曾找过奸细的同党，莫不是他们也有联系，这个石楚生跑到1营去了？要是那样就糟糕了！他们此前在外围的布置，都是预想奸细会跑出警卫团，或者去团部告密，没想到奸细会去1营，因此没有在营房内往1营的路上设伏。

蔡连长急忙吩咐一个战士立即去向李维义汇报，自己则带着钟赤星、侯江海和几个战士向1营的方向搜索前进。

搜索前蔡连长问钟赤星是否认识石楚生，钟赤星咬牙切齿地点点头。

钟赤星和石楚生岂止是认识，两人一度走得还很近，钟赤星甚至还救过他的命。

这石楚生原本也是一个码头工人，二十岁出头，钟赤星在码头干活时，因为两人岁数相差不大，偶尔碰面还会打个招呼。

省港大罢工时，石楚生也跟着码头上的工友们一起上街去游行，结果遇到了反动派的武力镇压，还是钟赤星拉了他一把，把他拽到一条小巷里藏了起来，才让他躲过一劫。之后石楚生加入了工人纠察队，虽然比钟赤星早了几天，但也算得上是同期的队友。因为钟赤星救过他一次，所以在工人纠察队里，他对钟赤星比较亲热。但相处久了，钟赤星慢慢发现，这人的人品实在不怎么样。

此人既贪婪又懒惰，总想着投机取巧、逢迎拍马，一有了什么辛苦或危险的任务，一准儿会找理由推脱掉，而且还十分刁滑无赖，时不时就有工友或相熟的百姓到赵队长那儿去告他的状，因此钟赤星就慢慢疏远了他。

钟赤星告诉大家石楚生是个小白脸，瘦高个，背略有点儿驼，还提醒大家注意石楚生的左手，因为他是个左撇子。

看到侯江海脸上闪过的诧异之色，钟赤星自责地说："是的，小霞早就说过凶手的特征，都怪我太笨，怎么就没想到凶手就在身边呢？还让你一直在外面打探！"

"这就叫家贼难防啊！"侯江海有点儿老气横秋地说了一句。

"别自责了！既然他已经暴露了，就一定跑不了，赵队长的仇我们一定能报的！"蔡连长安慰了钟赤星一句，然后叮嘱大家一定要搜仔细了。

大家分散开来，朝着1营的方向，像一张大网一样兜了过去。

他们搜得很仔细，墙角、石后、草丛、树上，每一处能藏人的地方都不放过。

就快到1营营区的时候，走在最前面的钟赤星一眼看到一个鬼鬼祟祟、又瘦又高的人影，如惊弓之鸟般左顾右盼的，紧贴着墙根向1营营部的方向慢慢蹭去。

　　果然是石楚生。钟赤星急忙向身后的战友打了个手势，让大家小心别惊动了他。

　　侯江海跟在钟赤星的身后，这时也看清了石楚生的样子，只见他长着一张长条脸，白白净净，鼻梁又高又挺，很是俊俏。不过这张俊俏的脸上，却带着几分像是刻上去的谄媚之色。

　　"白白浪费了他这副眉清目秀的长相。"侯江海这样想着摇摇头。

　　正如钟赤星所说，石楚生是个略有些驼背的瘦高个儿，虽然也穿着一身士兵装，但看上去没有什么威仪，甚至还透着几分猥琐的感觉。小猴子不禁感叹，原来并非每个人穿上军装，都像钟赤星和甘南火他们那样帅气的。

　　杀害赵队长的仇人就在眼前，钟赤星当然不会放过他。

　　钟赤星伸手将腰间的匕首抽了出来，藏在身后，猫着腰慢慢向石楚生移动过去。

　　营区昏暗的灯光下，钟赤星身后的匕首闪着凛冽的寒光，如同被光直射的坚冰一般刺眼。

　　石楚生正一点儿一点儿地向前挪蹭着，忽然觉得有些不对，他猛一扭头，正对上钟赤星布满仇恨和怒意的一张脸。

　　"啊！"石楚生吓了一跳，本能地向后退了一步。

　　"钟赤星！你，你要干什么？"石楚生哆哆嗦嗦地问。

　　"干什么？你说我要干什么！你这个奸细！"钟赤星恨得牙都要咬碎了。

　　"你都知道了？赤星兄弟，你就饶过我这一次吧，我也是被逼无奈啊，你是知道的，我家上有老下有小……"石楚生见身份被揭穿，还想装可怜。

　　钟赤星也不跟他多废话，举起匕首一步步向他逼近。

石楚生一步步向后退，最后靠在墙根上再也无路可退。

见求饶打动不了钟赤星，石楚生又开始用金钱来诱惑："赤星兄弟，你放过我，等我拿到赏银后，咱俩一人一半，这辈子吃香的喝辣的都不愁了，干吗要跟着共产党跑呢。"

"死到临头了，还顽固不化！"钟赤星迈步上前，一把攥住石楚生的衣领，右手高高举起匕首："石楚生，你到阎王爷那儿去吃香的喝辣的吧！"

说着，匕首便朝石楚生的胸口狠狠地戳了下去。

2

眼看钟赤星的匕首就要落下，求生的本能让石楚生双手向上一架，竟攥住了钟赤星的右手，他好歹也在码头上讨过几年生活，手上还有点儿力气，此刻面临生死关头完全爆发出来，钟赤星的匕首竟一时刺不下去了。

钟赤星松开抓他衣领的左手，刚要变拳击出，石楚生竟突然双手一甩，侧身从钟赤星的匕首下脱出身来，迈开腿就向1营营部跑，嘴里还大喊救命。

然而，一个"救"字才出口，蔡连长和两个战士已经赶了过来。蔡连长一个扫堂腿，石楚生"啪"的一下摔了个狗啃泥，两个战士上前一左一右按住了他。石楚生顿时发出了一声痛苦的呻吟，一个战士怕他的叫声惊动敌人，用一只手紧紧捂住他的嘴。

石楚生怎肯束手就擒，他疯狂地挣扎着，想摆脱两个战士的控制。

这时，钟赤星赶了过来，一把抓住他的头发，将匕首架在他的脖子上低声喝道："再叫我就割断你的脖子。"

石楚生立刻吓得再也不敢挣扎了。

蔡连长命令将石楚生绑了，押回营部好好审讯。

就在他们马上将要脱离1营的防区范围时，远处突然出现了几个1营的游动哨，石楚生像看到了救星一样，又开始拼命挣扎起来，眼看两个夹住他的高大战士都要控制不住他了，钟赤星果断地上前一匕首了解了他的性命。

但石楚生的挣扎已经惊动了那几个游动哨。

"什么人？口令？"一个哨兵在远处喊道。

两个带短枪的战士，看到已被敌人发觉，立刻掏出枪来就想动手，被蔡连长急忙制止，因为蔡连长知道一旦开枪，势必会惊动更多的敌人，那将会严重影响到起义的顺利举行。

那个哨兵见蔡连长他们没有回应，显然起了疑心，但又不敢轻易过来，就又大声喝问。

这里原本是没有哨兵的，只是因为最近形势紧张，关于共产党要起义的消息越传越严重，陈营长才增派了游动哨。可是这些人也怕真的遇到暴乱分子，那倒霉的还是自己，所以经常是偷懒耍滑、敷衍了事，没想到今天偏偏会遇到情况。

钟赤星把弄着手中的匕首嘟囔了一句："要是能把他们引过来就好了。"

蔡连长眼前一亮，低声向大家吩咐了几句，然后就高声向那几个哨兵说出了今晚的口令。

那几个哨兵说了回令后，这才敢吆五喝六地走过来。

就在这时，一个战士突然喊了一声"你敢打我"，然后假装打了钟赤星一拳，接着几个人就开始互相厮打起来，其中一个战士背起石楚生的尸体，趁着混乱快速向3营跑去。

蔡连长他们的打斗，把那几个游动哨吓了一跳，他们端着枪，小心翼翼地走过来。

钟赤星看那几个哨兵马上就要到近前了，假装用力地狠狠打了蔡连长一拳，并凶巴巴地说："说好的一起坐庄出老千，赢了钱平分！凭什么你七我三？"

蔡连长装作被打得后退了一步，配合着钟赤星演起戏来。

他拉开要大打出手的架势，恶狠狠地说："你说凭什么？庄是我坐的，本钱是我出的，人也是我叫来的，你不过就是会出那么几手老千，有什么资格跟我平分？告诉你，给你三成已经是便宜你了！"

"我呸！要不是我，别说赢钱，你那点儿本钱也早就赔光了！我不管！总之这五十大洋你至少得给我二十！"钟赤星装作讨价还价道。

见面前几个斗殴的人也穿着和他们一样的军装，几个哨兵稍微放松了点儿警惕。

他们又听钟赤星提到了"赢钱""大洋"，立刻互相使了个眼色，将原本平端的枪，枪口略微向下垂了些，笑嘻嘻地走了过来。

"哎哟，几位兄弟是哪个营的啊？这是吵什么呢？"其中一个哨兵搭讪说，"都是自家兄弟，别伤了和气啊！"

上钩了！钟赤星和蔡连长心中暗喜。

"都怪你瞎嚷嚷，惊动几位大哥了吧！"蔡连长大声埋怨着，又对那几个哨兵赔着笑说："没什么，没什么，我们兄弟闹着玩呢！"

几个哨兵又走近了些。其中一个把枪扛在肩头，说道："不是吧，我们刚刚怎么好像听到什么坐庄、赢钱、出老千？兄弟，别怪我没提醒你们，咱们警卫团里可是不允许赌钱的！"

另一个哨兵接口道："是啊，这要是让长官们知道了，你们可是要被惩罚的，轻则关禁闭，重则可是要滚蛋的！"

此刻，正在监视王副团长的甘南火要是听到这些话，一定能气乐了。其实大家都知道，梁团长在警卫团虽然立了禁止赌博的规矩，但王副团长和1营、2营的反动派们还是照赌不误。只是梁团长并不愿意和他们计较，因为这规矩本就不是给他们立的，而是用来约束革命战士的，没想到今天这些反动的老兵油子，竟会拿这个来吓唬蔡连长他们。

蔡连长他们故意装作不知底细的样子，露出有点儿害怕的表情。

钟赤星看看蔡连长，蔡连长连忙掏出一包烟递了过去，嘴里说着："别别别，各位大哥，有钱大家赚嘛，断了财路对谁都没有好处。几位大哥先抽支烟，我们这有些小钱，就当请几位大哥喝酒了。"

蔡连长一使眼色，钟赤星把手往怀中探去。

"哈哈哈，那多不好意思啊！"几个哨兵这时完全放松了警惕，干脆走到了他们近前，一只手将枪背到身后，一只手伸出来去拿烟。

把枪扛在肩头的那个哨兵，双眼贪婪地死死盯着钟赤星探入怀中的手。

趁着那几个哨兵的注意力都被蔡连长和钟赤星吸引住的机会，侯江海和几个战士，已悄悄挪动到敌人的身侧或背后有利的位置。

钟赤星的手猛地从怀中拿出，但他拿出的可不是什么大洋，而是一把闪着寒光的匕首。

"啊？"正盯着他的那个哨兵惊叫一声，身体本能地向后仰倒。

钟赤星纵身向前，匕首高高举起，向着敌人的胸口猛地刺了下去。

另几个哨兵被眼前突然的变化惊呆了，等看到钟赤星的匕首刺入那人的胸膛，那人哼了一声就向地上倒下时，才想起来要反抗，但却已经晚了。在他们身侧或背后的侯江海等人，或用胳膊紧紧勒住敌人的脖子，或用拳头猛击敌人的头部，敌人连反抗的机会都没有，就被悄无声息地给全部解决掉了。

蔡连长先是派出两个战士，拿着刚缴获的步枪，对1营的方向进行警戒，然后又带着钟赤星、侯江海等人，想办法处理敌人的尸体。

就在大家拿不定主意是把敌人的尸体就地埋了，还是拖回去的时候，因为不管怎么做都费时费力，侯江海突然想起来，刚才搜捕石楚生，他发现旁边有一个堆放破烂杂物的小仓房，急忙向蔡连长报告，蔡连长想起来，那是团部总务股放废弃物品的小仓库，一般很少有人去。

大家合力将敌人的尸体搬到小仓房后，发现了几个装破烂军服的大竹筐，这些竹筐上宽下窄，有半人来高，最宽的地方直径差不多有一米，最窄的底部直径也有七八十公分，装个人进去是绝对不成问题的。

蔡连长指挥大家先把竹筐中的东西都倒了出来，然后两人抬一具敌人的尸体，很快就把那几个哨兵都丢进了竹筐中，钟赤星和侯江海又把那些破烂军服都堆在竹筐上，这样一来，如果不是特意去翻，应该看不出里面装着人。

他们这里刚处理好，就发现对1营警戒的两个战士，神色有些紧张地猫腰跑回来。

"怎么了？"蔡连长急忙迎上去问。

"有情况！"其中一个战士语气很急地低声报告。

3

1营的营区外，蔡连长带着钟赤星、侯江海和几个战士，手中握着刚缴获来的那几支步枪，趴在一个土坎后，紧紧盯着前面。

几个倒背着枪、哈欠连天的敌人，在营区外漫无目的地走来走去，边走还边骂骂咧咧地抱怨："那几个混蛋不好好巡逻，都跑哪儿偷懒去了？害得老子半夜三更从热被窝里被叫起来，还得去找他们。"

原来，被蔡连长他们干掉的那几个游动哨，没有按时回去交班，引起了敌人的警觉，由于最近关于共产党要起义的传言很多，1营的值日官怕出现情况，于是就又加派了几组游动哨巡逻，同时寻找失踪的人员，蔡连长他们面前的就是其中的一组。

看到1营的敌人已被惊动，蔡连长急忙派一个战士回去向李维义报告，同时请求加派人员对敌人进行监视。

时间一分一秒地过去，去报信的战士还没有回来，蔡连长心里不免有些焦急。

趴在蔡连长身边的钟赤星，眼睛虽然一眨不眨地盯着前面，心里却并不平静。赵队长的仇终于报了，但他却没有觉得特别开心，反而涌上一种说不出的失落感。石楚生曾经是赵队长和他的战友，有一段时间甚至还是他的好兄弟，可如今却出卖了工人纠察队的战友和兄弟，还害死了赵队长，这究竟是为什么？难道真像他说的，是被反动派逼的？或者是他贪生怕死，贪图金钱？钟赤星想不明白。

他想不明白的还有很多，赵队长从工人纠察队开始，就曾经和他说过的很多革命道理，到现在有一些他还想不明白。

但有一个道理他想得很明白，那就是要想让全天下和自己一样的穷苦人都过上好日子，就一定要消灭所有的反动派，还有像石楚生这样的反动派的走狗。

钟赤星又攥了攥手中的钢枪，认识赵队长之前，他不知道什么叫反动派，只知道谁欺负自己就和谁斗，没学会武功之前自己总受欺负，学了武功之后虽然能打过很多人，但还无法保护自己的家人和叔伯们不受欺负。直到有了工人纠察队，码头上的那些坏人，赵队长叫他们反动派的，就再也不敢轻易欺负自己的亲人了。可是半年前工人纠察队却被反动军队围了，他们仗着人多枪多，抢走了工人纠察队的武器，解散了工人纠察队，码头上的那些坏人又开始耀武扬威地欺负他们了。现在自己手中也有了钢枪，加入了赵队长说的共产党的军队，以后绝不会再让反动派欺负任何穷苦人了。

想到这里，钟赤星突然瞪大眼睛，伸手去推身旁的蔡连长。

"蔡连长，你看！"钟赤星压低声音对蔡连长叫道。

蔡连长顺着钟赤星手指的方向看去，一间原本只有些许昏暗灯光的大房间，突然间变得灯火通明，而且有很多人在进进出出。

"我昨天和甘南火监视陈营长时，他就在这个屋子里。"钟赤星趴在蔡连长的耳边说。

"嗯，那应该就是他的作战室。"蔡连长随口应道。

"不好！敌人有行动，准备战斗！"蔡连长命令道。

下达完命令，蔡连长就和几个战士占据有利位置，做好了战斗的准备。

钟赤星虽然没参加过战斗，但毕竟也训练了一段时间，尤其是这几天甘南火还特意给他开了"小灶"，这时候心里紧张是难免的，但动作还算是有模有样。

侯江海就惨了，本来胆小又从没见过这种阵仗的他，手中还没有武器，直吓得紧闭双眼哆哆嗦嗦地躲在土坎后，看都不敢看一眼。

倒不是蔡连长因为侯江海没摸过枪就不发他，而是缴获的枪支有限，他们刚才抓捕石楚生时只带了三支短枪，所以现在只能优先发给那些有战斗经验的战士了。

就在这千钧一发的时候，那个背走石楚生尸体的战士和回去报信的战士，引导着数十名3营的官兵悄悄摸了上来。蔡连长一看他们居然还带来了两挺轻机枪，立刻放了心，迅速带领他们往前推进了一小段距离，占据了更有利封锁1营营部的位置。

此时已可清楚地看到，第1营的营部外，已经有一个排的敌人在列队集结了。

蔡连长命令大家，只要敌人敢出1营营部的大门，就坚决彻底地消灭他们。

钟赤星看到列队的敌人已经在转身，朝着大门的方向正要起步，立即用枪瞄准1营营部的大门，手心中开始有汗水渗出。

与此同时，甘南火也神情专注地举枪瞄着敌人的大门，不过他瞄的是王副团长的房门，正准备应对刚刚出现的突发情况。

　　原来，一开始他们的监视比较顺利，那个王副团长屋内的麻将，打得可谓是热火朝天，大冬天的深更半夜还开着窗户，不停地往外冒着烟，估计里面抽的应该是都辣眼睛了，随着里面噼里啪啦麻将声一起传出窗外的，还有王副团长不堪入耳的笑骂声。

　　甘南火对此充耳不闻，只是抱着枪，紧紧盯着王副团长的屋子，在想着自己的心事。

　　这场麻将一直打过半夜12点，几个军官才垂头丧气地从王副团长的屋子出来。

　　那几个反动派军官离开后，甘南火又听到王副团长找卫兵要酒要菜，直到又折腾了一个多小时后，屋里的灯才灭了。

　　这期间直属连官兵和梁团长卫兵藏身处没有发出任何的响动。

　　现在终于安静了，只需静静等到起义的时刻，就可以实现自己革命的理想了，甘南火抱着枪默默地想着。

　　不知过了多长时间，刺耳的电话铃声突然从王副团长的屋内传来，接着是王副团长的咒骂声，屋里的灯亮了。

　　"快来人啊！共产党要造反啦！"王副团长尖锐的叫喊声响起。

　　直属连的那个军官噌地从隐蔽处冲出来，用举着的驳壳枪向梁团长卫兵和甘南火的藏身处点了一下说："你们掩护，其他人和我上！"说着率先冲了上去。

甘南火立即举起枪，瞄准王副团长的房门，动作干净标准，充满了力量和美感。

他此刻还不知道，时间的指针马上就要指到公元1927年12月11日凌晨3点30分。

李维义死死盯着手中举起的怀表，看着表针一格格在转动，除此之外仿佛世界都凝固了。

他身边几个第3营内起义的主要负责人，正紧张地看着他。

秒针还有半圈就到了，李维义喃喃地说道："快了，就快了！"

突然一阵急促的枪声在远处响起，紧接着近处也响起了密集的枪声。

继而全城都响起了枪声。

李维义举起手中的怀表高声喊道："同志们！时间到了！我们的起义开始了！"

欢呼声立即在密集的枪声中响起。

各连队迅速按照事先预定的目标，从集结地出发，奔赴各自的战场。

红旗漫卷寒敌胆

第三章

·········· 离弦之箭 ··········

1

几乎是一瞬间，无数的火把被点亮。

高举着火把的战士们，从集结地奔赴各自的战场。

警卫团第3营内红光冲天，远远看去像是一条条火龙在游动，无比壮观。

李维义亲自指挥一支队伍，直奔警卫团内反动派力量最强的1营营区，接应蔡连长他们。

此时他心里挂念的还是甘南火那里，毕竟直属连里党的力量比较薄弱，能派去监视控制王副团长的人太少了，虽然起义开始后他马上就派出一支队伍去接应，但不知道是否还来得及，因为刚才好像有枪声从团部那面传来。

李维义判断的没错，确实有枪声从团部传来，那是甘南火他们在攻击王副团长。

得到共产党要起义消息的王副团长，刚要招人发动反扑，就被直属连官兵堵在屋里。

直属连的那个军官反应敏捷，一听到王副团长声嘶力竭地要喊人，立刻从隐蔽处冲出来，高举着驳壳枪，一脚踹向房门，普通木门哪经得住这么踹？立刻断了门轴，应声倒地，发出了"砰"的一声巨响，地上顿时扬起一片烟尘。

几个战士端着枪迅速冲进了屋内。

"谁？"屋内传来一声惊恐的叫喊。

站在电话机旁，只穿着背心短裤的王副团长，被突然冲进来的直属连官兵吓蒙了。

等他醒悟过来这些人都是共产党的起义人员后，慌忙去找武器，但却因过度慌张，不仅没够着自己的武器，反而一失手，将枪连同枪套、皮带和衣服一起弄到了地上。

就在他手忙脚乱之时，直属连的那个军官已经冲到了他的面前，将机头大张的驳壳枪顶在了他的脑袋上。

可笑这位平时凶狠暴戾、作威作福的王副团长，连来人是谁都没看清楚，就被人像捆猪一样捆了个结实。

刚捆好王副团长，"叭！""叭！"屋外响起两声清脆的枪声。

屋内的那个直属连军官，立刻一摆手中的驳壳枪，一个战士迅速将王副团长按在地上，用枪指着他的头，其他几个战士则将枪口对准门外。

见门外响了两枪后再没了动静，那个军官和一个士兵一左一右，悄无声息地摸到门口，然后突然背靠背冲出门去，用枪指着门外。

门外除了此前见过的王副团长的两个卫兵中枪倒在地上外，再无一人。

那个军官看向梁团长卫兵和甘南火的藏身处，见两人都镇定地向自己做了个安全的手势，马上就明白了，一定是那两个卫兵想偷袭自己，被门外掩护他们的两人给干掉了。

那个军官猜得没错，原来就在他们捆王副团长的时候，那两个住在旁边的卫兵听到动静赶过来，想偷袭屋里的人，被梁团长卫兵和甘南火一人一枪给解决了。

"干得漂亮！"那个军官不由向两人竖起了大拇指。

就在此时，梁团长卫兵突然做出了一个有人靠近的手势，然后和甘南火同时又缩回隐蔽处，那个军官则带着战士也退入了屋中。

几个官兵举着枪慌慌张张向这里跑来，看来是刚才的枪声惊动了他们。

刚跑到屋前，就被倒下的房门和空洞洞的门口吓呆了。

"啊！"好半晌一个军官才看到地上还倒着王副团长的两个卫兵。

"王，王副团长，您，您在吗？"那个军官战战兢兢地问道。

一阵光影晃动，直属连的官兵出现在门口，用枪指着门口几个惊慌失措的敌人喝道："举起手来，放下武器！"

"放下武器！"梁团长卫兵和甘南火也从藏身处站起来，一用短枪，一用长枪，枪口指着那几个敌人喊道。

那几个敌人见已被包围，不知道对方来了多少人，吓得急忙把枪都扔了。

其中一个三十几岁的敌军官比较狡猾，眼珠子转了几圈后，发现围住自己的并没有几个人，竟突然又从后腰拔出一支小手枪，企图举枪向那个直属连的军官射击，但立刻被紧紧盯着他们的甘南火发现，一枪给击毙了。

其他人吓得再也不敢反抗，乖乖地让几个战士将他们的武器全都收缴了，然后被押进屋内，享受和王副团长同样的待遇——五花大绑外加撕碎的床单堵嘴。

这时，警卫团内和全广州城都响起了密集的枪声，第3营的方向还亮起了红彤彤的火光，甘南火他们立刻明白，起义开始了，不由得欢呼起来。

"等一下再欢呼，你们快去向梁团长和李副营长报告，就说王副团长已经被我们抓起来了。"那个军官命令梁团长卫兵和甘南火。

"是！"两人答应一声，转身就向外跑，但刚跑到没有门板的门口，就突然停了下来，还马上举起枪对准了屋外。

直属连的这些官兵都是身经百战的，立即明白是外面来了敌人，马上把已经被绑起来、堵上嘴的敌人集中到一个屋角，由一名战士端着枪看管起来，其他人则迅速寻找合适的位置藏身，将枪口对准了门外。

远处一群拿着武器的敌人正向这里跑来，快到近前的时候他们才发现，屋里的灯光不是因为敞开门照出来的，而是因为没有了门板才那么亮，立即惊呼起来，纷纷原地趴下，将手中的武器都对准了没有门板的大门。

外面的人看不到屋里的情况，不敢贸然冲过来，趴在那里等了一会儿又不见动静，有一个军官就扯着嗓子喊："王副团长，你在里面吗？"

王副团长是在屋里，但嘴里被撕下来的床单堵了个严实，不可能回答他的。

敌人的军官半天等不到回答，就用枪逼着两个士兵过来查看。

那两个士兵还没走到门口，就又被梁团长卫兵和甘南火一人一枪给解决了。

　　这下敌人受到了刺激，所有的武器对着屋内猛烈开起火来，打得屋内碎屑乱飞。

　　虽然敌人的火力凶猛，甘南火他们的反击却十分沉着，敌人不露头就不打，一露头就一枪一个，打得敌人不敢前进一步。

　　这样一面火力猛，一面枪法准，双方屋里屋外地对峙起来，谁也奈何不了谁。

　　但是时间不等人，梁团长和李副营长还在等他们的消息，就在那个军官想集中火力，掩护梁团长卫兵和甘南火先突围送信的时候，远处又跑来了一支举着火把的队伍，不等停下来就冲着外面的敌人猛烈开火，打得敌人鬼哭狼嚎。

　　"援兵来了！"屋内的所有人都兴奋地想着。

　　他们立刻不再节省子弹，集中火力一面向敌人猛烈开火，一面冲出屋去。外面的敌人受到两面夹击，立刻陷入混乱之中，不是被击毙，就是举手投降了。

　　这些脖子上都系着一条红色飘带的援兵，正是李维义派来接应他们的队伍。

　　时间紧迫，双方会合后立即押着俘虏，直奔团部去支援梁团长。

　　甘南火则飞奔向枪声密集的1营，去找李维义报告这里的情况。

2

　　此时在1营的营部外，李维义已和正与敌人激战的蔡连长会合。

　　原来在李维义率3营主力赶到前，发现敌人已经被惊动的蔡连长，果断下令在起义前几分钟先敌开火，将敌人刚集结起来的一个排封堵在1营营部的大门内。

　　蔡连长他们虽然打了敌人一个措手不及，并占据有利地形，但由于敌人越聚越多，火力又猛，所以并没能消灭敌人，只是将敌人牢牢封锁在营部的大院内。

　　及时赶到的李维义，先是率3营解决了敌人驻扎在营部大院外的2连和3连。

　　原来枪声响起时，2连和3连的敌人虽然被惊动，但由于是凌晨时分，敌人睡得正香，还没来得及反应过来，起义军的战士们已端着枪冲进敌人的营房，营房的房门被"砰！砰！砰！"地踹开，刚从被窝里爬起来正在迷迷糊糊穿衣服的敌人，稀里糊涂就成了起义军的俘虏。

　　顺利解决了2连和3连后，李维义留下一支小分队看守俘虏，然后率人火速奔向枪声密集的1营营部。

敌人的布防原本是2连和3连在外围，1连和直属部队在营部，但因为蔡连长他们处决奸细石楚生时，同时消灭了外围的游动哨，加上起义军行动迅速，2连和3连没来得及抵抗就被缴械，所以李维义率领的起义军，直接插到1营的营部外，与蔡连长他们会合，将1营剩余的敌人全部包围在营部大院内。

　　当甘南火赶到时，双方为争夺1营营部的大门，激战正酣。

　　因为敌人之前已有警觉，虽然是仓促应战，但还是拼死抵抗，妄图守住营部的大门，阻止起义军冲进营部大院。

　　甘南火见一个体格粗壮、满脸麻子的敌军官，正瞪着一双三角小眼，挥舞着两支驳壳枪，歇斯底里地叫嚷着："给我打！狠狠地打！谁要是敢放一个人进来，我枪毙了他！"他立刻认出，此人正是他之前监视过的1营的陈营长。

　　他之前曾听李参谋说过，这是个非常反动的敌人，曾在张发奎做第4军第12师师长时当过警卫排长，对张发奎死心塌地，从来不关心政治，只在乎自己的利益。虽然和朱勉芳狼狈为奸，却又时刻提防朱勉芳往自己的1营里安插亲信。

　　这次第4军警卫营扩编为警卫团，他自持跟张发奎时间久，以为一定能捞个团长干干，没想到上面任命了梁团长和王副团长，所以非常恼怒，处处和这两人作对，对新编入的人员也都是敌视的态度。尤其是受到朱勉芳的挑唆，暗中派李大个儿等亲信，对梁团长和李维义等人进行监视，盘算着如果真能抓住梁团长和李维义等人通共的把柄，在张发奎那里一定是件天大的功劳，到时候警卫团长的职位就非他莫属了。

李维义听了甘南火的报告后终于放下悬着的心，命令甘南火跟在自己身边，随即就又全力指挥对敌人的进攻。

敌人为了守住大门，将营部内存放的轻重机枪全都搬了出来，密集射出的子弹交织成一张移动的火网，将1营的大门完全封锁了。

李维义和蔡连长组织了几次冲锋，都没能突破敌人的火力封锁，还出现了一些伤亡，于是下令起义军暂时停止冲锋，加大火力打击敌人，不给敌人喘息的机会，并紧急召开火线会议商量新的进攻方案。

回到战斗岗位的甘南火，手中的枪一直在瞄着陈营长，但这个反动派非常狡猾，不仅从来不把身体完全露出来，还经常移动位置。

找不到合适机会的甘南火，只好先暂时放弃陈营长这个目标，接连两枪干掉了敌人的两个机枪手。

这时机会出现了，陈营长为了逼迫其他的人，接替这两个机枪手的位置，露出了大半个身子，甘南火几乎瞄都没瞄，立刻就是一枪。但遗憾的是，就在甘南火扣动扳机的一刹那，陈营长突然移动位置，子弹只在他的左臂留下一道擦伤。

陈营长吓得一屁股坐在地上，再也不敢露出头来。

少了陈营长的威逼，敌人的火力虽稍有减弱，但起义军还是无法冲进敌人营部的大院。

火线会议也没商量出有效的办法，就在李维义为难的时候，一直在前面射击的钟赤星，忽然跑了过来。

"李副营长，我能问个事儿吗？"钟赤星问李维义。

"什么事？"还在冥思苦想对敌办法的李维义，有些奇怪地反问道。

"李副营长，您能多发我几颗手榴弹吗？"钟赤星问道。

"你要做什么？"李维义问。

"我想去把敌人的机枪给炸了！"钟赤星两眼放光地说。

"不行！太危险了！敌人的火力太强，你根本无法接近他们。"李维义摇摇头。

"我有办法，不会有危险的！"钟赤星自信地对李维义说。

"什么办法？"李维义急切地问。

"我会功夫，可以顺着房顶爬过去！"钟赤星对李维义说，"他们都忙着开枪，不会有人抬头往上面看，我一定能完成任务的！"

"这倒是个好办法！"李维义兴奋地点点头。

敌人营部的营房是一座"凹"字形的三层楼房，二楼以下的窗户都被砖头封得死死的，凹槽的中间是操场，外面建有3米来高光滑的围墙，很难攀爬，所以李维义和蔡连长他们，才没想到用这个办法。

"你能行吗？"看着七八米高的房顶，李维义又有些担心地问道。

"没问题！李副营长，您就放心吧！"钟赤星拍着胸脯说。

"好！"李维义再略微思索了一下，终于答应了钟赤星的请求，并让蔡连长给钟赤星准备了两袋手榴弹背在身上。

"组织火力掩护！"李维义向刚才参加会议的几个军官命令道。

"是！"那几个军官答应一声后，迅速跑回各自的指挥位置。

稍后起义军的火力全部集中到了敌人营部的大门处，并发起了一次假冲锋，敌人果然上当了，拼命对着大门处射击，想阻挡起义军的进攻。

在甘南火的注视下，钟赤星先是猫着腰跑到很远的地方，然后才斜着快速跑到敌人营房下，在正面和侧面相连的转角处，像一只大壁虎一样，紧紧贴着墙壁，利用窗台和雨漏等突出的地方，手脚并用地向上面爬去，很快就爬到了二楼被封死的窗口处。

李维义特意调了甘南火和另外几个枪法好的战士，负责支援和保护钟赤星，以应对可能出现的突发情况。

钟赤星大概是想缓口气，将右脚脚尖踩向了窗口中一块稍稍突出的砖头，没想到那块砖头封得并不牢固，就在钟赤星刚用力的一刹那，那块砖头竟掉了下去。钟赤星脚下立时悬了空，一个趔趄，差点没掉下来。还好他的右手牢牢地扣住了一处较大的墙缝，才没有摔下来，但却看得甘南火一下子心都要提到嗓子眼儿了。

钟赤星稳了稳神，小心翼翼地再次向上爬去。

甘南火则端着枪，紧张地看着钟赤星的背影。当钟赤星刚爬过二楼窗口时，他突然发现一个敌人从房顶探出了大半个身子，用手中的步枪对准了钟赤星。

3

就在敌人将要扣动扳机的一瞬间，甘南火已抢先开枪，一枪就将那个敌人打了下来。

钟赤星虽然被吓了一跳，但却没有片刻停顿，继续手脚并用地努力向房顶爬去。

甘南火和那几个战士的枪口，继续随着钟赤星在他的四周移动。

很快钟赤星就爬到了房顶，翻身跃了上去，然后扭回身冲甘南火他们的方向挥了挥手，身影就消失了。

这次钟赤星没再遇到什么麻烦，顺利地来到了房顶靠操场的一侧。

操场上此时到处都是硝烟和火光，敌人抱着轻重机枪还在拼命地扫射。

钟赤星仔细看了一下敌人机枪的位置，又在脑海中回忆了一遍教官和甘南火说的投弹的要领，然后从身上的手榴弹袋中掏出一颗手榴弹。

"你们这些反动派，我这就让你们尝尝手榴弹的滋味！"钟赤星大喊一声后，拽掉了手榴弹的拉线，将手榴弹抛向了敌人的机枪。

紧接着是第二颗、第三颗。

第一颗手榴弹在空中划出一道完美的抛物线，准确地落在了最远处的几名轻机枪手中间，随着"轰"的一声巨响，几个敌人立刻被炸飞出去。

在第一颗手榴弹爆炸的同时，第二颗和第三颗手榴弹，也分别被准确地投到了一挺重机枪和一挺轻机枪旁。

三声巨响过后，敌人的阵地上一片狼藉，幸存下来的敌人不知道手榴弹来自何处，于是端着枪慌乱地向四周盲目射击。

封锁大门的火力马上弱了下来。

李维义见机立即命令发动总攻，高喊一声："同志们，跟我冲啊！"和蔡连长一起带头冲向敌人营部的大门，他俩身后是呐喊着一跃而起的起义军官兵。

这时钟赤星在房顶，将身上背的手榴弹一颗不剩地都投了出去。

敌人营部的操场上爆炸声四起。

被炸得鬼哭狼嚎的敌人，见起义军潮水般冲入大门，彻底丧失了抵抗的意志，不是扭身向营房内跑，就是举起手来跪地投降。

蔡连长刚追着一个敌军官的背影进了营房，身

后就闪出了一个敌人士兵，举着一支步枪向他瞄准，"叭"的一枪，一颗子弹贴着蔡连长的耳边飞了过去。蔡连长急忙回身用驳壳枪向那个敌人连开几枪，但那个敌人却躲进了一处墙角，继续用步枪向蔡连长射击。就在两人相持不下时，刚赶到的甘南火冲了过来，从后面给了那个负隅顽抗的敌人一枪，将那个敌人击毙。

"跟我来，陈营长跑了！"蔡连长喊了甘南火一声后，不待他答应，就扭身向刚才逃跑的那个敌人军官消失的方向追去。

甘南火一听是敌人的头子陈营长跑了，立刻紧跟在蔡连长的身后追了过去。

敌人营房内的通道七扭八拐，像迷宫一样，蔡连长和甘南火追了没多远，就发现失去了陈营长的踪迹。为了不让陈营长有躲藏的机会，两个人就一左一右搜索着慢慢向前追，追到一个楼梯处时，隐约听到上面很高的地方有急促的脚步声。

"快！他在上面！"蔡连长喊了一声就抢先向楼上追去。

甘南火紧紧跟在他的身后。

"哎哟！""扑通！""当啷！"蔡连长和甘南火刚追到二楼，就听到上面传来一连串怪声。

"小兔崽子，刚才在房顶上扔手榴弹的就是你吧？"陈营长沙哑的叫骂声在上面响起。

"不好！是钟赤星！"甘南火叫道。

原来，这个陈营长看到大门已被起义军攻破，抵抗和逃跑都没了可能，就想着靠机枪火力坚持到援军赶来，却被房顶扔下的手榴弹坏了自己的计策，气疯了一样要找房顶扔手榴弹的人拼命。刚好急于赶回战场的钟赤星，在房顶发现了一个通到楼内的楼梯，就想从楼梯下来。结果钟赤星和陈营长在楼梯口撞了个满怀，钟赤星被撞了个跟头，陈营长的驳壳枪也被撞落在地。

陈营长骂了一声后，就恶狠狠地扑向钟赤星。

但他没想到的是，钟赤星虽然看着是一个半大小子，可功夫一点儿也不比他差，原以为一上来就可以收拾了对方，却是斗了几招谁也没占到便宜。

这时，楼梯上的脚步声越来越近，陈营长知道这一定是对方的帮手到了，正惶恐焦急的时候，突然发现掉落的驳壳枪就在脚边，急忙俯身去捡，钟赤星想扑上来阻止，但两人间的距离还是让他晚了一步。见陈营长捡起枪扬手瞄向自己，钟赤星被逼无奈，只得一个侧身滚到地上。

"叭"，枪声响起，中弹的却不少钟赤星，而是陈营长。

"你没事吧？"两个关切的声音同时响起。

钟赤星起身一看，是蔡连长和甘南火来到了身前。原来他俩赶到时，正好看到陈营长举枪对着钟赤星，蔡连长急忙抬手一枪，正中陈营长的太阳穴。

陈营长被击毙，1营全部缴械。

李维义指挥起义部队迅速收缴武器，并把俘虏全都集中关押了起来。

就在甘南火和钟赤星他们打扫战场时，梁团长那边传来消息，警卫团其他各处的反动派也都被消灭或俘虏，警卫团已完全被起义部队控制。

战士们闻讯后欢呼着赶回集结地，准备去执行新的任务。

3营的操场上，无数火把将黑夜照得如同白昼般光明。

为了区别起义军和城里的反动派部队，梁团长命令全体起义军官兵，都摘下了帽子上的国民党帽徽，并在每个战士的脖子上，都系上了一条事先准备好的红飘带。

战士们脖子上鲜红的飘带，和他们手中高举的火把相辉映，将每个人脸上洋溢着的胜利喜悦和对未来的憧憬，映照在一片火红之中。

按照梁团长的命令，李维义除留少数人员看守俘虏外，将亲率3营官兵根据起义前的部署，即刻发起对第4军军部的攻击。

现在同样系着红飘带的梁团长，正在队列前给即将出征的起义军官兵做战前动员。

他慷慨激昂的讲话刚结束，操场上就响起了山呼海啸般的口号声。

"出发！"梁团长在口号声中，大手坚定有力地向李维义一挥。

"向右转！跑步走！"随着李维义的口令，一队队斗志昂扬、装备精良的起义队伍，相继跑出警卫团驻地，如一支支离弦之箭，奔赴新的战场。

紧随李维义身后的，除了甘南火和钟赤星外，还有背着几颗手榴弹的侯江海。

本来李维义是想将侯江海留在警卫团，帮着看守俘虏，因为他毕竟没经过军事训练，也没上过战场，虽然在抓捕奸细石楚生时，他被卷入了蔡连长发起的对1营营部的攻击，但他却并没有真正参加战斗，甚至连枪还不会放呢。

然而这两天和3营的革命官兵接触下来，侯江海的思想发生了巨大的变化，之前他一直信奉江湖义气，现在却被起义官兵的革命思想所感染，虽然他还不明白革命到底是什么，但却认为比江湖义气还要好，所以也想像钟赤星一样加入其中。

而且侯江海跟来的理由也很充分，他从小就在街面上混，对广州大街小巷的熟悉，连钟赤星都比不了，对起义部队一定是有用的。李维义认为这确实对起义部队很重要，于是答应让他加入攻击第4军军部的队伍，但要求他必须跟在自己的身边，服从命令。

红旗漫卷寒敌胆

第四章

·········· 突 击 ··········

1

出了警卫团的驻地，李维义率领起义军迅速插向第4军军部所在地——肇庆会馆。

当他们向着目标一路奔跑时，天已渐渐放亮，他们脖子上系的红飘带，在天边朝霞的映照下，显得更加的鲜红夺目。

虽然已是一夜未眠，但每个人身上都洋溢着高昂的斗志，鼓舞着他们奋勇向前。

他们紧握钢枪，脚下的步子跨得很大，动作整齐有力，表现出强大的战斗力。

突然，最前面的尖兵发现一支队伍，从旁边的街巷中迅速向他们冲过来，于是一边做出战斗准备，一边急忙向李维义报告。

跟在李维义身后赶过来的钟赤星眼尖，一眼就认出了对方领头的人，正是接替赵队长职务的许队长。此时，李维义也发现这支全副武装的队伍，虽然身上穿的是款式颜色各不相同的便装，但统一的是脖子上都系着一条和他们一样的红飘带，在朝阳中同样是威风八面！

"许队长，你们怎么来了？"钟赤星冲到许队长面前问道。

"当然是来帮你们的！"许队长笑着答道。

这时李维义走了过来，跟许队长互相通报了部队和姓名后，许队长连忙告知李维义，自己是接到命令，带领工人赤卫队来协助他们，一同攻打第4军军部和军械库的。

"工人赤卫队？"钟赤星有点儿疑惑地问道。

"你们走后，咱们省港罢工工人利益维持队剩下的队员，还有剑仔队、义勇团等，咱们工人的秘密武装团体，被起义指挥部统一编为工人赤卫队。"许队长解释说，"这样能更好地统一提供武器、组织训练和作战安排。"

"太好了！"李维义说着紧紧握住许队长的大手，"有了你们的帮忙，打下第4军军部就更有把握了。事不宜迟，咱们抓紧时间出发吧。"

就这样，两支队伍合并在一起，迎着晨风迅速向预定战场挺进。

原工人纠察队的那些老队员们，虽然只是刚刚分别了几天，但在这激情洋溢的战场上重逢，别提多兴奋了，大家一路向前奔跑着，同时抓紧时间把分别后各自队伍中发生的事情，跟对方好好说了一说。

钟赤星更是迫不及待地告诉许队长和战友们，杀害赵队长的奸细是石楚生，已经被他亲手除掉了，赵队长的大仇终于报了！

许队长想起牺牲的赵队长，他要是能看到今天的胜利，不知道得有多高兴啊！许队长的眼睛不知不觉间就有些湿润了。

"钟赤星！好样的！"老队友们你一句我一句地夸赞起钟赤星。

说完除奸，又聊到起义，大家的话题就更多了！

利用行军的间隙，李维义向许队长简单介绍了控制警卫团的经过。许队长则告诉李维义，他们来时得到消息，教导团主力正奉命去攻打敌人在广州的两个重要目标，就是驻守沙河的一个步兵团和驻守燕塘的炮兵团。

"另外，我们在过来的路上，经过敌人的车库，看敌人还没有警戒，就顺手捣毁了几辆汽车。"许队长说，"估计他们要想再动起来，可没那么容易了。"

"干得漂亮！"李维义笑着说，"许队长，你们这可是打断敌人的腿了！"

侯江海听到许队长的话后羡慕地说："早知道我就跟着许队长他们了！跟阿星你们在一起，都没什么用得上我的地方。要是跟着许队长，我肯定也能弄瘫它一辆车！"

"那当然，搞破坏谁能比得上你这小猴子啊！"钟赤星装作嘲讽地说。

甘南火在一边忍不住笑出声来。

侯江海瞪了钟赤星一眼，急忙向甘南火辩解道："你别听阿星瞎说，我可从来不搞破坏，我干的都是正经事！"

如此紧迫的情形下，队伍中有了三个这样的少年士兵，紧张的气氛缓解了很多。

很快，起义军就来到了第4军军部附近。

此时敌人早已知道了革命军队和工人组织起义的事，但由于不清楚广州城内的确切情况，所以并没有贸然出击，而是选择了加强防守。肇庆会馆的周围，连街巷里都设立了简易工事和临时街垒。

淡淡晨雾中的街巷，显得反常的安静，住在附近的老百姓，早就被惊慌失措的敌人赶出了家门，甚至连行李都没来得及拿。敌人将每家每户的房子都凿出了枪眼，做成了简易工事，又在附近用沙包搭起了临时街垒，准备抵抗起义军的攻击。

起义军刚刚出现在敌人的射界中，枪声就瞬间响了起来。密集的子弹如同暴雨般，猛烈地向着起义官兵袭来。

李维义急令部队停止前进，寻找掩体，监视敌人，防止敌人反扑。他自己则站在一堵墙后仔细观察，发现此时队伍还在敌人的火力范围以外，敌人虽然枪打得猛，但只是虚张声势，子弹全都浪费了。李维义命令部队继续原地待命，自己和蔡连长、许队长几个人，亲自到前面去侦察，寻找发起攻击的突破口。

在望远镜中李维义发现，他们面前的是一些用民房改建的简易工事和临时街垒，距离第4军军部所在地肇庆会馆500米左右。虽然可以看到有多处机枪阵地，但明显能感觉到部署得很匆忙，所以有不少的漏洞。肇庆会馆南北各有一个坚固据点，依托高度的优势，据点的火力可以和简易工事、临时街垒中的火力，构成交叉火力网。

"不能给敌人喘息的机会，要迅速拿下外围阵地。"李维义对蔡连长和许队长等人说。

他命令蔡连长率第7连，从敌人外围阵地的一个缺口处发起进攻，因为那里不仅没有外围敌人的机枪阵地，而且还是敌人据点火力的射击死角。

蔡连长赶回7连后，立即率全连官兵对敌人发起了攻击。

由于正面的敌人没有机枪，所以抵抗的火力并不猛烈，远处的机枪火力又构不成威胁，蔡连长他们一开始攻击进展得很顺利。

眼看着部队就要攻入敌人的阵地，这时肇庆会馆南北据点的敌人，突然发射迫击炮支援阵地里的敌人，迫击炮弹像冰雹般落下，在进攻的战士们身边爆炸，部队迅速出现了伤亡，李维义急忙让甘南火传令，暂停进攻，部队先撤回。

之后李维义和许队长赶往7连，和蔡连长商量，调整进攻部署，再次发起进攻。

这次蔡连长率7连不再沿街面进攻，而是在熟悉地形的赤卫队员引导下，找到一条捷径，先攻克敌人占领的民房，并与敌人展开逐房争夺战，让肇庆会馆南北据点敌人的迫击炮失去作用，敌人虽然调集机枪来增援，但在英勇的革命官兵面前，很快就败下阵去，蔡连长他们迅速攻占了这处外围阵地。

不甘心丢失阵地的敌人，急忙纠集兵力，在肇庆会馆南北据点迫击炮的火力支援下，对蔡连长他们发动了疯狂的反扑。

蔡连长他们刚夺取的阵地，立刻被敌人射出的密集弹雨覆盖了。

2

子弹带着尖锐的啸声划过战场，炮弹和手榴弹在身边炸出炙热的火光和弥漫的硝烟。

密集的枪炮声中，蔡连长提着驳壳枪在阵地上来回奔跑呼喊，指挥7连官兵英勇抗击着敌人的疯狂反扑。形势虽然万分危急，但7连的全体官兵，却没有一个人退缩，他们沉着冷静地射击或投弹，击毙击伤了大量反扑的敌人。

为了减轻蔡连长他们的压力，李维义立刻命令早已按捺不住的9连和工人赤卫队，从7连阵地的两翼对敌人的外围阵地发起猛烈的进攻。这一招果然奏效，敌人为了抵抗起义军发起的新攻势，被迫转移了攻击7连的一部分兵力和火力。

甘南火和钟赤星在弹片横飞的战场上来回穿梭，将李维义的命令及时传达到各个部队。

侯江海看着甘南火和钟赤星飞奔的身影，羡慕得不得了，抓住一个李维义指挥的空隙时间，央求李维义给自己也安排个任务。李维义一开始有些犯难，这个少年既没有战斗经验，也没经过军事训练，虽然很机灵，但在处处都充斥着危险的战场上，让他离开身边还真有些不放心。后来他想到了一个侯江海可以胜任的任务——和甘南火第一次上战场时的一样——协助医护兵救治伤员。

侯江海倒是不挑拣，只要李副营长不嫌弃他，他就心满意足了。

"是！"他连忙学着别人的样子，大声答应了一句，又敬了一个不标准的军礼，然后兴冲冲地跑去找医护兵了。

刚好有一队医护兵正在整理急救包和战地急救的用品，准备上一线去救护伤员，侯江海见状连忙大声说："我来背！我来背！"说着捞起四个整理好的急救箱，左两个右两个都挎在了身上。急救箱说轻不轻，说重不重，小猴子的肩膀被勒得稍有些疼，但他愣是忍着一声没吭，就等着自己尽快上战场出力了。

　　战斗越来越激烈，李维义亲自率领8连的一个排，增援蔡连长他们。

　　李维义带着8连的官兵，悄悄从敌人的身后，推进到距离敌人还有30米远的地方，然后将驳壳枪插回腰间，伸手掏出一颗手榴弹，并示意身后的官兵都将手榴弹掏出来。

　　只见李维义猛地扯断了手榴弹的拉弦儿，等了两三秒，一用力将手榴弹甩入了敌人的阵地中，几个正向7连进攻的敌人，立刻被炸飞了出去。

　　每一个参加过投掷训练的战士都知道，手榴弹的拉弦儿在拉开后，会过上几秒才爆炸，只有让手榴弹在适合的位置炸开，才能保证不给敌人留下躲藏的死角。当初钟赤星在省港罢工工人利益维持队参加训练时，教导团的教官曾讲过，如何结合距离来判断投掷手榴弹的最好时机，后来在警卫团，甘南火也特意辅导过他。

　　李维义将第一颗手榴弹投出去后，紧跟在他身后的钟赤星，也是有样学样，延时几秒后将手榴弹准确地投入敌群中。

甘南火和其他战士，也把手中的手榴弹纷纷抛了出去。

正在进攻7连的敌人，受到这突然打击，立时乱成一团，再被李维义带着人猛冲一下后，立即慌忙逃了回去，李维义和蔡连长他们会合在一起。

这股敌人的败退，立即动摇了敌人整个外围阵地的军心，对敌人两翼发起攻击的9连和工人赤卫队，趁机突入当面敌人的阵地，外围的敌人彻底陷入混乱之中，稍作挣扎之后，就向肇庆会馆的第4军军部仓皇逃去。

起义军随后紧追不舍，钟赤星和几个年轻的战士冲在最前面。

眼看就要追上敌人的时候，肇庆会馆南北两侧敌人据点的机枪，突然射出猛烈的火舌，冲在最前面的几个战士不幸中弹倒在地上，刚好沿街边向前冲的钟赤星本能地躲在一个石柱后，追着他的机枪子弹立刻在石柱上打出了几点火星。

钟赤星举枪向敌人的据点还击，但由于距离太远，他的枪法又比不上甘南火，所以根本威胁不到敌人，气得钟赤星在心里直骂敌人狡猾。

李维义见状命令部队停止追击，暂时撤回刚攻占的敌人外围阵地，打扫战场，肃清残敌，救护伤员，进行休整，等新的作战方案出来后，再对敌人发起攻击。

战场很快被起义军打扫干净，敌人遗弃的大量枪支弹药，被迅速补充给起义军各部，尤其是许队长率领的工人赤卫队，因武器装备不够充足，得到李维义的照顾，不仅枪支弹药补充的多，还领到了两挺轻机枪。

广州初冬的清晨，寒意袭人，刚才起义军的官兵们打得兴奋，一会儿行军，一会儿进攻，一会儿坚守，各种战术动作层出不穷，竟没意识到不知不觉间已是满身汗水。此刻都微微感到一些凉意，但谁都没有在意，只是抓紧时间喝了点水，就集中精神检查自己的武器装备，等待命令准备随时进攻敌人。

侯江海和医护兵这时成了阵地上最忙碌的人，他们将重伤员抬到阵地后方，然后请广州地下党组织的工人担架队，把这些重伤员再抬往警卫团的野战救护所，或已被起义军占领的大小医院。还在阵地上的轻伤员，则经过医护兵的简单包扎后，就各忙各的事情了，完全没有把受伤的事放在心上。

侯江海虽然已经忙得身上被汗水湿透，但他却丝毫没有感到累，因为此刻他的心中只有激动，他感到活了这么多年，第一次自己对别人这么有用，第一次被别人这么尊重，第一次过得这么充实，这种激动催着他脚不沾地地在奔跑，他甚至忙得顾不上喝一口水。

李维义、蔡连长和许队长等几个指挥员，也是连一口水都顾不上喝，就赶到最接近敌人据点的地方，隐蔽观察起敌人的防御工事。

甘南火和钟赤星紧握着枪，跟在李维义的身后。

肇庆会馆本身就是一座修建得十分牢固的建筑，虽说历经多年的沧桑，但仍然像个坚固的堡垒，第4军军部进驻后，又做了大量的加固，使肇庆会馆变成了一座防守严密的要塞。

敌人还紧贴着肇庆会馆，在南北两侧各修筑了一个永久性据点。

不仅如此，敌人还在肇庆会馆外，用沙包垒成了许多街垒，设置成临时火力点，并在进攻者可能发起攻击的必经之路上，设置了大量路障等障碍物。

看到敌人的防御工事如此坚固严密，李维义心中不由暗暗有些焦急。

就在此时，"叭"的一声枪响，一颗子弹带着尖锐的呼啸声，划破清晨的微寒，贴着李维义的耳朵，打在了他旁边的土墙上，灰色的土墙顿时出现了一个圆窟窿。

紧接着一阵密集的弹雨，向李维义等人的藏身处倾泻过来。

好在众人已经及时隐蔽，并没有任何伤亡。

甘南火在撤身隐蔽前，向敌人开枪的方向还了一枪，一个敌人应声从据点上掉了下来。

李维义回到阵地后，召集蔡连长和许队长等几个指挥员开了一个小会，研究进攻肇庆会馆的方案。由于起义军缺少重武器支援，面对占据有利地形、防守严密、火力凶猛的敌人要塞，如果强攻必然会造成重大伤亡。所以经过反复研究，李维义决定先派蔡连长率7连对敌人进行一次佯攻，看看是否能找到敌人防守的弱点。

　　李维义同时命令8连和9连，在许队长的工人纠察队和广州地下党组织的进步工人的支持下，迅速抢修工事，防止敌人反扑或突围逃脱。

　　蔡连长迅速集结起7连，向肇庆会馆的敌人发起了进攻。

　　这次7连的进攻，不像刚才进攻外围阵地那样猛冲猛打，而是采取步步为营的策略，利用街道两侧房屋前的石柱作掩体，缓慢向前推进。

　　敌人看到起义军发起攻击，立即开始疯狂地射击，瞬间将街道的地面、房屋前的石柱和房子的外墙，打得千疮百孔。李维义立即组织全营集中起来的轻重机枪，对蔡连长他们进行火力掩护。蔡连长则指挥7连的官兵，交替掩护着向敌人的阵地攻击前进。但由于敌人的火力太猛，7连向前没推进多远，就开始出现较大的伤亡，李维义为了减少不必要的损失，只得命令7连暂时停止进攻。

3

　　见到起义军撤退，肇庆会馆外的敌人开始嚣张起来，用各种污言秽语向起义军叫骂。

　　钟赤星和一些年轻的战士气不过，纷纷请战要求再次进攻敌人，但因为强攻不起作用，李维义为了避免无谓的伤亡，没有批准战士们的请求。

　　正在闹得不可开交之时，工人赤卫队一个脚夫出身的老队员，突然提出一个想法，说可以找一些人力两轮车，在车里装上沙包，然后几辆两轮车一起并排推，这样就可以形成一个移动的沙包街垒。这个提议顿时让李维义眼前一亮。

　　于是让敌人感到疑惑和恐慌的一幕出现了，五六辆两轮车形成一组，每辆车由一个脚夫出身的赤卫队员猫腰推着冲向敌人的阵地，两轮车上垒着

满满的沙包。蔡连长则指挥7连的部分官兵，猫腰跟在三四组这样的移动街垒后面，另有部分官兵还是沿着街道两侧房屋前的石柱，交替掩护着向敌人的阵地攻击前进。敌人看到起义军的"新式武器"后，也不管起义军是否进入射程，立刻又开始疯狂地射击。密集的子弹在半空中乱飞，等移动堡垒进入敌人的射程后，"噗""噗""噗"的声音越响越密。就见子弹打中两轮车上的沙包后，"噗"的一声，冒起一股尘烟，钻入了沙包之中，对藏在沙包后的赤卫队员和战士们，没有任何威胁。

起义军见移动街垒的计策有效后，士气更是高涨，赤卫队员们像是浑身有使不完的劲儿一般，把两轮车推得飞快，跟在车后的7连战士，不时站起来打一枪，然后又迅速猫下腰。

敌人的火力都被吸引到了街心的移动堡垒上，沿街道两侧推进的7连战士顿时感到减轻了压力，攻击前进的速度明显加快了。

就在钟赤星和一些年轻战士看到进攻顺利兴奋得拍掌叫好时，李维义听到了一片刺耳的呼啸声，立刻明白这是敌人南北据点的迫击炮在射击。果然呼啸声刚过，一连串的爆炸声又响起。

街心敌人机枪奈何不得的移动堡垒，瞬间被炸毁了一半。

李维义急忙命甘南火去传令，让7连火速撤退。

当甘南火赶到蔡连长身边时，街心的移动堡垒都已被敌人的迫击炮炸毁，赤卫队员和7连的官兵伤亡过半。看到战友倒在血泊中，7连的官兵们全红了眼，猛虎一样冲向敌人的阵地，完全放弃了掩体的掩护。

敌人被吓坏了，更加疯狂地向7连的官兵射击，又有许多人中弹倒地。

在蔡连长的严令下，7连的官兵才极不情愿地撤了回来。

进攻再次受挫，李维义决定暂停进攻，先巩固抢修的工事。

但大家的情绪非常激动，尤其是7连的官兵，强烈要求再次发动猛攻，消灭肇庆会馆内外的敌人，为牺牲的战友们报仇。

经与蔡连长、许队长等指挥员商量，李维义决定再换进攻方案，采取土木作业的方法，打通民房之间的墙壁，缩短与敌人的距离。

起义军顺利地打通了民房之间的墙壁，来到了距敌只有100多米的地方，前面是一片开阔地，原来的民房都已被敌人为扫清射击障碍拆除了。

稍作休整之后，李维义命令发起新的攻击。

敌人立即各种武器全部开火，将这短短100多米的距离，变成了一道密不透风的火力网。

站在最前沿指挥的李维义，看到起义军的官兵不时中弹倒地，心如刀割一般。

"仗不能再这样打下去了！"李维义暗暗下定

了决心。

他想起了老团长当时在教导团对大家的教诲，消灭敌人的同时，一定要保存革命的有生力量，决不能做杀敌一千、自损八百的事。

现在局势非常清楚，肇庆会馆的敌人占据有利地形，火力凶猛，防守严密，起义军人数上不占优势，缺少重武器和攻坚战装备，强攻已造成了一定的伤亡，而且接下来还有很多硬仗恶仗要打，所以必须尽快结束这里的战斗，将部队撤下来。

想到这里，李维义立即命令甘南火和钟赤星去传令，让各连长迅速到自己这里来接受新的任务，甘南火和钟赤星以为李维义又想到新的进攻方法了，立即一路飞奔着去传令。

谁知道等蔡连长他们来了后，李维义竟下达了撤退的命令。

李维义命令蔡连长率7连一部，和许队长率领的工人赤卫队大部，依托刚抢修的工事，围困肇庆会馆内的敌人，等待援军。他自己则亲率3营主力，由部分工人赤卫队配合，前去攻打敌人的军械库。

"什么？撤退？"蔡连长瞪大血红的眼睛，问出了钟赤星想问的话。

"不是撤退！是围困！"李维义也有些火气地纠正蔡连长说，"我们现在要马上去攻打军械库，完成起义指挥部预先制订的计划。"

"可是现在仗刚打到最关键的时候，敌人已经快撑不住了，你就让我再攻一次，我一定能突破敌人的阵地！”蔡连长向李维义请求道。这次攻打第4军军部，7连的牺牲最大，他现在一门心思想为自己的好战友好兄弟报仇。

"如果这次还突不进去怎么办？如果突进去打成相持了怎么办？如果我们贻误战机，军械库的敌人加强了防守怎么办？"李维义一连串的怎么办，问得蔡连长张口结舌，也彻底把他问清醒了。他毕竟是有多年实战经验的指挥员，马上明白了李维义如此安排的意图和重要性，只得咬咬牙接受了李维义的命令。

蔡连长虽然想通了，但钟赤星和许多年轻的战士还一时转不过来弯。

钟赤星看到蔡连长和许队长去执行李维义的新命令后，不甘心地一屁股坐在地上叫道："我不撤退，我就要留在这里打反动派，我才不怕他们呢！"

"对！"“我们不撤退！"“我们要和反动派血战到底！"“我们要为牺牲的战友报仇！"一些年轻的战士也附和钟赤星叫道。

这些战士个个热血沸腾，都认准了要攻克敌人军部，给牺牲的战友报仇这一条路！

李维义见这些年轻的战士情绪激动，也不禁被他们的情绪所感染。

红旗漫卷寒敌胆

第五章

·········· 围攻军械库 ··········

1

"同志们，你们的心情我理解，我也想和你们一起打下第4军军部，消灭眼前的敌人，为牺牲的战友报仇！"李维义眼圈湿润地对那些年轻的战士说，"但我们是一支革命的队伍，我们肩负着神圣的使命，必须要有铁一般的纪律，不能凭个人的意气做事，更不允许影响革命大局！"

战士们有的被说得低下了头，有的还有些不甘心地想说什么。

李维义又向大家宣布了新的作战任务，就是攻打军械库。因为起义指挥部给他们的命令是攻占第4军军部和军械库两处目标。现在已经耗费了很多时间，仍未能攻克第4军军部，如果再不能及时攻克军械库，缴获敌人的武器弹药补充起义军，势必将影响起义的整体部署。

"我们缴获敌人的武器弹药还有很多，攻打军械库不用那么着急吧？"一个年轻战士指着地上几箱弹药大声问。

"我们的武器弹药是还充足，但工人赤卫队呢？其他起义部队呢？"李维义反问那个年轻战士。

"你们刚才也看到了，工人赤卫队来帮我们的时候，两个人才有一支枪。"李维义不等那个年轻战士回答就直接继续说道："这还是枪支多的。工人赤卫队的同志们，冒着生命危险参加起义，我们能眼看着他们因为没有足够的武器，而白白牺牲性命吗？"

听到这些话，不仅那个年轻的战士说不出话，刚刚嚷着不肯离开的战士也不说话了。

许队长站在李维义身边，向大家介绍了工人赤卫队的情况。自从工人纠察队被桂系的反动军队强行收缴武器解散后，虽然广州地下党将他们又组织起来，以剑仔队、义勇团、省港罢工工人利益维持队等名义在活动，但却一直没有枪支弹药。直到驱桂战役后，教导团将缴获的部分枪支弹药秘密送给他们，可那也是杯水车薪，几个人才能分到一支枪。

钟赤星太了解许队长说的情况了，那些都是自己亲身经历的。怎么现在上了战场，为了逞一时之勇，就忘了赵队长、许队长和自己一直强调的纪律，忘了昔日队友面临的困难了呢？想到这里，钟赤星感到深深的自责，他从地上站起来，向李维义和许队长敬了个礼："李副营长，许队长，我错了！我愿意接受处罚！"

那几个年轻战士见钟赤星承认了错误，也都表示知道错了，坚决服从李副营长的命令。

时间紧迫，李维义不再和他们多说，而是抓紧时间部署任务。

李维义叮嘱蔡连长，要多用小股部队发动佯攻，疲惫敌人，不要让敌人有喘息之机，另外还要注意加固工事，防止敌人的反扑和突围逃窜。

为了加强蔡连长和许队长他们的火力，李维义又特意安排，多给他们留了两挺轻机枪和十几箱手榴弹。

李维义又告诉蔡连长和许队长，会请求梁团长派兵支援他们的。

虽然有些不放心，但军情紧急，安排完对肇庆会馆之敌的围困后，李维义就亲率3营主力和部分工人赤卫队员，神不知鬼不觉地撤离了战场，急行军奔赴军械库方向。

走出去不是很远，在前面探路的尖兵突然停了下来，并派人飞跑回来向李维义报告，说前面发现了一支穿军装的小部队，没系红飘带。

　　李维义一面命令部队迅速隐蔽，一面亲自到前面去查看。

　　果然在前面两条街之外，约有一支不足一个连的队伍，正在慌慌张张地斜插过来，很快就会和起义军遭遇。

　　这支队形散乱的队伍，看着就像是一群逃兵，有些人的帽子戴歪了，有些人敞着怀，有些人没有打绑腿，还有些人脚上甚至连军鞋都没穿。他们或抱着枪或背着枪，或把枪提在手中、背带拖在地上，每个人的脸上都带着惊慌失措的表情。

　　他们越走越近，李维义可以轻易地看清楚，这支队伍中没有一个系红飘带的。

　　"这应该是一支在别处被起义军打散的逃兵。"李维义判断。

　　看他们行进的方向，竟是肇庆会馆的第4军军部。

　　"不能让他们过去，否则围攻肇庆会馆的蔡连长和许队长将会腹背受敌。"李维义迅速做出消灭这股敌人的决定。

　　他命令8连和9连抢占街道两侧的有利地形埋伏起来，其他人绕到另一条街当预备队，静静等待敌人钻入起义军布好的口袋阵里。

甘南火和钟赤星跟在李维义身边，藏在口袋阵入口处一间民房的屋顶上，举着枪悄悄瞄着逐渐靠近的敌人。

敌人越来越近了，他们虽然惊慌失措地四处张望，却没想到起义军会在房顶上给他们布了一个口袋阵，所以丝毫没有察觉到前方的危险，乱哄哄地向前赶路，完全是一副丧家之犬的样子。

李维义举起手中的驳壳枪，耐心地等待着。

敌人队形散乱，队列七扭八歪，只能勉强看出个轮廓。

一排、两排、三排……敌人慢慢从起义军的枪口下走过，很快队尾就出现在李维义的视线中，他抬起枪，瞄准了最后一个敌人。

当这个敌人走进埋伏圈后，李维义扣动扳机，"叭"的一枪，那人应声而倒。

李维义的枪声就是信号，起义军官兵们的枪声瞬间响成了一片。

甘南火的枪声就比李维义的晚了几秒钟，一个敌军官就倒在了他的枪下。

钟赤星知道自己的枪法比不了甘南火，但他有他的绝招，上次打1营营部在房顶扔手榴弹尝到甜头的他，照样画葫芦，又是两颗手榴弹准确地扔入敌群中，"轰""轰"两声巨响后，敌人被炸倒了一片。

"你打倒一个，我炸倒一片！"钟赤星兴奋地一拍甘南火的肩膀。

"叭"，甘南火刚打出去的一枪，被钟赤星的一拍竟打歪了，这可是他在战场上头一次没打到敌人，但看到钟赤星那个兴奋劲儿，甘南火只能是苦笑一下。

等他再举枪寻找目标时，竟然一个都找不到了。

原来敌人刚遭到攻击时，慌里慌张地还想要反击，可根本没看清起义军藏在哪儿，只能端着枪一通乱打，结果不但没伤着起义军官兵，还差点儿误伤了自己人。就在这么一会儿工夫，大部分敌人被打倒，剩下的只好乖乖地跪地举枪投降了。

不到十分钟，这场小小的歼灭战就以起义军的完胜收场。

李维义让几个战士押着被绑起来的俘虏先返回警卫团，自己则率领部队，带上意外缴获的武器，急行军赶往军械库。

没想到刚一到军械库外围，便遭到了敌人猛烈的攻击，敌人阵地上轻重机枪射出的子弹，像雨点一般密集。幸好起义军离得较远，没有造成什么伤亡，但却被敌人的火力压制，暂时无法接近敌人的阵地。

看到敌人防守的火力如此猛烈，李维义不由得暗暗有些担心起来。

2

军械库对于一支部队来说，无疑是重中之重，守卫向来森严。

尤其是现在敌人已经知道共产党在广州举行了起义，除了原本把守的重兵外，又调了一些部队前来支援。

此时军械库内的敌人自持拥有重兵，又可依托军械库里充足的弹药，并不把李维义率领的起义军放在眼里。但因为不知道广州城内的情况，所以他们也不敢贸然出击，只想用猛烈的火力，将起义军吓跑，或阻挡在外围。

但他们可能永远都不会明白，对面那些系着红飘带的起义军，是一支怎样的部队。虽然这支部队已经苦战了一整夜，饥渴疲劳缠身，但在理想旗帜的指引下，依旧斗志昂扬，眼睛里闪烁着星星般的光芒。面前弹雨交织出的火网，不可能阻挡他们前进的脚步。

为了尽快攻克敌人的军械库，完成预定目标，李维义决定先组织一支奋勇队，强行突破敌人的火力封锁，迅速抢占有利的攻击位置。

他命令8连和9连集中全部的机枪，组织起来和敌人的机枪对射，掩护奋勇队突击。

奋勇队都是清一色精干的小伙子，他们在起义军火力的掩护下，奋不顾身地冲向敌人。

但敌人的火力实在是太猛了，奋勇队只突击前进了十几米，就伤亡了三分之一，李维义见强攻不能奏效，只好让奋勇队先停止进攻撤了下来。

只是让8连和9连继续用火力佯攻牵制敌人。

这一来敌人更嚣张了，炫耀似的将子弹打在起义军攻击的路上，子弹在空无一人的地面上四处乱跳，敌人得意地狂笑不止。

起义军的官兵被气得紧咬牙关，恨不得马上就扑上去消灭这些嚣张的敌人。

但李维义却不为所动，而是尽量地向前靠近，仔细观察敌人的防守布置。

只见军械库外，敌人用沙包垒起了一个巨大的半圆形工事，将军械库围在其后。守卫军械库的敌人，在工事里排了一长溜的轻重机枪，几十名机枪手轮番上阵，用机枪一刻不停地向着起义军进行扫射，也不管起义军是否发动进攻。

起义军几次想发起冲锋，都是刚一起步，就被敌人的火力死死地压制住无法前进。

"这么下去不是办法！"李维义心中不免暗暗焦

急。

　　他见部队很难从正面展开强攻，就想绕到军械库的侧面和背面去看看，是否可以寻找到突破口。就在他刚要起身的工夫，突然几声尖啸从对面阵地上传来，竟是迫击炮弹的声音。

　　"有炮弹！全体隐蔽！"李维义大喊一声，顺势卧倒在地上。

　　"轰""轰""轰"几声炸响，敌人的迫击炮弹在李维义身边不远处爆炸，碎屑、火光、烟尘立时飞上半空。巨大的爆炸声震得战士们耳中一阵轰鸣，李维义只觉得左肩一麻，紧接着一阵剧痛传来，他不由得闷哼了一声。

　　"李副营长，你怎么了？"钟赤星从碎屑中爬起身，看到前面的李维义半天没动静，急忙一翻身滚到了他身边。

　　这时甘南火晃了晃身子，抖落了满身的碎屑和灰土。他刚刚被一块碎木砸到了头部，虽然只是起了一个大包，但还是有些晕乎乎的。听到钟赤星的喊声后，激灵一下反应过来，两下匍匐动作就来到了李维义的身边。

　　"李副营长！"甘南火和钟赤星一同架起李维义，匍匐着将他转移到一个掩蔽物后。

　　甘南火伸手去摇李维义的肩头，突然感觉自己手上全是温热黏腻的液体，急忙将手举起来一看，满手全是鲜血。

"李副营长，您受伤了？"甘南火焦急地喊道。

被爆炸震晕的李维义轻咳两声醒了过来，吐掉口中的尘土，用右手撑着地面侧起身来，检查了一下自己的左肩，轻松笑着冲甘南火和钟赤星说："没事，就是被炮弹碎片擦去了一块皮，不用担心。"

钟赤星见李维义的肩头还在流血，急得大叫："医护兵！医护兵！快来！"

"来了！来了！"随着应答声，甘南火和钟赤星惊讶地看到，背着一个急救箱灵活冲上来的竟是侯江海。

原来，被派去帮助医护兵的侯江海，一开始只是帮着拿东西抬伤员，但他生性机灵，很快就学会了战场救治的基本操作。随着肇庆会馆和军械库战斗进行得越来越激烈，医护兵也越来越不够用了，这下侯江海就不仅是帮忙了，而是火线上速成的医护兵了。

"行啊，看不出小猴子还有这一手。"看到侯江海竟能熟练地为李维义包扎，钟赤星不由在心里暗暗为他开心。

李维义虽然为侯江海的迅速成长高兴，但只是冲他鼓励地笑着点点头。

因为他的心思都在面前的敌人身上。

他咬紧牙关趴在掩蔽物后，仔细寻找着敌人阵地上的任何一个微小漏洞。

还有一个人对侯江海的成长也没特别注意的，那就是甘南火，因为他现在心里想到的，是一个之前他从未想过的严峻问题。

对于甘南火来说，李维义不止是部队的长官，更像是他的恩师慈父。想当初自己被唐教官托付给李维义的时候，还是个什么都不懂的毛头小子，多亏了李维义在生活中的照顾，在革命道路上的悉心教导，才使自己一步步成长为一名革命战士。虽然在战场上已经看到过太多的生与死，但他从来没有想过，李维义一旦出了事，自己会怎么样。

"命令部队暂时停止进攻，撤到安全位置休息待命。"李维义坚定的声音，打断了甘南火纷乱的思绪。

"是！"甘南火和钟赤星齐声答应，钟赤星立即跑向8连。

甘南火却没有马上行动，而是关切地向李维义请求道："李参谋，您是我们的指挥官，您要是倒下了，接下来的仗我们该如何打呢？为了您的安全，让侯江海护送您到指挥所吧。"

李维义不忍拂甘南火的一片心意，而且他现在也急需马上回到后面，和几个指挥员商量下一步的行动，所以就让侯江海将自己扶下去。

甘南火目送李维义和侯江海的背影离开后，才飞速跑向9连。

李维义回到作为临时指挥所的一座小院内，立即和8连长、9连长几人商量攻打军械库的方案，大家都知道强攻不是个办法，但又提不出别的好想法。李维义就提出先绕到军械库的侧面和背面去看看，是否可以在那里寻找到突破口，大家都同意他的建议，又劝他肩头上有伤就别去了，由他们去做侦察，回来再向他报告。李维义笑着说小伤不要紧，坚持和大家一起去前沿侦察。

起义军停止了佯攻，敌人也停止了示威性的射击，战场上突然变得分外安静，只偶尔能听到广州城中心方向传来零星的枪声。

在初升的朝阳下，李维义看到正在休息的起义军官兵，三三两两地靠坐在房檐或树木下，看上去非常疲惫。是啊，从昨天晚饭后集结，到现在已是整整一夜了。起义军先是经过激战，肃清了警卫团内的敌人，又一路急行军至第4军军部，多次冲锋都未能攻克肇庆会馆，不得已又急行军赶到这里，却再次遭到敌人猛烈火力的压制。

这一夜里起义军连续行军作战，没有休息，没有饭吃，只是喝了一点点水，战士们怎么能不疲惫呢？想到这里，李维义心里就隐隐作痛。

"一定要尽快拿下军械库！"李维义暗下决心。

他举起望远镜，仔细观察着对面的军械库，这是一个被灰色水泥高墙围住的建筑，看上去厚实又坚固，仿佛铁桶一样倒扣在地上。整座建筑没有窗子，只有正面两扇宽宽的、极为厚重的大铁门。敌人用沙包垒起的巨大半圆形工事，就建在建筑物的大门口外，堵住了外界通往军械库的唯一通路。

李维义手中的望远镜在缓慢移动着。

突然，他的望远镜定格在了一个位置上，眼中现出惊喜的光。

3

在李维义的望远镜中可以看到，半圆形工事内的敌人，大概是因为起义军暂时停止了攻击，对军械库的防守更有信心，所以他们显得更加地狂妄。有的歪在沙包上抽起了烟卷儿，有的似在哼哼唧唧地哼着小曲，还有的时不时抱着机枪扫射一梭子，完全是一副挑衅的样子。

虽然敌人正面的防守非常严密，但李维义还是在侧面发现了敌人的一个防守漏洞。

在军械库的东院墙外，隐约有一团灰突突的影子，李维义用望远镜仔细观察，发现那是座简易的小房子。

这座房子大概是军械库守军用来堆放什么杂物

的地方，看上去像是不太常用的样子，所以没有修在院墙内。房子比院墙矮了很多，最多也就两米来高，虽然无法从房顶爬上院墙，但因为房子前胡乱丢了许多杂物，无意间竟形成了天然的掩体，不像正面那样，敌人机枪的射程内光秃秃的没处藏身。

"要是在这里突破的话……"李维义迅速在脑海中过了一下。

可以继续让8连和9连在正面实施佯攻，然后组织奋勇队，利用这里的掩体，对东院墙进行爆破，或许就能将敌人的防线撕开一个口子。

想明白之后，李维义立即和8连长、9连长几个人返回临时指挥所安排任务。

李维义亲自挑选了一支数十人的奋勇队，并按任务分工将他们分成了爆破组、火力组和突击组，做了简短的战前动员后，就带他们来到了军械库的东院墙外。

这时8连和9连的佯攻已经打响。

军械库正门半圆形工事内的敌人，没想到起义军会再次发起攻击，慌忙扑到工事上，抓起机枪疯狂地扫射，密集的子弹瞬间铺天盖地向起义军卷来。

李维义给8连和9连下的命令是佯攻，但8连长此时被敌人的骄狂打出了火，命令战士每人推着一个掩蔽物，向敌人的工事匍匐攻击前进，想强行突破敌人的火力网。由于时间仓促，8连能搜集到的掩蔽物数量不多，样式也是千奇百怪，有实木的桌子和椅子，有碾米用的石头碾子，有用水湿透的巨大棉被卷，甚至有三个战士合力顶着一口楠木大棺材在地面上往前推。

工事内的敌人被眼前这一幕吓傻了，起义军的英勇让他们感到无比的恐惧，拼命地用机枪扫射，每一挺机枪的枪管子都打得火热，却仍无法阻挡8连缓慢的推进。于是惊慌的敌人又开始用迫击炮向8连猛烈轰击，战场上空一时间都是迫击炮弹尖锐的呼啸声。炮弹在8连官兵的身边连续爆炸，进攻受阻，8连长咬着牙命令大家继续前进。

8连的佯攻变强攻，虽然付出了较大的伤亡，但却成功吸引了敌人的全部注意力。

奋勇队第一爆破小组的三个战士，此刻每人携带一捆集束手榴弹，已悄悄潜入军械库的东院墙下，拉断拉弦后将手榴弹丢在墙根下，迅速撤了回来。

"轰"的一声巨响，三束手榴弹几乎是同时爆炸，掀起了一团巨大的碎砖石和烟尘。

奋勇队的突击组立刻一跃而起，向着爆破口冲去。但由于军械库的院墙太厚，手榴弹只是在墙上炸出了一个洞，却没能将院墙炸塌。突击组只能从墙洞进入军械库大院，突击速度被大大迟滞，此时敌人已经反应过来，马上调来军械库内的机枪火力封住了突破口。

奋勇队的火力组立刻对敌人进行火力压制，但却无法掩护突击组冲入突破口。

李维义见东院墙的突袭也变成了强攻，突击组为冲入狭小的突破口，伤亡很大，于是下令再次暂时停止进攻。让突击组先撤下来休整，爆破组准备二次爆破。

可由于敌人已经发现起义军要突袭东院墙的意图，加大了军械库内机枪火力对突破口的封锁，尤其是军械库房顶的一挺机枪，封住了爆破手冲上去的路线。

甘南火见有两个爆破手都在接近矮房外的掩体前，被军械库房顶的机枪击中而牺牲，就向李维义主动请缨，协助奋勇队干掉敌人的机枪，得到李维义的批准。

甘南火在奋勇队火力组的掩护下，尽量靠近军械库，举枪瞄准房顶敌人的机枪手。

"叭"的一枪，房顶敌人的机枪手应声毙命。

"叭"的又一枪，刚要去接替机枪手的弹药手也被干掉。

敌人的机枪立时哑了，起义军的阵地上响起了一阵欢呼声。

一个爆破手立即飞一般冲出，抱着两捆集束手榴弹，直扑东院墙。

"嗒嗒嗒嗒……"机枪声响起，军械库的房顶，又出现了一个敌人的机枪火力点，罪恶的子弹击中了那个爆破手，只见他身子一晃，倒在了地上。

悲愤的甘南火立刻举枪瞄准敌人的机枪手，没等他开枪，原先那挺机枪又响了起来，一串子弹打在他的身前，将面前的地面打得冒起一溜白烟，原来是那挺机枪又有了机枪手。

敌人的两挺机枪形成交叉火力，将爆破手冲锋的路线封得更死了。

还有几名爆破手争着想上，但都被李维义坚决制止了，在没解决敌人的机枪火力前，他不能眼看着战士们再做无谓的牺牲。

"李副营长，让我去吧！我会功夫，一定能冲过去！"钟赤星向李维义请战。

"只要甘南火能干掉一挺机枪，我就能冲过去！"看到李维义要拒绝的样子，钟赤星又急忙补充说。

"怎么讲？"李维义好奇地问。

钟赤星将自己的计策说了出来，李维义认为虽

然有风险，但已是目前最可行的方案了。

　　沉寂了一阵的火力组机枪突然开火，吸引了军械库房顶敌人的两挺机枪，换了一个位置的甘南火瞄准敌人的一挺机枪，连续扣动扳机，消灭了敌人的机枪手，和想要去替补的几个敌人，彻底打哑了这挺机枪。

　　身上背着三捆集束手榴弹的钟赤星，趁着这个机会，"嗖"地从隐蔽处蹿出来，一溜烟地向矮房外的那些掩体蹿去。敌人那挺还在疯狂射击的机枪，发现了飞奔的钟赤星，立刻舍了和火力组的对射，转向钟赤星扫射，子弹追在钟赤星身后打出一连串白烟。

　　甘南火为了要压制另一挺机枪，无暇分神。

　　李维义看到钟赤星跑出无数个不规则的"S"形，在敌人射出的弹雨中穿梭，突然一个踉跄跌落地面，滚向军械库的东院墙，不由得和战士们一起大声惊叫了起来。

红旗漫卷寒敌胆

第六章

·············· 转战警察署 ··············

1

　　钟赤星的身体看着好似不受控制般，在地上连着滚了几个跟头，竟滚到矮房外一摞废弃的军火箱子后，就一动不动了。紧追在他身后的敌人机枪子弹，一阵猛烈地扫射，把那摞军火箱子打得木屑乱飞，却没有一颗子弹能打到钟赤星的身上。

　　敌人的机枪手扫射了一阵后，看箱子后的钟赤星没有任何反应，就把枪口转向了甘南火的藏身处，一通猛烈地扫射，打得甘南火急忙换了个藏身的位置。

没有了甘南火的压制，敌人的另一挺机枪又开始喷出凶猛的火舌。

火力组的机枪为了掩护甘南火，这时候也顾不上节省子弹了，再次向军械库房顶的两挺敌人机枪进行猛烈地射击，将敌人的火力吸引了过去。

李维义怀着沉痛的心情，刚准备命令暂时停止进攻，让队伍先撤到敌人的火力范围外休整，再想其他的办法时，突然看着前面又愣住了。

只见矮房外那摞军火箱子后，大家都悲痛地以为牺牲了的钟赤星，竟突然又灵活地蹿了起来，一个空翻落到矮房前，接着几下闪转腾挪，蹿到了矮房的墙壁处。这时，军械库房顶的敌人也发现了他的行动，两挺机枪立即向他猛烈地扫射过来。

钟赤星像一只大壁虎一样，紧紧贴在矮房的墙壁上，横着向院墙上被炸开的大洞爬去。

矮房的墙壁是敌人机枪的射击死角，虽然敌人的两挺机枪把矮房的房檐打得砖石木屑乱飞，但却丝毫奈何不得钟赤星。

阵地上的起义军官兵看到钟赤星爬到大洞处，爆发出一阵阵欢呼声。

李维义的脸上也终于露出了往常惯有的微笑。

没了敌人机枪的威胁，甘南火这时才得空看一眼军械库大墙下的钟赤星。

钟赤星在大家的注视下，竟先得意地在敌人机枪的吼叫声中，向阵地上的李维义和战友们摆摆手，才将身上背着的三捆集束手榴弹摘下来，不慌不忙地堆在院墙被炸开的大洞下。

就在钟赤星将要拉开手榴弹的拉弦时，李维义的脸色突然变了。

他听到了令他万分憎恶又熟悉的迫击炮弹划过空中的尖啸声。

"快卧倒！"李维义不顾自己的安全，站起身来冲钟赤星焦急地大喊道。

"轰""轰"几声巨响，在李维义高喊的同时，几发迫击炮弹落在了大洞附近的院墙内外，炮弹爆炸的同时，钟赤星本能地扑向地面。

甘南火也同时奋身将李维义扑倒在地，"嗒嗒嗒嗒……"一串机枪子弹，从两人的头上掠过。

还好敌人的迫击炮准头不够，只有一发打在了院外，钟赤星虽然被溅起的碎屑打得头破血流，但并不影响他迅速地爬起来，拉开手榴弹的拉弦后，急忙躲向矮房前。

"轰"的一声巨响，就在第二波迫击炮弹划过空中的时候，集束手榴弹先炸响了。

灰色水泥高墙被炸得飞起漫天碎砖石。

"轰""轰"又是几声巨响，第二波迫击炮弹落下来，将灰色水泥高墙彻底炸塌一段。

漫天的碎石烟尘落下后，李维义和起义军官兵看到，原来的高墙被炸出一个数米宽的缺口，碎砖碎石在缺口的院内外同时漫出了一个斜坡。

军械库房顶上的敌人好像被震傻了，竟忘了继续再用机枪扫射。

李维义拔出驳壳枪，高喊一声："同志们！冲啊！"率先冲向缺口处的斜坡。

奋勇队的队员们这时才从刚才爆炸的震撼中醒过神来，一跃而起，举着武器高喊着"冲啊！"跟在李维义的身后，潮水般冲向缺口处的斜坡，很快就超过了李维义。

直到起义军官兵冲到斜坡上，军械库房顶上的敌人才回过神来，两挺机枪再次响起了疯狂的吼叫声，射出了一串串罪恶的子弹。

最先冲上斜坡的几个奋勇队突击组的队员，纷纷中弹倒下。

其他队员立刻卧倒在斜坡或缺口两侧的院墙后，举起手中的武器，向军械库房顶上的敌人猛烈还击。

李维义举着驳壳枪，站在院墙的缺口处，指挥火力组的队员，迅速将几挺机枪架在了斜坡上，对着房顶上敌人的两挺机枪猛烈开火。

甘南火则猛扑向院外的矮房，刚才这座矮房中了一发迫击炮弹，被炸塌了一半，矮房前到处是碎砖瓦砾。甘南火把枪背在身后，拼命快速翻捡着那些碎砖瓦砾，寻找着钟赤星的身影，双手很快就磨出许多血口子。

"钟赤星！"甘南火惊喜地大喊一声，发现了被埋在碎砖瓦砾下的钟赤星。

钟赤星被爆炸震晕了躺在那里，上半身被一大块斜插在碎砖瓦砾堆中的木板挡着，没再受什么伤，但之前被炮弹碎屑砸出的鲜血，和着满脸灰黑的烟尘，活像舞台上的花脸一样，还是把甘南火吓了一大跳。

"医护兵！小猴子！"甘南火一面拼命用双手扒着压在钟赤星下半身的碎砖瓦砾，一面高声叫喊着，着急抢救钟赤星的他，此刻已顾不上叫侯江海的大名了。

"来了！来了！"侯江海应声而至。等他看到钟赤星的模样，也被吓了一大跳。

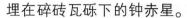

两人合力将钟赤星从碎砖瓦砾堆中扒了出来。

　　让甘南火和侯江海这么一折腾，钟赤星呻吟一声竟醒了过来，令两人喜出望外。

　　钟赤星睁开眼睛，看到一边一个架着自己的是甘南火和侯江海后，不由咧开嘴，露出因满脸黑灰而显得格外洁白的牙齿，开心地笑了。

　　"阿星，你没事啊？"看到钟赤星笑了，侯江海兴奋地松开架着他胳膊的手，想要扑过去抱他。没想到还没站稳的钟赤星被侯江海放得猛了，刚才被炸的眩晕还没完全过去，如果不是甘南火还架着他，就又摔倒在碎砖瓦砾堆上了。

　　甘南火和钟赤星两人同时一个趔趄，吓得侯江海赶紧又抓住了钟赤星的胳膊。

　　突然，一串机枪子弹打在三个少年脚下，把他们的注意力马上拉回到了硝烟弥漫的战场。

　　"你快扶他下去包扎！我去保护李参谋！"甘南火以不容置疑的口吻对侯江海说完，放开钟赤星，一个帅气的动作就将枪握在手中，看得侯江海眼都直了。

　　"我也去！哎哟！"钟赤星也想追在甘南火身后，但却头一晕，又差点儿摔倒。

　　甘南火没再看身后，而是提着枪，迅速来到李维义身旁。

　　军械库房顶上敌人的两挺机枪，因为失去了居高临下的优势，被高了很多也近了很多的斜坡上火力组的机枪，打得快抬不起头来。

李维义刚想趁这个机会率奋勇队突进军械库大院，敌人的迫击炮又响了，首当其冲的火力组被炸得在斜坡上站不住脚，只好纷纷撤下来。

少了火力组机枪的压制，敌人房顶上的机枪又开始猖狂起来。

刚冲上斜坡的奋勇队战士又有几个中弹倒下。

李维义看战机已失，只得命令大家交替掩护撤退。

就在大家追上扶着钟赤星的侯江海，马上要撤回刚才的出发阵地时，一发迫击炮弹呼啸着落向钟赤星和侯江海二人，甘南火大喊一声"卧倒！"将他们两人扑倒在地，自己的身体压在他们的身上。

2

时间仿佛凝固了。

所有人都呆呆地看着趴在一起的三个少年，不希望令人心碎的一幕出现，那一幕竟真如人所愿没有出现。

"是哑弹！"李维义首先兴奋地想到。

"快撤！是哑弹！"李维义边喊，边指挥大家扶起甘南火、钟赤星和侯江海三人往回撤。

起义军官兵刚撤回出发阵地，就又有几发迫击炮弹落在了刚才他们立足的地方。

看着眼前爆炸的炮弹，李维义心中悬着的却是军械库正门那儿与敌人激战的8连和9连，他匆匆嘱咐了一下奋勇队暂时原地坚守后，就带着甘南火急忙赶往军械库正门的战场。

甘南火临走前用手向侯江海指指钟赤星，侯江海点点头，明白甘南火的意思，是让他尽快给钟赤星进行包扎。

被奋勇队的队员当作大英雄的钟赤星，这时候的样子着实有些吓人，脸上黑一片红一片的，身上的新军装已变成了碎布条一样的乞丐装，浑身上下都是血迹，也不知道他到底受了多少伤，只不过看他除了有点儿头晕外，其他身上的部件还都齐整，这让侯江海心里踏实不少。

侯江海先请两个奋勇队的队员，在附近的民房中帮他找来些清水，把钟赤星露在衣服外面的皮肤都清洗干净，发现除了头部被砸开了一个寸许长的口子外，并没有其他的外伤，这更让侯江海放心了。因为他发现钟赤星衣服上的血虽多，但都是蹭上的，没有从身上流出来的，这说明他身上也没有伤。

至于钟赤星的头晕，和他开惯玩笑的侯江海非说是吓的，这令钟赤星非常生气，如果不是真晕的话，早就要收拾他一顿了。

奋勇队的老兵们当然知道，这是两个刚经历生死考验的小家伙在开玩笑，他们还知道钟赤星的头晕不过是被震的，或者是被砸的暂时症状而已。

当李维义和甘南火赶到军械库正门的战场时，发现8连、9连正和敌人在正门前几百米的街道上混战，而正门的半圆形工事内已没了敌人。

原来8连的移动掩蔽物攻势，被敌人的迫击炮轰散后，9连长按照事先和8连长商量好的预案，将9连埋伏在军械库正门前几百米的民房内，然后故意让少数几个士兵，在8连后面大喊有人反水了，还拐跑了他们之前抢的大量财宝。

8连长故意装作无心恋战，率8连的官兵假装落荒而逃，引诱半圆形工事内的敌人追击，然后在正门前几百米的街道上将追敌包围。

8连和9连与敌人展开了一场混战。

半圆形工事内剩余的敌人，为解救被围之敌，情急之下将机枪都抬了出来增援，想对8连和9连实施反包围。起义军早有准备，又分兵一部阻敌，于是双方彻底绞在了一起。

李维义见状大惊，和敌人进行巷战，使敌人的迫击炮和机枪火力，无法发挥威力，固然是好事，但如果不能迅速消灭敌人，而被敌人缠住的话，那就麻烦大了。

毕竟起义军的兵力并不占据优势，而且还不知军械库内究竟有多少敌人。

起义军又连续进行了警卫团内、肇庆会馆和军械库三场激战，目前已是疲兵。

他现在最急需的就是迅速找到8连长和9连长，重新掌握部队，摆脱目前的僵局。

甘南火当然是执行这个任务的最佳人选，凭着做传令兵锻炼出来的找人本事，他果然没费多大力气，就很快找到了8连长和9连长，并将他们带到了李维义的面前。

了解了目前的情况后，李维义和8连长、9连长商量，必须尽快摆脱敌人，或者消灭，或者将他们赶回军械库，否则起义军将面临一场无法承受的消耗战。

李维义决定，让8连和9连的部分官兵，先悄悄撤离战场，由他自己指挥在300米外的有利地形再一次设伏。然后让8连长和9连长率领其他官兵，装作抵挡不住敌人的火力，向设伏地撤退，等敌人追到伏击圈后，再回身和设伏的起义军一起消灭追来的敌人。

甘南火随李维义趴在一座民房的房顶上，用枪指着远处正在激战的地方，设伏的起义军官兵已全部到位，就等8连长和9连长将敌人引入伏击圈了。

没过多长时间，那面的枪声就开始向这里移动，起义军官兵顿时紧张起来。

两支穿着同样军装的队伍，激战追逐着向这里慢慢靠过来，前面队伍每个官兵的脖子上，都系着一条鲜艳的红飘带，在朝阳下耀眼夺目。

甘南火的枪口，随着渐渐靠近的敌人，缓慢地移动。

8连长和9连长率领的起义军，已经通过了伏击圈，但敌人的队伍却迟迟没有全部通过。原来他们这次学乖了，把追击的纵队拉得很长，队头都快出伏击圈了，整个纵队才有一半进入伏击圈。

李维义当机立断，决定打一场击溃战，不再追求全歼敌人，而是将敌人赶回军械库。

他手中驳壳枪瞄准了一名敌军官，高喊一声"打"，猛地扣动扳机，敌人中枪倒地。

起义军官兵听到李维义的命令，立即向进入伏击圈的敌人猛烈开火。

甘南火瞄准的是一个扛着轻机枪的敌人，没等敌人把轻机枪从肩头上拿下来，他就一枪将这个敌人消灭了。

敌人被打了个措手不及，一边还击一边向军械库方向撤退。

8连长和9连长看到李维义率领的伏兵已开火，立即率部反身打了回来，敌人受到三面夹击，拼命向军械库方向逃跑。

李维义率起义军猛追，一口气将敌人赶回了军械库，还趁机用手榴弹炸毁了敌人的半圆形沙包工事，吓得敌人紧闭军械库大门死守不出。

敌人为了给自己壮胆，拼命发射迫击炮弹，但因为是盲目发射的，所以并没有给起义军造成什么伤亡。

李维义和8连长、9连长在军械库正门外选了一处有利地形，抢修了防御工事，将敌人彻底封锁在了军械库大院内。

阵地虽然稳固了，但李维义的心里却更焦虑了，眼看早晨就要过去了，预定的两个任务一个也没有完成。现在第4军军部那儿不知道情况如何，军械库也很难在短时间内攻克，李维义考虑了一下，决定还是尽快将情况上报给梁团长，请他派兵支援，先解决军械库之敌，再回师增援蔡连长，攻克第4军军部。

李维义决定派甘南火去梁团长的临时指挥部，向梁团长报告这里的情况。

甘南火出发前，李维义一再叮嘱他，现在广州城内的情况比较复杂，让他路上一定要小心再小心，速去速回。

李维义命令8连和9连暂时休息，注意警戒，自己又赶往东院墙那边。

甘南火回来后是在东院墙那儿找到李维义的。

"报告！"见到李维义后甘南火顾不上缓口气就马上报告，"梁团长命令，留部分兵力在此牵制敌人，您率主力迅速去攻克警察署。"

"什么？"李维义听到这个命令先是稍稍愣了一下，然后就马上开始调整布置了。

许多战士对梁团长的命令不理解，这么辛苦打了几轮，还没结果就放弃了，谁能甘心呢？

"李副营长，再给我们点儿时间，我们不用援兵，也一定能把军械库打下来！"几个身上缠着绷带的奋勇队伤员，情绪激动地向李维义请战。

"李副营长，再让我冲一次吧！我这次一定把敌人的军械库炸了！"钟赤星这时也冲过来向李维义请求。

"对！李副营长，再让我们冲一次吧！"战士们纷纷叫道。

3

"同志们，我理解大家现在的心情，我又何尝不想拿下军械库，为牺牲的战友报仇呢！"李维义看着眼前情绪激动的战士们，通红的眼睛，满身的硝烟，滴血的伤口，眼睛不禁湿润了，他略稳定了一下心情继续说道："可是现在命令有变，我们的任务是要马上去攻打警察署，作为军人，我们必须无条件服从！"

李维义说话的声音不大，但语气中透着一股无法抗拒的威严。

"是！"对李维义一向信服的甘南火首先响亮地接受命令。

"是！"奋勇队队长也立即表示服从命令，李维义又让他继续做个别战士的思想工作。

钟赤星虽然没想通，但看到大家都表示服从命令，也就鼓着嘴没再说什么。但当李维义让他留下来时，他又不干了。

"李副营长，我这点儿小伤算什么，不会影响打仗的！是吧，小猴子？"他听李维义说自己有伤，所以要留下，就开始和李维义讨价还价起来，"再说您的伤比我还重呢！您能去，我就能去！"

"你要是不害怕，头就不会晕，当然能去了。"侯江海取笑他说。

侯江海说笑时的滑稽表情把大家都逗乐了，气氛登时缓和了不少。

钟赤星看小猴子在这么关键的时候，还敢开自己的玩笑，气得追着要打他。

李维义看钟赤星的伤势确实不重，又想到他会功夫的特长，就同意了他的请求。

安排好奋勇队这边，李维义又急忙带着甘南火、钟赤星、侯江海和其他要参加攻打警察署的战士，赶到8连和9连的阵地。为了稳定部队，李维义让8连长率8连的一些战士，继续封锁军械库大门。他估计敌人应该被之前的两次伏击打怕了，轻易不敢再出来，所以故意大张旗鼓地撤离，作为迷惑敌人的疑兵之计。

李维义率3营主力一路急行军，很快从军械库赶到广州市区，包围了警察署。

警察署是一栋独立的二层楼，位于一个十字路口上，两面临街，后面有大院，沿街连着几栋楼房，大门前垒着几个沙包，但也只是做做样子而已。

起义军各部分散开后，迅速占据了有利地形，枪口都对准了警察署，等待进攻的命令。

警察署内的反动警察，听到起义的枪声后，原本是想溜之大吉的，但却接到上面下达的死命令，必须死守警察署。他们不敢抗命，只好龟缩在警察署里，哆哆嗦嗦地祈祷，起义军千万别打到他们这儿来。

不过老天好像并不打算遂他们的愿，李维义还是带兵包围了这里。

李维义和几个指挥官查看地形后，迅速制订了作战计划。

随着李维义的一声枪响，起义军官兵立刻行动起来，手中的枪弹不停地朝警察署的各个窗口招呼，枪口中喷出的火舌，仿佛是在替他们宣泄着心中的怒火。

警察署内的反动警察，原本就没什么像样的武器，几支驳壳枪加几支步枪，就是他们全部的家当了。这些毫无战斗力的家伙，本就是一些欺软怕硬的胆小鬼，别看他们平时欺负百姓的时候凶得厉害，可真到了战场上，就都吓得尿了裤子。

　　面对起义军猛烈的攻势，警察署内的反动警察开始还勉强能够还击几枪，过了一会儿，那边的枪声就弱了下去。

　　端着枪正寻找目标的钟赤星，突然发现二楼侧面的窗口爬出来两个人，正打算顺着排水的管子溜下楼去逃跑，他刚瞄准还没扣动扳机呢，那两个人就一头栽了下去，显然是被正在侧面伏击的战士给打下去了。

　　钟赤星悻悻地放低了枪口，嘟囔着："好不容易才找到一个展示枪法的机会，还被别人抢了先！"

　　他身旁的甘南火听了，边瞄准敌人边安慰他："你用手榴弹炸了1营的营部，炸了逃兵，还炸开了军械库的围墙，立了这么多大功，不用展示枪法了。"

　　"那倒是！"一听这话，钟赤星得意起来。

　　反动警察的抵抗越来越弱，渐渐的枪声都变得稀稀拉拉的。

　　"同志们！冲啊！"李维义见时机成熟，挥舞着手中的驳壳枪大喊了一声。

战士们立刻杀声震天地从四面向警察署发起了总攻。

警察署内的反动警察彻底放弃了抵抗，他们用一根地板拖把，挑了块脏兮兮的白桌布，颤抖着从二楼的一扇窗子里伸了出来。

没费多大力气，敌人的警察署就被起义军给一举攻破了。

李维义带领战士们将俘虏集中在一处，虽然缴获的武器并不多，但总算打了一场胜仗，大家终于出了心中的一口恶气。

正当大家欢呼庆祝之时，远处负责警戒的哨兵突然跑回来向李维义报告，说有一支队伍正在向这里开进。

"难道是敌人来了援兵？"李维义这样想着，迅速赶到大门口，向哨兵所指的方向看去，发现是一支穿着便装的队伍，每个人的脖子上都系着一条红飘带。

"应该是工人赤卫队。"李维义判断，但他还是命令大家要提高警惕，因为现在广州城内的情况还比较乱，这个时候不能让敌人钻了空子。

这真是一支工人赤卫队，因为他们的队长钟赤星认识，是他在工人纠察队时的队友。

这个队长向李维义报告，他们是奉起义指挥部的命令来接防的，而李维义他们将执行新的任务，立刻攻占敌人的邮电局。

李维义接到命令后，立刻让钟赤星陪着那个队长，和正在打扫战场、清理残敌的各部负责人进行交接。又让甘南火通知部队马上集结，准备赶赴邮电局。

起义军和工人赤卫队交接时，李维义发现工人赤卫队的武器不是很充足，而且很多枪支还都是比较陈旧的。于是马上命令起义军，不仅将刚缴获的反动警察的武器，全部移交给工人赤卫队，还从之前缴获敌人的武器中，拨出了一些交给工人赤卫队。李维义的安排令工人赤卫队的队长大为感动，他紧紧拉住李维义的手连声感谢，因为他们现在最缺的就是武器，有了这些武器，他们就能消灭更多的敌人，保卫起义的胜利果实。

起义军离开警察署时，火红的朝阳已经升上了半空，经过一夜的奋战，战士们虽然很辛苦，尤其是刚经历了两场没有结果的激战，但那些疲惫和遗憾，全都随着刚刚的一场胜利，彻底地一扫而光。

全体起义军官兵士气昂扬，他们迎着朝阳飞奔向前，开赴新的战场！

迎接他们的将是一场新的考验！

红旗漫卷寒敌胆

第七章

·············· 苏维埃的旗帜 ··············

1

　　李维义率起义军刚离开警察署几条街，迎面就遇到一支系着红飘带的便装队伍。

　　走在前面的起义军官兵，以为遇到了工人赤卫队的战友，热情地上前打招呼。但李维义却发现这支队伍和许队长及接防警察署的工人赤卫队差别很大，他们虽然表面上非常热情，也非常兴奋，但仔细观察，却能感觉到他们的热情和兴奋背后，竟透着几分惶恐与仇视。

　　而且这些人的行动也很散漫，就连红飘带都是五花八门的材质做成的，给人的感觉就像是临时拼凑起来的一样。

就在李维义生疑的时候，跟在他身后的钟赤星突然拽了拽他的衣襟，将头凑在他的耳边轻声嘀咕了几句，李维义会意地点点头，然后找来了几个战士，悄声安排了下去。

两支队伍很快就擦肩而过，当那些"工人赤卫队"的人还假惺惺地挥手告别时，起义军官兵突然折返身，举起枪对准了这些人。

原来是钟赤星认出了这些人，他们都是赵队长曾经告诉过钟赤星的，省港大罢工之后被反动派收买，以"广东总工会"名义破坏工会活动和工人纠察队名声的工贼，现在应该是想浑水摸鱼，逃脱革命政府对他们的惩罚，或是暗中进行破坏。

李维义得到钟赤星的报告后，不动声色地安排起义军官兵，趁两支队伍分开时，将这些工贼全部包围，一点儿抵抗都没遇到，就将他们缴了械。

经过简单地审问，李维义判断这些敌人就是想化装出逃，于是派一个班的战士，将他们押回警察署，交给刚才的工人赤卫队看管，等待政府的审判。

处理完这些反动派后，李维义率起义军继续赶往邮电局。走出去没多远，战士们忽然听到不远的地方，传来了一阵阵喧闹声，大家以为又是遇到了反动派在城中闹事，可仔细听去，却又不像。

钟赤星戳戳甘南火："甘南火，你听见了没？我怎么听着像有什么喜庆的事情呢？"

甘南火侧着耳朵仔细听了一下点了点头："好像都是欢呼声！"

李维义命令部队加快速度，同时派甘南火和钟赤星去前面联系尖兵，查问情况。

没多一会儿，就见甘南火和钟赤星兴奋地跑回来，钟赤星边跑边大声喊道："好消息！李副营长！好消息啊！"

李维义一挥手，示意部队继续前进，自己则停了下来。

钟赤星一口气冲到李维义面前，兴奋地大叫："李副营长！有好消息！"

"什么好消息啊？看你乐成这个样子。" 李维义笑着问。

"报告李副营长，敌人的公安局被打下来了！"钟赤星的脸上是掩饰不住的喜悦，"广州苏维埃政府和临时工农红军的总指挥部，也在公安局成立了！"

"真的？你怎么知道的？" 李维义听到钟赤星的话后惊喜地问他。

"当然是真的！" 钟赤星兴奋地喊道，"我和甘南火刚过去，就碰到庆祝的队伍，刚才我们听到的，就是老百姓庆祝胜利的欢呼声。"

听到钟赤星的回答，李维义的脸上绽开了灿烂的笑容，他用自己最大的声音，把这个好消息通报给奔跑着的起义军官兵："同志们，你们听到了吗，起义成功了！我们的苏维埃政府成立了！我们的红军总指挥部成立了！"

起义军官兵听到这个消息后，立刻欢呼起来。

他们一边欢呼，一边努力地抬起头望向东北，公安局大楼的方向。

他们虽然看不到，但他们坚信，此刻在公安局大楼的楼顶上，一定有一面苏维埃的红旗，在朝阳下迎风飞扬。

阳光照在每个起义军官兵的脸上，红飘带在他们的胸前飘扬，他们奔跑的步伐更加有力、更加坚定。

李维义他们此刻还不知道，就在他们赶往邮电局的时候，整个珠江北岸的城区，经过了几个小时的战斗，都已被起义军占领。整个城市沸腾了，大街小巷奔走的，都是脖子上系着红飘带的"红带友"。

支持起义的民众，大胆地走出了家门，仰起头看着红日映衬下的苏维埃旗帜。

阳光是那样明亮，那样温暖，似乎能够直直地照进人们的心中。民众热情地跟起义军战士们打着招呼，带着一种既激动又兴奋的心情，目送着起义军在城中穿行。

起义军官兵虽然经历了一整夜的战斗，但听到

这个消息后，所有的疲劳一扫而光，他们紧跟在李维义身后，健步如飞地冲向邮电局。

钟赤星更是个急性子，他恨不能马上生出一双翅膀，一下子就飞到邮电局，投入另一场激战之中，为赵队长向他描述的理想中的苏维埃，再立几个新功。

李维义和起义军官兵，一路上随处都能看见苏维埃的旗帜，这些旗帜飘扬在广州城内几乎所有的高楼大厦上。每看到这样一面旗帜，战士们就知道，旗帜下的建筑已然被他们的战友、他们的同志给攻破了。

"快点！再快点！"每个人心里都憋着一股劲，他们希望能快点赶到邮电局，让苏维埃的旗帜早一刻插到邮电局的大楼上。

在大家热切的期待下，邮电局大楼终于出现在眼前了。

李维义命令部队展开后，正要带着人查看地形，忽然觉得不对劲儿，偌大的邮电局大楼怎么一点儿动静都没有？

"敌人埋伏起来了？"李维义立刻想到。

"不像啊？这埋伏得也太好了，简直就像没人防守一样。"他一扇扇窗户挨个看过去，不由自言自语道。

"李参谋，敌人不会是想唱空城计吧？"听了李维义的自言自语，喜爱《三国演义》的甘南火在他身后接了一句。

"就算是诸葛亮的空城计，门口也得有俩老兵装作扫扫落叶，城楼上也得有点儿琴声啊！"李维义轻声嘀咕了一句。

此刻的邮电局大楼就像座空楼般，冷冷清清，安安静静。

"我去看看！"急性子的钟赤星听了两人的话后，说了一句，不等李维义批准，就一猫腰冲向邮电局敞开着的大门。

"钟赤星，危险！回来！"甘南火看到钟赤星又擅自行动禁不住喊道。

钟赤星没有回头，只伸出手向后摆了摆，便飞快地闪进邮电局大门。

"准备战斗！"李维义立刻拔出驳壳枪命令道。

甘南火端起枪，单膝跪在地上，枪托抵在肩头，眼睛凑在准星前，一眨也不敢眨，紧张地盯着钟赤星消失的地方。

2

钟赤星炸军械库院墙的时候，甘南火就是这样掩护他的。

这次却没有让甘南火担心太久，大概还不到5分钟的样子，钟赤星就连蹦带跳地，从邮电局大门里又跑了出来。

他站在邮电局大楼的门口，冲着李维义和战友们大喊道："李副营长，我已经侦察过了！这楼里连个鬼影子都没有，敌人大概早就夹着尾巴逃跑了！"

听到钟赤星的话，向来谨慎的李维义一挥手，先派了十几个战士进楼搜索，又让起义军保持战斗状态。经过彻底的搜查，可以确认邮电局大楼内一个人都没有。

李维义这才命令部队迅速进入邮电局大楼，占领楼内的各个重要部位，并组织人手仔细搜查是否还有残敌。

"你们还不相信我？"回到李维义身边的钟赤星小声抱怨道。

"钟赤星！"李维义语气严厉地打断了他。

钟赤星一机灵，连忙一个立正："到！"

"谁允许你擅自行动的？不听命令的毛病能不能改？"李维义厉声责问。

钟赤星被李维义的严厉吓蒙了，结结巴巴地说："能，能改……"

"好，再给你一次机会！下次如果还这样自作主张，不听从安排，就离开部队！"见李维义真的动怒了，钟赤星赶紧答应，保证说下次再也不会了。

甘南火看钟赤星耷拉着脑袋的样子，忍不住略带责备地说："想立功结果变成了批评吧？叫你不

118

长记性！"

钟赤星吐吐舌头，小声说道："这回长记性了，下次可不敢了，要不李副营长就把我踢出革命的队伍了。"

两人小声嘀咕着，跟在李维义的身后，进了邮电局大楼。

整栋大楼空空荡荡的，大部分的房间门都开着，能看到房间里的桌子上，凌乱地散落着一些文件，有些已经被风吹到了地上，可以想象当初敌人逃跑时的慌乱。

李维义走到一张桌子前，随手拿起一份文件看了看，这是一份反动派内部的文件。上面虽然不是什么紧要的内容，但若按照规矩，败退之时即便无法带走，也该将其烧毁才对。可邮电局的反动派，显然除了自己的命以外，根本不打算去顾及别的事情了。

他绕过这张桌子，走到里面一处收寄物品的柜台前，柜台下的几个抽屉都被拉了出来，旁边有一个保险柜，柜门大开着。

"文件顾不上，钱倒是没忘了拿，这就是反动派的本质！"李维义心中冷笑了一下。

李维义让甘南火和钟赤星传令部队："命令各部迅速整理好这里所有的文件和物品，任何东西都不准擅自处理，必须全部妥善保管好，等待苏维埃政府的相关部门人员前来接收。"

命令传达下去后，起义军官兵立即执行起来。

李维义带着甘南火和钟赤星检查部队的执行情况，刚转到2楼，就听到邮电局大楼外面传来广播声和阵阵欢呼声，他急忙闯进一间临街的房间，俯身从窗户向外望去。

只见一辆插着苏维埃旗帜的汽车，正从远处缓缓驶来，车上有一个特大号的播音喇叭，刚才听到的广播声，正是从这个喇叭里传出来的。"……同志们！你们的胜利在革命历史上是伟大的，在世界革命的关系上是很重要的，很值得赞美的。在中国是第一次，在亚细亚洲也是第一次——工人群众夺取政权组织了苏维埃政府。你们的胜利，对于帝国主义是很大的打击，你们的胜利，为世界革命……"

原来，这是新成立的广州市苏维埃政府正在向广州全体市民和革命队伍播放《广州苏维埃宣言》和《广州苏维埃政府告民众书》。

广播车后聚集着许多自发而来的广州市民，他们脸上洋溢着过年过节都未曾有过的兴奋和喜悦，一边缓步跟着广播车，一边振臂喊出怒潮般的口号声："苏维埃革命万岁！中国工农兵大联合万岁！打倒帝国主义！打倒一切军阀！打倒国民党政府！"

李维义看到这一幕不由得心潮澎湃。

甘南火和钟赤星更是在他的身后，兴奋地欢呼跳跃起来，学着楼下民众的样子，高举着手臂一起高呼革命口号。

广播车缓缓驶过邮电局大楼时，楼下负责警戒的起义军官兵，全都立正对着车上的苏维埃旗帜庄严敬礼。

车后的民众，不停地向起义军官兵招手欢呼，还有人给他们送上鲜花。

李维义受楼外楼内的热烈气氛感染，也举起左臂，想跟着高呼两声口号。

"哎哟！"喊出来的却是一声呻吟，并且头一晕，两眼一黑，差点儿栽倒。

"李参谋！""李副营长！"甘南火和钟赤星在李维义的身后吓了一跳，几乎是同时伸手将李维义扶住。

这时两人才注意到，李维义左侧腋下的军装上都是血迹，原来是攻打敌人军械库时，被迫击炮弹片划过导致的刮伤，虽经侯江海的包扎，但因为没有缝合，所以一直在渗血。刚才他的眩晕，就是失血过多，和过度疲劳造成的。

"小猴子！小猴子！快过来！"钟赤星焦急地叫道。

他毕竟是练过多年功夫的，对外伤并不陌生，这时看到李维义腋下军装上的血迹，马上明白是伤口崩裂或渗血，所以大喊侯江海，让他快点过来给李副营长包扎。

从没进过邮电局大楼的侯江海，这时正在楼内一个人闲逛呢。邮电局大楼不战而得，没有伤员要照顾，又不知道如何整理文件和物品的他，想趁这个机会开开眼，看看这座大楼里到底有什么，总不至于为着几封信，就盖了这么大一栋楼吧？

钟赤星喊了几声不见侯江海来，就一个箭步蹿了出去，满楼喊了起来。

等钟赤星把侯江海找来后，起义军中的几个指挥员也闻讯赶来，他们被满楼大叫的钟赤星吓得不轻，以为李维义出什么大问题了呢。

李维义在侯江海的帮助下重新包扎好伤口，又喝了一些水，状态好了一些。

他让那几个指挥员通知部队，整理好文件和物品后，除了警戒放哨的战士外，其他官兵就在楼内暂时休息，等待新的命令。

听说可以休息了，侯江海就拉着甘南火和钟赤星，一起陪他继续去开眼界。

甘南火并不想去，他还惦记着李维义的伤势。李维义看出了他的心思，就告诉他自己没问题，让他先去放松一下，甘南火就这样被钟赤星和侯江海拉走了。

邮电局大楼的一楼是柜台，柜台有一些窗口，是供老百姓收寄物品的。

二楼是一些办公室和会客室，其中一间装着落地窗的会客室，让钟赤星和侯江海大开眼界，木制的窗框和桌椅都雕着精美的纹饰，镀金的壁灯和吊灯座金碧辉煌，玻璃灯罩上是栩栩如生的图画，整个房间看上去浮华奢靡。

甘南火告诉钟赤星和侯江海，他在武汉也见过第4军里有差不多的会客室。

于是三个少年一致认为，这些就是反动派剥削压榨老百姓的证据。

一说起这个话题，甘南火、钟赤星和侯江海都有满肚子的话要说，他们也越发坚信，自己现在所做的事是正确的。唯有起义才能推倒那些反动派，唯有革命才能让老百姓过上好日子！他们要一直跟着这支革命队伍，跟着共产党，建立起一个所有人都不会被剥削、被欺负，所有人都能平等、幸福生活的美好世界！

三个少年越说越兴奋，越说越开心，正欢天喜地憧憬着未来的时候，楼下忽然又传来一阵敲锣打鼓的声音。

3

"怎么是舞狮的鼓声呢？"甘南火听那声音好像是舞狮，不觉问了一句。

"是有人请醒狮队来庆祝吧？"钟赤星猜测道。

三个少年一想到有舞狮可以看，立即兴冲冲地跑到窗边向下看去，只见不远处的街口，一支队伍正敲锣打鼓地朝着邮电局大楼走来。他们中有老有少，有男有女，有的挑着扁担，有的抬着竹筐。走在最前面的几个人，正是当初甘南火他们曾在东校场"护党"祝捷大会上见到的那支醒狮队中的几个鼓手！

不是舞狮，三人相互看了看，都是一脸的疑惑。

"怪了，这些老百姓跑到邮电局做什么来了？"甘南火说着，就和钟赤星、小猴子一起跑下楼去。

刚跑到门口，就看到一个守门的起义军战士正在向一位老大爷解释："大叔，我们是在这里执行任务的，里面实在不方便请你们进来。抱歉了！"

"我们明白，我们就是来感谢你们的。"老大爷招呼着跟他一起来的老百姓，"这些长官们有任务，里面不能进，咱们就在外面吧！"

就见那个老大爷一挥手，百姓们纷纷把带来的竹篮、竹筐、食匣、木桶放在了地上，然后在甘南火他们的目光注视下，从里面拿出了各种各样的饭菜和水果，摆在了邮电局大楼门前的台阶上。

看着这么多的美食，侯江海的肚子首先"咕噜咕噜"响了起来，接着甘南火和钟赤星的肚子也响了起来，这"咕噜咕噜"的声音就好像会传染似的，不一会儿大门前所有起义军官兵的肚子都开始响起来，那是他们的肚子饿得在提抗议呢。

要知道现在已经过了正午，从昨天晚饭后集结开始，他们不是在战场上与敌人激战，就是在奔赴战场的路上，已经十多个小时没吃任何东西了。

此前一直在战斗，还不觉得怎么样，现在占领了邮电局，这一休息才感到饥肠辘辘，又看到闻到这么多好吃的，肚子自然要提抗议了。

不过即便如此，也没有一个人上前，因为他们必须要遵守革命军铁的纪律。

李维义恰好此时接到报告来到大门前，看到在北伐路上经常遇到的这一幕，他的心中升起一股热流，急忙上前握住那位老大爷的手，代表起义军全体官兵表达真诚的谢意，接受广州市民的热情慰问。

得到李维义的命令，起义军官兵才排队轮流上前，首先表示对广州市民的谢意，再接受广州市民的馈赠。

一时间，包子、粽子、炒河粉，一笼笼、一盘盘、一盆盆地摆满了台阶。

钟赤星接过几个包子，先分给甘南火和侯江海每人一个，自己才抓起一个，刚刚要往嘴里送，就听人群中突然传来一个清脆的声音："赤星哥，甘大哥，你们先等等，还是吃我的这个吧！"

钟赤星他们顺着声音望过去，只见拥挤的人群中，沈家夜档的小丫头小霞正甩着一条马尾辫，吃力地向前挤着。

见小霞挤得吃力，钟赤星干脆冲下台阶，把她拽了过来，甘南火也帮忙拎起了她带来的竹制小背篓。

钟赤星拉着小霞找了个地方坐下，问道："小霞妹子，你怎么来了？"

"来给你们送吃的啊。"小霞指了指自己背来的竹篓说，"你是不知道，你的那些工人纠察队的兄弟，还有那些系着红飘带的起义军，把平时欺负我们的那些恶人坏人都赶跑了，大家心里都感激着呢！江边的百姓都去慰问起义军了，邻居大娘说咱们这边也组织了人要来慰问，我就跟着来了。"

"看我给你们带什么好吃的了。"小霞说着从甘南火手里接过竹篓。

她掀开竹篓上面盖着的白布，把里面的东西一样样拿了出来。那是一些叉烧包和干蒸烧卖，都是钟赤星他们爱吃的。这个背篓一路上被沈秀霞保护得很好，里面的食物不但丝毫没有变形，而且还冒着热气呢。

侯江海眼睛都直了，不管不顾地伸手抓起一个叉烧包，塞进嘴里就咬了一大口。

"真香！真好吃！"他边吃边嘟嘟囔囔地感叹，"沈家大叔做的叉烧包就是地道！"

像是在印证他的话一般，几滴油汁顺着他的嘴角淌了下来，他伸手一抹，把油汁蹭在了手心中，又舍不得浪费，猫儿一样舔了手心几下。

甘南火虽然也饿得有些心慌，但还是先谢了小霞，才拿起一个叉烧包吃了起来。

沈家夜档做的叉烧包，用的是广州传统的方法，发酵后的面皮，包入了大块自家制作的叉烧肉以后，被捏成了雀笼的形状。待蒸熟以后，每个包子的顶部，都因为适度的发酵而自然裂开，看上去仿佛开了一朵花一样。

这叉烧包皮软馅满，叉烧味道醇厚，吃起来过瘾极了！

甘南火嚼了两口，忽然想起了李维义，他跟小霞和钟赤星他们打了个招呼后，拿了一些叉烧包和烧卖，给李维义送了过去。

这边的侯江海还在大口嚼着叉烧包，手又伸向了一个干蒸烧卖。

沈家夜档的干蒸烧卖，是钟赤星以前最喜欢吃的食物，他常去沈家夜档，小霞当然没忘了这点。

只见她伸手在随身背着的小包里掏了掏，拿出了一个装着香醋的小竹筒和一只小巧的白瓷碟。

"赤星哥，给你！"小霞在白瓷碟里倒上香醋，递给钟赤星。

没想到钟赤星看到小霞递过来的烧卖和香醋，眼神一下子黯淡下来，他轻轻摇了摇头，低声对小霞说："我不吃烧卖了，以后都不吃了。"

从钟赤星悲伤的眼神和语气中，小霞突然明白过来，这干蒸烧卖是赵队长牺牲前，给钟赤星买的最后一样东西，他一定是看到后又想起了赵队长。

"对不起，赤星哥，我没想惹你伤心。"小霞有些不知所措。

"赤星哥，你现在参加了起义军，又打走了那些坏人，赵队长在天有灵一定会很高兴的。"小霞想安慰钟赤星。

"是啊，阿星，别难过了。我们给赵队长报了仇了，赵队长在另一个世界，看到我们今天的胜利，一定会非常高兴！"侯江海也过来搂着钟赤星的肩膀说。

听到侯江海这么说，小霞激动地拽着钟赤星的衣袖问："真的吗？赤星哥，你给赵队长报仇了？那个坏人抓住了？"

"何止！阿星还亲手宰了他呢！"侯江海兴奋地想拍钟赤星的肩膀。

没想到钟赤星正在回忆赵队长对自己的种种爱护，心中一痛低下了头，侯江海的手刚好将他的帽子打落。

"赤星哥，你受伤了？"小霞这才看到钟赤星的头上缠着绷带，焦急地问。

"没事，就是一点儿小伤。"钟赤星不在意地答道。

"赤星哥，你怎么受的伤？伤得重吗？疼吗？"小霞上前一步，伸出胖乎乎的小手，想去摸钟赤星头上的绷带。

"没事，早就不疼了。"钟赤星避开小霞的手说。

"小霞，真没事，他的伤还是我给包扎的呢。"侯江海看小霞急得要哭，急忙帮着解释。

说起受伤的事，冲淡了钟赤星的悲伤，他给小霞讲起来从昨天晚上追捕奸细石楚生开始，到用手榴弹炸1营营部，攻打第4军军部，炸塌军械库院墙，占领警察署这一连串精彩的战斗。

红旗漫卷寒敌胆

第八章

······ 紧急任务 ······

1

　　这些战斗本就紧张、激烈、精彩，钟赤星又讲得生动鲜活，再加上小猴子不停地在一旁"添油加醋"，直听得小霞睁圆了一双水灵灵的大眼睛，一会儿跟着欢呼雀跃，一会儿跟着紧张焦虑，一会儿又跟着伤痛悲愤。

　　正当钟赤星说到最紧张精彩的时候，远处突然跑来一个系着红飘带的年轻战士，分开邮电局大楼外的广州市民，跑向大门处的李维义。

　　钟赤星立刻被吸引，停止了讲故事，因为他认出了那正是梁团长的贴身卫兵。

"一定是有什么新任务。"钟赤星想起了起义前就是这个卫兵传的令，这次应该是又来传令的，想到这儿他从地上一跃而起，把手中攥着的最后一小块叉烧包全都塞进了嘴里，向小霞摆了摆手，也跑向了李维义。侯江海这时也看到了那个卫兵，虽然不知道发生了什么事，但也急忙跟在钟赤星身后跑了过去。

"报告李副营长，驻防观音山的警卫团2连战场叛乱，梁团长命您带3营火速赶往观音山，协助教导团炮兵连平叛！"钟赤星和侯江海赶到时，正好听到那个卫兵向李维义传达梁团长的命令。

"2连叛变了？"李维义吃惊地问出了所有人想问的问题。

"是！"那个卫兵答道。

"团长现在何处？"李维义又问，他想知道这个消息的来源是否准确。

传令兵回答："团长此刻正在临时工农红军总指挥部。"

那就没错了，总指挥部成立后，所有消息一定会第一时间汇报到那里，若非确定消息属实，梁团长也不会下这么个命令。

李维义对那个卫兵说："回去报告梁团长，我部即刻出发。"

"是！"那个卫兵立正敬礼后转身跑回去。

李维义命令甘南火和刚刚跑过来的钟赤星，让他们立刻传令部队集合，马上赶赴观音山。

提起叛徒，每个起义军官兵都恨得牙根痒痒，就是因为有这些人的存在，才会将他们辛辛苦苦打下的胜利拱手送给了敌人。现在一听到要去平叛，吃了一半饭的战士们，立刻放下手中的食物，拿起自己的武器，几分钟内便在邮电局前集结起来。

此时来接收邮电局的苏维埃政府的同志们还没有到，李维义留下了一支小分队在此看守，自己则带领起义军主力急匆匆出发了。

前来慰问的百姓看起义军官兵这么辛劳，饭都吃不好又要去打仗，心疼得直往他们的口袋里塞鸡蛋、包子、粽子等食物。

"希望三位哥哥能平安无事！"小霞也心疼地小声祈祷着。

侯江海如果能听到小霞的祈祷，一定会开心得不得了，此前因为他一直没正行，所以小霞从来不叫他哥哥。

起义军官兵一面感谢广州的市民，一面急匆匆地开拔了。

李维义率领起义军官兵一路急行军，走到一半时刚好可以看到身旁不远处的公安局，现在的广州苏维埃政府和临时工农红军总指挥部。这是一栋"凹"字形的二层楼房，四周是两米多高的院墙，大门口骑楼的旗杆上，高高飘扬着鲜红的苏维埃旗帜。看到这面旗帜，起义军官兵边跑边欢呼起来。

这是他们的旗帜，更是人民的旗帜，绝不能让叛徒玷污了这面旗帜！这么想着，他们脚下的步子迈得更大，恨不得一步就跨到观音山去。

当他们赶到观音山时，教导团的炮兵连已经在陈参谋的带领下提前到达。

陈参谋跟李维义一样都是共产党员，两人曾在叶参谋长手下共过事，临时工农红军总指挥部成立后，他被任命为总指挥部作战参谋。此时老战友重逢，一见面他们就把手紧紧地握在了一起。

"怎么？受伤了？"陈参谋看到李维义左肩裹着绷带关心地问。

"没事，擦伤，不严重。"李维义摇摇头。

李维义说话时脸上带着一丝愧疚之色，因为叛变的那个2连，今天凌晨起义开始时，就是被他们控制的，自己当时怎么就没看出来，那个沈连长是叛徒呢？因为自己的疏忽，竟给起义带来了这么大的损失。

陈参谋看出了他的想法，大概也知道2连参加起义的经过，就低声劝慰了李维义几句，李维义面色沉痛地点了点头。

两人不再为此事耽误时间，站在山下研究起攻击2连的方案。

对这个2连的沈连长，李维义在起义前做了很

133

多调查。他虽然出身于地主家庭，但在上学期间表现得还是比较进步的，尤其是北伐战争时，他受革命高潮的影响，也跟许多进步学生一起投笔从戎参了军。在警卫团时因受陈营长挟制，虽参与了打压进步官兵的活动，但却又不积极，正是看到了这点，警卫团内起义前的会议上，才决定对他采取争取策略。起义后，3营控制了2连，梁团长亲自对他劝说引导，没想到他还是叛变了革命。

李维义建议陈参谋，据他对沈连长的了解，这个人性格冲动，喜好投机，遇事又优柔寡断，如果能先将叛军包围起来，再给他们施加压力，以劝降为主，或许能令敌人投降，这样就可以避免对战所造成的伤亡。如果敌人不投降，再以武力平叛。

陈参谋同意了李维义的意见，下令各部迅速行动，向叛军驻守的位置靠近。

"一定要将敌人严密包围，不给他们一丝逃脱的机会！"陈参谋命令各部。

李维义带领3营和工人赤卫队，从北、东、南三侧迂回登山，很快到达指定的战斗位置。

借助山石等物隐蔽好以后，钟赤星拽了拽甘南火的衣袖，让他往西侧看。

甘南火顺着钟赤星手指的方向看去，只见一门门装着轮子的山炮和野炮，被炮兵连的战友们陆陆续续推进了阵地。

看到教导团的官兵，甘南火的心中感到格外亲切，要不是眼看着要打仗了，他非得去找几个熟悉的战友，好好问问教导团的情况。

"看，那就是我跟你说过的刘教官！" 甘南火指着炮兵阵地的一个军官对钟赤星说。

钟赤星赶紧看了过去，那是一个英武的中年军官。

自从甘南火与钟赤星和解后，两个人除了训练外，最愿意谈的就是彼此的过往。甘南火跟钟赤星说了很多教导团的事，提到过这个教导团炮打得最准的教官。

看到炮兵阵地上英武的教官和威风的大炮，钟赤星心里一阵阵痒痒。从参加工人纠察队到进了警卫团，自己在赵队长和甘南火的指导下，学会了如何熟练使用枪支，但大炮对于他来说，可一直是个既神秘又令人向往的武器。尤其是在起义中，他不止一次见识到了大炮的威力，更想亲自尝试一下这种破坏力巨大的武器。

钟赤星趴在阵地上，一脸神往地盯着那些大炮，对甘南火说："哎，甘南火，等打完了仗，你能不能跟那个刘教官说说，让他也教教我怎么开炮？"

甘南火听到钟赤星的话，脸上露出了为难的神情。

2

"说是可以说，只是不知道刘教官能不能答应，而且我们又不在一个部队，除非你调到教导团去。"甘南火对钟赤星说。

虽然知道甘南火说的在理，但钟赤星想做的事，可没那么容易放弃的。他的目光仍离不开那几门大炮，自言自语道："早晚有一天，我一定要摸摸这些大炮，最好是能开一炮！"

就在两个少年悄声说话的时候，起义军官兵早已将山上的2连团团包围。

观音山上的敌人此时已乱成一团，一些士兵正用六神无主的眼神，看着一个三十来岁、五官端正、白净书生模样的军官在阵地上拉磨一样来回转着圈。这个军官看上去有些瘦弱，一身整洁的军装穿得一丝不苟，哪怕是在战火纷飞的战场上，依然一个褶子都看不到。

这人便是警卫团2连的沈连长。

起义爆发后，他一直跟随梁团长一起行动，也是攻占过几个反动派据点、俘虏了一些反动派官兵的。起义军攻克观音山后，他便奉命来此驻防。

上了观音山，听着耳边不断响起的枪炮声，他突然莫名感到了一丝恐惧。

要知道他自从参军后，便一直在张发奎的部队中当兵，对这位长官惩治反对者的手段早有耳闻。如今自己稀里糊涂地成了起义军，这不是明摆着跟张总指挥作对吗！要是起义军兵败，自己指不定要遭受怎样的酷刑呢，搞不好连命都保不住了！

一想到这儿，沈连长就感到后背直冒凉风。左思右想了好长时间，他一咬牙决定还是脱离起义军，来个战场上"反正"，说不定还能在张总指挥那儿立个大功呢。

"但愿我这个决定是正确的！"沈连长暗暗祈祷。

可惜事与愿违，他刚带着队伍发动叛乱，还没来得及联系上张发奎呢，就接到手下的报告，说2连已经被起义军包围了。"来得这么快！"沈连长大吃一惊，再也顾不上保持他那儒雅的风度了，急忙跑到工事里用望远镜观察。

果然此刻北、东、南三侧的山坡上，无数身穿军装、颈系红飘带的起义军身影，在山石间隐隐约约地闪现。更让他感到害怕的是，西侧山头上还出现了起义军的炮兵，黑洞洞的炮口正对着自己的阵地。要是这些大炮一齐开炮轰击的话，别说他这个血肉之躯的小小连长，恐怕连山石都会炸个粉碎。

沈连长不由激灵灵打了个冷战，颤抖的双手甚至连望远镜都快要握不住了。

这时旁边几个排长还在一连声地追问："连

长，这，这可怎么办啊？"

"我哪知道怎么办！"沈连长发泄似的冲那几个排长大吼一声。

生死关头，沈连长也顾不上他此前一直苦心维持的形象了，扔掉望远镜，原地转起了圈，期望着能想到一个保命的好主意。

沈连长在这里冥思苦想着如何保命，李维义和陈参谋却为劝降的事发生了争执。

"你是指挥官，不能擅离职守。我与那沈连长有过接触，对他了解，自然是我去劝降。"李维义正在向陈参谋力争。

"不行！"陈参谋斩钉截铁地拒绝了他，"我们谁都不知道上面的情形，贸然上去太危险了。何况北、东、南三面由你指挥，绝不能让你去冒险。"

"可我们不能总这样僵持下去吧？时间不等人啊！"李维义显得有些焦急。

为了减轻对起义局面的破坏，避免部队的流血伤亡，他们必须尽快劝降2连。

"陈参谋，李参谋，若你们信得过，就让我去试试吧。"就在李维义和陈参谋还在争执时，他身后的甘南火突然开口说道。

"你？"陈参谋和李维义异口同声地问道。

"您二位都是部队的指挥官，谁也不能去冒险，而我只是一名传令兵。"甘南火用和他年龄不相符的冷静成熟的语气继续说道，"正所谓两军交战不斩来使，那位沈连长读书多年，当然不会不懂得这个道理，所以我去反倒会更安全。"

见陈参谋和李维义都不同意让甘南火去，三个人还要争执，在旁边急得快跳脚了的钟赤星，终于忍不住插话道："其实你们谁都不用去啊！"

见几个人都把疑惑的目光投向了自己，钟赤星急忙解释道："反正咱们离他们也没多远，为什么一定要去他们那里劝降呢？直接跟他们喊话不就得了！"

听了钟赤星的话，李维义和陈参谋的眼睛同时一亮。

开始时他们只考虑要见面好好劝导沈连长，做到先礼后兵，现在被没读过什么书的钟赤星这么一提醒，大家忽然醒悟了。

现在2连已经是叛军，不再是他们的战友了，还讲什么登门的礼节？干脆就隔空喊话，表明起义军的态度：投降，就给你们个机会；不投降，就坚决消灭你们。这样还能影响到2连的官兵，让他们也给沈连长施加压力。

"钟赤星说得没错！只需挑几个声音大的战士再靠近些，找个安全的地方对他们喊话就可以。"

李维义继续分析道："我方的兵力装备都要优于敌人，又有大炮助阵，以那位沈连长的性格，应该不会拼死反抗。"

"好！那就这么办！"陈参谋拍了拍钟赤星的肩膀，"这个小同志出了个好主意啊，不错，不错！"

得到了陈参谋的亲口表扬，钟赤星在心底里暗自得意起来。

说道声音洪亮的战士，没人能比得上从小习武、中气十足的钟赤星。不过他说不来那些文绉绉的劝降话，怕那个沈连长不愿听他的，就又拉上个书生甘南火，让他俩搭档。就这么定下来后，李维义跟他们嘱咐了几句，讲明了劝降的条件，便让几名战士护着他们，往山上的敌人阵地摸了上去。

没一会儿，他们就摸到了距离敌人阵地只有几十米的地方。

虽然有山石和树木的掩护，但想要发现他们几个，也不是太困难的事，不过直到他们找好掩体躲藏好，敌人阵地中也没射出过一颗子弹。

其实敌人早在他们刚刚开始靠近的时候，就发现了他们，哨兵报告了沈连长这个情况后，沈连长本来是打算下令开火，将这几个系着红飘带的起义军击毙的，不过转念一想，只要他先开了火，事情就彻底没了挽回的余地，不如先看看对方到底什么意图。

"通知全连，没我的命令，谁也不准开枪！"沈连长命令道。

钟赤星在距离敌人阵地几十米的一棵大树下停住，轻声对甘南火说："就这儿吧！你说该怎么跟他们说？"

甘南火低头想了想："这样，我说一句，你就对着他们重复一句。"

"好嘞！"钟赤星深吸一口气，举起一个大喇叭，攒足了力气，示意甘南火可以开始了。

按照甘南火说的，钟赤星对着敌人阵地喊起话来："沈连长！我们是3营李维义副营长的部下，我们同为警卫团的战友，还望沈连长能听我们一言！"

顿了一下，见那边没有反应，钟赤星接着喊道："沈连长，如今起义军已经占领广州城，并成立了广州苏维埃政府和临时工农红军总指挥部，革命潮流已势不可挡。沈连长当初心系革命，投笔从戎，想必一定是能看清形势之人。事到如今，您也能明白哪方才是正义之师！还望沈连长能够三思，莫要做出让自己后悔的决定。"

"如今你们已经被包围，炮兵的大炮已经瞄准了你们，李副营长不愿意看到同胞之间大动干戈，希望你们能放下武器，接受改编。"钟赤星继续喊道。

敌人的阵地上没有任何反应。

3

几分钟之后，敌人的阵地上先是探出一个大喇叭，接着一个士兵探出上半身，扯着嗓子朝钟赤星他们喊道："我们连长说啦——他明白贵军的意思，只是不知道若是我们投降，贵军打算如何对待我们？"

"嘿，这群反动派，投个降还想讲条件！"钟赤星气得撸起袖子恨不得上去揍那个士兵。

甘南火赶紧拽住他："你别急，他们只是怕死，不会提什么过分的要求。"

"哼！"钟赤星从鼻孔中哼了一声，他最瞧不起的就是这些怕死的反动派了。

"我们知道，沈连长是一时迷失了方向，不是有意叛变。所以请你们放心，你们如果肯主动放下武器投降，我方必会保全沈连长，及他手下全体战士的性命！不过，如果你们执意顽抗到底，我军带来的弹药怕就没有节省下来的理由了！"钟赤星强忍着怒气继续喊话。

"我们考虑一下！"对方传话的士兵说完就撤了下去。

敌人哪还有什么可考虑的，当初他们叛变时打的如意算盘是占领观音山后，会有张发奎的军队前来支援，到时候他们就能立个大功！可没想到他们的脖子都等长了，也没等到张发奎队伍的影子，说不定张发奎根本就看不上他们这一个连的区区兵力呢。现在却等来了起义军重兵和大炮，所以能保住性命，沈连长和他的手下就心满意足了。

敌人没再出来讲条件，而是很快就在阵地上直接升起了白旗。

"他们真的投降了！"虽然早知会是这种结果，钟赤星还是开心得不得了。

"等等！"甘南火拦住了想冲上去的钟赤星，"为防有诈，你让他们自己把枪留在战壕中，双手抱头慢慢走过来！"

"还是你想得周到！"钟赤星"啪"地拍了甘南火的肩膀一下，立刻按照甘南火的意思，朝着对面喊了一遍。

敌人听到喊话后，真在沈连长的带领下，慢慢腾腾从阵地里走了出来。他们双手抱在头上，个个都是一张苦瓜脸，看上去十分狼狈。

就这样，没伤一兵一卒，没放一枪一炮，镇压叛军的任务就结束了。

看着起义军官兵把敌人押走后，甘南火和钟赤星欢天喜地地向陈参谋和李维义跑去复命，刚好撞到他们和刘教官在一起。钟赤星立刻一歪脑袋挤了过去，两眼放光地冲刘教官敬礼道："刘教官好！

久闻大名，我叫钟赤星，是警卫团的战士，甘南火的好兄弟，请问，您能教我开炮吗？"

甘南火急忙去扯钟赤星的袖子："别这么鲁莽！"

陈参谋、李维义和刘教官被两个少年的天真举动逗乐了。

刘教官冲李维义笑着说："这就是你说的那个功夫小子吧？果然跟甘南火一样，都是好战士！"接着，他又拍了拍钟赤星的肩膀说："眼下时机不对，教你开炮这事恐怕得往后放放了。不过看你这么结实，倒是可以来给我们帮个忙。"

"什么忙？"钟赤星激动地跳了起来，他觉得能给这么厉害的炮兵教官帮忙，也是非常荣耀的一件事。

"我们要把炮转移到山顶上，你愿不愿意帮我们去推一下？"刘教官指着阵地上的炮说。

"太愿意啦！"钟赤星拔脚就跑，开不成炮没关系，现在只要让他摸一摸就心满意足了。

刘教官笑着瞧瞧甘南火："怎么，你不打算去帮个忙？"

"帮，当然帮！"甘南火连忙点头。

从来了观音山，他就一直在等机会，想找教导团的老战友叙叙旧。虽然他们离开的时间并不长，可经历的事情太多了，他有一肚子的话想跟战友们说。此刻他正跟几个战友合力推着一门野炮，边推边聊着进入警卫团后各自的经历。

战友们告诉甘南火，起义打响后，他们奉命先将朱老虎给抓了起来，关押到了一间营房中，没想到这个狡猾的反动派，竟耍了个诡计想要逃跑，幸好被大家及时发现了。

"抓他的战士也没跟他客气，直接一枪毙了他，倒也省得我们再分出人去看管他了。"听战友们这么一说，甘南火忍不住大呼解恨。

甘南火在跟教导团的老战友叙旧，钟赤星那边也没闲着。

他正沉浸在近距离接触大炮的喜悦中，一只手用尽全身力气在推着大炮，一只手还在金属的炮身上来回摸索，好像发现了一个大宝贝似的。

经过大家的一同努力，炮兵连的炮都被拉到了观音山的山顶上。

钟赤星跑到刘教官身边，好奇地指着整齐地排成一排的大炮问道："刘教官，叛徒都被俘虏了，为什么还要把炮都排在这里呢？"

"当然是还有作战任务了。这里的叛徒虽然解决了，但山下还有很多反动派没消灭呢。"刘教官指着山下说道。

听到刘教官的话，钟赤星想起了肇庆会馆和军械库的敌人，双眼立刻射出仇恨的怒火。

145

"现在该看我们炮兵的了。"刘教官好像看透了钟赤星的心思，对他说完这句话后，就亲自指挥炮兵调整好射击角度，接着一声令下，一名战士将炮弹塞进了炮筒中。就在钟赤星没明白怎么回事的一瞬间，大炮发出了巨大的响声，炮弹弹射出去，一转眼就不见了踪迹。

　　"怎么了？为什么开炮？这是打到哪里了？"钟赤星被炮声吓了一跳，连声问道。

　　大家都抻着脖子张望着，想要追寻炮弹划过空

中的轨迹，但是哪能看得到啊！

没过多久，观音山下的某个地方轰然炸响，腾起一股黑色的浓烟。

"那是哪里？"钟赤星指着黑烟问甘南火，甘南火摇摇头。

"当然是第4军军部了。"李维义的声音从两人的身后传来。

"第4军军部？"甘南火惊喜地问李维义。

钟赤星可没甘南火那么沉稳，他已经激动得大

叫起来了："打得好！太好啦！把这些反动派都炸到天上去！"

"目标，敌人第4军军部，以我刚刚打下的那点为基准，开炮！"刘教官走到那排大炮的后面大声命令道。

"是！"炮手们齐声回答。

他们两两一组，一人装弹，一人开炮。这些战士的动作是那样熟练和迅速，只一会儿的工夫，炮声就接连响起来了。

这时，李维义已将甘南火和钟赤星带到了一处最好的观察点上，在他们热切期盼的目光中，数发炮弹击中了刘教官刚才击中的目标，越来越浓的硝烟自第4军军部上方升腾而起。借助李维义的望远镜，甘南火和钟赤星看到敌人乱成了一团，他们甚至都不知道炮弹是从哪个方向落下来的，只顾着抱头鼠窜。

攻打过第4军军部的起义军官兵和工人赤卫队的队员们，此时都知道了炮兵战友们轰击的是第4军军部，看到敌人被炸得这么狼狈，忍不住兴奋地欢呼起来，憋在他们心中的那一口恶气，现在总算释放出来了一些。

红旗漫卷寒敌胆

第九章

·············· 严阵以待 ··············

1

经过了教导团炮兵连的炮击后，第4军军部所在地肇庆会馆，再也不是当初甘南火和钟赤星他们所看到的坚不可摧的模样了。那里到处是断壁残垣，瓦砾下压着反动派的尸体，角落里传出被炸伤士兵的呻吟声和求救声，而那些侥幸没有受伤，或只受了轻伤的反动派，都自顾自逃命去了，根本没人理会这些伤兵。

远在观音山的起义军官兵，兴高采烈地争夺着望远镜，轮流看着坚守在第4军军部外围的警卫团

3营官兵和前去支援的教导团、工人赤卫队联手发起的冲锋。只一会儿工夫，第4军军部破破烂烂的围墙内就升起了起义军的旗帜。

大家把这一幕胜利的场面全都看进了眼中，刻进了心里。他们看着看着，也不知是谁先起了头，人群中蓦地响起了一阵歌声：

"走上前去啊，曙光在前，同志们奋斗！
用我们的刺刀和枪炮开自己的路，
勇敢向前，稳定脚步。"

这是属于他们的革命歌曲，越来越多的人跟着唱和起来。他们不断重复着"用我们的刺刀和枪炮开自己的路，勇敢向前，稳定脚步……"

歌声飞扬，洪亮的声音似乎让整个天空与大地都跟着产生了共鸣。

在警卫团时，甘南火曾将这首歌教给过钟赤星，此时他唱得格外大声。

侯江海在一旁听着看着，心中也涌起一阵豪气，但这股豪情中，又掺杂了一丝羡慕之意。

"阿星，甘南火，我什么时候也能和你们一样，成为一名真正的战士呢？"侯江海的眼中流露出羡慕和期待的神情。

"这个……你必须要像我们一样，经得住考验！"钟赤星摆出一名"老兵"的架势，一本正经地对侯江海说道。

"我经受得住！快考验我吧！"侯江海跃跃欲试的回答，引起了旁边战士们的哄堂大笑。

甘南火不得不忍着笑向他解释说，所谓考验，是要通过时间的验证，经历战火的洗礼，不是一下子就可以完成的。

"那好吧！"小猴子略有些失望，但他还是挺起干瘦的胸脯，"我只要跟着你们，总有一天能像你们一样，成为一名真正的战士！"

接连几场胜利后，辛苦的战士们终于可以在观音山休息一下了。

精力旺盛的钟赤星和侯江海可坐不住，想趁休息的工夫，让陈参谋给他们讲起义军攻克公安局、成立广州苏维埃政府和临时工农红军总指挥部的事。他们自小在码头上跑惯了，见谁都是自来熟，跟谁都敢聊上一聊。倒是甘南火觉得这样打扰长官有些不好意思，但还是被钟赤星和侯江海硬架了去。

好在陈参谋并没介意，他很喜欢这几个革命少年，兴致勃勃地给他们讲了起来。

原来最开始向公安局发起进攻的是工人赤卫队，但那里驻守的敌人战斗力还挺强，无论是兵力还是武器装备上，都比工人赤卫队强出一大截。工人赤卫队遭遇到了疯狂抵抗，出现了不小的伤亡。

后来起义军东路官兵，也就是教导团的主力部队赶过来了。

"他们攻下敌人在沙河的步兵团和驻守燕塘的炮兵团后，回师市区，加入了攻打公安局的战役中。"陈参谋兴奋地说，"工人赤卫队队员和教导团的官兵们携手猛攻，终于将公安局攻克了，结束了这场半个多小时的战斗，我们也成功占领了这个军事要地。"

"后来呢？"钟赤星忍不住追问。

"后来，咱们的起义军，将敌人在南楼储藏的军火全都搬了出来，分给了赤卫队的兄弟们。接着又在中楼成立了广州苏维埃政府，并把临时工农红军总指挥部设在了北楼。你们刚刚过来时，应该也看到咱们的旗帜了吧？"陈参谋脸上充满胜利的喜悦。

"看到啦！看到啦！"侯江海抢着回答，他不知该如何形容这面旗帜，憋了半天，只憋出来一句，"可真好看哪！"

这时有几个凑过来的起义军战士和陈参谋、甘南火、钟赤星他们都忍不住乐了。

陈参谋点点头，若有所思地说："是好看哪，对咱们起义军和被压迫的老百姓来说，那就是一面最美的旗帜！"

就在大家心情和身体都暂时放松下来时，忽然顺着山路跑上来一名战士。

那个战士的脸红扑扑的，上面挂满了汗水，看样子跑得很急。他跑上来后直奔陈参谋，向陈参谋报告了总指挥部刚刚得到的消息，张发奎和黄琪翔已经调集了多支反动部队，正准备反扑广州。

"当真？"陈参谋吃了一惊，立刻让钟赤星他们去请李维义过来。

"总指挥部的命令是什么？"李维义听到这个消息后皱着眉头问。

"总指挥部命令陈参谋，带领炮兵连继续驻守观音山，命令李副营长带领警卫团第3营和工人赤卫队的同志们，前往天字码头，准备对反动派即将发动的渡江攻击进行阻击。"那个战士立正回答。

李维义接到命令后，立刻传令部队紧急集合，马上出发。

临出发时，他再次跟陈参谋握着手说："保重！这里就交给你们了！"

"放心！"陈参谋点了点头，"你们此去也要当心！"

战士们还没将身下的泥土焐热，就又随着李维义匆匆赶赴天字码头。

当初广州城里的张发奎和黄琪翔等人，在得知了共产党举行暴动的消息后，因为身边没有部队，不得不在一片枪炮声中仓皇逃窜。

他们一鼓作气跑到驻守在珠江南岸海钟寺的第5军军部后，立刻给守在肇庆地区的第12师、第26师第78团和驻守东江地区的第25师，以及驻顺德地区的教导第1师第1、第2团全都发了紧急电报，命令他们火速回防广州。

最令人不齿的是，他竟然还向英国、美国、法国和日本这四个入侵中国的帝国主义国家军队，发出了"讨伐共逆"的支援请求！

路上，李维义他们得到消息，张发奎和他手下的部队正联合帝国主义的军舰和陆战队，从东、西、南三面反扑，打算合围广州，将刚刚胜利的起义军一举镇压。局势万分紧急，李维义和起义军官兵一刻也不敢耽误，直奔天字码头。

当他们再一次途经公安局，也就是现在的广州苏维埃政府门前时，这里正一片沸腾。一辆接一辆的卡车不断驶来，上面装满了从敌人那里缴获的武器弹药。工人赤卫队的队员们，和参与起义的百姓们都围在路边，等候着领取枪支武器。整整一条街上，堆满了车辆、马匹和粮食等战利品。地面上的血迹还没有完全干透，已经被庆祝的鞭炮碎屑给遮挡得严严实实。

街道两边的墙上，已经刷满了革命标语，满街都是系着红飘带的人，甚至连老人和孩子的脖子上，也都飘着一抹鲜艳的红色。

这时，甘南火他们看到了最令人动容的一幕。

2

那些被反动派以"政治犯"的名义抓入牢中的进步群众都被释放了出来，甚至都来不及解下手铐脚镣，就被一路寻来的亲属紧紧抱住。哭声、笑声、喧哗声、口号声，声声不断，而这些声音中最清晰的，要属工人群众嘹亮的歌声。

他们高声唱着：

"工农兵联合起来向前进，我们起来！
工农兵联合起来向前进，杀绝敌人！
我们前进，我们奋斗；我们暴动，我们胜利！
推翻那帝国主义走狗国民党统治，
一切权力归于我们工人农民兵士！"

仿佛只有这歌声，才能将他们此刻激动的心情表达出来。

看着眼前这幅景象，听着耳边这阵阵歌声，甘南火的革命信念更坚定了。

"一定要将反动派阻击住，绝不能让他们破坏这来之不易的胜利果实！"想着这些，甘南火脚下的步子都加快了。

起义军经过急行军，如期到达了天字码头。

天字码头是广州历史最悠久、使用时间最长的码头，在清朝中期，甚至还曾被指定为官方码头。那些清朝的官员们无论是进入广州，还是离开广州，只要是从水路走，必定要在此处登岸或上船。

　　"时间紧迫，全体人员除留警戒哨监察敌情外，其余人员一律立即着手修筑工事。"到天字码头后李维义下了第一道命令。

　　要修工事首先需确定工事的位置和范围，李维义站在码头上，举起望远镜查看了一下前方的情况。珠江面上，远远地停泊着几艘英国军舰，若是反动派想要对起义军发动进攻，其中一部分人大概就会在此处登陆。他估算着武器的射程范围，带人走到了码头后方几百米处。

　　"甘南火！"李维义喊道。

　　"到！"甘南火从他身后转出来应声答道。

　　"命令第3营全体官兵，在此处修筑掩体和战壕。"李维义用手一划，"战壕长度要将此处登陆点完全覆盖。"

　　"是！"甘南火跑步去传令。

　　第3营官兵接到命令后，马上抄起工具，甩开膀子干了起来。

　　李维义又仔细观察了一阵远处，将钟赤星叫过来说："去告诉工人赤卫队的同志们，请他们在周围大量收集竹排、铁丝网和稻草等物，以用作阻碍

敌人登陆的第一道防线。"

"是!"钟赤星也领命离开。

"停一下!"正在检查战壕修筑情况的李维义,突然让几个正在挖战壕的战士停下来,"你们这么挖怎么能行呢?这不是给敌人的迫击炮当活靶子吗?"

这几个战士都是由工人纠察队编入第3营的,听了李维义的话有点儿不知所措。

传完令的甘南火和钟赤星也凑上来看,没经过这方面训练的钟赤星看得一头雾水,甘南火从前跟李维义学过一些军事常识,知道这种战壕虽说也能容得下人,趴在里面进行射击,但如果真要打起仗来,不但会影响射击精度,并且会因为趴着作战不便于快速反应,当敌人开炮后,根本来不及躲避。

李维义把这些缺陷一一指出来后,为了能让大家挖出更适合作战、更安全的战壕,李维义干脆伸手拿过一名战士手中的铁锹,打算亲自示范一番。甘南火见状赶紧上去拦下:"李参谋,您肩上还有伤,还是我们来吧!"

"就是就是!"钟赤星一闪身,也挡在了李维义前面。他一把抢过李维义手中的铁锹,笑着说:"李副营长,还是我来吧,我力气大得没处使,您就负责指导就行!"

说着他"咚"地一下跳进了浅浅的战壕中,摆出了一个挖掘的姿势,等着李维义开口。

李维义知道这两个少年是关心自己，再加上又拗不过他们，只好答应了。他把修筑战壕的要点，详细跟钟赤星说了一遍，钟赤星立刻挽起袖子干了起来。甘南火也要过一把铁锹，跟钟赤星一起挖起来。遇到钟赤星挖得不对的地方，他还能随时出言提醒一下。

　　经过李维义的指导，原工人纠察队员们身强力壮的优势就发挥出来了，没过多长时间，已经挖好了一段合格的战壕。

　　这段战壕大部分的步道是两米深左右，每间隔一段位置，还挖出了可供战士们站立的踏位。战壕挖好以后，甘南火特意让一位战友来踩一踩试一试，感受一下踏位的高度和步道的高度，钟赤星也兴致勃勃地跑上去试了试。

　　在战士们尝试的同时，甘南火认真地指着战壕给大家讲解道："这些踏位，是用来站在上面进行射击的。踏位距离战壕顶要有一米五左右，这样大家就能把头和肩膀露出来，方便站着观察和射击。踏位的高度不能太低，不然会影响射击精度，但也不能太高，否则就起不到掩护的作用了。"

　　甘南火话音刚落，一名战士插话问道："小书生，为什么不把战壕都挖成一米五深的呢？"

　　甘南火耐心地解释说："修踏位是为了攻击，而步道更深一些，则是为了防守。因为只有让步道战壕的顶部超过我们的身高，才能减少被敌人打中的危险。"

钟赤星恍然大悟，刚刚自己只是按照李维义说的去挖，到现在才知道这么挖的意义。

他一抬头刚好看到侯江海站在战壕外，于是让战友们都闪开，然后对着侯江海喊道："喂，小猴子，你从外面捡块小石头来打我试试！"

侯江海答应了一声，随手在地上拾起了一个石块，跑到距离战壕五六米的地方，眯着眼睛瞄准。可石头瞄准了半天他也没扔出去，就在大家等得都快不耐烦的时候，侯江海叫了一声："阿星！我看不见你呀！你跳起来给我瞧瞧！"

"哈哈哈！"战士们开心地大笑起来。

钟赤星在战壕中无奈地喊道："我们挖战壕就是为了躲敌人，哪有跳起来给人打的！你能看到就看到，看不到就蒙着打！"

"噢，原来是这个意思啊。"侯江海不好意思地挠挠头，自己蹦跶了几下，实在看不到，才不甘心地把手中的石头随便丢了过去。

甘南火和钟赤星他们挖的战壕只有一小段，所以大概的位置侯江海找对了，可惜他丢石头的同时，钟赤星悄悄站在踏位上看了一眼，眼瞅着石头过来了，他顺着步道向旁边一跳，轻而易举就躲开了这枚"子弹"。

站在战壕附近的战士看后，齐声喊起好来。一名原来的工人纠察队队员感叹道："这还是咱们的小书生吗？竟然学了这么多军事知识，我看以后咱们得管你叫小军师啦！"

　　在大家的笑声中，甘南火不好意思地红着脸说："和李参谋他们比起来，我还差得远呢！"

　　有了甘南火和钟赤星的示范，那些原工人纠察队编入第3营的战士，很快都掌握了修筑工事的要点，一起甩着膀子干了起来。

　　此时在江边又巡视了一圈的李维义，重新回到甘南火和钟赤星他们修的战壕边，看到战壕已经修得有模有样了，不由暗暗松了口气。

　　"不错嘛！这才是像样的战壕！"战士们得到李维义的表扬，干得更起劲了。

　　这时远处一阵喧闹声传来，接着一个十分熟悉的声音喊道："维义！维义！"

　　李维义猛地一回头，脸上露出惊喜之色。

3

　　"叶老师！"没等李维义回应，刚好从战壕中探出头来的甘南火，先惊喜地叫了一声。

　　甘南火看到叶老师领着许多百姓，抬着很多东西，远远地向他们走来，他们听到的喧闹声就是由这些人发出的欢笑声。

李维义此刻在战场上看到叶一民也是非常惊喜，急忙快步迎了上去，将双手递向叶一民笑着递来的双手，两双大手紧紧地握在了一起。

"一民，你怎么来了？"李维义惊喜地问。

"怎么？你受伤了？"叶一民一眼看到李维义肩上的绷带，没有回答李维义的问话，反而是关切地问他道。

"没事，擦破点儿皮，不碍事的。"李维义语气轻松地答道。

"你们这是……"李维义似乎有点儿明白，但还是指着叶一民身后的人群问道。

"这是咱们苏维埃政府的工作人员和一些革命积极分子，大家听说你们到此处来驻防，便组织了人手，带了些食物和补给品来慰问你们。"叶一民笑着解释说。

叶一民的话音刚落，他身后一个中年人马上站了出来，用力握住李维义的手，激动地说："李副营长，辛苦你们了！"

李维义急忙道谢说："我们是革命军人，这些都是应该做的！反倒是劳烦各位辛苦，实在是不好意思。"

"你这说的是什么话！"叶一民故意装作不满的样子，"怎么，不把我们当同志吗？"

"没有没有。"李维义急忙连连摆手。

叶一民跟李维义寒暄了几句，便让参加慰问的同志们，把带来的东西都拿了过来。

"维义，让战士们都休息一下，喝点儿水吃点儿东西吧，一会儿说不定还要有一场硬仗呢！"叶一民对李维义说道。

李维义看了看从昨夜一直辛苦到现在的起义军官兵，不由心中一痛，他喊来了甘南火和钟赤星，让两人去传令，全体官兵分成两拨，轮流吃饭、休息。

甘南火传令回来，带着一些战友来到码头上，准备一起用餐。

就在这时，他突然在人群中看到了一个熟悉的身影。

"梅傲雪。"甘南火叫了一声，兴奋地朝着那人挥了挥手。

梅傲雪转过身来，见是甘南火，马上笑着朝他跑过来。

甘南火也好久没见梅傲雪了，他奇怪地问道："你怎么来了？"

"我愿意来就来，不行吗？"梅傲雪故意板起脸看着甘南火。

见到甘南火听了她的话后一脸的窘迫，梅傲雪又忍不住笑了："好啦！逗你的！我跟叶老师一起来慰问你们的。听说你们打了好几场胜仗，怎么样？累不累？"

"我还好，不过李参谋和钟赤星都受伤了。"甘南火答道。

梅傲雪听到甘南火的回答后，脸上立刻露出了担心的神色，直到听说他们伤得都不太重，甘南火也没有受伤，这才松了口气。

她逼着甘南火喝了半壶水，又吃了一些带来的食物，才神神秘秘地和甘南火说，如果甘南火能给她讲"起义的故事"，就送给甘南火一件礼物。

梅傲雪说着从随身的书包中取出一件东西递给甘南火。甘南火仔细一看，又是一块洁白的绸子手帕，四边也用月白色的丝线锁了一圈边儿，展开来后甘南火大吃一惊，原来手帕除了一角有朵梅花外，旁边还有朵小一点儿的梅花，他立刻明白了，这就是原来梅傲雪送给自己、又被朱老虎的人烧坏的那块手帕。一定是梅傲雪自己绣了那朵小梅花，把那个烟头烧出来的洞补上的，因为他曾听梅傲雪说过，她学过一些广绣的技法。

看到这份珍贵的礼物，甘南火激动得不知道说什么好。

他还不知道梅傲雪为了绣这朵梅花，熬了好几个晚上呢。

梅傲雪看出甘南火的激动也很开心，轻声对他说："这次保管好了，别再弄破了。"

"一定！一定！"甘南火连连点头保证道。

他刚想再说什么的时候，忽然"轰隆隆"几声炮响，盖住了他的声音。

一转眼的工夫，数枚炮弹炸在了码头和他们刚刚修筑起的工事上。整个天字码头顿时爆炸声四起，一瞬间被火光和硝烟覆盖了。

"是英国人的军舰！"哨兵在远处大声呼喊。

甘南火顾不上别的，伸手抓住梅傲雪的手腕，拽着她就往刚刚挖好的战壕里跑。刚跑了没几步，又是几声巨响，紧接着一枚炮弹"轰"地在他们身边不远处炸开，甘南火条件反射一般，一纵身把梅傲雪扑倒在地。

"嗡嗡嗡……"梅傲雪被炮声震得一阵阵耳鸣，等她反应过来时，甘南火早已摇晃着站起来，又拽着她继续向前跑了。

甘南火拽着梅傲雪跳入了战壕，暂时算是安全了。

喘息了好一阵儿，梅傲雪才镇定下来，她回头去看甘南火，这才发现甘南火的脸上多了几道伤口，正在往外渗着血珠。

再一低头，梅傲雪顿时吓得花容失色。

只见甘南火背部靠近右侧肋骨的地方，一抹血色染红了他的军装。

梅傲雪立即一声惊呼："甘南火，你受伤了！"

梅傲雪知道，刚刚若不是保护自己，甘南火也不会受伤。想到这儿，她的眼睛不由充满了泪水。

被梅傲雪一说，甘南火才觉出疼来。他伸手摸了一下，蹭了一手的血。

在梅傲雪焦急自责的目光中，甘南火皱着眉头，轻微转动了一下身体，发现并没有伤到筋骨，于是安慰梅傲雪说："我没什么事儿，你先躲在这里，我去看一下李参谋。"

甘南火刚要走，梅傲雪急急地喊住了他："你等等！"

梅傲雪把脖子上一条新的广绣丝巾摘了下来，手忙脚乱地绑在了甘南火的伤口上。

甘南火跟她道了声谢，匆匆跳出了战壕。

这时的李维义正隐蔽在防御工事后，组织官兵们准备反击。见甘南火过来，李维义立刻挥了挥手，安排他跟钟赤星一起，去帮叶一民疏散苏维埃工作人员和革命群众。甘南火连忙将梅傲雪也叫了来，让她跟大家一起撤退到安全的地方去。

前来慰问的苏维埃工作人员和革命群众，被刚刚的炮声和爆炸声吓坏了，毕竟这些人都是普通百姓，又不是军人，从来没这么近距离地见过真枪真炮。

钟赤星对码头的地形比较熟悉，于是他跟叶一民一起带着大家有序地向后方撤退。

临撤退前叶一民问李维义："维义！这里真的不需要我们帮忙吗？"

李维义冲叶一民摆摆手说："嗯！你快带着大家回去，务必小心！"

他又大声嘱咐钟赤星："钟赤星，你跟叶老师他们一起走，路上一定要保护好他们！"

李维义看了一眼还没有停止攻击的英国军舰，继续说道："另外，将他们护送到安全地点后，你火速到临时工农红军总指挥部去一趟，把这里的情况汇报给总指挥部，并请示下一步的作战任务！"

"是！"钟赤星接受了命令，护送着叶一民等人离开了。

梅傲雪还想向甘南火告别，但硝烟中已找不到他的身影了。

李维义带领起义军官兵冒着英国军舰的炮火，坚守在天字码头刚修的工事内，一边做着阻击的准备，一边焦急地等待着总指挥部的指示。

红旗漫卷寒敌胆

第十章

·········· 我们也要有炮舰 ··········

1

谁都没想到，本来一动不动停在珠江上的几艘英国军舰，竟会忽然向天字码头开炮！

突如其来的炮弹，冰雹般落在天字码头的长堤和起义军刚刚修筑的工事上，炸起了漫天的烟尘、火光和碎屑。

码头附近的居民区也遭了殃，呼啸的炮弹碎片击中了房屋，在木窗、木门上留下狰狞的痕迹，滚滚浓烟遮蔽了太阳，把一个大好的晴天染满了阴霾。

天字码头位于珠江的北岸，临时工农红军总指挥部接到密报说，张发奎的粤系新军阀将调动大批反动军队，从江面发动对起义军的攻击。为了提前做好防御，李维义奉命率第3营官兵，以及一支工人赤卫队，在这里修筑工事进行防御。

　　但出乎起义军意料的是，他们一直警惕的张发奎部反动军队还没发动进攻，反倒是珠江上的帝国主义军舰竟敢悍然进行炮击，充当反动派反动的急先锋。

　　此时，不仅天字码头硝烟火光四起，码头附近的居民区也传来阵阵百姓的哭喊声。正在指挥部队防御炮击的李维义心中一惊，立刻意识到还有没撤走的百姓，他急忙大声命令道："甘南火，速去传令让9连派出一个排，疏散解救群众！"

　　甘南火刚要去传令，就见工人赤卫队的队长带着侯江海顺着战壕的步道钻了过来。

　　"李副营长，还是我带赤卫队的人去吧！"那个队长对李维义说。他又指了指侯江海说："还有小猴子，我们原来就是在码头讨生活的，对这一带比较熟，现在到处都是炮弹，跑出去太危险。我们至少还能找到一些相对安全的地方，把没来得及撤走的百姓安置下来！"

　　"好，就按你说的办！"李维义点头同意，又交代道："侯江海，那就拜托你们了。"

　　看着李维义信任的眼神，侯江海第一次觉得，自己也是个对别人有用的人、重要的人，一种自豪感和使命感油然而生。他也学着甘南火和钟赤星敬礼的样子，立正敬礼大声答道："放心吧，李副营长！我侯江海一定会尽力保护大家的安全！"

"我跟他们一起去！"一个声音在他们的后方响起。

伴随着这声音，一个人从后方跳进了战壕。来者竟然是叶一民！

李维义一脸惊诧："一民？你怎么又回来了？"

"来帮你救人的！"叶一民知道李维义在担心什么，继续说道："放心，来慰问的群众和学生都撤出去了，钟赤星把他们带到市区后，已经去总指挥部报信了。"

"那就好，我们在此等候总指挥部的命令。"李维义暂时松了一口气。

"一民，现在敌人的炮击太猛了，你怕是暂时走不了了，就先留在这儿，等炮击停下再走吧。"李维义想了一下补充道。

"我或许还能做点儿有用的事。"叶一民说完，就去和工人赤卫队一起疏散群众了。

李维义扭头关切地看了他一眼，就又把心神放在指挥部队上了。现在最关键的是做好防御，他一连下了几个命令，让起义军官兵各自守住一段阵地，尽量将武器弹药都保存好，时刻准备对可能出现的反动派军队予以反击。

此刻的钟赤星正飞奔在广州城区的街道上，心中焦急万分。周围欢声雷动，民众的脸上都是久违的笑容，可他的战友们，却还在炮火的攻击中，坚守着天字码头的阵地。

一定要快！钟赤星在心里告诉自己，脚下的步子越迈越大。

路上几个大爷大妈看到颈系红飘带、身穿沾满硝烟军装的钟赤星，都露出了关爱的表情。他们本想让这个少年停一下、歇一歇，哪怕到他们家里喝口水也好，他们的手都举起来了，召唤的话语也都涌到了嘴边，但看到少年一脸的焦急和匆匆的脚步，又都生生把那些话咽了下去。大家看得出，这个小战士一定还有更重要的事情要做。

钟赤星感受到了大家关爱的目光，但他此时根本顾不上去回应。

他穿过喜悦的人群，也不知究竟跑了多久，终于抵达了临时工农红军总指挥部。

门口的哨兵问清他的来意后，向总指挥部请示，一位年轻的军官，带他去见了叶副总指挥，也就是甘南火向他提起过无数次的老团长。叶副总指挥不像他想象中的高大威猛，但和蔼中却透着一股让人甘愿信服的魅力。钟赤星连珠炮般将天字码头的情况作了报告，叶副总指挥听得很仔细，偶尔会打断他，问一下细节。

钟赤星报告完，叶副总指挥让那个年轻军官带他到一旁休息，等候回复。

总指挥部的领导经过紧急协商后，很快就电话命令驻守在观音山上的教导团炮兵连，用炮火支援天字码头的起义军。

钟赤星听到这个消息后，兴奋得不得了，他脑子里全是观音山上的那些大炮。

为了尽快将总指挥部的命令带回去，他连口水都顾不上喝，就又像来的时候一样，脚步快得像一阵风似的，跑出了总指挥部的大楼。

天字码头阵地的电话，终于在敌人炮弹的爆炸声中架设好了。

几乎是在架好的一瞬间，他们就接到了总指挥部的电话，显然总指挥部从接到钟赤星的报告后，就一直在联系他们。

李维义拿起电话，里面传来叶副总指挥熟悉的声音："已命教导团炮兵连支援你们，你们必须要守住阵地！"

"是！老团长！"李维义坚定地回答。

叶副总指挥的话音未落，一阵炮弹划过空中的尖啸声就从观音山的方向传来，一枚枚炮弹，呼啸着砸向了英国人的军舰。

甘南火喜出望外地看着眼前这令人振奋的一幕。

"同志们，是观音山上教导团的战友们，用大炮在支援我们！"李维义刚兴奋地传达了总指挥部的命令，阵地上的起义军官兵们就欢呼起来。

在他们的欢呼声中，观音山方向射出的炮弹，覆盖了珠江上的几艘英国军舰：落在珠江水面上的，在江水中炸起一条条水龙；落在英国军舰上的，则炸起了无数团硝烟和火光。

"钟赤星，你搬来的救兵真及时！"甘南火对刚赶回来的钟赤星赞扬道。

"那当然！"钟赤星得意地说完，又像想起来什么连忙改口说："不不不，不是我的功劳，都是叶副总指挥的英明决策。"

"你见到叶副总指挥了？"甘南火惊喜地问道。

钟赤星还没来得及回答，就被李维义的命令打断，他看到英国军舰被观音山上的教导团炮兵连打得只有招架之功，没有还手之力，就命令起义军官兵趁机对英国军舰进行还击。

一时间，珠江江面和北岸地区到处都充满了震耳欲聋的枪炮声。

英国军舰受到观音山上教导团炮兵连的炮击和珠江北岸起义军官兵的猛烈还击，军舰上的炮塔、指挥塔纷纷中弹起火，甲板上的士兵伤亡惨重。

见势不妙，英国军舰急忙在起义军还击的炮火下，起航向白鹅潭方向逃窜。

2

见到耀武扬威的英国军舰被打得狼狈逃窜，战士们都欢呼着跳出了战壕，甘南火和钟赤星也加入了欢庆的队伍中！

钟赤星此时的心情既兴奋又悲痛，他想起了两年多前省港大罢工时，就是这些帝国主义的军舰，在沙基街对游行的队伍开炮打枪，杀害了许多工友和学生。为了向帝国主义讨还血债，保护工友们不再受伤害，工会组织大家成立了工人武装纠察队。但直到今天，他们才在共产党的领导下，在叶副总指挥的率领下，打败了帝国主义的军舰，可惜赵队长没能亲眼看到这一天的到来。

"怎么，这么快就胜利了？把外国人的炮舰都打跑了？"和叶一民安置好百姓返回来的侯江海，拽着钟赤星问道。

"当然打跑了，有观音山上的那些大炮，还怕他们！"钟赤星答道。

"群众都安置好了吗？"李维义看到侯江海急忙问他。

侯江海一拍胸脯："放心吧，李副营长，有我小猴子在，他们当然都没事啦！"

"没错，这次还真是多亏了这只小猴子！"笑着走过来的叶一民为侯江海作证。

原来，工人赤卫队和叶一民他们找到被困的群

174

众后，侯江海就带着大家在码头的棚户区内七转八拐，也不知道绕了几个弯，最后竟跑到了一处十分偏僻的堤岸旁。

堤岸后面立着一座残破的假山，旁边是一个看上去很不起眼的、有些年头的亭子。

走到亭子后，叶一民他们惊讶地发现，这里居然有一座半地下式的建筑。

这个建筑的地上部分，是用与堤岸一样的石块搭建起的，从外面看上去跟堤岸浑然一体，完全没有任何差别。而在面向亭子的一边，几乎与地面平齐的地方，有一个开口，说它是门，其实更像是地窖的入口。

侯江海站在入口处冲大家招了招手："这是我小时候在码头玩的时候发现的，里面是石头建的，结实着呢！而且离那些炮舰又远，外面什么都看不出来，一定安全！"

叶一民下去看了看，发现这里确实如侯江海说的那样，既结实又隐蔽，也就放心地把群众暂时安置在了那里，想等战斗过后，再来带他们到更安全的地方去。

听了叶一民的介绍，李维义先是夸奖了侯江海，又走到钟赤星的身边，拍着他的肩膀说道："这一仗你的功劳最大。如果不是你及时将消息报告给总指挥部，叶副总指挥派来了炮火支援，咱们也不会取得这样的战果！"

被李维义这么一表扬，钟赤星反而红着脸有点儿不好意思，他向四周望了望，忽然看到甘南火的肩膀上绑着一条丝巾，丝巾和周围的衣服上，都染上了一片血迹。

"甘南火，你受伤了？"钟赤星急得一步跨到甘南火的身边问道。

"我看看，我看看。"没等别人反应过来，跟着医护兵跑了一夜的侯江海，立刻摆出了一副医护人员的架势，凑了过去。

被钟赤星这么一问，大家都看向了甘南火。甘南火见李维义关切地看着自己，赶紧摇头说："没事，我这只是皮外伤而已。"

"怎么会没事，还是叫医护兵来看一下吧。"叶一民也关心地说。

"叶老师，真的不用！"甘南火对叶一民说，"我的伤比李参谋和钟赤星的轻多了，而且血也早已止住了，真的不用找医护兵了。"

"不用找医护兵。"侯江海接口道，"我就可以！"

侯江海说完，像变戏法一样先从战壕中找出一个急救箱，然后小心翼翼地把甘南火伤口处的丝巾拆了下来，又让甘南火掀起上衣，帮他检查起来。甘南火趁大家的注意力都在侯江海的身上，悄悄把丝巾塞到了衣兜里。他准备等战斗结束后，将这条丝巾洗干净，再见到梅傲雪时好还给她。

侯江海仔细查看了半天，发现确实如甘南火所说，他伤得并不重，只是被弹片划开了一个不太深的口子而已。不过甘南火有一点说得不对，他的伤口并没有完全止住血，在刚刚的不断跑动中，伤口还一直在缓慢地往外渗着血。

"我帮你上点儿药包扎一下。"侯江海说着，从急救箱中拿出了棉花、药品和绷带。

甘南火赶紧拉住他："咱们的药品不多，还是留给其他伤员吧，我这轻伤就不用了。"

"哪能算了！受伤了就得治！"钟赤星指了指自己头上的绷带说，"瞧！我都包上了！要不把血止住，你待会儿哪来的力气打仗！"

李维义也命令甘南火必须包扎上。

见甘南火的伤确实没什么要紧，侯江海已开始给他包扎，李维义就和叶一民走到一边，商量接下来的行动方案。

此刻大家都没注意到，远处珠江上正在逃窜的英国军舰，竟突然停了下来。

原来，不甘心失败的英国军舰，看到已逃出观音山上起义军炮火的射程之外，准备对天字码头的起义军阵地，再次进行报复性的炮击。

起义军官兵还沉浸在胜利的喜悦中，没想到英国军舰这么快就发动疯狂的反扑，当一枚枚炮弹如暴雨般落到岸上时，巨大的爆炸声一瞬间就覆盖了整个码头，无数的碎石和尘土被炸得飞向半空，毫无防备的起义军官兵，在敌人的炮火中遭受了很大的损失。

"快到战壕里去！"李维义大声呼喊着，他也没想到这些英国军舰会来这一手。

起义军官兵当初按照李维义的要求，挖的战壕足够深，本来对英国军舰的炮击，可以起到很好的防御作用。但因为英国军舰的炮击来得太突然了，很多起义军官兵都没来得及躲进战壕，敌人的炮弹就在他们身边炸响了。

甘南火和钟赤星也没来得及躲进战壕，只能按照当初教官教他们的战术趴在地上，满头满脸都是被炮弹炸起来的灰尘。

眼看着奔跑着躲避的战友们，一个个在身边倒下，甘南火和钟赤星恨得紧握双拳，真想立刻游到英国军舰上，将这些反动透顶的帝国主义彻底消灭干净。

"甘南火，你快去躲起来！"炮火稍微停顿的时候，钟赤星用力推了一下旁边的甘南火。

"好！"甘南火答应一声，匍匐着向战壕爬去。

刚做了几个匍匐动作，甘南火就觉得不对劲，急忙回头问："那你呢？你怎么不走？"

"我看到那边有个伤员，等我把他救回来。"钟赤星说着，朝战壕相反的方向爬去。

"你一个人去太危险，我跟你一起去！"甘南火说着也要赶过来。

钟赤星却大声吼道："我会功夫，一个人动作快，你跟过来凑什么热闹？"他边说边加快了速度。

甘南火刚要再说什么，一颗炮弹又在他们不远处炸开了。

炮弹在码头条石铺成的地面上炸出了一个大坑，被炸得飞上天的条石碎屑，又噼里啪啦地掉下来，掉了他一头一脸。

硝烟散去后，甘南火担心地向钟赤星望去，赫然发现他已经半拖半抱着一个伤员回来了。

"钟赤星的动作确实快啊！"甘南火不免在心里感叹着，他决定不去给钟赤星添乱，但自己也不能就眼睁睁地看着好战友、好兄弟独自去承受危险。

于是甘南火就在战壕边上，等着钟赤星回来，从他手中接过伤员说："接下来的事情交给我了，你去寻找更多的伤员吧！"

钟赤星明白了甘南火的意思，他点了点头，再次快速返回了爆炸声不断的码头。

3

起义军的官兵不甘心就这么窝囊地躲着，他们满腔怒火地举起手中的武器，准备向英国军舰还击。但他们却失望地发现，英国军舰已经逃得太远了，不管是他们手中的步枪、驳壳枪、手榴弹，还是阵地上的轻重机枪，根本就打不到英国军舰。

英国军舰上的舰炮，却还在不停地向天字码头的起义军阵地进行炮击。

这时，观音山上的教导团炮兵连也以为英国军舰早被他们驱离了，所以停止了向这个方向的炮击，转而支援其他战场了。

缺少了观音山上的炮火支援，天字码头的起义军只能是被动防御了。

其实，英国军舰第二次炮击刚开始，李维义就用电话向总指挥部作了报告，但由于通话到一半时电话线被炸断，所以他现在还不知总指挥部的安排。这时只能焦急地提着驳壳枪，在阵地上来回巡视着，同时希望尽快得到总指挥部的命令。他一面叮嘱大家做好防弹躲避，一面告诫大家要严防粤系反动军队随时可能发起的偷袭。

英国军舰的第二次炮击开始时，机灵的侯江海立刻抱着脑袋，滚入了身旁不远处的战壕里，不过他很快就发现，自己的两个好兄弟都没有在战壕里。

"钟赤星和甘南火呢？"侯江海趁着敌人炮火的间隙，将头探出了战壕，这才发现他们俩还留在战壕外面。

钟赤星仗着自己身手好，正在努力寻找着受伤的战友，半背半抱，半拖半拽，将他们带回到战壕边。在战壕的边缘，甘南火和另外几名战友，正等在那里接应。大家合力把伤员送下战壕，焦急地喊来医护兵帮他们治疗。

敌人的炮弹还在不断袭来，但起义军的阵地上，大家都已镇定地守在各自的战斗岗位上。

侯江海也从最初的惊慌失措中回过神来，看到钟赤星和甘南火以及其他战士英勇无畏的样子，脸

上先浮现出一丝羞愧的神情，接着受到鼓舞，感觉身上充满了勇气，他猛地向忙碌的医护兵跑去，边跑边大喊："我来帮忙！"

钟赤星在甘南火和几个战友的帮助下，很快便把伤员都救回到战壕中。

起义军官兵被战友们的鲜血刺痛了，他们举起手中的武器，向江中心的英国军舰猛烈射击，但不管是步枪、驳壳枪的子弹，还是轻重机枪的子弹，全都落入了滔滔的江水中。

"同志们，先暂时忍耐一下，说不定对面狡猾的敌人，会趁着英国军舰炮击我们的时候，对我们的阵地发动偷袭，到时候如果我们的子弹都打没了，还拿什么来反击他们呢？"在李维义的劝说和命令下，起义军官兵停止了射击，愤恨地放下了自己手中的枪。

于是李维义再次举起望远镜，聚精会神观察起对岸的敌情。

珠江北岸的天字码头，离珠江南岸敌人的李福林第5军军部并不远，这个李福林虽然不是张发奎的嫡系，但终归是反动派，其反动本质和张发奎、黄琪翔是没什么两样的。虽然他们现在还一直按兵不动，但谁知道他们是不是在等待机会。

李维义查看完敌情后，将起义军的几个指挥员找来商量，由于天字码头的战线过长，现在的兵力根本不足以在珠江北岸全面布防，他决定分兵据守几个最重要的战略位置，既可控制敌人的登陆点，

看到观音山上的大炮没有打到英国军舰，起义军官兵都攥拳跺脚，恨不得把自己身上的力气都使上，帮炮弹飞得远一些，追上那些万恶的英国军舰。

此刻天已黄昏，远处天边的晚霞，好似染上烈士的鲜血般，让人不忍直视。

看着英国军舰在暮色中，渐渐消失于白鹅潭的水平线后，钟赤星气得一拳砸在战壕的侧壁上，恨恨地说道："要是我们的炮能打得再远一点儿，这些该死的帝国主义反动派，就再也不敢这么猖狂了！"

"是啊！"李维义点点头，接过钟赤星的话头对战士们说。

"同志们，我们的武器，现在确实不如帝国主义的先进，所以他们的炮舰，才敢在中华大地的江河湖海中肆意横行！但我们要相信，在不远的将来，我们的苏维埃政府和红军，一定会变得越来越强大。我们也会制造出自己的武器，也会制造出自己的炮舰，到那个时候，我们一定会将这些帝国主义都驱逐出去，还将打倒一切反动派！"李维义充满自信地说道。

"真的吗？真的会有那么一天吗？"钟赤星两眼闪烁着期待的光芒问道。

"当然！我们中国人自古以来都是最聪明的！不是吗？"李维义语气坚定地反问。

不等钟赤星回答，李维义用手指着天边继续说道："就像这马上要来临的黑夜，不管多么漫长，明天都会有太阳冉冉升起一样。反动派不会得意多久的，大家别忘了，在我们身后，可是有千千万万被压迫的人民在支持着我们，苏维埃和红军一定会取得最后的胜利！"

是啊，有了人民的支持，苏维埃和红军一定会胜利的！

起义军官兵听了李副营长的话，悲愤的眼神慢慢坚定了起来。

甘南火和钟赤星心中的期盼更热切了。

冰心新人新作奖得主
最新力作

星火燎原系列

珠江烽火

第三册

不畏疯蚍强撼树

段立欣◎著

SPM 南方出版传媒 广东人民出版社
·广州·

图书在版编目（CIP）数据

珠江烽火 / 段立欣著 . — 广州：广东人民出版社，
2018.6
　ISBN 978-7-218-12731-6

　Ⅰ . ①珠…　Ⅱ . ①段…　Ⅲ . ①广州起义－史料　Ⅳ .
① K263.306

　中国版本图书馆 CIP 数据核字 (2018) 第 065931 号

Zhujiang Fenghuo

珠江烽火

段立欣　著

出 版 人：肖风华

责任编辑：严耀峰　马妮璐
装帧设计：袁　涛
责任技编：周　杰　易志华

出版发行：广东人民出版社
地　　址：广州市大沙头四马路 10 号（邮政编码：510102）
电　　话：（020）83798714（总编室）
传　　真：（020）83780199
网　　址：http://www.gdpph.com
印　　刷：北京时尚印佳彩色印刷有限公司
开　　本：880mm×1230mm　1/32
印　　张：24　　字　　数：320 千
版　　次：2018 年 6 月第 1 版　2018 年 6 月第 1 次印刷
定　　价：79.20 元（全四册）

如发现印装质量问题，影响阅读，请与出版社（020－83795749）联系调换。
售书热线：（020）83795240

目录

人 ★ 物 ★ 介 ★ 绍

甘南火　年龄 15岁

身份：第4军警卫团第3营营部传令兵

　　出身书香世家，因为父亲帮助地下党，被反动派迫害至家破人亡，沦落成沿街乞讨的孤儿。后被共产党员唐教官所救，"七·一五"反革命事变后，他被编为教导团的传令兵。随教导团南下广东后，在叶副总指挥和李维义等共产党员的言传身教下，迅速成长为一名革命战士，在广州起义中作战英勇，意志坚定。

钟赤星　年龄 15岁

身份：第4军警卫团第3营营部传令兵

　　码头工人家庭出身，原省港大罢工工人纠察队中最年轻的队员，革命积极分子。自幼因机缘巧合拜师学会一身好功夫，10余岁开始在码头上干活，对反动派的剥削压迫有深刻的仇恨。广州起义前被编入警卫团，在起义前手刃了奸细，战斗中勇敢机智，屡建战功，起义失败后意志坚定，毫不动摇。

侯江海 年龄 15岁

身份：第4军警卫团第3营医务兵

绰号小猴子，生于贫苦工人之家，和钟赤星住在同一个码头工人的棚户区，自幼因身体弱而好逸恶劳，没钱读书，整天在街头胡混。因帮钟赤星查探杀害赵队长的凶手，被动卷入了广州起义，随钟赤星他们一起行动。在参加保卫苏维埃的战斗中，亲眼目睹了共产党人的坚强勇敢和高尚品格，受到了很强的震撼和感染，决心像钟赤星一样投身革命。

李维义

年龄 28岁

身份：第2方面军教导团参谋

中共秘密党员，广州黄埔军校毕业生，曾在第4军叶挺独立团中参加北伐，后编入教导团任团部参谋，辅助叶副总指挥的秘密工作。进入广州后积极组织教导团的起义准备工作，又奉命直接掌握警卫团第3营，起义中率部攻击敌人的第4军军部和军械库，现场指挥长堤和观音山两处的保卫战，因伤重暂时离队。

身份：中国共产党地下党员

叶一民

年龄 28岁

中国共产党秘密党员，公开身份是广州执信中学的教师，实际身份是广州地下党的领导者之一，负责起义的军事准备和工人纠察队的武装、训练。第4军教导团到广州后，以李维义的老同学名义为掩护，负责和教导团的联系，为工人纠察队筹备武器，还请教导团官兵帮助训练工人纠察队和执信中学的进步学生。

　　不甘心失败的反动派调集重兵，向广州城内的起义军发动疯狂反扑，妄图把新生的苏维埃政权一举扼杀在摇篮之中。警卫团第3营和工人赤卫队官兵，在叶总指挥的领导和教导团炮兵连的支援下，浴血转战长堤和观音山阵地，连续击退敌人多次疯狂的进攻。但终因敌众我寡，起义军多处防线被敌突破，广州即将失守。为了保留革命的火种，起义总指挥部下令部队分头撤出广州，向花县方向集结。

不畏疯蚍强撼树

第一章

······ 长堤阻敌 ······

1

天色渐渐暗了下来，珠江两岸一片寂静。

英国军舰的炮击，虽然已停了有一段时间，但天字码头起义军的阵地上，空气中还弥漫着很浓的硝烟味，直往人的嗓子里呛。

战士们的脸上和身上都沾满了尘土，唯有一双双眼睛，还亮晶晶地闪着光。

大家背靠着土壁坐在战壕里，就着冰冷的水，分吃着凉透了的、干巴巴的干粮。

这些水和食物，还是叶一民与革命群众慰问他们的时候带来的，但在炮火的轰炸下，剩下来的只有不到一半了。这仅有的一半，大家也都主动先让给了伤员，随后才将剩下的那些平均分配了一下。即使这样，战士们还是吃得很香。因为这是他们从凌晨起义以来，完完整整吃下的第一顿饭。在攻下邮电局大楼时，群众给他们送去的那些食物，他们还没吃几口，就因为作战命令的下达而匆匆离开了。

甘南火吃完手里很少的一点儿干粮后，喝了一口水，抬头看向了天空。

天上繁星闪闪，在冬日的夜空里还是那么明亮，丝毫没有受到战争的影响，要是这地面也像天空一般宁静平和，那该多好啊！甘南火这样想着，蓦地感觉到，这些星星就像是亲人的眼睛，在时时关注着自己。如果父亲还在的话，晓得自己已成为一名起义军战士，一定会为他感到欣慰和骄傲的。

钟赤星也在跟甘南火仰望着同一片星空。

他没读过书，是加入工人纠察队后，赵队长教他认字的。大家讲的那些大道理，他不都能听得明白，但李维义曾说过的一番话，他却是完全能够听得懂的。

当初在说起为什么要起义的话题时，李维义告诉大家，因为只有起义，才能把民众的天下还给民众。每个人生下来都是一样的，没有谁就该被人压

迫欺负。那些反动派旧军阀，霸占了我们的劳动果实，限制了我们的自由，那我们就要推翻他们，用我们自己的双手把属于我们的东西都夺回来。

说得多好啊！钟赤星从生下来，就成天看着父母工友们被反动派欺压，他们多想能够自由畅快地生活在这个世界上啊！对，起义！只有起义，才能打倒那些欺负人的、吃人不吐骨头的坏人们，他们的亲人、朋友和无数普普通通、勤勤恳恳的老百姓，才能过上好日子！

摸着身边的钢枪，钟赤星的眼神越发坚定。

他把剩下的半个包子胡乱吞了下去，拿出一块擦枪布，仔仔细细地擦起枪来。

这是他的武器，也是他的战友。他还清晰地记得，第一次领到枪时那种无法用语言表达的兴奋心情。他把每一个零件都擦得油光锃亮，恨不能每天晚上都搂着枪睡觉。

每个人都清楚，有了手中的钢枪，他们就能在敌人到来的时候，狠狠地对他们进行反击！有了手中的钢枪，他们就能为被迫害致死的百姓和牺牲的战友报仇雪恨！

钟赤星的眼睛扫过身边的战友们，他还要用手中的钢枪，来守护现在这些与他并肩作战的亲人们，守护大家辛苦取得的胜利果实。

在难得的短暂安宁中，起义军官兵终于平静地吃完了一顿饭。

与起义军阵地上的安静相反，敌人第5军的军部中，是灯火通明、人声鼎沸。

整整一天，第5军的反动部队，都一直驻守在珠江南岸，老老实实地缩在他们坚固的工事中，没敢踏出一步。他们早就接到了共产党起义的消息，也听到了隆隆的枪炮声，但因惧怕被起义军消灭，这些贪生怕死的家伙们愣是没敢轻举妄动。更何况伴着起义消息一起传来的，还有他们的总指挥大人已经自己悄悄逃跑了的风声。上司都不见了，谁还会傻乎乎地去白白送死呢？

直到午后，英国军舰对起义军阵地进行疯狂炮击，才让这些反动派又燃起了希望。他们如热锅上的蚂蚁般，焦急地等着那些跑得没影儿了的上司的消息。

午夜时分，第5军军部内，刺耳的电话铃声突然响了起来，守在旁边的一个反动军官条件反射般抓起了电话。电话中传来他们期盼已久的消息："张总指挥已和黄琪翔军长调集了大批部队，准备反攻广州。特命你部渡过珠江，进入广州城区配合作战。"

"是！"反动军官听到命令后，立刻眼冒凶光，嘴角露出了一丝凶狠的笑意。

他大跨步走到地图前，仔细研究着要如何在起义军的阻击下偷渡珠江。

月上中天，奔波战斗了一整天的起义军官兵，此时都已疲惫不堪。李维义安排好了值哨的哨兵后，命令大家趁着敌人还没有异动，抓紧时间休息。

在几个指挥员和甘南火、钟赤星再三的劝说下，李维义又沿着战壕巡视了一圈后，终于也找个地方半靠着坐了下来。

眼瞅着李维义闭上了双眼，甘南火才悄声对钟赤星说："你也小睡一下吧，这里我守着，李参谋要是有事我再喊你。"

钟赤星摇头："还是你睡吧。我身体比你结实，不怕熬夜！"

"再强壮的身体也禁不住如此的劳累。"甘南火继续劝道，"你白日里去报信，跑了那么远，我一直守在阵地上，起码比你节省了些体力。"

不管甘南火怎么说，钟赤星就是不肯。两个人纠结了半天，最后好不容易才达成"协议"——两人轮班，一人待命，随时准备听从李维义的召唤，另一人休息，每人轮流睡两个小时。

在甘南火的坚持下，钟赤星先坐在踏位上睡了过去。

甘南火则站起身，把头探出战壕，向四周看了看。此时硝烟已经慢慢散去了，空气重又变得清新起来，嗅上去带着一股临水城市特有的湿漉漉的味道。耳旁传来战友们的鼾声。他们太累了，以至于在这样的环境中，也能马上入睡。

甘南火真心地希望，在他们的梦里，不要再有战争。

为了打发这漫无边际的夜晚，甘南火悄悄地走到了哨兵位，跟值哨的哨兵一起，一边严密地监视着江面和四周的动静，一边低声聊起天来。

哨兵跟钟赤星是老队友，都是原工人纠察队的队员。

他给甘南火讲了好多当初在工人纠察队的事，还讲了他们广州的工人是如何被反动派和帝国主义侵略者欺压，以及大家团结起来组织了省港大罢工的经过。从他的讲述中，甘南火再一次确认，不管是在他湖北老家，还是在广州，反动派和侵略者们都是一丘之貉，只会剥削他们这些良善的百姓。

两个人正聊着，甘南火突然听到身后传来微小的响动，急忙回头看去，原来是钟赤星正向他们走来。

甘南火原本还想着让钟赤星多睡一会儿，所以才特意走开，不打算去叫他，没想到钟赤星反而提前醒了过来，甘南火只好去休息了。

哨兵很快也换了一岗，钟赤星跟甘南火一样，和哨兵一起监视着江面和四周的情况。

眼看着就快要到凌晨了。

2

在珠江江面上，凌晨时分常常会起一层薄薄的晨雾。晨雾弥漫开来，和还未完全褪去的夜色掺杂在一起，让人看不清远处的情形。

就是这样的晨雾中，有几艘小船正悄悄地在江面上潜行。

船是汽艇，却没有开马达，而是以人力滑动着。这些船上都坐满了穿着军装的人，他们静悄悄地伏在船上，一手把着船帮，一手按着枪杆。在每艘船的船头，都架着一挺机枪，两个机枪手趴在机枪后，用手保持着机枪的平衡。

这些船是第5军派出的。他们打算趁着凌晨，这个人们最劳累、最松懈的时间偷渡珠江。

船安静而又迅速地驶向珠江北岸的长堤，眼看着再过一会儿，船上的敌人就要登岸了。此时微弱的星光照在敌人机枪的弹夹上，几挺机枪同时反射着星光，随着船身在不停地摇动，仿佛鬼火一样。

钟赤星和哨兵一直盯着江面，他们同时发现了这个异常现象。

钟赤星留下哨兵继续观察，自己则匆匆跑去叫醒了李维义，把情况报告给了他。

李维义"唰"地站了起来，迅速来到战壕边，举起望远镜朝江面看去。虽然看不太清，但多年的战斗经验还是让他确定，有敌人来偷袭了。

他顿时大喊一声："有敌人！准备战斗！"

在静寂的长堤上，李维义的喊声格外有穿透力。

起义军官兵立刻都被惊醒了过来，大家抓起枪迅速站到了自己的战斗位置上，只待李维义一声令下，便一齐朝着前方开始射击。

李维义的这声高喊，也惊到了正准备偷袭的敌人。

他们没想到自己会被发现，一时间显得十分慌乱。一部分敌人端着枪跳入水中，直奔堤岸而来，另一部分则留在船上，用机枪开始拼命扫射。在机枪的掩护下，水中的敌人不管不顾地向前冲锋，却没想到还没看见起义军的人影，就听到冲在最前面的人发出哀嚎和呻吟声。

他们是撞上了起义军在江边修筑的第一道防线。

这是一道用削尖的竹排和铁丝网搭建而成的防护网。防护网紧靠着江边，被修成了长长的一条，即使是在白天，想要穿过这道防护网，也需要一些时间和技巧，更何况现在是天还没亮的凌晨。为了不变成对方的活靶子，起义军和敌人都没有采取任何照明措施，所以那些走在最前面的敌人，都摸黑撞在了防护网上，被尖尖的竹排刺得浑身是伤。

一些敌人倒下去了，后面的敌人有了防备，在撞到防护网前停住了脚步。

其中一个军官招了招手，喊了句什么，那些敌人先是一起向后退去，接着有几名敌人抬着个箱子走上前去，趴在防护网下鼓捣着什么。

几分钟后，爆炸声接连响起，原来敌人是用炸药把防护网给炸开了。

敌人钻过防护网上被炸开的大洞，继续一边开枪射击，一边冲向长堤。

李维义看着他们又聚集在了一起，立即下令部队开火。

枪声齐鸣，起义军虽然无法准确瞄准目标，但密集的火力还是向当面的敌人扫去。不断有敌人被子弹射中，"扑通扑通"地倒在水中。剩下的敌人害怕了，纷纷掉头想往回跑，却被一个凶恶的敌军官举着手枪接连枪毙了几个。这个凶狠的敌人边开枪边大声喊道："都给我往前冲，谁敢逃跑，老子先毙了他！"

敌人的士兵被反动军官驱赶着，再次一窝蜂似的冲向起义军阵地。

李维义挥舞着驳壳枪，接连撂倒好几个敌人。他头也不回地喊道："同志们，给我狠狠地打！务必守住阵地，绝不能让敌人过来！"

甘南火和钟赤星一左一右趴在李维义身边，努力借着微弱的晨光瞄准射击。此时只需正面阻击敌人，暂时不用去传达什么命令，因此他们也投入了战斗。

起义军占据有利地形，完全掌握了主动权，抢滩登陆的敌人，除了夜色再没有其他能够遮掩身形的东西，一批批倒在起义军官兵的枪口下。但他们仍然不甘心，还是一波波向前冲着，在他们的身后，那几艘船上的机枪手，也在疯狂地对起义军的阵地进行扫射，妄图掩护他们的同党冲过起义军的防线。

敌人显然打错了算盘，他们刚一冲上岸，冲在最前面的敌人就纷纷倒下，发出阵阵的惊呼和哀嚎，后面的敌人这才发现，那些家伙竟然都掉进了一条壕沟中。这些壕沟上原本盖着浮土，因而他们并没有发现。

这是工人赤卫队的同志们，在起义军官兵修筑战壕的同时搭建的第二道防线。

因为人手和时间都不足，这条壕沟虽然很长，但却并不深，仅能到人的大腿位置，宽度也只有一米多点，想要摔死敌人是绝对不可能的，但赤卫队的同志们本来也不是为了这个。

只要能把前面的敌人绊倒在壕沟中，后面的敌人就一定会停下来。而无论是倒在壕沟中的敌人，还是后面涌上来被截住的敌人，在这时都只能像个靶子一样，任由起义军消灭，这才是他们挖下这条壕沟的真正目的。

果然壕沟中和壕沟前的敌人，纷纷倒在起义军官兵的枪口下。

剩下的敌人急红了眼，向空中发射了几个联络用的信号弹。

驻扎在珠江南岸的敌人看到信号，马上对北岸起义军的阵地开炮。炮弹伴着尖利的呼啸声接连落下，在战壕外炸出一个个弹坑。一些炮弹落在已经空无一人的棚户区内，又引起了新一轮的燃烧。火光冲天，等不及太阳出来，黑夜就被战火无情地驱逐了。

借着火光，起义军和敌人彼此都看清了对方。

依托坚固的防御工事，起义军对敌人展开了英勇的阻击，敌人则利用炮火的优势，发起了更加疯狂的进攻。双方一时间僵持起来。

由于敌人炮兵的加入，起义军的阵地出现了多处险情。为了化解这些险情，李维义不顾危险，冒着枪林弹雨四处巡查着，不断根据战场情况的变化调整防御部署。作为他的传令兵，甘南火和钟赤星也紧紧跟在他的身边，随时随地将新的命令传达下去。

正当他们巡查至战壕右侧时，工人赤卫队的一名队员突然跑了过来。他冲着李维义焦急地喊道：

"李副营长！您快去看看吧！我们那边的阵地，就要被敌人突破了！"

李维义大吃一惊，急忙问那名队员是怎么回事。原来他们那里遭到了敌人猛烈的炮击，几名指导他们作战的第3营战士都牺牲了，敌人趁机冲了上去。工人赤卫队本来武器弹药就不充足，现在又失去了第3营战士的指导，很快就陷入危机之中。

"钟赤星，叫预备队跟我去支援！"李维义立即命令道。

当李维义带着预备队赶到时，敌人已经冲上了工人赤卫队的阵地，起义军官兵呐喊着冲向敌人，和敌人展开了白刃战。敌人被打了一个措手不及，慌乱之中不知道起义军来了多少援兵，仓皇逃了回去。

但敌人显然是打算以此处为突破口，稳住了阵脚之后，不但增加了进攻的兵力，还让对岸的炮兵和船上的机枪，集中火力猛攻此处。

在敌人猛烈的攻击下，预备队承受着巨大的压力，阵地岌岌可危。

"这样下去可不行。"李维义想到这里，迅速决定调整部署。

"钟赤星，你告诉9连长，让他分两个班的兵力，从侧面攻击一下进攻我们的敌人。"李维义首先命令钟赤星去向9连长传令。

"甘南火，你马上去后方指挥所找叶一民，让他立即电话总指挥部，请求观音山上的炮火支援。"李维义又命令甘南火。

3

原来，英国军舰被赶走后，李维义和叶一民商量，请他把重伤员和烈士的遗体运到后方，同时为了保证和总指挥部的电话联系，在离阵地不太远的后方设立了一个临时后方指挥所，由叶一民坐镇指挥，协调伤员救治、物资补给和电话联系。

李维义的调整很快就见效了，先是9连对敌人侧翼的攻击，打乱了敌人的进攻，暂时缓解了预备队和工人赤卫队的压力。

紧接着观音山上起义军的炮兵开始发威，一枚枚炮弹呼啸着打过珠江，落到南岸敌人的阵地上，顿时升腾起一片黑烟，敌人的炮兵乱成一团，对预备队阵地的炮击被打断。

起义军阵地上的预备队和工人赤卫队，终于可以把头探出来对着敌人开枪了。

憋了一肚子火的起义军官兵，立刻扣动扳机，把一颗颗仇恨的子弹，射向蜂拥而来的敌人，冲在最前面的敌人顿时倒下了一片。

李维义趁此机会，带着预备队和工人赤卫队，向敌人发起了一次反冲锋，终于将敌人赶回了出发阵地。

但还没等起义军松上一口气，敌人又如潮水般涌了上来。

这一次敌人的攻势更加凶猛了，他们被"后退者格杀勿论"的命令和身后架着机枪的督战队威逼，嗷嗷叫着疯狂扑向起义军的阵地。

起义军官兵奋力还击，阵地前很快又倒下了一批敌人。

敌人久攻不下，又耍起了新花招，趁前面的士兵拼命冲锋的时候，一些敌人悄悄地趴在冲锋士兵的身后，像一只只蜥蜴一样趴在地上，贴着地皮匍匐前进。夜色还未完全消退，晨雾也没有散去，再加上又有前面冲锋敌人的遮挡，竟然真的给一些敌人混了过去，有十几个敌人甚至差点儿都跳进起义军的战壕了才被发现。

"大家小心！注意敌人偷袭！"李维义大声提醒着，开枪将一个爬到战壕边的敌人击毙。

早已传令回来的甘南火和钟赤星，也瞪大了眼睛，仔细搜索着敌人。

战斗打到这个程度，双方都出现了不小的伤亡。医护兵在阵地上来回穿梭，试图为每一个受伤的起义军官兵提供救治。

侯江海跟着几个医护兵一起摸上前线，手脚麻利地为大家包扎伤口，或把重伤员抬下战场。经过了一天的磨炼，他现在也算是半个熟练的医护兵了。

正当侯江海沿着战壕搜寻伤员的时候，忽然在地上发现了一个黑乎乎的、棒槌一样的东西。他迅速猫下腰去将那个东西捡在手中，这才发现竟然是一颗手榴弹！

自从跟着钟赤星参加了起义军，上了战场，侯江海唯一摸过的一件武器，就是钟赤星给他防身用的一把匕首。在枪炮声不断的战场上，这种冷兵器其实根本派不上什么用场。每次看着钟赤星和甘南火开枪，小猴子心里都无比羡慕。现在，居然让他捡到了一个这么厉害的家伙，他怎么能不激动呢？

"不行，我不能告诉阿星他们，不然非得被没收了不可！这是我的，我也要用它来杀敌人！谁也不能给！"侯江海低声嘟囔着，悄悄把手榴弹塞进了怀里。

怀揣着手榴弹，侯江海的心忍不住咚咚咚一阵狂跳，既觉得紧张，又觉得仿佛有了靠山一样，莫名地安心。

他四处瞅了瞅，确定并没有人看到自己，顿时松了口气。他并没有忘了自己的"本职工作"——搜寻伤员。

一连帮着医护兵将三名重伤员送到后方，本来就瘦弱的侯江海累得浑身冒汗。他趴在战壕上呼哧呼哧地直喘粗气，猛然下意识地一抬眼，发现前方竟然冲过来好多个敌人。这些敌人原本都是匍匐着爬上来的，等接近了战壕，便都端着枪鬼鬼祟祟地站了起来，其中的两个人还抬着一个看上去很重的箱子。

敌人已经靠得很近了，侯江海想喊人也来不及了。并且他想如果自己喊的话，恐怕只会引起这些敌人的注意，闹不好还会被人一枪给崩了。

侯江海缩在战壕里，眼看敌人再有几分钟就要冲进阵地了，想着就算现在偷偷溜走，去找钟赤星或李维义报信，也来不及阻止敌人了。

"怎么办？怎么办？"侯江海焦急万分，心跳得都要从嘴巴里蹦出来了。

他用手去抚胸口，一下子摸到了刚刚捡到的那颗手榴弹。

"有了！"侯江海眼睛一亮，把手榴弹掏了出来。

他有些不舍，这颗手榴弹放进怀里，都还没有焐热就要扔出去了，真是太可惜了！但转念一想，他留着这颗手榴弹，原本就是为了打敌人的啊！

想通了这一点，侯江海立刻坚定地拧开了手榴弹的保险盖。

白天打仗的时候，他没少看战士们开枪开炮扔手榴弹，虽然枪炮他还不会开，但怎么丢手榴弹倒是学得一清二楚了。

"好宝贝，就看你的了！"侯江海一狠心，用力拽下了手榴弹的拉弦。

他不敢像那些经过训练的战士那一样，等上几秒再扔。他太害怕掌握不好时间，手榴弹炸在手里，把自己的小命也赔进去了。所以一拽断拉弦，他立刻像甩个烫手的山芋一样把它扔了出去，然后抱着脑袋撅着屁股缩在了战壕底下。

说来也巧，手榴弹正落在那两个敌人抬着的箱子上。

两个敌人当然看清这是手榴弹了，但他们的两只手都用来抬箱子了，谁也空不出手去把手榴弹捡起来丢掉。两个人慌里慌张地倒腾了几下，甚至连把箱子丢下这个办法都没来得及想出来，手榴弹就"轰"的一声爆炸了，他们顿时被巨大的气浪炸上了半空。

紧接着又是几声爆炸声响起，这两人还没落下，便又连同他们刚刚抬着的箱子一起，炸成了天边的一束烟花。这束"烟花"带起的巨大能量，甚至将这股敌人也全都炸翻在了地上。

侯江海没想到，他稀里糊涂炸掉的，居然是敌人的弹药箱。

这下他可立了大功了。但他一点儿都不知道，他此时还哆哆嗦嗦地在战壕里趴着呢。

李维义听到这边的爆炸声，先是一愣，继而马上反应过来，立即带人冲到跟前。在看清了地上趴着的全是敌人以后，他立刻指挥战士们开枪，将这些敌人一举消灭了。

天色渐渐亮了起来，阳光透过云层照射到江面上，转眼间驱散了晨雾。

岸上的敌人和江中的汽艇，在迅速亮起的晨辉中完全暴露了，敌人见势不妙惊慌撤退。

起义军官兵怎肯轻易放过这些已经完全暴露在他们火力之下的敌人呢？在李维义的指挥下，他们集中火力对准江中的小船，一阵狂风暴雨般的射击后，敌人的好几艘汽艇都被打漏进水，咕嘟咕嘟地沉入了江里。

不畏疯蚍强撼树

第二章

······ 半渡而击 ······

1

在冉冉升起的旭日下，敌人暂时撤退了，阵地上再次平静下来。

不过起义军官兵并没有欢呼庆祝，他们知道，敌人不会给他们庆祝的时间，一定会再组织兵力重新攻过来的。

李维义命令大家抓紧时间检查武器弹药，并趁这个机会休息一下。

甘南火奉命去找几个指挥员到李维义的指挥所开会，走到中途突然发现战壕中，有一个隆起的大土包，并且那个土包似乎还在微微颤动。他觉得奇怪，怀疑是刚刚被打退的敌人中有漏网之敌，就猛地端起枪，把枪口戳在了“土包”上，大喊一声：“什么人？起来！不然我开枪了！”

“别开枪别开枪！是我！”土包猛地晃动了几下，一个人影晃晃悠悠地站了起来。

那人摇头摆尾地抖了半天，才算把头上、身上的土给差不多抖掉了。甘南火这才认出来，这个“土包”居然是侯江海。

他有些奇怪地问侯江海：“你躲在这儿干什么？你知道这有多危险吗？且不说你这样容易被自己人误伤，就说刚刚打仗的时候，这里发生的那场大爆炸，就足以伤害到你。”

说起爆炸，甘南火惊讶地发现侯江海的脸上竟然浮现出了自豪的神情，他笑嘻嘻地说：“我知道我知道！我当然知道！你说的那场爆炸就是我弄的嘛！”

“你说什么？”甘南火瞪大了眼睛，他无论如何也不相信这是侯江海干的。

侯江海一看甘南火的表情，就知道他在想什么，不高兴地噘着嘴说：“怎么，只许你们打敌人当英雄，就不许我也凑个热闹？”

见侯江海生气了，甘南火赶紧给他道歉：“我并非那个意思，只是有些想象不到，你是怎么做到的。”

侯江海一听这话来了劲头，拉着甘南火就要把自己的"英勇事迹"给他讲上一讲。

　　甘南火拦住了他："你还是等一会儿再说吧，我现在还要去传令。而且我相信，李参谋和钟赤星肯定也想知道此事，就麻烦你一起讲给我们听吧。"

　　"好嘞！那我先去陪你传令好啦！"侯江海高高兴兴地跟在了甘南火的屁股后面。

　　甘南火传完令和几个指挥员及侯江海一起回到了李维义那里。

　　他先报告了侯江海说的大爆炸是他干的。

　　大家正愁找不到这个立了大功不留名的"英雄"呢，一听是这个"手无寸铁"的小猴子干的，顿时都来了兴趣，赶忙问他到底怎么回事。

　　李维义也笑着看向侯江海："正好敌人还没进攻，侯江海，你就给大家讲讲吧。"

　　"没问题！"侯江海眉毛上都闪着喜悦，得意洋洋地把整件事情从头到尾地讲了一遍。

　　当然，为了维护自己的"光辉形象"，他可没说自己只是瞎猫碰上死耗子，而是强调他从一开始就瞄准了那个弹药箱。

　　"我一看这么乱的战场，他们还能分出两个人，去抬着个那么重的箱子，肯定是什么重要的东西！虽然不知道到底是什么，但我觉得要是炸了这个，他们肯定挺难受的！我就是不想让这些反动派痛快！”小猴子笑着说。

炸弹药箱都说成是计划好的了，为了当一个真正的英雄，侯江海肯定是不会主动说出自己被吓得像只被惊着的兔子一样，被埋在土里的事儿了。他有些心虚地看了看甘南火，甘南火只是对他笑笑，并没有多说什么，反而跟大家一起夸了他几句。

侯江海心生感激，趁着大家不注意，悄悄对甘南火说：“甘南火兄弟，你真够意思！”

甘南火真诚地对他说：“那是因为你本来就很英勇。”

表扬了侯江海的英勇和机智后，李维义和那几个指挥员开始商量如何防御敌人新一轮的进攻。

果然如李维义他们所预料的那样，敌人并不甘心失败，他们已经在珠江南岸调集了更多的兵力，准备展开一次更大规模的进攻。

李维义用望远镜监视着对岸的动静，看着敌人越聚越多，不由得有些担心兵力和弹药的不足。士气正盛的起义军官兵，却个个脸上都露出了兴奋的神情，他们一边整修战壕，一边警惕地留意着江面和四周的动静。很多人忍不住悄声议论着，都希望敌人能快点过来。

“等他们再来，咱们一定让他们再好好尝尝挨打的滋味！”战士们兴奋地说道。

尤其是甘南火、钟赤星、侯江海这三个少年，还有另一些比他们大不了几岁的年轻战士，更是满心期待。刚刚那场战斗虽然打得惊险，但到底还是胜利了，这让他们越发充满了信心，坚信一定能将这支反动派的部队彻底打垮！

钟赤星用力挥舞着手中的铁锹，大声招呼战友们："大家快点修啊！把工事修好了，一会儿好再给那些反动派们一点儿厉害瞧瞧！"

"好！"战士们齐声答应着，手上的动作更快了。

就在战士们干得热火朝天的时候，李维义被一名通信兵叫回指挥所听电话。

甘南火和钟赤星立即放下手中的铁锹，跟在李维义的身后往回走，因为他们听到说是总指挥部的电话，估计李维义接完电话后，会马上让他们去传达新的命令。

李维义回到指挥所拿起电话听了一会儿，连着答应了几声"是"后便把电话挂断了。

钟赤星眼巴巴看着李维义挂断电话后，立即问道："李副营长，又有新的作战任务吗？"

"这里的任务还没完成，怎么又盼上新任务了？"李维义先是摇摇头说了钟赤星一句，然后又命令两人："甘南火，钟赤星，你们立即传令各部，总指挥部命令，敌人发动攻击后，各部暂时不要反击，必须得到命令才能开火。"

"是！"甘南火立即响亮地答应了一声。

"啊？怎么不让打啊？"钟赤星没有接令，反倒是不解地嘟囔起来，"放着敌人不让打，难道要让他们冲进咱们的阵地里来打我们吗？真不知道总指挥部的长官们都在想些什么。"

"钟赤星，不许胡说！"李维义闻言立刻瞪起眼睛严厉批评钟赤星，"总指挥部有总指挥部的计划，要从大局考虑，我们作为军人，最重要的就是服从命令！"

甘南火也急得直拽钟赤星的衣襟。

"是！我知道错了！"钟赤星也马上知道自己错了，赶紧高声认错。

他脾气暴性子急，虽然从进工人纠察队开始，赵队长就一直在向他强调服从命令的重要性，但一遇到什么事情，他总是容易忘了这一点，非要等人提醒了才能想起来。而且很多时候，他还非得吃了亏，或见识到那些命令的正确结果后，才能意识到自己的错误。他不是没有为此反省过，但反省归反省，再遇到事时，还是容易冲动。

自从编入警卫团后，在李维义的教导和甘南火的劝诫下，钟赤星已经改正很多了，只是偶尔还会再犯上那么一两次。

看着甘南火和钟赤星跑出去传令后，李维义回想刚才钟赤星的态度，担心有年轻冲动的战士也会像钟赤星一样，不理解总指挥部的命令，执行起来不到位，于是也立刻离开指挥所，赶到阵地上去检查命令的落实情况。

2

在起义军官兵焦急目光的注视下，从南岸开来的敌船越驶越近，甚至都能听到船上的马达声，和敌人嚣张的喊叫声了。

起义军每个人都紧握钢枪，隐蔽在战壕中，眼睛死死地盯着这些敌船，耳朵却一个个地都竖了起来，等待着总指挥部随时传来开火的命令。

每艘敌船上都插着一面国民党旗，一个敌军官站在最中间那艘船的船头上，不停催促着敌人，让船开得更快些。看他一脸志得意满的样子，仿佛已经在想象起义军在他手下望风而逃，上司亲手为他戴上奖章的场景了。

"哼！看他那副鬼样子！真想一枪把他打到江中喂鱼去！"钟赤星气愤地用拳头敲着战壕的外沿嘟囔道。

"别急，他得意不了多长时间。"甘南火用枪瞄着敌军官平静地劝钟赤星。

钟赤星点点头，没有命令，他也只能"别急"。

敌人的船队很快驶过了江心，逐渐靠向北岸的长堤，进入了起义军的射程范围之内。大家都憋着一股火，一会儿盯着江面瞅几眼，一会儿又回头瞧瞧，看命令来没来。

就在大家焦急万分的时候，他们身后忽然传来了一阵熟悉的呼啸声，是炮弹！

战士们一听到这个声音，立刻条件反射般一齐低下头，把身体都缩回到了战壕里。

然而那些炮弹并没有落在起义军的阵地上，而是在更远的地方接连爆炸。

钟赤星第一个小心翼翼地抬起头来，眼瞧着几艘敌船被炮弹砸了个正着，从船头或中间炸开，带着满船烟火很快就沉入了江中。

他立时欢呼起来："快看！是我们的大炮！"

战士们听到钟赤星的欢呼，立刻都把头抬了起来，只见这一波炮弹打得比三伏天的雷阵雨还急，不是直接命中了敌船，就是在那些船周围炸开。一股股水柱冲天而起，巨大的冲击力让敌船仿佛变成了一个小玩具，被水柱像荡秋千一样无情地抛来抛去。

船身如此摇晃，船上的那些敌人站立不稳，纷纷落入了珠江之中。他们中的有些人倒是聪明，不知道从哪里扯出来一段缆绳，妄想把自己绑在船帮上，好逃过一劫。但他们的动作实在太慢了，无论是船身的摇晃，还是整船的翻覆，都只是一瞬间的事。不管他们将缆绳攥得多紧，还是被大力地甩出了船，只在手心中留下一道被粗糙的缆绳磨破的痕迹。

看到眼前这一幕,阵地上的战士们别提多高兴了。他们挺直了身子,一起挤在踏位上,探着脑袋去看那些敌人的狼狈相。

"打得好!"

"太过瘾啦!"

大家你一声我一声地欢呼着。

甘南火拍拍钟赤星的肩膀,向后指了指,钟赤星这才发现,炮弹是从观音山方向打来的。

"是教导团的炮兵连!"钟赤星眼睛里冒出光来。

甘南火点点头,从心里感谢这些老战友。而钟赤星看到甘南火肯定的目光,更坚定了要去找刘教官学开炮的决心。

起义军官兵一直盼望的命令这时也到了,李维义告诉大家,观音山上驻守的教导团炮兵连,奉命对他们进行炮火支援,总指挥部命令守卫长堤的起义军,在炮火支援下务必坚守阵地,绝不能让敌人越过长堤防线一步。

"你们可知此战的艰难?"李维义在阵地上大声问即将投入战斗的起义军官兵。

"我们知道!"战士们齐声回答。

"你们怕不怕?"李维义又问。

"我们不怕!不怕!不怕!"战士们的回答一声比一声坚定。

"好！"李维义握紧驳壳枪，"那就让我们并肩战斗，绝不让敌人越过我们的防线一步！"

　　"是！"战士们答应着，转身伏在战壕上，将枪口对准了江中的敌人。

　　"开火！"李维义一声令下。

　　战士们立即举枪向敌人猛烈开火，密集的弹雨扑向江中的敌人，船上和水中纷纷有敌人中弹，江水很快就被敌人的血水染红，又被岸上射来的子弹打得飞溅到空中。

　　敌人在江中拼命地挣扎，并试图重新组织起来对起义军阵地发起攻击，却遭到起义军沉重地打击，损失惨重。

　　这时，对岸的敌人才反应过来，疯狂地向起义军阵地进行炮击，想挽回他们的失败。

　　炮弹在起义军阵地上连串炸响，李维义迅速组织部队隐蔽。

　　敌人这次的炮击比凌晨偷袭时还要猛烈，密集的炮弹炸得战士们趴在战壕内根本无法露头。那些炮弹或是在战士们的头顶上呼啸着飞掠到他们身后，或是直接炸响在他们的战壕边上，将掺着石子的沙土埋在他们的身上。

　　在猛烈的炮击中，每个战士的耳朵都嗡嗡作响。有那么一会儿，他们好像什么都听不到了，听不到身边隆隆的炮声，听不到战友们呼喊的声音，也听不到远处落入水中的敌人的呼救声。但下一枚炮弹一落下，又仿佛将他们耳朵中的那条"通路"给炸开了，所有的声音一股脑儿地灌入他们的耳蜗中，震得他们耳朵生疼、脑袋发麻。

即使如此，也没有一个人离开自己的战斗岗位。

他们死死地捂着耳朵，长大了嘴巴，以此来缓冲炮声的冲击。

他们在等待，等待敌人的这轮炮击结束，等待观音山上的战友们再一次为他们赢得战斗的时间。只要有一点儿时间，哪怕只是半个小时、二十分钟，甚至是十分钟，他们就一定能消灭更多敌人！

不知是不是观音山上的战友们听到了他们的心声，短短不到五分钟的时间，他们耳边的炮声就小了很多，而远处的炮声则变得清晰起来。

大家小心翼翼地探了探头，惊喜地发现观音山上的炮兵连已经对敌人展开第二轮炮击了。这次的炮击瞄准了敌人位于南岸的阵地，炮弹带着尖啸声从江面掠过，一颗也没有浪费，全都命中了敌人的阵地。只一瞬间，南岸的敌人便乱了阵脚，他们抱着脑袋四处逃窜，恨不能把自己埋到哪个地洞里去。

战士们立即抓住敌人炮击减弱的机会，再次冲上踏位，对准马上就要爬上岸来的敌人，举枪射击。此时，阵地上的几挺轻重机枪发挥了重要的作用，在机枪猛烈的火力打击下，还在水中的敌人，一片接一片地栽入水面下，再挣扎着钻出来，随后又冒着血花沉了下去。几次浮沉之后，敌人就变成了江面上一具具漂浮的尸体了。

战士们越打越兴奋，他们站直了身体，把手中的步枪直接顶在了肩头，用最快的速度拉动着枪栓，把子弹一颗接一颗地射了出去。

敌人在起义军英勇的反击下开始退缩了，纷纷掉头向江中心逃去，由于敌船被炸的或沉或坏，督战队没有跟上来，少了他们机枪的威胁，敌军官的喝骂也阻止不了敌军的逃窜了。

看着敌人惊慌地逃向江心，身边被战士们的子弹打得水花四溅，李维义突然高声命令道："同志们，不能这样打！"

战士们停止射击，都用不解的目光看向李维义。

"刚打到兴头上，怎么又不让打了？"钟赤星又开始不满地嘀咕上了。

3

"同志们，不能只图打得痛快，要注意节约子弹！"李维义命令道。

老兵们马上明白了李维义的意思，这样快速射击虽然痛快，但来不及瞄准，命中率低，很多子弹都浪费了。他们起义时弹药虽然很充足，但连续一天一夜的战斗，已经消耗了很多。因为这个长堤要坚守多长时间他们还不知道，如果中间得不到弹药补充的话，再这样无谓地浪费，到最后有可能因为没了子弹而丢失阵地。

　　他们立即改变了打法，趴在战壕边上，仔细又仔细地瞄准敌人，一枪一个将敌人放倒在江中。这种打法虽然不热闹，但却一颗子弹也不会浪费。

　　钟赤星看到老兵们的举动，也明白了李维义的意思，脸涨得通红，悄悄趴在战壕边，再也不大呼小叫了，而是学老兵的样子，仔细又仔细地瞄准敌人。

　　“战友们，咱们来比一下枪法怎么样？”甘南火看到阵地上一下子变得沉闷起来，就向身边几个年轻的战士提议。

　　“好啊！你说怎么比？”那几个战士正感觉这么打郁闷，一听甘南火的话立刻来了兴致。

　　甘南火掏出一颗子弹举在手中：“很简单，就比谁能用同样多的子弹，消灭最多的敌人！”

　　“好！就这么办！”更多的战士加入了比拼中。

　　大家说着，全都用最标准的射击姿势趴在了战壕边，仔仔细细地瞄准着。

就连几个机枪手，也不肯把子弹大把地撒出去了。

这样一来，大家的命中率果然升高了不少，包括甘南火在内的几个射击好手，都做到了每一颗子弹消灭一个敌人。而且这样打还不沉闷了，大家的好胜心都被激发出来，战士们相互比拼着，越打越兴奋，越打越痛快。

弹药短缺的问题，不光出现在李维义率领的起义军这里，在观音山上的教导团炮兵连，也面临同样的困难。因为他们的炮弹本来就不充足，虽然缴获了敌人的一些炮弹，但广州城需要他们支援的战场太多了，所以只能尽最大努力节省着用，必须发挥出每一枚炮弹的威力。只是这样炮兵连就没办法像反动派和帝国主义侵略者那样，一口气来上个几十分钟的齐射，他们只能打一阵停一阵，中间的战斗空隙，李维义他们就只有自己想办法解决了。

在甘南火他们忙着开展"射击比赛"的时候，李维义举起望远镜，重新视察了一番敌情。

珠江南岸的敌人阵地上，排列着十几门大炮，所有的炮口都齐刷刷地对着天字码头的长堤阵地，看来敌人正在准备下一轮的强渡。

阵地上起义军的伤亡已经很大了，必须设法避免出现更大的伤亡。

李维义考虑了一会儿，让甘南火和钟赤星传令，部队再次进行分散，沿着战壕由东到西，以班、排为单位分别驻守十几个要点。工人赤卫队彻底打散，分别补充到各要点中，协助第3营官兵防守阵地。

甘南火和钟赤星迅速跑步去传达李维义的命令。

南岸的敌人抓紧起义军停止炮击的空隙，重新稳定了阵地后，又一次向着珠江北岸的长堤和观音山上开始疯狂地开炮。

炮弹呼啸着落下，阵地上火光四起，尘埃弥漫。长堤上的沙土，仿佛一株株鲜花般绽放在空中，随即重重砸下，带着一股残酷而又悲壮的感觉。

一颗炸弹在战壕边缘炸开，碎裂的弹片如同锋利的刀刃，划破了空气，也划破了战士们的血肉。又有几名战士受伤了，他们的热血流在战壕里，很快把沙土染成了暗红色。

一名医护兵飞快地跑过来，帮受伤的战士处理伤口，偏偏在这时，又一枚炸弹落下，几个伤员和医护兵全都牺牲了。

李维义正好在另一段战壕中远远地看到这一切，眼窝中顿时蓄满了泪水。

对于李维义来说，参加的战争也不算少了，当年他随第4军独立团参加北伐，经历过的大战恶战无数，见过的流血和牺牲比眼前要多得多，但他还是忍不住难过。这些原本都是那么鲜活的生命，却葬送在这丑恶的战争中，哪怕是心如铁石之人，恐怕也无法不动容。更何况李维义本来就是个宽宏仁厚的军人，这种场面更让他觉得心痛难忍。

此时已逃到江中心的敌人，在南岸敌人炮火的掩护下，又向起义军阵地冲过来。

李维义深吸一口气，将积聚在胸腔中的苦闷全都喊了出来："同志们，狠狠地打！为了牺牲的战友们，绝不能让敌人活着踏过我们的防线！"

"打！"战士们咬紧了牙根，将心中的仇恨和枪中的子弹一齐射出。

就在敌船将要靠近天字码头的长堤时，阵地前突然有几排子弹扫射了过去，顿时有两艘敌船被击中，船上几个敌人中弹跌入水中，船身也留下了几排弹孔。

原来是起义军官兵刚才趁敌人撤退的时候，悄悄在阵地前敌人炮弹炸出的大坑中埋伏了几挺轻机枪，将冲在最前面的敌人打了个措手不及。

敌人的那两艘船，似乎是被打坏了马达和方向舵，船身相对倾斜，狠狠地撞击在了一起。

船上的敌人都掉进了江中，冲乱了敌人的攻击队形。

阵地上的起义军官兵抓住机会，冒着敌人的炮火，瞄准在江水中挣扎的敌人，一枪一个，把他们永远留在了珠江之中。

南岸敌人的大炮，虽然还在不停地向起义军的阵地倾泻着炮弹，但眼前的敌人，却像潮水般再一次退去。

居高临下的观音山炮兵阵地上，炮兵连的战友们再次用炮火支援起义军的长堤阵地。

一发发炮弹准确地落在了南岸敌人的炮兵阵地上，遭到轰炸的敌人再也顾不上支援江中的敌人，而是立即调转炮口方向，和观音山上的炮兵连展开了一场炮战。

这更注定了江中那些妄图渡江的敌人，最终逃脱不了失败的命运。

有几艘侥幸没被击中的敌船，顾不上还在江中挣扎的同党，径自惊慌地逃回了南岸。

落入江水中的敌人，纷纷爬向几艘因被击伤而开得缓慢的敌船，但往往是还没爬上去，就被起义军的战士们打了下去。

有的敌人抱着一块碎掉的船板不肯撒手，万分狼狈地在江水中浮沉，却一转眼间又被旋涡卷入江底不见了人影。

还有的敌人干脆放弃了一切工具，手忙脚乱地企图游回南岸。

随着江中的敌人死的死、逃的逃，这次来势汹汹的强渡，以敌人的彻底失败而告终。

只有南岸敌人的大炮，还在不甘心地向观音山上发射着炮弹。

李维义强压心中的悲痛，让甘南火和钟赤星传令各部，让大家迅速抢救伤员、收集武器弹药、修补防御工事，随时准备迎击敌人下一次的进攻。

李维义刚安排好这些，一名通信兵就跑来通知他，有总指挥部的电话。

不畏疯蚍强撼树

第三章

····· 硝烟中的智慧 ·····

1

　　李维义快步跑向临时指挥所，半路遇上传令回来的甘南火，两人迅即赶到指挥所，接到了叶副总指挥的电话。

　　甘南火听到李维义拿着的电话听筒中，传出叶副总指挥温和中带有威严的熟悉声音，脸上立即现出惊喜的神色，忙立正站在李维义的身边，希望能多听听老团长的声音。自从老团长和部队在江西赣州万安县分开行动后，自己就只有在东校场的"护党"祝捷大会上，才远远地看到主席台上的老团长一次，听老团长做支持工人运动的演讲。现在他正和教导团的战友，为保卫起义的胜利果实，而与敌人浴血奋战，因此更渴望见到深受教导团全体官兵爱戴和拥护的老团长一面。

想到这里，甘南火不由羡慕起钟赤星来，要是知道昨天去总指挥部报告能见到老团长的话，自己一定会改变从不和人争抢的个性，说什么也要从钟赤星那里抢到任务，那样就可以再一次见到老团长，近距离看到他慈祥的笑容、睿智的目光，听到他温和中带有威严的声音。

当甘南火陷入幸福的回忆中时，李维义已经在电话中将天字码头阻击战的情况，向叶副总指挥作了十分详细的报告。

叶副总指挥在电话中表扬并勉励了李维义，同时又指示他打仗要善于动脑筋，要在消灭敌人的同时尽量保存革命的力量。

"是！"李维义大声回答叶副总指挥的叮嘱和命令。

"我等着你们胜利的好消息！"叶副总指挥说完，挂断了电话。

"甘南火。"李维义喊了一声甘南火，见他好像没听见似的在入神地想着什么，从他脸上幸福的表情，就知道他一定是在回忆在叶副总指挥身边的那段岁月，便理解地笑了笑，用手拍了一下甘南火的肩头。

"是！"甘南火这才回过神来，忙立正答应。

李维义让甘南火通知几个指挥员和原教导团的几个教官，到阵地上的一个要点内，说他有事要跟大家说。

大家很快分头赶到，钟赤星和侯江海也一同跑了过来。

李维义示意大家原地坐下，然后才说："同志们，我刚刚跟老团长通了电话。"

听到这句话，原教导团的战友，脸上立刻露出一副羡慕的神情。

侯江海悄悄问身边的甘南火，这老团长到底是何方神圣，还没等甘南火回答，昨天见过叶副总指挥一面的钟赤星，就急忙要抢着回答。但他又解释不清楚，费了半天劲，最后只好简单地告诉侯江海，这个老团长就是叶副总指挥，是一个非常非常厉害的人，比李维义还要厉害得多，参加起义的兵都是他的手下。

侯江海听后立刻惊得舌头伸出来半天收不回去。

甘南火暗暗觉得钟赤星的夸张言词挺好笑，虽然他说的都是事实，并没有什么夸大。

李维义这时看了大家一眼接着说道："老团长提醒我们，要打就得打巧仗，最好是既能大量消灭敌人，又尽可能地减少我们的伤亡。所以我请大家来，希望可以集思广益，看看能不能想出什么好办法来。"

大家闷着头琢磨了一会儿，一时之间还真找不到什么两全其美的方法。

李维义想了想，提议让大家先回去，再各班、排分别组织战士们，开一个分组讨论会，希望人多力量大，可以想出几个好主意来。

于是大家领命回到各自的队伍中，按照李维义的嘱咐召开分组会议去了。

李维义又召集这个要点内的起义军战士，让大家也坐下来一起想。等甘南火和钟赤星坐到他的身边后，他一抬头发现，侯江海还不远不近地站在一边，于是问他："侯江海，你怎么不坐下啊？"

"我？"侯江海指了指自己的鼻子，用一种不敢相信的语气说道，"你们要商量打仗的事，我虽然穿着军装，但除了包扎什么都不会，就不用了吧？"

李维义笑了，他朝侯江海招了招手："你早上不是刚帮我们炸死了很多敌人吗？手榴弹扔得很准啊！再说你这么机灵，没准儿能给我们提出什么好建议呢。"

李维义提起凌晨的爆炸，大家都兴奋地点点头。

侯江海的脸上立刻露出了得意的神色，他开心地蹭到钟赤星身边，一屁股坐在了地上。因为心情激动坐得太猛，他的屁股被硬硬的地面硌得生疼。

侯江海揉着屁股看着大家，不好意思地嘿嘿笑了两声。

钟赤星一直把扔手榴弹当作自己的独门绝技，见李维义表扬侯江海手榴弹扔得准，就不服气地小声约侯江海，等敌人再来时比试比试，侯江海得意地笑着答应了。

李维义等侯江海坐好后就问大家："怎么样，大家有什么想法？或者有没有发现，咱们在战斗中是否有什么问题，都可以提出来大家讨论一下。"

每个人都抱着脑袋冥思苦想起来。

就在所有人都低头不语的时候，侯江海忽然冒出来一句："我发现问题了！"

大家一齐看向他，侯江海眨巴着眼睛，无比认真地说道："我觉得你们有点儿太勇敢了！"

钟赤星用胳膊肘撞了侯江海一下："你胡说什么呢？打仗不勇敢，那不是跟那些反动派的缩头乌龟一样了吗？"

战士们都纷纷点头同意钟赤星说的。

甘南火接着说道："钟赤星说得对，战争总离不了一个勇字，正所谓勇者必胜，若连点儿勇气也没有，如何能在战场冲锋陷阵，取得胜利呢？"

侯江海的话被大家一起反驳，一时不知道该不该继续说下去。

还是李维义摆了摆手，劝战士们说："你们先别急，侯江海这么说一定有他的理由，咱们先听他把话说完吧。"说完，李维义示意侯江海继续说下去。

侯江海挠了挠头，没有接着刚刚的话说，而是扭头去问钟赤星："阿星，你刚才说要和我比扔手榴弹，那你还记不记得咱们小时候玩打弹弓的事儿？"

"弹弓是弹弓，手榴弹是手榴弹，这次你甭想赢我。"钟赤星不服气地说。

"我不是这个意思，我是想说为什么那时候你们都赢不了我。"看到李维义和大家都在奇怪为什么自己岔开话题，侯江海急忙解释说。

"是啊？那时候咱们这些住在码头附近的小孩儿玩打弹弓，赢的总是你！我就奇了怪了，你说你啊，力气没我们大，瞄得没我们准，连跑也跑不过我们，怎么我们就偏偏都赢不了你呢？"钟赤星奇怪地问道。

钟赤星又对大家说："我们当时玩的时候，常常会把家里做的点心，拿来当彩头。那时大家都穷，平时根本吃不到什么好吃的，小猴子这家伙，也不知道是不是长了个狗鼻子，谁家一做好吃的，他就找人去打弹弓。你们都不知道，我妈给我做的那点小粗点心，最后全都进了这家伙的肚子了！"

大家听说还有这事，马上都来了兴致，想知道侯江海到底是怎么赢的。

2

"你问钟赤星这些事，到底想告诉我们什么呢？"李维义眼含深意地看着侯江海。

"还是李副营长高明！"侯江海冲李维义竖起大拇指。

钟赤星瞪了侯江海一眼，侯江海吐了吐舌头，赶紧接着说下去："你们知道我当时为什么每次都能赢吗？"

看到大家满脸迷茫，侯江海故作高深地清了清嗓子，这才往下说道："其实就是因为阿星他们比我勇敢太多了，所以才给了我赢他们的机会！"

听侯江海这么一说，所有人的好奇心都被吊了起来，尤其是钟赤星，他甚至都忘了这次讨论的目的，只一门心思想知道自己当初的点心到底都是怎么被侯江海"骗"到手的。

在大家的注视中，侯江海也不藏私，把当时的情况原原本本地给他们讲了一遍。

当初他们这几个孩子一起玩时，钟赤星他们仗着体力优势，一向是能冲就冲，从来都不屑于躲起来，因为他们觉得那样不够勇敢，玩着也不过瘾。

侯江海恰恰跟他们相反。他每次都躲在柱子后、墙根下，或者大树旁，并且一定要利用这些遮挡物，把自己挡得结结实实，确定没有危险，或者有了危险也能迅速脱身后，才会加入他们。借着那些遮挡物，即使不能一发命中，侯江海也能比别人多很多次继续攻击的机会。并且因为钟赤星他们总是暴露在外面，想打到他们，实在是太简单了。

　　"所以你的意思是，我们打仗时过于暴露自己，以至于让敌人有了可乘之机？"擅长射击的甘南火首先反应过来。

　　"对！就是这么回事儿！"侯江海用力点点头，"我看你们打仗的时候，大家的劲头儿都足着呢。我不是说这样不好啊，可是你们好多人，都快把半个身子探到战壕外面去了，这不是给那些敌人当靶子去了吗？而且要不是你们一直在上面那么晃啊晃的，我觉得那些大炮也不见得能打到咱们。那会儿你们修工事的时候，不是让我试了嘛，阿星躲在里面不露头，我站那么近都发现不了他呢。"

　　"有道理！"李维义用食指敲着自己的膝盖，"虽说在战壕中不一定能躲过所有炮弹，但敌人缺少了定位目标，能打过来的炮弹一定也会减少很多。"

　　他又环视了一下战壕，然后命令甘南火去找一个曾干过工兵的教官过来。

　　"李副营长，您找我？"没过多一会儿，那个教官就和甘南火一起跑步过来。

　　"你来看看，有没有可能在战壕上挖出一些隐蔽的射击孔，以便咱们的战士不用把自己暴露在战壕外，也能阻击到敌人？"李维义指着战壕问那个教官。

"挖射击孔倒是简单，但要想不站出去，就得找好角度，而且还得配套把观测孔修好才行。"那个教官答道。

"没错！这方面你比较擅长，你觉得可行吗？"李维义问。

"放心吧，李副营长，我一定尽快将观测孔和射击孔都修好。"那个教官立正敬礼。

李维义给那个教官又拨了几个战士，让他们尽快将所有战壕，都修上观测孔和射击孔。

很快所有战壕都修上了射击孔和观测孔，李维义站到踏位上试了试，透过观测孔，可以清楚地看到战壕外的情况，而那些射击孔也刚好可以将枪杆探出到战壕外面。

李维义当场表扬了那个教官，并要求全体官兵尽快熟悉运用射击孔和观测孔。

就在此时叶副总指挥再次给天字码头阵地来了电话，告诉李维义由于观音山上的教导团炮兵连，需要支援其他方向的部队，对敌人展开反击，因此暂时不能为他们提供火力支援了，守卫长堤阵地只能靠他们自己了。

李维义向叶副总指挥保证，全体官兵一定会誓死守卫长堤阵地。

放下电话后，李维义发现甘南火站在他身旁，一脸担忧地看着他。他知道甘南火听到了叶副总指挥的话，于是问他："怕吗？"

甘南火摇摇头回答："不怕，我只是有些担心，仅凭我们的力量无法守住阵地，辜负了总指挥部和叶副总指挥的信任。"

"放心！即使咱们只剩下最后一人一枪，也绝不会轻易让敌人踏过咱们的阵地。真到了那个时候，总指挥部和叶副总指挥会理解咱们的。"李维义鼓励甘南火。

"是！"甘南火充满信心地答道。

李维义又将叶副总指挥的电话内容向全体官兵做了传达，战士们不但没有丝毫沮丧恐慌，反而一个个斗志更旺盛了。他们的战友正在别处奋力反击着敌人的攻击，他们自然不能拖战友们的后腿。

"李副营长放心，除非踩着我们的尸体，否则我们绝不让敌人越过我们的阵地！"大家纷纷向李维义表着决心。

考验起义军官兵的时刻很快就来临了，敌人又一次对长堤阵地发起了攻击。

这一次的攻击比前两次更加猛烈，珠江南岸的敌人——第5军炮兵在进行渡江攻击前，一口气进行了十多次齐射，炮弹雨点般落在起义军的阵地上。虽然起义军官兵都分散躲在了战壕中，没有出现更大的伤亡，但却被压制得完全动弹不得。

炮火延伸之后，敌人的登陆部队终于跨过珠江，冲上了北岸。

一直在前沿观察敌情的李维义，马上下令部队进行反击。

战士们躲在战壕中，只把枪杆伸出射击孔，对准敌人就是一阵猛打。

最先登陆上岸的敌人，转眼间倒下了一大片，剩下的敌人胆战心惊地举着枪，漫无目标地向着长堤阵地扣动着扳机。

侯江海的建议果然管用，虽然还是有一些战士被爆炸导致的强烈气浪或是碎弹片所伤，但登上北岸的这些敌人射出的子弹，和敌船上轻重机枪的扫射，却没能伤到几个人。看着吓得趴在江岸上匍匐前进的敌人哇哇大叫的样子，战士们心里都觉得痛快极了。

"小猴子，你真行！"钟赤星毫不吝啬对好朋友的夸奖。

侯江海难得有些不好意思，挠挠脑袋，又跟着医护兵去救治伤员了。

敌人这次进攻的兵力要比前两次增加了很多，一批被起义军打倒了，另一批马上又补了上来，所以很快便建起了滩头阵地，和起义军对峙起来。

敌人的炮火支援虽然猛烈，但由于起义军官兵都藏在战壕中，敌人无法进行准确定位，只能是盲打一通，根本不能阻止起义军通过战壕的射击孔神出鬼没地向敌人反击。

好不容易登上了岸的敌人，被起义军的反击打怕了，吓得轻易不敢从滩头阵地里出来，使得起义军这边也失了射击的目标，又不好随便放枪浪费子弹，因此长堤阵地上，居然出现了一阵短暂的平静。

趁此机会，李维义让大家清点了一下剩余的弹药，他得到的消息并不乐观。从昨日凌晨到今天上午，这一天多几乎不曾间断地战斗，每个人随身带着的弹药都所剩无几了。

"不能再这么打下去了。"李维义对起义军官兵们说，"从现在开始，咱们必须要节约每一颗子弹，力求用最少的弹药消灭最多的敌人！"

他命甘南火和钟赤星叫来了几个指挥员，将刚刚想好的一个诱敌之计告诉了他们。

几个指挥员连连说好，立即返回各自的阵地着手准备起来。

3

过了没一会儿，滩头阵地上的敌人最先忍耐不住了，几个士兵悄悄露出头来。

李维义一直盯着观测孔，此时喊了一声"打！"一连串子弹顿时呼啸着朝那几个敌人飞去。几乎只是一瞬间的事，这几个倒霉鬼就被送回了老家。

敌人又没动静了，起义军这边枪声也停了下来。

接下来，这样的场景重复上演了三次。

敌人似乎跟李维义想到了一处去，想要通过多次试探和小规模进攻，消耗掉起义军的弹药。他们想必意识到了，经过长时间的消耗战，就算起义军再勇猛，没有弹药也是无能为力。到时候他们只需要再让炮兵开上几炮，这长堤阵地，就是他们的囊中之物了。

敌人的第四次试探又开始了。

这一次敌人可遂了心愿，几个壮着胆子爬出阵地的敌人，只被打倒了一半，剩下的人还没等往回跑，耳边的枪声就消失了。

"难道他们的子弹真的打光了？"这几人暗暗想着。

他们又战战兢兢地向起义军的阵地爬了几下，枪声还是没有响起，一个敌军官立即兴奋地挥舞着手臂狂呼起来："叛军没有子弹啦！快冲啊！"

霎时间，所有登陆的敌人都从滩头阵地中跳了出来，举着枪欢呼着向前奔跑："冲啊！抓了叛军回去领赏金啊！"

瞧他们这股兴奋劲儿，想来他们的上司开出的赏金数额不会太少。

长堤阵地的战壕中，战士们听着这些敌人的喊声，恨得牙根直痒。他们全都死死地攥住了手中的枪，眼睛紧紧盯住了准星，努力地控制着自己，不让食指扣动扳机。

钟赤星气得朝地上呸了一声，忍不住骂道："你们这群反动派！你们才是叛军呢！你们背叛了革命，你们是新军阀、大军阀！"

他焦急地看向李维义："李副营长，打吧！"

李维义目测了一下跑在最前面的一批敌人和战壕的距离，低声安抚他："别急，再等等，让他们再靠近些！"

钟赤星狠狠一拳砸在了战壕的墙壁上，耐着性子继续等待着。

敌人潮水一般冲了过来，很快离起义军的战壕就只有不到百米了，战士们甚至都能隐约看到他们脸上的表情了。直到这时，李维义才举起驳壳枪，"叭叭"连开了两枪，两个敌人应声倒地，都是额头部位中弹。

李维义的枪声就是信号，等待了半天，憋了一肚子火的起义官兵们一齐开火，将冲在最前面的敌人，全都撂倒在了他们的阵地前。

这就是李维义之前告诉那几个指挥员的计策。

他安排起义军官兵控制好射击频率，通过几次阻击，造成了起义军弹药枯竭的假象，以此让敌人放松警惕。等这些愚蠢的家伙们放下戒心，全部暴露在他们的枪口下时，他们才大举反击，就能以最小的代价，消灭最多的敌人。

这大概就是叶副总指挥所说的"打巧仗"吧。

眼看冲在最前面的同党都被起义军打倒，后面那些开始还担心自己动作慢，被别人抢了头功的敌人，转而都庆幸起来。他们被吓得连滚带爬地往回跑，企图躲回阵地中。

　　就在这时，敌人的后方也响起了一阵枪声。一个敌人军官抱着一挺机枪，向空中连着打出去一梭子弹，生生把那些向后溃败的敌人都逼停了下来。待那些敌人都停住脚步后，他才举枪对着前方大喊道："都给我冲上去！后退者以逃兵论处，就地处死！"

　　有了这家伙在后面如此威胁，敌人只好又转身战战兢兢地往起义军的阵地冲去。

　　他们边跑边不停地射击，子弹打在起义军阵地的掩体上，弹射起一股股烟尘。

　　与此同时，敌人的船上也发射出一枚信号弹，顿时南岸的炮声又响了起来，炮弹飞越了珠江江面，轰隆隆地打在了北岸。

　　敌人的炮击虽然猛烈，但起义军官兵有了战壕的掩护，伤亡减少了很多。反而是那些冲上来的敌人士兵有不少都死在了自己人的炮轰下。

　　尽管如此，但由于有敌人军官的威逼，那些敌人士兵还是不得不硬着头皮往上冲。他们一边向前猛冲，一边祈祷着起义军的枪法不准，祈祷着起义军的弹药真的用光，甚至祈祷着起义军官兵都已经在这连续的炮击中丢了性命，好让他们能有一线生机。然而，他们的所有祈祷都落空了，在他们的正前方，枪声四起，火星四射，每一秒钟，都有他们的同伙中弹倒下。

钟赤星和甘南火都投入了战斗，他们将枪口对准敌人，一枪一个，不肯浪费一枚子弹。

正当双方激战正酣时，钟赤星突然发现哪里不太对劲儿。他开枪的频率渐渐慢了下来，最后干脆停下，把枪竖在身边，把脸凑到了观测孔那儿，紧盯着敌人观察起来。

甘南火自己打了一会儿，感觉到身边没了枪声，一回头，发现钟赤星简直都要把头从观测孔探出去了。

他扯了钟赤星的衣襟一下，问他："你不打敌人，这是在做什么？"

钟赤星指指观测孔外，反问道："你有没有觉得那边的敌人少了挺多？"

甘南火顺着他手指的方向一看，还真是如钟赤星所说，侧面战场上的敌人确实消失了不少。并且他们并非是被炮弹炸死或被起义军击毙的，而是都逃跑掉了。

两个少年又仔细观察了一阵，才发现这些敌人士兵大多都是被当官的拿枪逼着，才冲到他们前面的。一旦堵在他们身后的那些当官的被击毙，他们绝对不肯再傻乎乎地来送命，一定会选择逃回滩头阵地等待进攻结束，或是干脆跑回漂在江面的船里去。

甘南火赶紧让钟赤星把这种情况报告给了李维义。

李维义在确认了他们说的情况后，立即召集了几个枪法精准的官兵，其中就包括甘南火。

　　李维义命令他们："你们各自寻找一个最有利的射击点，不必管那些小喽啰，只需专门射击敌人的军官，一定要将那些军官逐个击毙！"

　　"是！"几个人答应着散开，各自寻找有利地形，很快就进入了战斗状态。

　　甘南火趴在自己选择的位置上，将枪杆从射击孔中伸了出去。

　　他紧盯着准星，集中了注意力，慢慢地，他感觉身边的一切仿佛都消失了，眼里只有那几个身穿军官服的反动派。

　　"砰！"甘南火瞄准一个正在威逼士兵进攻的敌军官扣动了扳机。

　　子弹高速飞出，那个敌军官只觉得脖子一凉，哼都没哼就倒在了地上。

　　这个敌军官一死，他所带领的那支正在拼命冲锋的敌人队伍，顿时像失了羊倌的羊群一样，再也顾不上冲锋，全都四散逃开了。

　　通过钟赤星发现的现象，李维义制订的这个战术奏效了！

　　随着敌人的军官一个个倒下，敌人的士兵相继惊慌逃窜，起义军就这样第三次打退了敌人的进攻。

不畏疯蚍强撼树

第四章

·········· 众志成城 ··········

1

　　这一次打退敌人后，起义军官兵并没有时间庆祝，因为他们发现，敌人的后续部队已经在他们刚才激战时，悄悄渡过珠江在岸边集结，而且兵力比前几次都多。

　　敌人并没有马上发起冲锋，而是左顾右盼地，似乎在等待着什么。

　　李维义判断敌人可能在等待南岸炮火的支援，于是命令甘南火和钟赤星传令各部，做好防御敌人炮击的准备，并严防敌人趁机偷袭。

出乎李维义预料的是，这次他只判断对了一半。敌人在江边先是等到了一排装满了沙袋的手推车。看到这些东西从船上卸下来，岸边的敌人立即像有了靠山一样，腰板都挺直了不少。一部分敌人专门负责推动这些移动掩体，剩下的敌人则全部猫着腰，躲在了移动掩体后，随着推车同党们的脚步，小心翼翼地向起义军阵地推进。

李维义正在战壕中观察敌情，他身边的钟赤星看到这些，不由得狠狠砸了战壕一下："这些混蛋！鬼主意还真不少！要是他们一直这样躲在后面，咱们还怎么打啊！"

"一直躲着倒也无妨，无非是咱们打不到他们，他们也打不到咱们罢了。"甘南火有些担忧地说，"就怕他们这样冲上咱们的阵地，甚至进了战壕，可就不妙了。"

"不用怕！就是要让他们进入咱们的阵地！"李维义笑着接过甘南火的话头。

"为什么？"甘南火和钟赤星异口同声地问道。甘南火焦急地又加了一句："那样不就成引狼入室了吗？"

还没等李维义回答，敌人例行的炮火掩护开始了，炮弹带着尖锐的啸声，落在起义军的阵地上，顿时爆炸声四起。由于李维义早就料到了敌人的这一手，起义军已在战壕中隐蔽好，所以敌人的炮击，并没有给起义军带来什么伤亡。

"这个词用得可不好，应该换成——'引君入瓮'才对。"李维义先仔细查看了外面的情况，确认起义军阵地暂时没有问题后，对甘南火说道。

"原来如此！"甘南火恍然大悟，继而又有些疑惑地问："敌人会上当吗？"

"如果我们再假装弹药用尽，他们是一定不信的，但我们可以换个方法。"李维义说着，给甘南火和钟赤星解释起来，等这次敌人上来后，起义军该开枪还是要开枪，以此来消除敌人的疑虑，等敌人走得近了，再来一次反冲锋，将他们狠狠地打回去。

按照李维义的想法，他是打算在起义军中组织一支奋勇队，由他亲自带队，等敌人靠近后，再利用刺刀和大刀等冷兵器，展开一场小规模的白刃战。

当李维义说完以后，钟赤星立刻兴奋地高举着手大喊："我！我！李副营长，我一定要参加奋勇队！"

李维义有些犹豫，钟赤星习武多年身手矫健，正是奋勇队队员的最佳人选。但奋勇队的战斗比一般的战斗还要凶险，虽然战场上没有绝对安全的地方，但他还是希望能尽量保证甘南火和钟赤星的安全，毕竟在他看来，这两个少年还都只是孩子呢。

见李维义迟迟不肯点头，钟赤星有些着急。

他原地转了好几个圈，紧紧盯着李维义恳求道：“哎呀，李副营长，您就答应吧！我保证不拖你们的后腿！”

看着钟赤星诚恳的眼神，李维义终于同意了："可以是可以，但战斗中你切不可冒进，一定要服从命令，同时也要保护好自己。"

“您就放心吧！”钟赤星笑得嘴都要咧到耳后去了。

钟赤星的要求被批准了，甘南火也马上一脸期待地看向李维义："李参谋，还有我呢。"

李维义既没点头也没摇头，倒是钟赤星笑嘻嘻地拍着甘南火的肩膀说："你还是留在战壕里吧。你体能和功夫都还没练好，这会儿就去跟人拼刀子拳脚，实在是太危险了。等这次打完了仗，回去我再好好教教你。"

甘南火皱着眉头把钟赤星的手从自己的肩膀上挪了下去："你这是何意？你不怕危险，难道我就是贪生怕死之人吗？我虽然功夫没有你好，但也绝不会躲在后面胆怯偷生的！"

“我不是那个意思……”钟赤星看甘南火生气了，赶紧跟他解释。

“甘南火，钟赤星并非小瞧你，他这是在担心你。况且他说的有道理，你的确不能去。”李维义及时打断了钟赤星，对甘南火说。

甘南火有些惊讶地看向李维义，见他微微摇了摇头，就没再说下去。

李维义又接着说道："不让你参加奋勇队，可不是让你躲在战壕里，而是有更重要的任务要交给你。"

经李维义一说，甘南火和钟赤星才知道，原来他的这条计策还有第二部分。

李维义给他们分析，敌人此次来得多，当他们快冲上起义军阵地的时候，南岸的炮兵一定不敢随意开炮，不然伤了太多自己人，不但会损失兵力，还会失了人心，让本来就不坚定的士兵，更不愿意给他们卖命。

所以当奋勇队发动反冲锋的时候，对他们威胁最大的，就是敌人攻击部队中拿驳壳枪、花机关、轻机枪等自动武器的，此时就需要甘南火这样的射击好手，在战壕内将拿自动武器的敌人尽量击毙，以减少他们对奋勇队队员的威胁。

"等我们跟敌人混战在一起时，射击难度会加大，你们必须提高射击精度，才不会误伤自己的战友。"李维义看向甘南火，"能做到吗？"

"能！"甘南火坚定地回答道。

在李维义的组织下，奋勇队和射击队都迅速组建了起来。奋勇队的每个人除了自己原本的枪支

外，每个人还都配发了一把大刀。

钟赤星将大刀用带子绑在背上，耐心地等待着。

战局果然像李维义预判的那样，敌人在南岸炮火的掩护下，躲在移动工事后，慢慢接近了起义军的阵地。起义军在战壕内的射击，没能阻挡敌人的推进。

眼看着敌人马上就要冲入战壕了，李维义攥紧了手中的驳壳枪，大喊一声："同志们！上！"

"冲啊！"奋勇队的战士们从战壕中一跃而出，对敌人发起了反冲锋。他们的双腿蓄满了力量，迈开大步杀声震天地朝着敌人冲了过去。

钟赤星一出战壕，就把李维义"不可冒进"的命令忘到了脑后，他举起手中的步枪，先把最近的一个敌人撂在地上，紧接着将步枪握在左手，右手一把将背上的大刀抽了出来，直奔敌人而去。

"杀呀！"钟赤星一边喊着，一边扬起刀砍向一个反动派。

2

敌人做梦都没想到起义军会发动反冲锋，冲在最前面的敌人，完全被奋勇队吓蒙了。

他们要么是被抓了壮丁，要么是为了钱才参了军，一个个脑子里想的，都是混日子捞点儿钱，怎样保住小命。他们怕死，就觉得全世界的军人，都跟他们一样怕死。现在碰到这种不要命的打法，一时之间全都愣在了原地，直到奋勇队的战士们都冲到眼前了，他们才想起去拉动手中的枪栓。

然而一切都太晚了，奋勇队的战士们先一人一枪打倒了一批敌人，紧接着全都像钟赤星一样，马上把枪换成了大刀或刺刀，用在以前部队训练时掌握的突刺和劈刺等格斗技巧，与敌人搏斗起来。

一名敌军官见势不妙，向后跑出了十几米，然后才停下来蹲在地上，把枪对准了冲在最前面的钟赤星。

他跑得远、蹲得低，钟赤星根本不可能发现他。这家伙嘴角扬起一丝冷笑，简直认为自己已经胜券在握了。可他没想到，他早就被一双眼睛盯住了。

在起义军的战壕中，甘南火趴在射击孔前，一直在关注着战场上的风吹草动。他已经击毙了两个拿着花机关的敌人士兵和一个举着驳壳枪的敌军官，正当他寻找下一个目标时，恰好看到这个反动派转身往后跑。

"想逃？没那么容易！"甘南火马上把枪口对准了他。

就在此时，甘南火发现这个家伙居然停下了，而且还飞快地蹲在了地上。他正纳闷儿呢，就看见这家伙竟然又举起了枪。甘南火顺着那人枪口的方向看去，赫然发现了前方正在与敌人搏杀的钟赤星。

甘南火一下子明白了敌人的诡计，他不再犹豫，食指在扳机上轻轻一勾。子弹出膛，那个敌军官轰然倒地。他的嘴角还带着冷笑，眼中却染上了无法相信的神色。他至死也没明白，明明自己就要成功了，怎么就可能被人给打死了呢？

钟赤星不知道自己刚刚经历了怎样一场死里逃生，他此时正跟四个敌人缠斗在一起。

这四个敌人把钟赤星围在中间，虽然人数上占了优势，却依然满脸紧张。钟赤星握紧了刀柄，双目圆睁，眼中射出一道精光。形势对自己有些不利，他这才想起不可鲁莽，忙摆出架势扎了个半马步，准备以静制动、以逸待劳。

站在他背后的那个敌人先忍不住了，从后面忽地一扑，手中的刺刀直奔钟赤星的后心。钟赤星早就听到了刺刀划破空气的声音，他猛地一闪身，敌人不但扑了个空，还向前踉跄了几步，刺刀差点扎到自己人身上。钟赤星抡起大刀从下方用力格挡，这名反动派手中的刺刀连同步枪一起被打飞了出去。紧接着，钟赤星顺势将挑起的大刀向下一压，刀锋沿着敌人的脖子划过，那个敌人只觉得脖子一凉，便倒在了地上。

这个敌人倒下后，另外三个敌人虽然吓得失魂落魄，但见钟赤星举着大刀盯着他们，逃又逃不掉，只好硬着头皮一起朝钟赤星扑去。

钟赤星先用左手的步枪，挡住左边敌人扎过来的刺刀。

紧接着右手一晃，大刀的刀尖在前面敌人的左肩头至右腹部，劈出一条长长的伤口，又顺势一脚将这个敌人踢出几米远。

随即他利用惯性向后一仰，右后方敌人扎来的刺刀，硬生生贴着他的腰带蹭了过去。

"找死！"钟赤星横跨一步，闪身来到右后方那个敌人的身侧，一记飞腿踢了过去。

"蹬蹬蹬"，敌人被钟赤星踹得踉跄几步，"噗"地撞在了前面那个敌人手上刚刚被钟赤星挡开的那支刺刀上。刺刀穿透了他的腹部，鲜血顺着血槽流了出来。他一脸惊讶，万没想到最后竟死于自己人之手，临死都不甘心地瞪着眼睛。

失手刺死同伙的那个敌人也没好到哪去，他眼看着刺刀扎在了自己人的身上，正在惊慌失措之际，被钟赤星一刀砍在脖子上，双腿一蹬找他的同伴们去了。

"打得好！"一直在战壕中的甘南火看到这一幕，忍不住叫出声来。

他也不甘落后，将子弹再次推上膛，仔细寻找起下一个目标来。

眼看着攻势被起义军奋勇队的猛烈冲锋迅速瓦解，一名敌军官首先忍不住恐惧，转过身甩开腿向泊在江边的那几艘船跑去。

长官都跑了，下属当然也没有留在这儿送死的意义了，一转眼间，他所带领的那股敌人全都改了方向，如同一群被轰散的鸭子般满江堤地四散逃窜。有的跑丢了帽子，有的跑丢了鞋，还有的连枪都不要了，狼狈万分地逃向江边的敌船。

逃跑就像是一种瘟疫，在敌人进攻的队伍中迅速扩散开来，反冲锋打响后不到半个小时，敌人就已经用比来时快上十倍的速度往回逃了。

钟赤星打得正起劲儿，忽然觉得身边的敌人少了很多。

他把大刀捅进一个敌人士兵的肚子里，踮起脚尖越过这家伙的肩膀往前一看，才知道敌人都快跑光了，急忙抽出刀来还想再往前追，多杀几个敌人，却听李维义在身后喊他："钟赤星，快回来，不要追了！"

"怎么不追了？"钟赤星拎着刀跑回李维义身边不解地问。

李维义指了指前面，钟赤星这才发现，原来他们一通猛追，已经追到了敌人修的滩头阵地，再追就追到敌人的船上了。这时先逃回去的敌人已经上了船，正架着轻重机枪瞄着他们这边呢。要不是正在撤退的敌人跑得太乱，起义军奋勇队又追得紧，双方绞在一起，容易误伤自己人，敌人恐怕早就开枪了。

"嗒嗒嗒嗒……"钟赤星刚想要说话，敌人的机枪已开始猛烈扫射了。

原来是船上的敌人，看到起义军奋勇队马上就要追到眼前了，再也顾不上是不是会误伤自己人了，对着跑来的人群就开火了。

机枪子弹没打中奋勇队，却把奔向他们的自己人打倒一片。

李维义看情况危急，立刻组织奋勇队依托敌人滩头阵地上的掩蔽物，对船上敌人的轻重机枪进行反击。敌人的机枪手猝不及防下，纷纷中弹跌入江中。遭到这突然打击，船上敌人的军官更是慌了神，再也不等还没上船的同党，急忙命令开船向南岸逃去。

刚逃到江边的敌人，立刻响起一片哭喊声和叫骂声，他们像疯了一样扑入水中，希望可以追上开走的敌船，但大部分都被江水冲走了，只有少部分幸运地在江中被敌船救起。

胜利啦！起义军官兵在阵地上欢呼跳跃，庆祝这得之不易的胜利。

大概是被奋勇队义无反顾的气概吓到了，这次敌人逃得非常决绝，好像再也不要回来的样子，总算是给了起义军官兵一个短暂休整的时间。

"甘南火，钟赤星，传令部队即刻清扫战场、修补工事！"李维义命令道。

得到命令的战士们，兴高采烈地从战壕中跑了出来，把敌人逃跑时丢在阵地上的枪支弹药全都捡了回去。由于这次敌人逃得狼狈，战士们捡到的战利品都快堆成一座小山了，把他们这两天的战斗损耗一次都补齐了。

钟赤星冲得最远，收获也最大，回来的路上不但捡到了一支花机关，还给侯江海带回来几颗手榴弹，把侯江海乐得嘴都合不拢了。

战士们又将战壕重新修补加固，让它再次变成一座坚固的壁垒。

这一切都做完后，李维义下令让大家在阵地上抓紧时间休息，以便积攒些体力，准备迎接不知何时会打响的下一场战斗。

看着兴奋劲还没过去的战士们，李维义想到了一个严峻的问题。

3

正午的太阳高高地挂在天空中央，阳光洒在每一寸土地上。

战士们坐在阵地上，顶着阳光舔着干裂的嘴唇，接连不断的战斗消耗了他们的体力，严重缺乏的补给，让他们现在又累又饿又渴。

部队的战斗力由很多要素构成，训练、武器、士气等等，补给就是其中不可或缺的一个要素，李维义现在考虑的就是这个问题。

"要是这会儿能有个叉烧包吃就好了。"钟赤星摸摸干瘪的肚子对甘南火说。

甘南火点点头，看着天空缓缓说道："其实我更希望能有一盘肠粉。"

他们正幻想着，耳朵里突然钻进一阵欢快的鼓乐声。

听到鼓乐声，起义军官兵眼睛立刻亮了起来，钟赤星一个翻身站了起来，往声音传来的方向看去，就在他惊喜地回头想喊李维义和甘南火时，发现两人已经站在他身旁了。

看着远处走来一支浩浩荡荡的队伍，钟赤星仿佛闻到了叉烧包的香味，口水都要流出来了。

"李参谋，是叶老师！"甘南火认出了走在队伍最前面的叶一民。

李维义带着甘南火和钟赤星，迎向这支挑着担子抬着箱子的部队。

"老同学，你们打得好，也打得辛苦了。"叶一民快走两步，伸手抓住李维义的手说道，"总指挥部让我们给部队送补给来了！"

"谢谢！谢谢！你们来得太及时了！"李维义紧握叶一民的手激动地说。

"战士们都饿坏了吧？"叶一民一边关心地问，一边让随他来的人赶快把补给品都送到阵地上去。

眼看一担担、一箱箱、一桶桶的补给被抬往阵地，李维义先是让甘南火和钟赤星传令各部，组织接收补给品，然后兴奋地和叶一民说："老同学，你可解决我的大难题了！别的补给还好说，多少都能从敌人那缴获一些，只有这吃的，没地方缴获啊。"

"不只是补给，你看我还给你带什么了？"叶一民笑着闪开身让李维义看他的身后，是一支约有百余人，颈系红飘带、身背钢枪的工人赤卫队。

"你们怎么也来了？"刚传令回来的钟赤星，看到叶一民身后的工人赤卫队，惊喜地扑过去，拽住了几个人问道。

"你认识他们？"甘南火问钟赤星。

"哈！我当然认识！这些都是我的战友，省港大罢工时，我们一起游行来的。"

叶一民告诉大家，这些都是新加入工人赤卫队的队员，得知起义军在浴血抗击敌人的反扑后，强烈要求到前线参战，总指挥部决定让叶一民带这支分队来支援长堤阵地。

"太好啦！"钟赤星开心地说，"我们这边正人手不足呢！你们来了就好多啦！"

"还有我呢！"一个清脆的女声在大家的身后响起。

"对！还有我们呢！"许多还略显稚嫩的声音在旁边附和着。

"梅傲雪！"顺着声音的来处看去，甘南火惊讶地发现，稍远处那个说话的人竟然是梅傲雪，旁边附和她的都是执信中学的学生。

梅傲雪带头跑到李维义和叶一民身边，满脸激动地对叶一民说："叶老师，我们也要留下来，与起义军和工人赤卫队的革命战士们一起并肩战斗！请您跟李副营长说一下，给我们也每人发一杆枪吧！"

"不行！"叶一民十分干脆地拒绝了他们，"你们以为战争是儿戏吗？"

"我……"梅傲雪有些不甘，有些委屈，刚要分辩，却被李维义伸手将她和要说话的叶一民同时拦了一下。

"一民，同学们也都是好意，我们不能打击他们的革命热情。"李维义先对叶一民说。

接着又转向梅傲雪他们说："同学们，我明白你们想要加入到革命中来的迫切心情，但战场不是你们想的那么简单，你们没有经过训练，到了战场上不但无法杀退敌人，反而可能会浪费弹药，并给其他战友造成困扰。"

"同学们，你们有你们的战场，你们有你们的任务，革命不是每个人都要上战场。你们现在是学生，最主要的任务是学习，等打倒一切反动派和帝国主义后，我们的祖国还需要你们的知识来建设！"

李维义继续饱含激情地对学生们说："你们愿意投身到革命队伍中来我们欢迎，你们可以做一些更适合你们的革命工作，在学校、在市区、在人民群众中间，你们可以发挥你们的能力，宣传我们的革命理想，将我们的革命力量发展壮大。"

李维义的讲话引来阵阵掌声，执信中学的学生们听得热血沸腾。

听了李维义的话，梅傲雪想起了自己以前参加过的宣传活动，有些兴奋地问李维义："李副营长，您的意思是我们可以通过宣传，让更多的人加入到革命中来？"

"没错！"李维义笑了笑，"你们难道不觉得，这样比上战场打仗，对我们的帮助更大吗？"

"我明白了！李副营长，您放心，我们一定会在我们自己的战场上取得胜利的！"梅傲雪向李维义保证说，红扑扑的脸上充满坚定的神情。

见梅傲雪他们已被李维义说服，叶一民急忙让执信中学的学生们把剩下的补给尽快送到阵地上，然后就和李维义走到一旁，商量如何安排工人赤卫队的事情。

　　梅傲雪看到为了劝说自己和同学，不但影响了李副营长和叶老师的工作，还耽误了起义军官兵的吃饭休息，非常不好意思，忙和同学们跑到阵地上去送补给品。

　　在甘南火和钟赤星他们的帮助下，补给品很快分发了下去。

　　得到食物和水的战士们，终于在阵地上吃到了今天的第一顿饭。饿坏了的他们再也顾不上吃相，一个个都狼吞虎咽的，看得学生们都快流出眼泪来了。

　　叶一民和李维义坐在几个空的弹药箱子上，他一面看李维义吃东西，一面和李维义谈着工作。

　　甘南火和梅傲雪对坐在一个离两人不远的掩体里，梅傲雪正在目不转睛地看着甘南火吃东西，把甘南火看得有些不知所措，食物好像都不知道该怎么吃了。

　　梅傲雪看到甘南火的扭捏，先是一笑，然后又关心地问："你的伤怎么样了？"

　　"没事，只是擦伤，侯江海都帮我处理好了，不用担心。"甘南火答道。

"那就好。"梅傲雪眼睛有些湿湿地说，"都是因为我……"

"不，不怪你！"甘南火急忙劝梅傲雪，"都是那些该死的反动派和帝国主义侵略者……"

"别说了，你快吃饭吧。"梅傲雪看到甘南火为了和自己说话，停止了吃东西，急忙打断了他的话。

两个人不再说话，甘南火默默地吃着东西，梅傲雪静静地想着心事。

"好，那我们先回去，不耽误你安排工作了。"叶一民站起来向李维义说。

甘南火和梅傲雪看到叶一民和李维义都站了起来，也跟着站起来走过去。

叶一民带着执信中学的学生和送补给的队伍离开了长堤阵地。

学生们临走前，甘南火本想将丝巾还给梅傲雪，可想到上面的血污，又有些不好意思，只好先留下，等着日后有机会洗干净了再还她。

这时阵地上刚修好的电话，突然响起了一阵急促的铃声，甘南火急忙向电话跑过去。

他隐约意识到，可能又有新的任务了。

不畏疯蚍强撼树

第五章

········· 增援观音山 ·········

1

电话是总指挥部打来的，说有紧急军情找李副营长。

甘南火急忙跑步将李维义找来，并站在李维义的身边，想再听听叶副总指挥的声音。但这次和李维义通电话的不是叶副总指挥，而是总指挥部的一个参谋。甘南火看到李维义听着电话，脸上的神情竟然变得越来越严峻，顿时明白是有紧急情况发生。

果然，李维义接完电话后，立即命令他去找几个指挥员，甘南火马上转身跑去传令。

刚跑出去没几步，就迎面撞上了钟赤星。钟赤星是刚刚跟以前的工友聊完天，正兴高采烈地往回走，见甘南火脚步匆匆一脸焦急，忙一把扯住他问："甘南火，你做什么去？"

甘南火正愁一个人跑不过来，见到钟赤星来不及解释，就让他赶快去帮着找几个人。

"好嘞！"钟赤星答应一声，马上跟甘南火往相反的方向跑去。

大家很快到齐了，李维义表情严峻地将总指挥部传来的消息，通知给了大家："叶副总指挥命人通报，有一股敌人攻占了观音山上的部分山头，并已经派兵威胁到了广州苏维埃政府和临时工农红军总指挥部的所在地，所以命令距那里最近的我们，立即分出一部分兵力前去增援，协助观音山守军夺回失去的阵地。"

观音山是广州全城的制高点，整个市中心就在观音山的眼皮底下，本是起义军保卫广州、阻挡韶关之敌重兵反扑的一道天然屏障。一旦被敌人占领了观音山，他们就可以凭借强大的炮火控制全城，起义军将陷入各自为战的困境，这个重要性每个人都知道。

所以当听到这个消息后，大家全都大吃一惊，纷纷询问李维义的计划。

李维义决定率一个连的兵力，加上部分赤卫队队员驰援观音山，其余人员继续留守。

时间紧迫，李维义见没有人提出异议，就立即给大家做了分工。然后再三叮嘱了一番留守的同志，就率领紧急集合起来的队伍，匆匆向观音山开拔了。

队伍一路疾行，甘南火和钟赤星紧紧跟在李维义的身后。

他们走出去没多远，钟赤星突然听到身后传来一阵"啪嗒啪嗒"的脚步声，同时还伴着一声声喊叫："阿星！甘兄弟！你们等等我！"

甘南火和钟赤星一起回过头，看见侯江海正背着急救箱拼命地向他们跑来。

刚刚李维义找人商量增援观音山的事情时，侯江海正跟着医护兵在帮伤兵们处理伤口，后来队伍集结时，他又跑去吃东西喝水了，结果连一点儿消息都没得着。等他反应过来周围的人好像少了很多的时候，李维义已经带着甘南火、钟赤星和增援的战士们出发了。

亏得侯江海喜欢问东问西的，这才勉强在他们走远前打听明白是怎么回事，并赶上他们。

侯江海"呼哧呼哧"地喘着粗气，拽着钟赤星背在身后的枪，一边让他带着自己走，以便省些力气，一边十分不满意地抱怨："我说，阿星，还有，甘兄弟，"他深吸了一口气，"你们也太不够意思了！走了怎么不喊我一声？"

钟赤星将脚步稍稍放慢了些说："我们要增援观音山，很危险的，你还是别去了。"

侯江海一听这话就不乐意了："怎么，又看不起我了是不是？"

甘南火赶紧从旁劝道："并非是看你不起，只是这次增援任务紧急危险，李参谋带的全都是战斗人员。你若不信可以自己看看，不只是你，一个医护兵都没带的。"

甘南火这么一说，侯江海的脸色总算缓和了不少。他撇开钟赤星，紧走几步跟上了大家，微微带喘地说："就是因为你们没带医护兵，我才更得跟着你们！哪能连个背纱布包伤口的人都没有呢？"

"哎呀，观音山上的守军里有医护兵。"钟赤星还是不想让侯江海跟去。从李维义刚刚说的那些话中，他已经意识到了这次的增援，怕是比守卫长堤阵地还要危险。

然而侯江海已经认准了的事，却也没那么容易改变。

他平时虽然有些好逸恶劳，当然也有点儿贪生怕死，但只要是人，谁又敢说自己完全不怕死呢？然而在小猴子心中，还实实在在有着比生命更重要的事，那就是义气。

他跟钟赤星交朋友是为了义气，帮钟赤星找奸细是为了义气，跟着钟赤星上战场也是为了义气。但经过了这一天多战争的洗礼，他仿佛觉得，这世上可能还有比义气更更重要的事，虽然他也说不清到底是什么，但他愿意为了这件事，跟钟赤星他们一样去冲、去拼，甚至去付出生命。

所以他决定，无论如何，都要赖着钟赤星和甘南火他们，跟他们一起去观音山。也许到了那里，自己就能找到答案了。

侯江海白了钟赤星一眼："你也说了是去增援，那半路上肯定也有敌人，等见到守军里的医护兵，都不一定是什么时候了！再说了，我又没跟着你，我跟着我甘兄弟，你管不着！"

说着，他还真的绕过钟赤星，转到了甘南火身边，挺直了胸膛雄赳赳气昂昂地迈开了步子。

钟赤星无奈极了，还想要说些什么，这时一直听着他们这边动静的李维义忽然开了口："行了，钟赤星，就让他跟着吧。"

"是！"钟赤星只好闪到了一边。

李维义之所以同意，当然有他的理由。这侯江海从小混迹在市井之中，对各处的地形都很熟悉，带上他，关键时刻将会是一大助力。况且这小子脑子灵活，对这场战争又算得上是局外的旁观者，有时还真能指出不少他们自己注意不到的盲点。

尤其是他有心革命，虽然他自己可能还没有意识到，但李维义知道，经过钟赤星潜移默化的影响，加上跟起义军这段时间的相处，革命的种子已经在他的心中生根发芽了，或许用不了多久，就能长出一棵大树来。

侯江海不知道李维义心中的想法，他只是觉得十分高兴。

这种很少有过的认同感和尊重，让他兴奋得不管不顾地喊了起来："瞧见了吗，还是人家李副营长够朋友。"

侯江海滑稽的语调逗得李维义忍不住笑了，他回头叮嘱道："去是可以去，但你最重要的任务就是保护好自己，然后才能去考虑别的。"

"是！"侯江海大声答应着，敬了个并不标准的军礼。

此时，粤系军阀的反动军队已经对广州展开了大规模的反攻，广州城区和周边到处都是炮声隆隆、枪声阵阵。甘南火和钟赤星他们跟随着李维义，穿过弥漫的硝烟，在一刻也不曾停止的枪炮声中，飞一般地往观音山的方向赶去。

起义军很快就冲到了观音山脚下，李维义正在寻找上山的路径时，钟赤星突然指着前面大喊了一声："有敌人！"

2

李维义抬头一看，从前面的一个小土岗后，转过来一小股敌人，离他们已经很近了，这会儿别说躲，就是想寻找掩体都不可能了。李维义一咬牙，干脆举起手中的驳壳枪，大喊了一声："同志们！跟我冲！"

战士们立时端起枪，对前面的敌人发起了冲锋。

钟赤星和甘南火跟在李维义身后，率先冲了出去，临冲锋前，钟赤星推了侯江海一下："快躲起来！"

侯江海哪里还用他提醒，早就盯准了一棵大树，一闪身猛蹿了几步，迅速钻到了树后。

对面来的敌人并不多，只有几十个人。他们举着步枪，扛着迫击炮，拖拖拉拉地向前走着，看样子是要往市区里去。这些人不知是从哪里绕过来的，看上去似乎是一直没有跟起义军遭遇过。他们身上的军装虽然也灰突突的，但却没有沾上血迹，这在当下处处硝烟的广州城实在是不多见的。

可是他们的幸运，在观音山脚下就算到头了。

钟赤星往前猛冲了几步便停了下来，摆好了站立射击的姿势，对准走在最前面的敌人就是一枪。"砰"的一声枪响，子弹穿透了敌人的肩膀，钟赤星皱了皱眉头："竟然打歪了！"

他不甘心，深吸了一口气，再次瞄准，准备开第二枪。

就在这时，他的眼角突然闪过一个黑影，紧接着他的左肩被猛烈撞击了一下，还没来得及感觉到疼，就一歪身子，向旁边踉踉跄跄地挪了几步，跌倒在地。

一个身影也跌倒在他的身侧。

"叭叭叭"，十几颗子弹从他们的身上飞过。

要在平时，他肯定早就出言抱怨，甚至找撞他的人打架了，但这会儿，他却一脸感激，转头说道："甘南火，谢谢你啊！"

撞他的正是甘南火，原来起义军和敌人之间是一片开阔地，中间没有任何遮挡物，在他们发现敌人的时候，那些敌人当然也发现了他们。敌人原本还想跑，可当钟赤星的第一枪打响后，他们顿时意识到，自己已经进入起义军的射程中了，想跑也不可能了，于是乱纷纷地举起枪向起义军胡乱放了起来。

钟赤星见这么近的距离都没打死那个敌人，比甘南火的枪法差太远了，心里窝火，一心想给那个敌人再补一枪，竟没注意到敌人都举起了枪。

后面的甘南火看到钟赤星开了一枪后，竟一动不动地站在原地继续瞄准，而对面的敌人已举起枪马上要射击了，再提醒钟赤星已经来不及了，他顾不得多想，飞身向前用力一撞，将钟赤星撞倒在地，自己也跌倒在钟赤星的身边。子弹擦着甘南火的衣袖飞了过去，打在他身后的地面上，激起一片烟尘。

"快闪开！"甘南火冲钟赤星吼了一声后，就一连滚了几个滚，然后从地上爬起来，脚下飞快地跑出一个"之"字形，冲向敌人。移动中的人本来就最难瞄准，而他采用的这种移动方式，别说瞄准，即使是已经出膛的子弹，都不一定能打在他的身上。

甘南火边跑边把枪举起来，对准了一个端着轻机枪的敌人。

这个家伙原本是扛着轻机枪的，现在突然和起义军遭遇，反应慢了点儿，还没来得及将轻机枪架起来呢。现在起义军和敌人只相距几十米，如果让这个敌人有喘息之机，用轻机枪扫射的话，肯定会给起义军带来重大的伤亡。

甘南火下定决心，不管怎样，一定要先把这个家伙干掉。

然而冲锋时射击，要比其他几种射击姿势难上好几倍。在冲锋中，别说瞄准，就是把枪端稳都很难，更何况还得配合脚步和呼吸，在最恰当的时候把子弹打出去呢。

瞄准了敌人以后，甘南火的移动速度明显慢了下来，他不断调整着枪的角度和持枪的姿势，只想着能一发命中。

钟赤星早就看出来甘南火的目的了，通过警卫团的互助训练和这一天多的战场实战，他和甘南火之间已经达成了一种默契，他只需看甘南火枪杆偏向的方向，就能把甘南火的目标猜个八九不离十。

他紧跟着甘南火，却又与他保持着一小段距离，每跑几步便朝敌人开上一枪，不求能枪枪打中敌人，只是试图以此来扰乱敌人的视线，从而掩护甘南火。

钟赤星的这个战术果然成功了。敌人被他的枪声吸引，根本顾不上去看甘南火到底在瞄准谁，只是一股脑儿地朝钟赤星开着枪。

甘南火感激不已，他知道这样吸引火力的危险性。

容不得他多想了，只有尽快击毙敌人的机枪手，才能让钟赤星脱身。

甘南火屏住一口气，稳住枪身，重新检查了一遍枪瞄准的方向，终于轻轻勾动了食指。一颗子弹顿时从枪膛中射出，准确地击中了那名机枪手的胸膛。

开完这一枪，甘南火和钟赤星马上将速度提了上去，以此来躲避越来越密集的子弹。

这时李维义率起义军已经将敌人全部包围，呼喊着冲到敌人的近前，未被击毙的敌人见势不妙，干脆把枪丢在了一边，举起双手跪在地上，大声喊着"饶命！""投降！"

战事紧急，人手又不足，李维义实在分不出去

看管俘虏的人了。

他仔细思考了一下，命令战士们先缴了这些人的械，然后便让这些反动派士兵，自己去市里找苏维埃政府报到去。

侯江海早已从藏身之处钻了出来，这时忍不住问道："李副营长，您就不怕他们跑了吗？"

李维义摇摇头答道："不怕，跑了也没关系。我刚刚问过了，他们当兵前都是些普通百姓，被反动派抓了壮丁，本身并不愿意打仗。不管他们说的是真是假，冲着他们投降这一点来看，也能证明他们其实是很怕死的。所以即使他们不去苏维埃政府报到而是私自逃掉，也不会再回到反动派的部队中，不会对我们造成什么威胁。"

听了李维义这么一番入情入理的分析，侯江海简直对他佩服得五体投地。

他不禁伸出大拇指，一脸羡慕地对钟赤星他们说道："阿星，甘兄弟，你们这个长官找得太好了！简直太厉害了！要是我也能跟你们一样，在李副营长手下当兵就好了。"

李维义笑了，拍了拍侯江海的肩膀说："你现在不就是我的兵吗？"

"对对对！我现在就是您的兵！"侯江海听了李维义的话马上也咧着嘴笑了起来。

从见到李维义开始，李维义就一直尊重他、信任他、关心他，这是侯江海以前从来没有享受过的"待遇"。

现在听李维义这么一说，他更是感动极了，恨不能永远都当李维义的兵！他暗暗打定了一个主意，等这次仗打完了，说什么也得赖着李维义，让他把自己正式收了当兵去。

虽然击退了这一股敌人，但李维义他们并不敢耽搁，将收缴的武器带好后，马上向总指挥部指定的位置快步跑去。

侯江海路熟，把上山的路线给李维义他们指了出来，并自告奋勇地在队伍的最前面带路。

跑了没几步，侯江海忽然指着前面大喊起来："又有敌人来啦！"

战士们马上进入了临战状态，个个端起枪，紧张地盯着前方。

不远处一个穿着军装的身影急匆匆跑了过来。一看只有一个人，大家都松了一口气。

3

那人的脚步突然停了下来，显然也发现了李维义他们。甘南火有一种感觉，那人的视线好像是一直在盯着他们的脖子，他也下意识地往那人的颈部看去，只见上面系着一条有些脏了却依然显眼的红飘带。

"李参谋，好像是起义军。"甘南火对李维义说。

李维义点点头，却没有放松警惕，依然举枪对着那人。

那人却跑了起来，边跑边大声喊："李副营长？你们是警卫团3营李副营长的队伍吗？"

钟赤星也扯着嗓门喊道："你是谁？"

"李副营长！李参谋！我是教导团警通连的大刘啊，您不认识我了吗？"那人已跑到十几米远的地方，冲李维义喊道。

"李参谋，是警通连的大刘。"甘南火首先认出了眼前这个老战友，兴奋地对李维义说。

李维义这时也认出了对方，边收枪边示意身边的战士，对方是自己人。

"报告李副营长，我奉陈参谋的命令来接应您，并向您转达作战方案。"大刘来到李维义面前立正敬礼报告说。

"好的，辛苦你了！"李维义先回了个礼，又握了一下他的手说。

大刘高兴地笑着说："李参谋！总算又见到您啦！对了，陈参谋让我转告您，让您带领队伍到达指定位置后，就给山上发射信号弹。等陈参谋那边有了回应，再一起从山上山下对敌人进行两面夹击。"他竹筒倒豆子一样，把陈参谋交代的作战方案跟李维义说了一遍，中间连口气都没喘。

李维义点点头，让甘南火立即传令部队，由大刘做向导即刻上山。

有大刘带路，李维义他们很快就到达了指定的位置。

这是观音山东侧的一个小小的山头，据大刘通报的情报，占据这里的是反动派第5军第16师第46团的一部分敌人。敌人在这里修筑了简单的工事，并架好了轻重机枪，随时准备接应他们的同党，对广州城实施反扑。

李维义命令部队在山石间隐蔽下来，详细解说了进攻计划。随后大刘在自己的步枪上装上了专用的发射具，又掏出随身携带的信号弹塞入发射具中，垂直朝着天空开了一枪。一枚红色的信号弹，拖着一条长长的烟雾尾巴，升上了略有些阴霾的天空。

过了两三分钟，观音山山顶方向也升起了一枚同样的信号弹。

"打！"随着李维义一声令下，战士们一跃而起，对敌人的工事发起了猛攻。

敌人自然不会坐以待毙，机枪步枪同时开火，对着起义军猛烈射击。

甘南火和钟赤星原本随着李维义一起冲锋，但钟赤星越跑越快，很快就冲到队伍的最前面，甘南火不放心他，也加快脚步跟着他。这时，冲在最前面的战友不断有中弹倒下的，甘南火和钟赤星眼睛都红了，两人大喊一声，猛地向前蹿了几步。

"钟赤星，掩护我！"甘南火大叫了一声，脚步不停，飞身跃到了一棵不知何时被炸断的树桩上。他举起手中的步枪瞄准了敌人的机枪手，"叭叭"接连两枪，便将敌人一挺重机枪的两个机枪手都干掉了。

敌人发了狂，集中火力对准了甘南火，子弹暴雨般向他横扫了过来。

　　甘南火早就想好对策了，他当初之所以选在这个位置射击，是因为他发现在树桩后有一个被炸弹炸出来的洞，刚好能容下一个人蜷缩着趴在里面。他就地一滚，掉入了洞中。紧接着只听耳边"轰"的一声巨响，随后射向他的枪声仿佛就没有那么密集了。

　　他小心翼翼地探出头来，正看到躲在一块山石下的钟赤星远远地冲他摆了摆手。

　　是钟赤星扔的手榴弹，甘南火马上也朝他竖起了大拇指。

　　两个重机枪手被打掉，再加上一颗手榴弹，敌人的阵地顿时出现了一个小小的缺口，李维义看出机会，率领大家向缺口处猛冲。

　　敌人原本想凭着地理位置和武器装备的优势，居高临下地对起义军来一次必胜的阻击，哪想到仗才开始打，就被起义军在阵地上打出了缺口，这让他们大吃一惊。一些敌人士兵当时就吓软了腿，转身就想跑，却被长官又用枪逼了回来。

　　他们得到的命令是死守这里，以便接应其他几路反动军队，会合后共同攻打广州。现在他们要是从这里逃走了，回去也一定是个死。

　　敌人横下心来，迅速堵上了缺口，又安排了两名机枪手，让那挺重机枪重新轰鸣起来。

　　无数的子弹射向了起义军官兵，又一些冲在最前面的战士倒了下去，鲜血顿时染红了他们身下的土地。

眼见强攻不下，李维义心中焦急，他不能再看着战士们这样牺牲了。

李维义不顾危险，边带头冲锋杀敌，边扫视着四周，希望能找到另一个突破口。

就在这时，他突然看到敌人阵地附近的一棵大树上出现了一个影子。那影子三蹿两蹿上了树，利用茂密的枝叶遮挡着自己，几下就蹿到了树顶。

是侯江海，这小子跑到那儿去做什么？李维义心中焦急，却又没办法去喊他。自己不喊，敌人还发现不了侯江海，他还能相对安全些，自己要是一喊，他就暴露了。

李维义转身去找钟赤星和甘南火，想让他们去把侯江海弄回来，找了一圈，却在侯江海躲着的那棵树下左右各十米多的地方发现了他们。

两人此时正端着枪瞄准敌人的阵地，看他们那副精力高度集中的样子，就知道又有哪个敌人要倒霉了。

李维义略微思索了一下，虽然还弄不明白他们具体要做什么，但也隐约猜到这三个少年一定是有了自己的打算。

事实确实如此，这一切都源于侯江海的一个计策。他原本一直躲在安全的地方，看着大家冲锋陷阵，先是害怕，后是心痒，再后来，就是担心了。敌人的阵地一直打不下来，战士们一个接一个地倒下。他跟这些战士并肩作战了两天，早就把大家当成了自己人，这让他怎能不心疼呢？想了好久，他决定去帮帮大家。

他在急救箱里拿出两颗钟赤星送他的手榴弹——他暂时只会用这个——接着悄悄寻了条小道，绕到了敌人的阵地附近，选了棵大树爬了上去。

钟赤星他们本来不知道这事儿，还是甘南火先发现了他。

但此时侯江海已经爬了一半，叫也叫不回来了。甘南火和钟赤星相互递了个眼神，立即跑向大树两侧，掩护起侯江海来。

侯江海坐在树顶，掏出了那两颗手榴弹，叹了两口气："唉……还没焐热呢！太可惜了！你们要好好给我多炸死几个敌人，这样才算对得起我。"嘟嘟囔囔自言自语完了，他这才拧开了保险盖，拉了拉弦把手榴弹丢了出去。

两颗手榴弹从树上坠落，斜着掉进了敌人的工事中。

接连两声巨大的爆炸后，工事中顿时躺倒了一片敌人，这一边的阵地总算安静下来了。

"好！这三个小子还真行！"李维义面露喜色，一挥手中的驳壳枪，身先士卒地带着战士们飞速地冲了上去。

与此同时，山上也传来了一阵喊杀声，驻守观音山的教导团战士们也赶过来了！

不畏疯蚍强撼树

第六章

·············· 白刃战 ··············

1

甘南火和钟赤星也是直到爆炸声响起，才知道侯江海打的什么主意，他俩迅速冲到树下，掩护侯江海从树上溜下来。

"行啊！小猴子，干得漂亮！"钟赤星一拳打在侯江海肩上，把侯江海打得一个趔趄。

甘南火同情地摇了摇头，他可是知道钟赤星的力气有多大的。在警卫团的时候，他的肩膀可没少挨钟赤星的拳头。钟赤星每次兴奋或激动时，总喜欢用拳头在别人的肩上亲热地捶上一下。甘南火尚且每次都觉得又麻又疼，更何况是身体比他还瘦弱的侯江海了。

果然，侯江海才稳住脚步就不满地嘟囔起来："我说你这毛病到底能不能改改！不知道自己的拳头比牛蹄子还硬啊？"

这是什么形容？甘南火一时没忍住，笑了出来。

钟赤星瞪了侯江海一眼，说道："行了，赶紧找个地方躲起来，我们要冲上去了。"

就在他们说话这会儿工夫，李维义已带着起义军官兵，又一次发起了冲锋。

侯江海的这两枚手榴弹，直接丢入敌人的工事中，把敌人的防线撕开了一个更大的口子。工事内烟尘弥漫，死尸堆积，无论敌军指挥官如何大吼大叫，他手下的那些士兵，一时也无法立即将这个口子堵上。

起义军借着这个机会，一举冲上了距离敌人阵地不足80米的地方。

前方是群狮一样骁勇的警卫团战士和赤卫队队员，后面是猛虎下山一般的教导团守军。一时之间，这些好不容易绕过起义军防线，占领了这么个小山头的敌人被两面夹攻，在两支起义军的猛攻下乱成一团。

甘南火和钟赤星掩护侯江海隐蔽后，马上调转枪口加入了战斗。他们斜着插入敌人的阵地，甘南火充分发挥神枪手的射击技能，将一名又一名的敌人击毙在枪下。

眼看着起义军马上就要冲上敌人的工事了，偏偏这时敌军指挥官回过神来。他挥舞着手枪扯着大嗓门喊道："都给我上！把缺口给我堵住！绝不能把这些叛军放过来！"

说着他抬手一枪，打死了一个正要逃出战壕的士兵，又大声叫了起来："要是再敢逃跑，这就是你们的下场！"

刚刚还人心浮动的敌兵，顿时不敢再起逃跑的心思，他们哆哆嗦嗦地捧着枪，回到了射击位置上，一小队敌人在敌军指挥官的胁迫下，去堵被侯江海炸开的那个缺口。他们不敢反抗，只得踩着同伙的尸体，把枪架在了残破的工事上。

甘南火和钟赤星离敌人的工事最近，目睹了那个敌军指挥官的做法，他们紧紧皱起了眉头，心头泛起一阵恶心。

"太狠了！"钟赤星"呸"了一声，"这没人性的东西，连自己人都下得去这种狠手！"

甘南火也觉得敌人太没人性了，不由得感叹道："长官行事如此残暴不仁，这些反动派还这样逆来顺受，实在是太麻木了！"

说着他抬起枪，眼睛透过准星，瞄上了那个敌军指挥官。

跟甘南火一样，钟赤星也把枪口对准了那个混蛋。两人几乎同时开枪，两颗子弹并行着，一颗飞向那家伙的额头，一颗直奔他的心脏而去。

然而甘南火和钟赤星谁也没想到，这人的运气竟然如此之好，眼看着子弹都要打中他了，他居然蓦地消失在了两人的视线外。子弹划过空气，落寞地砸入了敌人的战壕。

两个少年又气又恨，却也有些纳闷，这家伙难道长了千里眼顺风耳，怎么就能一下子把两颗子弹全都躲过去了呢？

就在他们疑惑不解之时，那个指挥官骂骂咧咧地站了起来："死也不死得安生些！还绊了老子一跤！"

原来就在那关键的一瞬间，这家伙刚好想转个身去工事的另一边，却不小心被一具死尸给绊倒在地。他不知道这死尸刚刚救了自己一命，正怪他弄得自己啃了一嘴尘土呢。

由于敌人已从刚刚的打击中缓过神来，正集中火力朝着起义军扫射，甘南火和钟赤星再想气定神闲地去瞄准那个敌军指挥官已经是不可能了。两人没办法，只好一边就近捡些好打的敌人打，一边飞快地向李维义他们靠拢。

起义军一直没能冲入敌人阵地，每次冲上去，很快又被迫撤下来。

除了侯江海在树上看了几眼外，没人看到过敌人工事内的情况，更不可能知道，那里到底驻守着多少敌人。大刘带来的消息，只是说那里是反动派第46团的部分敌人，但不管怎么说，能以团为单位，不管是一大部分还是一小部分，都不是他们这支小部队以及教导团观音山守军的那点儿兵力所能比的。

起义军虽然勇猛，但到底双拳难敌四手，更何况敌人在火力上还占据着绝对的优势。

敌军指挥官命令一半人对付教导团官兵，另一半人继续阻击李维义带来的这些战士。

敌人的轻重机枪再次猛烈地响了起来，战斗进入到了白热化的状态，雨点一般的子弹射向起义军官兵。甘南火和钟赤星眼睁睁看着战友们不断倒下，甚至连一点儿用来悲伤的时间都没有。他们唯一能做的，就是将眼泪憋回到心里，用手中的枪来为战友们报仇，用震天的枪响来为战友们送行。

"跟他们拼了！"钟赤星大喊一声，猛地向前一蹿，直冲入了距敌人工事不到50米的范围内。甘南火紧随其后，手指不断扣动着扳机，以此来掩护钟赤星。

钟赤星边跑边把枪背在了肩上，随手从口袋里掏出一枚手榴弹，拧开保险盖，拉掉拉弦，眼瞅着白色的烟冒了两三秒，才一甩胳膊，将其用力投掷到了敌人的工事中。

50米之内是发挥手榴弹威力的最佳距离，钟赤星这一颗手榴弹，不偏不倚地掉进了敌人的工事中，只这一响就将四五个人炸上了天。

趁着敌人愣神的工夫，甘南火连开几枪，又击毙了几个敌兵。

钟赤星给战友们做了一个很好的示范，大家奋勇向前，一阵风似的冲向敌人的阵地。

他们利用山石和树木做掩护，将身上的手榴弹瞄准敌人工事，一个接一个地扔了过去。

成串的手榴弹拖着阵阵白烟，在半空中划出了一道道完美的抛物线，随即落向了敌人的工事内外，轰隆隆的巨响声不断。

因为没有武器只好躲在战场外的侯江海，忽然想起了小时候在茶楼混书听时，那个说书先生讲的，上天发怒时总会降下雷击的故事。此时这声声爆炸，不正像是一声声炸雷，带着起义军官兵的愤怒和老百姓的期望，降落在了那些反动派的头上吗？

"要是老天有眼，就让这些反动派都给炸死了吧！"侯江海不晓得该如何帮助大家，只好学着以前看到的老人们求神拜佛的样子祈祷了起来。他从不相信鬼神，但此刻，这祈祷声却显得格外虔诚。

敌人阵地上腾起阵阵火光，硝烟遮天蔽日，将从刚过午就有些阴霾的天空弄得更加灰暗。

在这滚滚浓烟的掩护下，一道人影"唰"地从天而降，落入了敌人的工事中。

2

飞入敌人工事的是钟赤星。在跃入敌人工事的一瞬间，他早将背上的大刀抽了出来，一刀砍向离他最近的一个机枪手，那个机枪手尚未分清眼前是活人还是尸体，身上就多了一道从头顶直到前胸的深深伤口。

钟赤星此刻顾不上再看那个机枪手，而是一转刀柄，刀尖立即换了个方向，砍断了他身前的气流，也砍断了另一个机枪手的脖子。

甘南火也在此时冲入了敌人的工事，他先一枪击毙了一个敌人，随后抽出了别在腰间的刺刀，安在了枪上，在警卫团时跟钟赤星一起做的特训，现在正是检验成果的时候。

他脚下踏着钟赤星教他的一套步法，两步从一个正朝他扑来的敌人身侧闪了过去，紧接着顿住脚步，半扎马步来了一个回马枪的招式，刺刀"噗"的一声穿透了敌人的后心，不等血顺着血槽流出，甘南火已经一用力将刺刀拔了出来，直奔下一个敌人而去。

阵地上杀声震天，李维义手举驳壳枪，带着战士们杀入了敌群。

　　与此同时，由于他们的进攻和牵制，导致敌人乱了阵脚，教导团的战士们也都趁势攻了过来，三五成群地跳入了敌人的工事。

　　这样的近身格斗，无论是枪还是手榴弹，都无法再发挥作用了，一场惨烈的白刃战，就这样拉开了序幕。

　　解决掉两个机枪手后，钟赤星只觉得耳边掠过一阵凉风，知道是有敌人攻过来了，却一点儿也没有慌乱。他从小就跟随师父习武，全身的细胞都好像比常人要灵敏得多。只见他向前一个俯冲，回过手腕，大刀往自己的左腋下扎去。旋即就着刀势一个燕子回身，刀身瞬间没入了身后那名原打算偷袭他的敌人心窝。

　　钟赤星并没有立刻松下劲儿来，而是用力将刀推了一下，连同敌人的尸体一起推向了前面。就在他的正前方，那名死掉的敌人身后，还有两个敌人端着上好了刺刀的步枪，正在等着一起刺杀过来呢。

　　他们原想着三人一起，又是偷袭，总能将这个毛头小子解决了，但显然他们的如意算盘打得并不太好。钟赤星以敌人的身体作为盾牌，用力向前一推，一下子砸在这两人身上。这两个家伙本来就被同伙的死吓得惊慌失措，这么一来，更是完全不知道该如何是好了。钟赤星随手补了两刀，他们就跟刚刚那个同伙做伴去了。

甘南火这边打得要比钟赤星艰难多了，他本来身体就不如钟赤星壮实，在警卫团跟钟赤星学习拳脚兵刃，也就短短那么几天，要说白刃战，他稍微擅长些的，还是在武汉分校时就开始学起的拼刺刀。

像甘南火和钟赤星这种年纪，很容易被人当成"软柿子"来捏。

一个胆小的敌人在起义军跳入工事的一刹那，便一直在四处躲闪着，此时看到甘南火，却像是恶狗看到了肉骨头，忽然生出了要立功的心来。他嘿嘿狞笑着举起刺刀，迎面朝甘南火刺了过来，甘南火不疾不徐，先是一个劈枪横扫，将敌人的刺刀打得一歪，让那人也跟着弯下了腰去。接着，他举起步枪，猛然间砸上了敌人的腰部，只听"咔吧"一声，那个敌人的腰椎就被砸折了，甘南火迈步上前补了一刺刀，结果了这个敌人。

看着白刃战越来越激烈，躲在远处的侯江海终于耐不住性子了，枪他没有，也不会用，手榴弹虽然还剩两颗，但这个时候也没法用。他一向机灵，钟赤星以前老说他不像猴子，却滑得像条泥鳅，就凭这点他混进去偷袭几个敌人，大概不成问题吧？

想到这儿，侯江海在原地转起了圈圈，他是在寻找趁手的"兵器"呢。

他捡了几根树枝木棍，太细了。又拾起几块石头，太小了。正当他有些着急的时候，右手在腰间一摸，居然给他摸到了一样"宝贝"。

"哈！这不是阿星给我防身的匕首嘛！我怎么把它给忘了！"小猴子把匕首抽出来，放在手心颠了几下，点点头自言自语地给自己壮胆："正好！我今天就带你去好好威风威风！哼！谁还没跟几个流氓打过架吗？"

话虽这么说，但侯江海并没有很威风地冲过去。浑水摸鱼投机取巧一向是他的做人原则，现下虽然被起义军激励，也能鼓起勇气一腔热血地上阵杀敌了，但总不能还没冲到敌人跟前，就把小命给丢了吧？

侯江海沿着成排的树木，横着往敌人的阵地跑去，一路上靠着树干和山石的掩护，竟真的没有被人发现，很快他就跑到了敌人的工事外。

借助堆得高高的沙包，侯江海把身体紧贴在工事外，悄悄露出半个头往工事里瞧。幸运的是，他这个位置选得刚刚好，工事里几乎看不见敌人，他们全都聚集在更靠中间的位置，去跟起义军厮杀了。

侯江海双手撑住工事外沿，就地一滚，进入了工事。

地上到处是敌人的尸体，侯江海左右看了看，比较了一下自己手中的匕首，和敌兵枪上的刺刀后，一伸手将匕首重新插回腰间，伸手去一个敌兵的尸体旁，捡他还握在手里的枪。突然那具尸体居然动了一下，紧接着忽地坐起来，拽着枪把侯江海拉向了他。

"啊！竟然没死！"侯江海吓了一跳，一撒手转身就跑。

跑出去几步后，他支着耳朵听了听，身后似乎没有脚步声追来，侯江海胆战心惊地回过头，却发现那人又倒了下去。

小心为上，小猴子打定主意，站在原地踮着脚尖等了一会儿，确定那人连手指尖都没再动一下后，才又小心地返了回去。站在离那个敌人一米远的地方，侯江海用一只手扶住了工事，探着一条腿去踢了那人两下，看到还是没有动静，才迈着细碎的步子慢慢蹭过去，抻着脖子仔细瞧了瞧，终于松了口气："呼！可算死透了！"

侯江海擦了擦额头上被吓出来的冷汗，重新去拽那个敌人手中的枪，哪承想拽了一下没拽动，他自己反而差点儿摔倒。

"嘿！攥得还挺紧！"侯江海干脆用一只脚，踩住了那个敌人的手，双手玩命儿用力，好不容易才把枪拽了出来。

他又抱着枪研究了一会儿，总算把刺刀卸下来拿到了手中。

侯江海晃了晃刺刀，心中高兴极了，这个家伙可比那短短的匕首好用多了。

他顺手把枪往地上一丢，悄无声息地往战斗最激烈的地方靠去。

路上，侯江海把红飘带悄悄藏在怀里，在这混乱的战场上，穿着军装，没了红飘带，即使偶尔有敌人发现了他，也都把他当成了同伙，没人去特意防备他。

　　侯江海趁此机会绕到一名敌人身后，手中刺刀向前一递，无声无息地便将那人撂倒在了地上。那人临死前还回了一下头，看到跟他穿着同样军装的小猴子，脸上露出了无法置信的表情，他到死都以为是死在了自己人手里。

　　一击成功，侯江海信心倍涨，又用同样的办法一连消灭了三名敌人。

　　就在他鬼鬼祟祟地围着敌人的后背转悠时，不远处还是有人发现了他的秘密。

3

　　甘南火背靠敌人的工事，挺着上了刺刀的步枪，脚下缓慢移动着在寻找目标，突然发现有一个身形瘦小的敌人行为非常怪异。他刚要举着刺刀冲过去，却感觉这个身影似乎有些熟悉，再定睛一瞧，眼前这个又瘦又小的家伙正是侯江海。看他脖子上没了红飘带，行动躲躲闪闪的样子，甘南火马上明白了他的意图，不由得感叹道："他的鬼点子也太多了！"

　　留意侯江海的不只是甘南火一人，还有一个敌人也盯上了他。

这个敌人早就觉得有些不对，为什么自己的同伙，总会被人从后面给弄死了呢？

他悄悄地躲在一旁，仔细查找了半天，才发现人群中竟混进了一个毛头小子，正举着刺刀抽冷子在背后偷袭他的同伙呢。

"亏得老子机灵，否则就得死在你这个小流氓手里！"这个敌人恨得牙根痒痒，攥紧枪杆朝侯江海猛冲过来。

自从发现了侯江海，甘南火就一直在杀敌的同时，分出几分精神在关注着他。这时突然见一个敌人端着枪向他凶狠地刺过去，急忙舍了眼前的敌人，飞身赶过去，用枪杆生生格挡住了那个敌人的刺刀。

"当"的一声，枪杆砸在刺刀上，发出沉闷的声响。

侯江海吓了一跳，慌忙扭头一看，这才后知后觉地发现，自己刚才差点儿就死在敌人的刺刀下，顿时吓得冷汗直冒。

他张了张嘴，刚要跟甘南火说声谢谢，就见那个敌人的刺刀正刺向甘南火。

"小心！"他吓得大喊了一声。

甘南火侧身一躲，躲过了要害部位，只是敌人离得太近了，即便他反应迅速，却还是被扎伤了肩

膀。剧烈的疼痛瞬间袭来，甘南火忍不住闷哼了一声。

　　眼看甘南火为了救自己而受伤，侯江海眼睛都红了，他高举着刺刀奋力往前一扑，跳到了那个敌人的身后。一手抓紧敌人的肩膀，大喊了一声："我跟你拼了！"另一手扬起刺刀，不偏不倚地扎入了敌人的后心。

　　敌人中刀倒地，将侯江海也带了个跟头，侯江海怕那个敌人还没死，又扬刀猛刺了几下，才晃晃悠悠地站了起来，去找他的救命恩人甘南火。

　　甘南火此时早已不顾伤痛，再一次跟敌人混战在了一起。

　　白刃战本就是消耗极大的一种战法，通常都会在敌对双方中造成一比一的伤亡，不到万不得已，是没人愿意采取这样一种战术手段的。可是现在军情紧急，起义军必须尽快夺回失去的阵地，偏偏敌人又占据了地形和火力上的优势，起义军只有靠强大的战斗意志和大无畏的牺牲精神来压倒敌人，夺取胜利。

　　起义军冲入敌人的工事后，李维义才发现敌人不仅占据着地形和火力上的优势，竟然还占据着人数上的优势，至少要比他们多上三四倍。

　　这就意味着每个起义军战士，都要面对三四个敌人的刺刀，这不但是对他们拼刺技术的考验，更是对他们的体能和心理素质的考验。然而让李维义感到欣慰的是，即使面对这样大的差距，英勇的起义军战士们也没有丝毫的胆怯和犹豫。他们端枪的手稳如泰山，他们劈下的刀势如破竹，一柄柄刺刀和砍刀在敌人身上留下了红色的印记，仿佛是彰显他们精神和勇气的一枚枚勋章。

李维义也看到了侯江海，在甘南火的提醒下，他重新系上了红飘带，紧跟在甘南火左右不远处。他一会儿躲在甘南火身后，一会儿又绕到敌人看不到的角落，瞄准各种机会将捡来的刺刀刺向敌人。侯江海也知道这种打法不那么光明正大，但他不像战士们那样都受过训练，身高体重也一点儿优势都不占，唯有靠着这股滑头的劲儿，才勉强能在这残酷的战场上杀敌保命。

所以在杀敌的间隙，侯江海的眼睛，总是时不时瞟一下李维义，生怕自己这么做，会让他真心敬佩的这位起义军的副营长瞧不起。但让侯江海惊喜的是，李维义手举驳壳枪在人群中四处突击，经过自己身边时，竟对自己说了句："做得好！"这三个字，对侯江海是莫大的鼓励，他的劲头更足了。

甘南火惊奇地发现，周围杀机四伏，而侯江海竟然咧开嘴笑了起来。他看到李维义刚刚从他们身边掠了过去，马上猜到一定是李维义对侯江海说了什么。

李维义的身上有一种神奇的能力，总是能感染身边的每一个人，在关键时刻给人以安慰和鼓励，只要能得到他一个肯定的笑容，再苦再累再危险也都甘之如饴。这种感觉不只在李维义身上有，在叶副总指挥、在唐教官、在叶老师身上都有，这就是共产党员的魅力吧。甘南火这样想着，手上可丝毫也没敢放松。

战斗越来越残酷了，钟赤星已不记得这是他砍倒的第几个敌人了，只知道他手中的大刀已卷了刃，若是再这么下去，恐怕连一根黄瓜都切不动了。

甘南火也差不多少。经过一段时间的拼杀后，他明显感觉不管是劈刺还是突刺，要费的力气都要多了很多。看来这把刺刀也快要不能用了。

此时三个少年已经聚到了一起，甘南火喊了一声："钟赤星，咱俩一起掩护侯江海！"又对侯江海说："侯江海，你去死了的敌人那再弄几把刺刀来！"

"好嘞！"侯江海一猫腰，在地上搜寻起来，甘南火和钟赤星一左一右将他护在了中间。

很快侯江海就抱着七八把刺刀站了起来，甘南火和钟赤星一看，全都是没怎么用过的新刺刀，除了沾上点儿血以外，刀锋还闪着寒光呢！

"干得漂亮！"甘南火随手抓起三把刺刀，一把将自己枪上的换了下来，另外两把则别在了腰带上。

钟赤星也扔掉了手中的大刀，一边一手抓了一把刺刀当成了双刀用，一边还不忘说了侯江海一句："你可真是个财迷！"

侯江海嘿嘿一笑："你不财迷？刀还我啊？"

"不还！"钟赤星双手挽了两个刀花，脚下一用力，朝着几个敌人扑了过去。

"跟紧我，小心些！"甘南火叮嘱了侯江海一声，随后也冲向了另一边几个正在围攻自己战友的敌人。

"李参谋！甘南火！你们快闪开！"这时敌人工事的上方突然传来一声怒吼。

甘南火下意识地回身拽着侯江海往旁边一扑，才扑倒在地上，头顶就响起了一阵密集的枪声，原来是教导团的大刘刚抢了一挺轻机枪，正举着向敌人扫射呢。

一连串的子弹打下去，原本就被起义军杀得七零八落的敌人纷纷倒地。

这时，敌人工事的另一边，也传来了起义军的呐喊声，是教导团的接应部队攻破了敌人的工事，剩下的敌人什么都不顾了，一窝蜂似的逃了个干干净净。

教导团的官兵和警卫团的官兵，还有工人赤卫队的队员们，欢呼着涌向对方，颈上的红飘带血一样鲜红。

李维义惊喜地发现，教导团的队伍中，有一个熟悉的身影。

不畏疯虮强撼树

第七章

······· 副总指挥在身边 ·······

1

　　战场上的硝烟还未散去，教导团官兵、警卫团官兵和工人赤卫队的队员们，激动地拥抱在一起，尽情地欢呼着、跳跃着，庆祝这得之不易的胜利，庆祝这战场上的相逢。此刻，阴霾稍稍散开，一缕阳光照射着阵地上飘扬的红旗和每个人颈上的红飘带。

　　李维义透过欢呼的人群，看到远处陈参谋熟悉的身影，但他并没有马上走过去，而是走向了靠坐在敌人工事里的侯江海。

侯江海这时静静地靠坐在工事的一角里，不知道是因为激动，因为疲惫，还是因为事后想起的恐惧，丢掉了刺刀的双手，竟微微有些颤抖。

"辛苦了！侯江海。"李维义像个慈爱的父亲般轻声对侯江海说。

"李，李副营长。"侯江海急忙站了起来，有点儿慌乱地回应。

"你很勇敢！做得很好！"李维义亲切地拍着他的肩头表扬道。

李维义的话音刚落，侯江海忽地瞪大了眼睛，眼窝里慢慢蓄满了泪水。

他跟着部队急行军累得差点儿跟不上的时候没有哭，在死人堆里扒刺刀的时候没有哭，亲手杀死第一个敌人的时候也没有哭，但此时他却突然感觉有些忍不住了。李维义这句真诚的赞赏，对他来说就像是一把打开他心灵的钥匙 将他以前荒唐的混混生涯全都驱除了出去，只留下了最美好的东西。

侯江海出身贫苦，自小尝尽人间冷暖。为了讨生活，他的父母每天都要在反动派的压迫下，累死累活地做工，别说关注他、夸奖他，平时连多看他一眼的工夫都很难有。

他当然知道父母还是疼爱自己的，只是生活太苦了，苦得让父母只能勉强把他的肚子尽可能地填满，此外再多一丝丝的精力都没有了。

他的童年就是每日在街头游荡，无所事事，学了一肚子的市井恶习。家穷上不起学，又没有钟赤星那么好的运气，能碰到一位好师傅来代替父母教导他。所以慢慢地他就变成了广州城里众多小混混中的一个，处处遭人白眼，受人欺负。

然而他没有想到，在这么浑浑噩噩地活了十五个年头后，居然能有一个这么了不起的大英雄，和蔼可亲地给了他这样的肯定，他怎么能不兴奋、不感动呢？

他觉得好像有一扇大门，正在向他缓缓打开，只要他向前迈出一步，就能跨入一个完全不同的、崭新的世界。

虽然他还想象不出，那个世界到底是什么样子，但是他隐隐地觉得，在那里他可能再也不会被人瞧不起，可能也会像有钱人家的少爷小姐们那样，每天都能吃饱穿暖，能上学，能工作，要是他愿意，或许还能当一个人人敬仰的大英雄。

侯江海偷眼瞧了李维义一下，见他正用那双能让人倍觉温暖的眼睛看着自己，便不好意思地用袖口蹭了蹭眼睛，嘟囔道："风真大，沙子都把我的眼睛迷住了。"

"行了，快去休息一下吧。敌人很快还会打过来的。"李维义拍拍他的肩头说。

"我不累！我去帮阿星他们打扫战场。"侯江海说完一溜烟跑去找钟赤星他们了。

李维义看着已经开始打扫战场的起义军官兵，正要转身去找陈参谋，商量下一步的安排，一个声音忽然从身后传来："李副营长，没想到咱们这么快又见面了。"

李维义一回头，是陈参谋先来找自己了。

"陈参谋！"李维义忙上前一步，紧紧握住了陈参谋的手说，"你们辛苦了！"

陈参谋摇摇头："我们只是守在这里，你们可是一直在来回奔波。要论辛苦，你们岂不是比我们要辛苦得多！"

来不及再多寒暄，陈参谋马上将此处的情况向李维义通报了一下。

据临时工农红军总指挥部得到的消息，此次张发奎等反动派集结重兵，从东、西、北三个方向对观音山发起攻击，目前有的山头或阵地已被敌人攻占，有的被敌人列为了下一个要攻占的目标。

此处阵地现在已被起义军夺回，逃回去的敌人很快就会把消息传播出去，恐怕要不了多久，就会有大批的敌人再来争夺阵地。形势万分严峻，李维义和陈参谋站在阵地前商量着对策。

起义军官兵暂时还不知道这些，但严格的训练和残酷的战争，早就培养了他们的备战意识和战术思维，此刻每个人都动作迅速地执行着自己的任务。

他们有的将敌人丢下的枪支收拢起来，发给了原本就缺少武器的工人赤卫队。有的跟战友一起掩埋牺牲的烈士，清理着敌人的尸体。

还有的在老兵的指导下，匆忙地修复着敌人的工事。这些工事被之前的战斗弄得千疮百孔，接下来要阻击敌人的反攻，还得靠这些工事呢。

侯江海在阵地上转悠了一圈，本想着去帮忙捡敌人慌乱之中掉落的子弹，却忽然想起了甘南火的伤。他狠狠地拍了一下自己的脑门，快步跑到先前藏身的地方，把藏在那里的急救箱取了出来，赶着去给甘南火包扎伤口。

甘南火伤在左肩，伤口足有十公分长。因为一直在活动，伤口还在渗着血。裂开的伤口像一张血盆大口，看上去狰狞恐怖。小猴子倒吸了一口凉气，急忙让甘南火把上衣脱下。

"来不及了。"甘南火拒绝了他，"敌人随时会打来，我们得警惕一些。你随意包包便好。"

侯江海拗不过他，只好先用刺刀将衣服的破口再挑开些，然后用绷带将伤口结结实实地缠了几圈，只盼着这样至少能帮他把血止住。

包扎完毕后，甘南火从身边拿起了一支步枪，放在了侯江海手中："战场残酷，战况瞬息万变，我和钟赤星怕是不能时时在你身边保护你。你拿着这个，关键时刻或可自保。"

侯江海接过枪，既兴奋又不敢相信："真的？你要教我打枪？！"

甘南火略有些苍白的脸上露出一个微笑："自然是真的。李参谋都说你是他的兵，既然如此，你怎么可以不会用枪呢？"

侯江海瞪大了眼睛看了看甘南火，又瞅了瞅刚赶过来询问甘南火伤情的钟赤星。

钟赤星眨眨眼睛："看我做什么，又不是我教！我可告诉你，甘南火可是我的射击师傅呢，你要是不好好学，我饶不了你！"

"哎！哎！"侯江海握紧了枪连连点头，"我学！我好好学！"

甘南火让侯江海举起枪，用没受伤的右手拉了一下枪栓对他说："这种步枪无法连续发射子弹，每打一枪都需要拉动此处的枪栓，将弹壳退出，之后枪内的子弹会自动顶上前去，才能再开第二枪。"

接着，甘南火又指着准星对侯江海说："看见这里的缺口了吗？瞄准时要让眼睛从这个缺口看出去，望向枪管前的那枚小铁片，当缺口、铁片和敌人连成一条直线时，便可以扣动扳机开枪了。不过你千万记得，枪有后坐力，若是因此晃动了枪口，就会白白浪费子弹，所以枪托千万要抵住肩膀。"

"知道啦！"侯江海有样学样，将枪托放在肩膀处，按照甘南火教的办法临时抱佛脚，练习起瞄准来。

他端着枪四处乱瞄，突然透过准星看到前方晃动着一排人影。

2

刚开始侯江海以为自己瞄得眼花了，他把头抬起来，揉了揉眼睛又看了看，这一看可不得了，他顿时大叫了一声："敌人又来啦！"

"什么？"甘南火和钟赤星听到他的叫声，赶紧往工事外看去。

只见远处浩浩荡荡跑来了一大队敌人，最前面一排灰头土脸，有些还带着伤，显然是刚刚逃跑的敌人，后面的自然就是他们找来的援兵了。

"李副营长！有敌人！"钟赤星向李维义跑去，边跑边喊道。

李维义和陈参谋正在商量如何防御敌人的反扑，也听到了远处侯江海的大喊，此时又有一些战士发现了远处的敌人，纷纷高声示警。

陈参谋和李维义立刻掏出枪，分头指挥起义军官兵迅速进入工事，准备迎击敌人。

甘南火和侯江海跟在钟赤星身后，来到了李维义身边。

起义军官兵这时已全部进入战斗岗位，举枪瞄准越来越近的敌人。

侯江海也趴在甘南火和钟赤星的中间，像模像样地端着枪，用甘南火刚教他的方法，眯起一只眼睛瞄准前方来势汹汹的敌人。

敌人很快闯入了机枪的射程内，起义军机枪手们立即开枪，子弹如同三伏天的急雨般向蜂拥上来的敌人狂扫而去，几乎就是一瞬间，冲在最前面的敌人就倒下了一大片。剩下的敌人见势不妙，隐藏在了山石或大树的后面。

侯江海好不容易学会了打枪，还没来得及实践，敌人就躲起来了，这让他心里十分不甘。

他嘴里一边骂着"胆小鬼！缩头的乌龟！"一边把脑袋伸出工事，抻着脖子去找敌人。他是下定了决心，不管怎样，起码得先找出一个来祭祭枪。就在这时，天边传来了一阵呼啸声，他身边的甘南火和钟赤星，马上异口同声地喊了声"小心"，一人一手按在侯江海头上，把他紧紧按在了工事上。

侯江海吃了一嘴土，正迷迷糊糊地不知道怎么回事呢，一声惊雷突然炸响在他前边不远处。他只觉得后背一阵生疼，似乎全阵地的碎石头都砸在了自己的身上。他的脑袋里嗡嗡直响，耳朵像聋了一般，完全听不到周围的声音。他感觉身边似乎有人在推自己，当他缓缓抬起头来向两边看去时，只见钟赤星和甘南火正一脸焦急地说着什么。不过他只能看清两个人的口型，却完全听不到他们的声音。

"小猴子！小猴子！"钟赤星用力摇晃了侯江海几下，他脸上的迷茫才总算退去了一些。

经过这么一摇晃，侯江海隐隐约约听见了钟赤星的声音，他扯着嗓门大喊："阿星……这是怎么了？"

钟赤星指指前面，侯江海向外一看，工事外赫然多出一个大洞，正冒着黑烟。

他一脸惊慌地转过头，钟赤星趴在他耳边大声说道："是迫击炮！你老老实实在工事里待着！脑袋别再往外冒了！"

"知道啦！"侯江海嗓门还是很大。

他揉了揉耳朵，好不容易觉得好了一些，能够听清别人说话了，但脑袋里却还是像飞着一千只蜜蜂般嗡嗡的。

敌人把迫击炮架在了起义军的射程以外，无论是机枪、步枪还是手榴弹都够不到。一枚枚迫击炮炮弹破空而来，在阵地上炸开，直炸得阵地上飞沙走石，硝烟弥漫，起义军被压制得一时抬不起头来。

李维义见敌人的炮火太猛，就去找陈参谋商量，为了避免无谓的伤亡，决定先让起义军停止射击，大队都撤到阵地后一个斜坡下隐蔽，工事里只留少数的观察哨，等敌人停止炮击，步兵冲上来时再返回工事内坚守。

陈参谋认为李维义的提议很好，就和李维义组织起义军悄悄撤出了阵地。

只有甘南火、钟赤星和侯江海，无论李维义怎么劝说命令，他们都坚决要求和李维义一起留下来，观察敌人的动静。李维义无奈之下，只好同意让他们三个留下来，和另外七八个战士一起，继续在工事内坚守。

三个少年觉得缩在工事里只挨打不能还手太窝囊，于是千方百计在敌人原有的工事基础上，复制了几个长堤战壕中那样的射击孔，虽然不是太像样，但毕竟可以身体不露出工事，就能向敌人射击了。

李维义看了后连声说好，并让其他的战士也尽量模仿，在隐蔽处造几个射击孔。

虽然有了射击孔，但因为胆小的敌人都缩了起来，急于尝试开枪的侯江海，还是没有用武之地，气得他一直嘟嘟囔囔地骂敌人胆小。

甘南火听了觉得好笑，为了安抚侯江海，就教他怎么通过射击孔来寻找目标。这下侯江海来了兴趣，举着新领到的枪，一刻不停地寻找着目标，偶尔发现有个把敌人露出了部分身体，就急忙开上一枪。尽管都没打中敌人，但还是把胆小的敌人吓得不轻。

甘南火的收获则是侯江海没法比的了，他像是在给侯江海做示范似的，屏息凝神通过射击孔寻找着敌人，发现偶尔有暴露的敌人，一定会冷静、飞快地一枪命中目标的。

钟赤星的成绩也比侯江海好很多，虽然达不到枪枪命中，但也是八九不离十。

就在三个少年打得兴高采烈时，敌人的指挥官却发现对面起义军的阵地上，只有零星的反击枪声了。他得意地以为起义军不是被炮击消灭了，就是被猛烈的炮火吓跑了，于是命令停止炮击，让步兵开始冲锋。

李维义听到敌人的炮击停了，举起望远镜将头稍稍露出工事，看到敌人的步兵端着步枪、花机关和轻机枪朝阵地涌了上来，后面还有抬着重机枪的，急忙命令钟赤星向陈参谋报告，让起义军迅速返回工事内，准备迎击敌人。

钟赤星答应一声，再也顾不上从射击孔开枪了，飞奔着出了工事去找陈参谋。

侯江海这下可乐坏了，远处出现了密密麻麻的敌人，他几乎可以不用瞄准就开枪了。只不过他的子弹往往是张冠李戴，瞄的是胖子，打中的是瘦子，瞄的是高个儿，打中的是矮个儿，但是一定会枪响就有敌人倒地，连甘南火这个神射手都看得目瞪口呆，以为自己教出了另一个射击天才呢。

尽管不断有敌人中弹倒地，但在他们看来，自己离起义军的阵地越来越近了，但对面的枪声还是这么稀稀拉拉的，阵地上一定已经没有多少起义军了。于是他们的胆子顿时大了不少，大呼小叫着冲得更起劲了。

这时，陈参谋已经带着隐蔽起来的起义军返回了工事内，战士们的枪口都对准了蜂拥而来的敌人，静静等待着反击的命令。

陈参谋看到敌人越来越肆无忌惮的样子，决定暂时先不下令开枪，而是把敌人放得再近些，然后给他们来一个重创。

他举着驳壳枪，紧盯着一个正在喝骂士兵的敌军官，眼看着敌人越来越近，突然抬手"叭"的一枪，将那个敌军官送回了老家。

　　陈参谋的枪声就是命令，他的枪声刚响，所有起义军官兵就都扣动了扳机。密集的子弹霎时间织成了一张火网，向冲上来的敌人罩了过去。

3

　　在起义军猛烈火力的打击下，冲在最前面的敌人顿时倒下了一大片，然而后面又冲上来无数的敌人，踩着同伙的尸体疯狗般扑上来。

　　甘南火和钟赤星趴在战壕中，不断快速地拉动着枪栓。经过了长时间不曾停歇的战斗，他们的精准度还是丝毫没有下降，每一颗子弹必然会击中一个敌人。即使不能让敌人立时毙命，也一定会让他暂时失去战斗的能力。

　　侯江海的"神枪"此刻也发挥不出威力来了，因为他自己都不知道他每开一枪，子弹都飞到哪去了。虽然敌人还是那么密密麻麻，虽然他每开一枪还是有敌人倒下，但因为现在有太多的起义军在开枪，所以连他自己都不知道，倒在他面前的敌人，是不是他打中的。

所以他现在也不追求"枪法"了，只想在速度上能跟上甘南火和钟赤星，但他低估了甘南火和他说的射击的后坐力，连续的射击，把他震得龇牙咧嘴。

没人注意到这些，因为敌人发起了连续冲锋，简直比涨潮的海浪还要汹涌。起义军官兵没有丝毫喘息的时间，他们不断扣动着扳机，将子弹射向敌人，手榴弹也一枚接一枚地飞出工事，在阵地外开出一朵朵巨大的尘埃之花。

整个阵地很快变成了一片火海，到处都有子弹在飞，到处都有爆炸在响。敌人虽然仗着人多装备好，疯狂地向起义军阵地发起攻击，但起义军官兵却面无惧色地迎击着敌人，用他们手中仅有的那些武器弹药，对敌人予以重击。

甘南火和钟赤星此时并排趴在工事里，集中精力瞄准着敌人的军官。

建议是甘南火提出来的。

战斗打响后不久，他就对钟赤星说："古语有云，射人先射马，擒贼先擒王。我们还是按照长堤阵地之时那样，先将敌人的军官击毙，即便不能让他们即刻退却，起码敌人失去了指挥，或者可以给我们一些可乘之机。"

钟赤星对此完全同意。

面对着几乎一样的军装，两个少年辨认敌人的办法，就是靠那些敌人手中拿着的枪。举着步枪的虽然不一定全是普通士兵，但拿着驳壳枪或手枪的，却必然都是军官。

他们你一枪我一枪，很快就解决掉了几名敌军官，尤其甘南火更是枪枪命中。

正当甘南火举枪瞄准下一个目标时，他右侧的李维义那边却传来了一阵说话声。

"报告李副营长，我奉叶副总指挥的命令，来向您传达作战任务！"一个面生的战士对李维义说道。

甘南火侧着耳朵去听他们的谈话，居然听到那战士说，叶副总指挥也来了观音山，并且就在临近的阵地上，亲自指挥那里的起义军作战呢！

"天哪！老团长竟然就在我们身边！"甘南火听到这个消息后难掩激动，转头就把这个消息告诉了钟赤星和侯江海。

钟赤星瞪大了眼睛，不敢相信地看着甘南火。

侯江海更是干脆大声地问了一句："什么？叶副总指挥？那么大的官也自己上战场？"

他这一喊不要紧，旁边的战士全都听见了。

大家本来都在全神贯注地反击敌人，听侯江海这么一喊都分了神，眼睛虽然还盯着准星，嘴上却忍不住追着侯江海问起来："真的？叶副总指挥真的在这儿？"

"自然是真的！"甘南火语气坚定地说，"这是我亲耳听到的，当然假不了，叶副总指挥就在离咱们不远的地方，指挥整个观音山的战斗呢！"

"太好啦！叶副总指挥来了，咱们可得精神着些，不能让叶副总指挥失望！"

"就是！都瞄准了打！不能给咱教导团丢脸！"

大家你一言我一语，很快把这个消息传遍了阵地，战士们备受鼓舞，士气更加高涨。

阵地上喊杀声一片，枪声爆炸声也越来越密集。

大家在陈参谋和李维义的指挥下英勇反击，死死守着这片阵地。敌人上来一波被打下去一波，又上来一波，再被打下去一波。然而人数众多的敌人，似乎完全不介意这"小小"的损失，他们凭借着轻重机枪凶猛火力的掩护，到底还是接近了阵地的最前沿。

"糟了！敌人冲过来了！"侯江海一时心急，瞄都没瞄就胡乱开了几枪。

甘南火赶紧压住他的枪杆："冷静！越是这种时候越不能急！子弹宝贵，可不是这么个打法！"

侯江海停止了射击，深吸两口气点了点头，向甘南火示意没问题了。

另一边，钟赤星掏出自己身上仅剩的两颗手榴弹，朝着敌人最密集的地方扔了出去。

两声巨响过后，敌人又被炸死一片，攻势也稍微缓了一些。

此时，陈参谋和李维义命令大家上好刺刀，做好白刃战的准备。

甘南火抽出刺刀，用衣襟仔细擦拭了一下刀刃，然后安在了枪上，做好了随时冲向敌人的准备。这把刺刀还是之前侯江海捡到的那几把其中之一，他一直别在腰带上，此时果然又派上了用场。

侯江海也把给钟赤星和甘南火分剩下的那把刺刀握在了手中。他没有学过如何进行拼刺刀，所以只能把它当成一把长一些的匕首来用。

密集的子弹掠过起义军阵地的上空，跟在子弹后面的是嗷嗷叫着冲上来的敌人，就在他们眼看要攻入工事的一瞬间，"叭叭"两声枪响，冲在最前面的两个敌人中弹向后仰倒，举着驳壳枪的陈参谋和李维义率先冲出工事，全体起义官兵紧随在他俩身后一跃而起，端着枪举着刀迎着敌人冲了上去。

敌人被呐喊着冲过来的起义军吓坏了，后面的掉头就往回跑，前面的想跑跑不了，只有硬着头皮慌乱地举枪招架。

钟赤星早就盯上了一个敌军官，他把枪背在了身后，双手各握着一把刺刀，借着踏上工事的冲劲，脚下一用力，飞身直朝着那个敌军官扑去。

那个敌军官见势不妙，赶快把枪举了起来，不

等瞄准就要发射。

然而钟赤星根本不给他开枪的机会，随手将左手的刺刀甩了出去，刺刀沿着一条直直的轨迹，离弦之箭般直飞向那个敌军官，吓得他随手把枪一扔，抱着脑袋就蹲了下去。

钟赤星原本也没打算将其一击击杀，那把刺刀不过是为他创造更好的攻击机会罢了。他只是没想到那个敌军官这么没用，竟不是用枪格挡，反而把武器给丢了，这让钟赤星更加瞧不起他了。

钟赤星上前一脚将他踢翻，前冲的同时捡起地上的刀，仿佛不经意般一刀结果了他。

他又冲向下一个敌人，可手还没抬，一颗子弹就要了他面前这个敌人的命，正当他抱怨谁和他抢对手的时候，蓦地发现，身边已没有敌人了。

只见已冲上阵地的敌人，像退了潮的潮水般没命地往回逃窜，钟赤星迈开大步正要追下去，突然被李维义喊住。

不畏疯蚍强撼树

第八章

·········· 主动出击 ··········

1

在李维义的望远镜中，敌人潮水般退到山坡下，然后消失得无影无踪了。

李维义告诉钟赤星穷寇莫追，然后让他和甘南火传令各部，迅速打扫战场，收集武器弹药，抓紧时间修补工事，准备迎击敌人的再次进攻。

他自己则去找陈参谋，商量下一步的作战计划。

甘南火传完令回来后，本打算去帮忙修整工事，却被侯江海硬给按坐在一个弹药箱子上。原来，他肩上的伤口又裂开了，侯江海忙着要给他重

130

新仔细包扎一下。对于甘南火为了救自己，而被敌人刺伤这件事，侯江海心中总是过意不去，虽然甘南火早就宽慰过他了。

别看侯江海表面上是个大大咧咧的小混混，其实特别重感情，就是他自己说的讲义气。最初在沈家夜档见到甘南火时，他只是把甘南火当成是好兄弟阿星的战友而已，后来他们三个又相聚过几次，甘南火温文儒雅，从不端军人或书生的架子，对他也像对待钟赤星一样真诚而友善。

侯江海看得出来，甘南火是真心想跟他交朋友的，他原本还有些自卑，但在甘南火的影响下，很快抛开了那些想法，跟他成为了真正的好朋友。

甘南火如此待他，他总恨不能为他做些什么，来表一表自己的心，顺便向甘南火证明一下，他没有白交小猴子这个朋友。可最后没想到自己竟然什么都没帮上甘南火，反而还被他救了一命，侯江海心里真的是又感动又羞愧，完全不知道该如何报答甘南火才好了。

甘南火哪里需要他什么报答，自己救他完全是出于对朋友、对战友本能的爱护。但甘南火知道现在这么跟他说，他也不一定能听得进去，所以想干脆支开他，以免他看到自己的伤口又难受，于是站起来对他说："我没事了，你还是去看看别的战友吧，现在这里只有你一个医护兵，只能让你多辛苦一些了。"

什么叫"只有你一个医护兵"？听甘南火这意思，是把自己真当医护兵了。侯江海眼睛一亮，顿时把别的心思都抛到了脑后，他用力点了点头大声说："好嘞！交给我吧！"

　　跟着这支队伍两天多，大家一起冲锋陷阵，并肩作战，每个人都把侯江海当成自己人。唯有他自己，心里还总有些不大相信，所以每次听到大家用跟战友的口气跟他说话时，他总免不了觉得喜出望外。这么多人，连一个嫌弃他、瞧不起他的都没有，大家都对他那样好，就像他们都是亲兄弟一样，他越来越铁下心来，无论如何都要跟着他们。

　　侯江海背着急救箱跑远了。甘南火看着他的背影，脸上露出了担忧的神色。

　　阵地上起义军伤亡不小，单凭侯江海一个人，和他身上那一只急救箱，其实也起不了什么作用。更何况，敌人始终虎视眈眈，他们根本没有时间好好处理伤口，除了那些重伤员以外，大家几乎都是随便在衬衣上撕下几块布条，胡乱把伤口包起来而已。

　　甘南火侧着耳朵听了一会儿，广州城内外各个方向都传来了枪炮声。

　　敌人这是发了狂了，张发奎显然对夺回广州志在必得，估计他把所有能调集的军队都调来了，对广州展开了疯狂的围攻。这一天半的时间，甘南火他们在李维义的指挥下东奔西跑，不是在对敌人进行阻击，就是奔赴在去往下一个战场的路上。

此时，看着眼前一片狼藉的战场，甘南火心中忽然有一丝害怕的思绪闪过，怕自己万一死在观音山这个战场上，就无法看见唐教官、李维义他们所说的那个新世界了。他对那个自由平等的新世界一直心生向往，总想着有一天能亲眼看看，不光是为了满足自己的心愿，也算是完成父亲的一个遗愿。

不过只一转眼的工夫，他就想通了。他们此时所做的事，不正是在一砖一瓦地建设那个新世界吗？就算最后他看不到，也会有无数的战友、无数的民众帮他去看、去触摸、去体验。让更多的人见到那个新世界，生活在那个新世界，也许这才是他深埋心底最重要的心愿吧！

甘南火不再纠结，朝着正挥舞着铁锹修补工事的钟赤星走去。

"我来帮你！"他对钟赤星说。

钟赤星瞧了他肩头一眼："没事吗？"

"没事。"甘南火摇摇头。

钟赤星也不跟他客气，随手指着一边地上堆着的几条麻袋："把那个递给我。"

这些麻袋是钟赤星刚刚从工事里找到的，应该是敌人用来搭建工事用的。

甘南火捡起一条麻袋，没有给钟赤星，而是撑开了袋口等着他。钟赤星扬起铁锹，把沙石装在里面。

两个人配合默契，很快就装满了那几个沙袋。

　　这会儿钟赤星可不让甘南火插手了，一个人把沙袋整整齐齐地堆在了工事边。甘南火身上有两处伤，他钟赤星却只有一处，而跟甘南火肩头的伤比起来，他那处被子弹擦伤的小伤口实在不算什么。更何况，他的力气也比甘南火要大得多呢。

　　"行了！"钟赤星拍拍沙袋，"咱们再去那边看看吧。"

　　两人转身正要走，一抬头看见哨兵领了个军官，正要去找陈参谋和李维义。

　　那个军官中等身高，体格壮实，身姿挺拔，步伐矫健，甘南火看他的身影觉得非常眼熟，又仔细看了一眼他那张国字脸，不由得喜上心头对钟赤星说："快看！是邱连长！"

　　"哪个邱连长？"钟赤星没反应过来。

　　"就是教导团9连的邱连长，上次陈参谋和咱们说过，教导团攻打公安局的时候，就是他率人最先冲进去的。"甘南火兴奋地说。

　　"我想起来了！想起来了！"钟赤星也立刻兴奋了起来，"你还说这个邱连长是黄埔军校的高材生，参加过北伐战争，战斗经验丰富，他还指导过你的枪法呢。"

　　甘南火和钟赤星兴奋地追着哨兵和邱连长的身影跑了过去。

　　他们赶到时，刚好听到邱连长正跟陈参谋和李维义说着自己的来意。

"叶副总指挥说，观音山是广州城的制高点，战略位置十分重要，绝不能落入敌人之手，所以叫我带着预备队来增援你们。"邱连长说着，朝他来的方向指了指，只见一队战士正站在不远处，等待着他们的召唤。

听到邱连长这么说，李维义一开始并没有表现得特别高兴。他微微皱了皱眉，问道："预备队？咱们不是只有一支预备队吗？你带来了，叶副总指挥那边怎么办？"

"李副营长放心，"邱连长回答，"叶副总指挥有人保护。"

"那就好。"陈参谋和李维义这才放下心来。

"太好了！现在有了李副营长和你们预备队，咱们一定能打退敌人，守住阵地！"陈参谋紧紧握住邱连长的手说。

"陈参谋，李副营长。"邱连长直奔主题，"刚才来时我发现敌人正在蠢蠢欲动，你们有什么好对策吗？"

2

"有！有！"陈参谋和李维义互相看了一眼后，高兴地说，"我们原本想了个计划，正愁人手不足，觉得太过冒险呢，你们来了就没问题了。"

说着陈参谋和李维义一起，把他们商量好的防守方案，跟邱连长说了一遍。

　　甘南火和钟赤星这时来到李维义身边，也听到了这个方案。

　　按照陈参谋和李维义的考虑，敌人经过休整后，必定会重新集结队伍，再次发动进攻。但敌人的军官们都狂妄自大惯了，从不把共产党、起义军放在眼中。此次他们虽然在这里吃了几回败仗，却也让他们知道了起义军的人数和装备，都远远落后于他们。所以他们再来时，肯定还是只会从正面冲上来，借助人数和武器的优势来展开攻击。

　　"到时候我们会在阵地上用火力猛烈反击，吸引敌人的注意力，"陈参谋指指远处说，"邱连长你就带着预备队，以地形为掩护，埋伏在山腰一侧。只待敌人被我们拖住后，再出其不意，从侧面对其展开攻击，这样定能对敌人造成重创。"

　　"好！"邱连长先是一口答应，接着脸上又带着为难神色说，"但是我们都是外乡人，对这里不熟，也不知道哪里适合埋伏，现在时间又紧，已经来不及侦察地形。"

　　邱连长说得没错，第4军教导团本是武汉分校教官和学员改编的，广州人本来就少，预备队里更是一个都没有。

　　正当三个人为难之际，钟赤星忽然跳了出来：

"我熟！我可以给邱连长当向导！"

"对呀！怎么把你忘了！"李维义拍拍钟赤星的肩膀，"既然这样，就交给你了，务必带邱连长找到一个最佳的伏击位置。"

"是！李副营长！"钟赤星立正敬礼答应后，就站到了邱连长身边。

邱连长看着钟赤星笑了笑，对陈参谋和李维义说："那事不宜迟，我们就先出发了。"

"好！你们小心！"陈参谋和李维义同声对邱连长说。

甘南火跟在陈参谋和李维义的身后，一起送走了邱连长和钟赤星，正要再去帮忙加固工事，却被李维义给叫住了。

李维义对他说："敌人大概很快就会攻上来了，你还是留下等着帮我和陈参谋传令吧。"

"是！"甘南火立正回答后，就跟在李维义的身后，在工事内检查各处的准备情况。

工事此时已经基本修复好，战士们大多在整理从敌人那里缴获的武器。

当李维义和甘南火走到工事最里侧的时候，侯江海突然一脸兴奋地从一个角落跳了出来。他直冲到两个人的面前，指着那个角落急促地说："李副营长！甘兄弟！你们快看！"

甘南火越过侯江海的肩头看过去，只见角落里堆着一竹筐子弹、四五十颗手榴弹和七八个急救箱，显然敌人是把这个角落当成藏物资的地方了。

这可真是雪中送炭啊！甘南火抑制不住心中的喜悦，喊了李维义一声："李参谋！"

李维义点了点头，脸上也带了笑容："我看到了。侯江海，干得漂亮！有了这些东西，咱们就能多杀一些敌人，胜利的希望也就更大了！"

说着，他上前一步，把右手放在侯江海的肩头："侯江海，那些急救箱就归你管了。从现在开始，你既是一名战士，也是我们的医护兵，一定要帮我们照顾好伤员。"

"是！我这就去再给伤员检查一遍！"侯江海激动地大声回答，抱起两个急救箱，就往安置伤员的地方跑去。虽然这几个急救箱里，不可能有太多的伤药，但起码能把大家包伤口的碎布条和绑腿用绷带换下来。

侯江海跑开后，李维义又命令把子弹迅速分发给战士们。

至于那些手榴弹，则被搬去了工事的最前沿，准备当敌人攻上来时，给他们点儿颜色瞧瞧。

就在甘南火帮着分发子弹时，钟赤星已经带着邱连长和预备队从阵地后面悄悄绕到了山腰，进入预设的埋伏阵地范围内。他特意选了一条山石凌乱、树木繁多的小道，以免被敌人发现他们的行踪。

邱连长带着预备队，跟着钟赤星七绕八绕，越绕越高兴，他低声对钟赤星说道："行啊你小子，这路带得真可以，我都快看不到自己队尾的人了！"

钟赤星"嘿嘿"一乐，得意地对邱连长说："那是，要说码头是我家前院，这观音山就是我家后院。从小到大，玩耍、捡柴、挖野菜，我们几乎每隔几天就要来山上一趟的，不是我吹牛，这里就是多一棵树我都能发现！"

"是嘛！"邱连长故意逗钟赤星问，"那你这个小地头蛇打算带我们到哪儿埋伏啊？"

钟赤星往左前方指了一下说："那边！"

邱连长顺着他指的方向看去，那里是一片连在一起的山石，看上去像断崖边常见的那种样子，山石前是一小片空地，山石上面则只有几根枯草随风乱摇。他不禁疑惑地问道："那里不是一条死路吗？咱们要是待在那片空地上，可就不是埋伏，而是给敌人当靶子了。"

钟赤星连连摇头说："不会不会！您跟我走就知道了！"

过了一小会儿，队伍走到了山石前，邱连长还要再问，一抬头却发现，刚刚还在自己眼前的钟赤星不见了，他大吃一惊，赶紧低低地喊了几声。

钟赤星的回答从前面传来。

邱连长瞪大眼睛仔细找了半天，才看见山石右侧有一条细细的缝隙，顺着缝隙看过去，钟赤星的脑袋正从山石后探了出来。

真是没想到山石后竟然还别有洞天。

邱连长赶快带人走了过去，原来这后面居然不是断崖，而是一片长满了野草的空地。空地虽然算不上多大，但埋伏他们这些人还是绰绰有余的。

邱连长高兴极了，一拳打在钟赤星的肩头："真不错！竟然能找到这么隐蔽的地方！"

钟赤星十分自豪，这是他小时候随师傅到山上练功时无意间发现的，他原本只把这里当成了一个好玩的地方。后来师傅居然告诉他，这片空地上长的野草，大多数都能吃，他马上把这个地方分享给了侯江海。从那时起，这儿就成了他们的秘密基地和菜地，在家里困难的时候，没少给他们提供吃食。除了侯江海，这还是他第一次带外人到这里来。

邱连长又夸了他几句，便命令队伍立刻隐蔽，随时做好配合主阵地阻击敌人的准备。钟赤星站在邱连长身边，也把枪从背上摘了下来。

"怎么？你不回去了？"邱连长问钟赤星。

"不回去了。"钟赤星理所当然地摇头答道："反正都是打敌人，我在这儿跟着你打伏击也是一样的。再说了，要是你有什么事要告诉李副营长他们，我还可以给你当传令兵。"

邱连长犹豫了一下，没再说什么。他原本是想让钟赤星回到主阵地，但转念一想，如今哪里都是一样危险，跟着他们和在主阵地也没什么区别。而且敌人随时都会攻上来，他现在再往回跑，反而会更容易被敌人发现。

主阵地和伏击阵地上，李维义和邱连长同时举起了望远镜。

天越来越阴，黑乎乎的乌云看上去像是马上就会掉下来一样。风几乎要停了，没有了它的帮忙，战场上的硝烟久久也无法散去，吸在人的鼻子里，火辣辣的呛得慌。

甘南火趴在战壕里，一会儿踮起脚尖看看远方，一会儿又抬头看看李维义。

过了不长时间，李维义突然用低沉的语调命令："敌人上来了，同志们，准备战斗！"

"是！"他身边的战士们都压低声音齐声回答道。

3

侯江海不知何时也钻了过来，拿着甘南火给他的那支枪，站在了甘南火身旁。

他刚刚用自己找到的药品，帮重伤员给伤口消完毒，正准备再去替一些轻伤员重新包扎一下伤口，偏在这个时候，李维义的命令传了下来，那些原本就想把绷带纱布给战友们节省下来的轻伤员们，立刻拎着枪回到了自己的战斗位置，把侯江海一个人给撂在了原地。侯江海拿着纱布左右看了看，一跺脚，把纱布塞回急救箱，也跟着跑回了阵地。

"不让我当医护兵了，我就当战士去！"他自言自语地说。

其实哪有谁说不让他当医护兵了，只是没有伤员可治的医护兵，当着也实在没什么意思罢了。更何况，他侯江海打从心底里本来就想当一个能杀敌的战士呢。

重新集结后的敌人再一次攻了上来，他们还是先用炮弹开路，几发炮弹落在阵地前的土坡上，伴着震耳欲聋的巨响猛然炸开。硝烟滚滚，炸弹激起的烟雾，看上去比观音山上最粗的大树，在阳光下投射的树影还要浓厚。气浪带着滚烫的风奔涌着冲向战壕，把地上拳头大的石块，裹挟着飞上半空，看上去如同羽毛般轻盈。

甘南火的眼中露出了兴奋的光芒，这种光芒也出现在每一名起义军官兵的眼睛里。终于等到了，这些万恶的反动派，这些该死的敌人，既然一定要战斗，那么不如让这战斗来得快一些，再快一些！唯有经过了这些战斗，他们才能把一个幸福的新世界带给人民，带给他们的父母和兄弟姐妹！

敌人又靠近了些。经过几次失败，这次他们显得谨慎得多，步伐也变得慢了不少。

工事内的战士们都等得有些心急，甘南火听到身边一个战士正在向旁边的老兵询问："班长，到底什么时候能打？"

"快了，好好听命令吧。"老兵回答道。

又过了几分钟，磨磨蹭蹭的敌人终于进入了起义军的射程范围内。

"打！"李维义举起驳壳枪高喊了一声，霎时间，刚刚还悄无声息的起义军阵地上，响起了密集的射击声，战士们一股脑儿地把缴获的子弹，以这种方式还给了那些敌人。

　　甘南火离李维义最近，第一个听到了他的命令，在李维义喊出"打"字的同时，他的食指已经扣动扳机，将第一颗子弹射了出去。

　　侯江海也不甘落后，他仔仔细细地瞄准了一会儿，开了这次战斗的第一枪。他此时已经有了些经验，虽然无法像甘南火那样枪枪命中目标，但几颗子弹中总有一颗能落在敌人身上，让那些敌人即便不死，也暂时失去攻击的能力。

　　他们这边枪声响得密集，钟赤星却还只能躲在山石后握紧了枪，耐着性子等着。他无数次地看向邱连长，却发现邱连长面沉如水，一丝要开始战斗的意思都没有。钟赤星舔了舔嘴唇，深吸了一口气，又把眼睛望回到主阵地那边的战场上。跟甘南火当了朋友以后，他的急脾气也算是稍微收敛了些。

　　邱连长还在等，等着敌人彻底进入他们的伏击圈。

　　起义军反击的枪声渐渐弱了下去，先是机枪声消失了，随后连步枪的声音也变得零星起来。敌人的指挥官在队伍最中间，侧耳仔细听了一会儿，忽然高兴地大喊起来："兄弟们！叛军没有子弹了！给我冲啊！抓了叛军回去总指挥重重有赏！"敌人的士兵听了那个敌军官的嚷嚷后，顿时像打了鸡血一样，疯狂地朝着阵地冲了上去。

侯江海看到敌人的反应后，兴奋地叫起来："嘿，李副营长说得还真准，这些家伙怎么上当没够儿呢！"

他说得没错，敌人确实是上当了，李维义让大家将开枪的频率减慢，为的就是引他们上来。这个办法在长堤阵地上用过一次，现在拿到这里来，还是很好用。

敌人蜂拥向起义军阵地冲去，没用几分钟，就全部越过了预备队埋伏的地方。

"同志们！打呀！"邱连长率预备队从山石旁的缝隙中迅速冲出，全部展开，从后面向敌人发起了猛烈地攻击。

钟赤星终于等到了他期盼已久的攻击命令，向着敌人连连扣动扳机，枪里的子弹一颗接一颗地飞出去，带着他的愤怒在敌人身上钻出一个个弹孔。他身边预备队的战友们，也都正在向敌人猛烈地开火，子弹如同冰雹一样砸向敌人，在他们的侧后方激起一阵烟尘。

敌人被这突如其来的攻击打蒙了，侧后方的敌人一边胡乱还击，一边想着趁乱逃窜。前方正在进攻的敌人也乱成了一团，原本还能称得上队形的队伍，被后面的同伙冲得七零八落，惹得他们都禁不住探着头去看到底是怎么回事。

"给我狠狠打！"陈参谋这时高声下达了反击的命令。

甘南火终于又能将开枪的速度提上来了，他早憋了一口气，就等着现在呢。战斗正式打响后，他似乎连伤口的疼痛都感觉不到了，只想着能多开几枪，多打倒几个敌人。随着他开枪的动作，枪托一下下击在他的肩上，带动他的身体不断轻微地颤动着。在他伤口外绑着的绷带上，一丝丝红色慢慢洇了出来。

要是在刚刚休整时，侯江海肯定早就大惊小怪地喊起来了，但现在这个"半路出家"的医护兵却根本没有注意到这件事，他也正忙着举枪射击呢。

敌人这么一乱，正合侯江海的心意，他本来枪打得并不准，但那些敌人动不动就撞在一起挤成一群，他只要往人多的地方去瞄准，几乎也能一颗子弹击中一个敌人了。

"太好啦！"侯江海脸上露出了笑容，他早就知道起义军的弹药不是很充足，因此一直害怕自己把宝贵的子弹都浪费了，现在这种顾虑总算可以打消了。

邱连长带着预备队打了一会儿，见敌人已乱成了一团，便向敌人发起了冲锋。

钟赤星一边举枪连连射击，一边紧跟着邱连长冲在最前面。

阵地上的起义军官兵，也在陈参谋和李维义的率领下，对敌人发起了反冲锋。

他们先是将侯江海找到的那些手榴弹，一股脑儿地扔了出去，随后举着上了刺刀的步枪或大刀跃出工事，在烟雾中冲进了混乱的敌群里。有的战士举枪便刺，有的战士抢刀就砍，很快这些好不容易才重新集结起来的敌人，又一次被打得溃不成军。他们的指挥官早已不知道跑到哪儿去了，剩下的敌人也都抱头鼠窜，四散奔逃。

甘南火眼看着一个敌军官向东跑去，立刻瞄准了他的后心，"叭"地开了一枪，那个敌军官应声倒地，在地上翻滚了两下，就再也不动了。

当甘南火回头再找目标时，却发现已经没有敌人可打了，原来就在这一瞬间，那些胆小鬼在起义军的两面夹击下，早就跑得没了影儿了，只剩下同党的尸体，和一地的武器。

不畏疯蚍强撼树

第九章

·········· 人在阵地在 ··········

1

　　"迅速清理战场，将可用的武器弹药全都收集起来！"确定敌人已经跑远，暂时不会对起义军造成威胁后，李维义命令道。

　　甘南火和战友们听到命令，立即将枪背在身后，开始清理战场。

　　战场上一派惨烈的景象，到处是炸碎的山石树木、丢弃的枪支弹药物资，还有一具具穿着军装的尸体，战士们只有通过颈上是否系着红飘带，才能分辨出他们到底是战友还是敌人。

天是阴沉沉的灰，空气中还弥漫着硝烟的味道，压抑得让人喘不过气来。

甘南火面色沉痛地俯下身去，从一名牺牲的战友手中拿起了他的枪，并轻轻地把他身上的子弹袋摘了下来，然后伸手在战友的眼睑上轻抚了一下，让那双带着遗憾的眼睛合上。这时，两个战士走过来抬走了这位烈士。望着他们的背影，甘南火用力攥紧了战友的枪，低声缓缓说道："你好好安息吧。我们会用你的这支枪，击毙更多的敌人，为你和战友们报仇的！"

此时，邱连长带着钟赤星和预备队赶到阵地前，和正在清理战场的起义军会合。

钟赤星看到陈参谋、李维义和邱连长他们见面后，走回工事商量后续的防守措施，他就手疾眼快地去收集起地上能用的东西来。

在翻动一个敌人士兵的尸体时，钟赤星意外发现那人腰间的武装带上，居然斜斜地插着两颗手榴弹，这令他非常惊喜，马上将手榴弹抽出来插在自己的腰带上。

意外捡了这么个便宜后，钟赤星长了个心眼，遇到每个敌人的尸体，就都会翻过来看看有没有手榴弹。最开始他都将捡来的手榴弹插在腰带上，很快腰带就插不下了，他就开始找手榴弹弹袋装，然后跨在身上，但捡到二十几颗时，身上都插满挂满了，实在不方便。他就从一个敌人的尸体上扯下一件军装上衣，扎成了一个大口袋，哗啦啦把捡来的手榴弹全都倒了进去，把口袋背在了肩上。

当甘南火正在费力地拽一个敌人身上的子弹带时，一双手忽然伸过来，帮他一起把子弹带解了下来，他一抬头见是钟赤星。

钟赤星把子弹带递给他，然后拉着他神神秘秘地走到了一边，把身上背着的那个军装口袋，扯开一个口给甘南火看。甘南火惊讶地发现，里面装了至少三十几颗手榴弹，以及四五个子弹带，就想也亏得是钟赤星，再换一个人都不一定能把这么重的东西背着到处跑。

"喏，先给你这些，一会儿打起仗来用完了再跟我要。"钟赤星掏出几颗手榴弹，塞到甘南火的怀里。甘南火接过来，塞进自己身上空了的手榴弹弹袋里。

"系好了，省得一会儿打得正过瘾却没子弹了。" 钟赤星看甘南火装好手榴弹，又掏出两条子弹带，挂在了甘南火的身上。

甘南火和钟赤星在这边分战利品，那边侯江海也没闲着，作为李维义亲自任命的编外医护兵，他正背着两个急救箱，跟着几个战士在阵地上搜寻着受伤的战友。

从上一场战斗结束到现在，他已经和战友们找到了好几名伤员，他们有的是被敌人的炮弹炸伤了腿脚无法动弹，有的是受伤昏迷了过去。侯江海一个一个把他们从死人堆里扒了出来，用颤抖的手把绷带一圈一圈地缠在了他们的伤口上。遇到那些没有睁眼的，他就挨个用手去摸他们的颈动脉，生怕错过任何一个。

起义军官兵清理完战场，又急忙赶回阵地修补加固工事。这时已经快到黄昏时分了，几场攻防战直打了整整一个下午。

天变得越来越暗了，阴霾笼罩下，无法欣赏到瑰丽的夕阳和晚霞了。

甘南火、钟赤星和侯江海此刻正一起趴在工事里，一边关注着阵地前方的动静，一边有一搭没一搭地聊着天。

"等仗打完了，你们能不能让李副营长收了我？"侯江海向两个好朋友说出了自己的心愿。

"收了你？"钟赤星斜着眼看了侯江海两眼，"你是妖怪吗？"

"你才是妖怪！你知道我不是这个意思！"侯江海气愤地一拳砸向钟赤星的肩头，钟赤星一闪身躲开了。

甘南火没有加入他们，只是在一旁看着。侯江海搜寻完伤员后情绪一直十分低落，甘南火知道钟赤星是在用这种方法逗他呢。

果然这么一闹，侯江海的情绪缓和了不少。甘南火这才说道："你放心，依我看，李参谋早就把你当成他手下的兵了，不过是差一道从军的手续罢了。等此战结束，我们与你一起去请他给你补办一个就是。"

"哎，那太好了！"侯江海咧开嘴笑笑，又瞪了钟赤星一眼，"亏咱俩还是自小的兄弟呢，你都不如人家甘兄弟够意思。"

他们正说着，忽听到不远的地方站在高处的哨兵大喊了一声："敌人又进攻了！"

"准备战斗！"李维义一声令下，所有战士各就各位，都端起枪紧紧地盯向前方。

"又来！真是不嫌麻烦！"钟赤星嘟囔了一句，顺手在一直背着的那个军装包里掏出一颗手榴弹，拧开了保险盖。

侯江海看着眼馋，才要开口要，敌人的第一枚炮弹就落在了他们的阵地上。

经过了前几次的失败，敌人这一次的炮火准备，已经不止是迫击炮了，还有刚推上阵地的大口径山炮和野炮。

各种口径的炮弹，带着刺耳的尖啸声，像被捅了马蜂窝的蜂群一样，密密麻麻地朝着起义军的阵地飞来。随着连成一片的密集爆炸声，起义军的阵地很快就被炸成了一片火海。事先已有准备的起义军官兵，在陈参谋、李维义和邱连长的指挥下，早就躲进了掩体内，所以敌人的炮击并没有给起义军造成什么伤亡。

敌人这次的炮击持续了很长时间才开始有进一步的行动。留在工事里的观察哨报告，敌人又要进攻了，陈参谋、李维义和邱连长带领起义军官兵，迅速返回工事内严阵以待。

没想到狡猾的敌人这次改变了战术，山脚下的敌人像蜗牛一样，磨蹭了半天就是不见往前推进，反倒是敌人的炮火，再次对起义军阵地进行了猛烈的炮击，看来敌人是发现了起义军防御炮击的办法才这么做的。

甘南火、钟赤星和侯江海此刻趴的位置最靠前，他们只觉得一片热浪扑面而来，想也不想就把脸扑在了工事上，热浪越过他们的头部，往阵地上涌去。侯江海闻到头顶飘来一股焦煳的味道，他伸手摸了摸，感觉到靠近后脑勺地方的头发，都变成了一个个硬硬的小圆疙瘩，看来是被热气给燎焦了，不过幸好并没有烧着。为了不把土吃到嘴里去，侯江海才强忍着没有去骂那些该死的敌人。

过了一会儿，热浪渐消，甘南火小心地抬起头，看到李维义正举着驳壳枪瞄准前方。刚才炮击引起的大火，烧到了他隐蔽的地方，他的衣袖被烧着了，胳膊上的皮肉，也被烫起了一个个水泡。

李维义脸上看不出任何表情，仿佛被烧伤的不是自己一样。他镇定自若地观察着敌人的动向，发现山脚下的敌人，已经像蠕动的羊群一样慢慢开始向起义军的阵地推进了。

2

山下的敌人越来越近，就快进入起义军的射程范围了。可能是怕误伤自己人吧，敌人的山炮和野炮已停止了炮击，只有迫击炮还在拼命地发射炮弹。

这时陈参谋来找李维义，三个少年发现陈参谋的右肩上一片血迹，显然在刚才的炮击中陈参谋也受了伤。侯江海跑过去要给他包扎，却被陈参谋拒绝了，说只是弹片擦破点儿皮。

敌人这次吸取了之前的教训，没有闷着头一个劲儿地猛冲，而是从左中右三个方向迂回着向前推进。他们的人数依然是数倍于起义军，枪炮弹药也充足得很，加上改变了战术，立时给起义军的防守带来了很大的压力。

　　陈参谋和李维义简单商量了几句，便匆匆返回阵地的左侧，指挥他带来的教导团战士，而李维义和邱连长则分别守在了中间和右侧的阵地上。

　　"打！"看到敌人已进入射程范围内，李维义高喊一声，率先开火。

　　早已憋足了劲儿的战士们，立刻扣动了扳机，步枪和机枪子弹雨点般扫向敌人。

　　冲向起义军中间阵地的敌人，立刻倒下了一大片。

　　战士们的反击，引来了敌人更猛烈的炮火，双方的炮弹和子弹带着尖锐的啸声，在战场的上空掠过，飞向阵地内和阵地外，双方的伤亡都在迅速地增加。

　　看到面前的敌人来势汹汹，钟赤星将手榴弹一颗接一颗地甩向了敌人扎堆的地方，把好不容易攒下的这点儿手榴弹，一股脑儿全都扔了出去。当初的财迷变成了如今的败家子，偏偏还有一只小猴子，在旁边帮他一起败，军装袋里的手榴弹很快见了底。不过也多亏了他们这一通手榴弹，将中间这股敌人的攻势暂时压了下去。

　　"钟赤星！你去邱连长那边看看，问问他们还能不能挺住，需不需要支援？"李维义忽然喊了钟赤星一声，命令他道。

原来右侧阵地邱连长那里，已经半天没有消息传来了，虽然能听得出那边依然处在激战中，却不知具体情况如何，这让李维义不免有些担心。

钟赤星答应了一声，沿着工事匆匆跑去了邱连长他们的阵地。

到了才知道，邱连长的传令兵刚刚牺牲了，一时半会儿又实在抽不出别的人手来，这才没能及时向李维义通报战况。

钟赤星转达了李维义的意思，邱连长不假思索地拒绝了："不用支援！我们能行！况且李副营长那边人也不多，让他们先顾好自己吧！"

钟赤星见这里的战事虽然激烈，但一时半会儿敌人确实还攻不上来，立即返回去复命。

李维义不再坚持支援，不过却让钟赤星去跟着邱连长，以防两边有消息传递不及时。

"你自己小心些！"他边朝敌人射击，边叮嘱钟赤星。

钟赤星心头一热，却不敢耽搁，答了声"是"，提着枪就跑。

战斗越来越激烈，甘南火从钟赤星那里得来的手榴弹也都用光了，幸好他身上还有些子弹，倒也够支撑一段时间。他边打边用眼角余光扫视着身边，战友们相继中弹倒了下去，阵地上的工事也全都变得残破不堪，战局对起义军越来越不利了。

几个战士原本打得起劲儿，却忽然快速扣了几下扳机，脸上露出遗憾的表情。紧接着他们纷纷蹲了下去，在受伤或牺牲的战友身上找了找，把他们没有用光的子弹都"借"过来，塞到了自己的枪里，又继续起身战斗。

侯江海身上的子弹也只剩下不到十颗了，可是他不敢开口，因为他还是一个瞄不准的新手，实在不愿意在这种时候再去浪费宝贵的弹药。他想还不如把弹药都让给甘南火他们这样的神枪手，让他们多消灭几个敌人呢。

这样想着，侯江海把自己兜里的子弹全都掏了出来，塞到了甘南火的衣兜里。

甘南火只觉得衣服下摆一动，低头看了一眼，冲侯江海点了点头。

"我去看看伤员！"侯江海大声对甘南火说了一句，就从战斗位置上退了下去，又去干他只干了两天的"老本行"了。

天色越来越暗，战斗也越来越残酷，战士们手里都没有多少弹药了，但每个人都毫无惧色，他们依然斗志高昂地迎击着敌人。

他们每个人都把刺刀摆在了手边，准备随时冲上去跟敌人来一场厮杀。

阴暗的天空忽然落下雨来，雨珠从一开始就连成了细密的线，胡乱地打在战士们的脸上和身上。即使是在广州这种南方的城市，冬日黄昏的雨水也是十分寒凉的。但战士们却觉得这场雨下得舒坦，雨水不但降低了炮弹轰炸下的阵地温度，也缓解了大家忍耐了两天的干渴。他们舔舔被雨水打湿的嘴唇，擦擦被雨水蒙住的眼睛，继续射击着，把一批又一批妄图攻上阵地的敌人打了下去。

甘南火托枪的左手忽然颤动了一下，一枪没能打中敌人的要害。

他肩上的伤一直没有经过妥善的处理，早就开始发炎了，此刻被冰凉的雨水一激，真是又疼又痒又麻。

左肩的痛麻让他的整条左臂都不听使唤，他干脆把身子向前挪了挪，紧紧靠在工事上，随后把左前臂横在身前，把枪架在了上面。少了左手的托举，他必须用力把枪托抵住肩膀，才能不让枪杆晃动。他前后看了看，找了块石头顶在了枪杆上。

这个办法很管用，接下来的一枪，甘南火分毫不差地命中了目标。

甘南火刚重新找回准度，就看到在左侧阵地指挥的陈参谋，带着一名战士快步跑了过来。陈参谋招呼了李维义一声，三个人一起猫腰蹲了下去。

"李副营长，这是总指挥部的传令兵。"陈参谋给李维义介绍，"总指挥部有命令传来，我直接带他过来找你，咱们一起听听。"

"既然如此，我建议把邱连长也叫来。"李维义说。

陈参谋同意了，甘南火飞快地跑去把邱连长叫了来。

人都到齐后，传令兵传达了总指挥部的命令，总指挥部刚刚得到消息，观音山另一侧的几处阵地已经被敌人突破。如果不迅速夺回来，敌人一定会以那几个阵地为依托，对观音山上的起义军发起更大规模的攻击。然而现在到处都在战斗，由于敌我兵力悬殊，亲临观音山指挥的叶副总指挥，已经无兵可调了。

"叶副总指挥希望陈参谋能想办法从这里调派一支队伍，火速前去支援，夺回侧翼失守的阵地。"传令兵说道。

听到传令兵转达的命令后，陈参谋立即陷入思考中，他在想如何找一个两全其美的办法。

此处的兵力本来就不足，几场战斗下来，不断增加的伤亡，更是让阵地的防守显得捉襟见肘。若是这时再抽走一些战士，剩下的人不但将承担更大的压力，而且还有可能阵地不保。可若不是到了最危险的时刻，叶副总指挥也不会向他们提出这样的要求。如何才能确保在增援的同时，这里的防守不会出现问题呢？

就在陈参谋思虑再三，还是拿不定主意的时候，李维义提出了个建议。

3

"陈参谋，你必须去！观音山的战略意义你我都清楚，绝不容一寸有失。你放心，此处我们自会率部防守，一定会做到人在阵地在！"李维义向陈参谋建议道。

"是啊！"邱连长也从旁附和说，"这儿有我们呢！陈参谋你还是快带人去吧！"

事到如今，陈参谋也没有别的办法了。李维义说得对，观音山阵地不管失去了哪一部分，都可能会影响到整个广州城的战局。他只好点了点头，跟大家互道了一声保重，便带着他带来的那些教导团战士，跟着总指挥部的传令兵走了。

失去了近三分之一的人手，起义军阵地上的压力更大了。

李维义和邱连长商量了一下，对阵地的防守重新做了一番部署，又抽调了些官兵，去接手左侧阵地的防守。

侯江海在阵地上跑了一圈后回来，脸上带着沮丧的表情。这一趟他几乎什么忙都没帮上。重伤员们的伤远不是他这个外行能处理得了的，他能做的无非是帮他们简单包扎伤口。而轻伤员们却是连碰都不准他碰。因为战况紧急，大家都忙着战斗，谁也不想为了"这点事儿"耽误时间。

他没看到陈参谋带着人离开，所以回来后发现阵地上突然少了很多人，顿时大吃一惊，三步两步跑到甘南火身边，向他打听到底是怎么回事。直到听甘南火说他们是去别处增援，而非被敌人杀伤后，才算放下心来。

和甘南火说话时，侯江海突然发现他似乎有些不对劲儿，他的射击姿势不像先前那样标准了，被雨水打湿的面庞看上去也越发苍白。侯江海心中一沉，往他的左肩看去，绷带上一大片湿漉漉的红色，明显是掺杂了雨水的鲜血。

侯江海见状急得满眼都是泪水，伸手去拽甘南火的衣襟："甘兄弟！你的伤……你快停停，好歹让我再给你包扎一下！"

甘南火摇了摇头："敌人现在攻得正猛，还是等战斗结束了再说吧。"

说着他又一次扣动扳机，把一个敌人毙于枪下。

侯江海拗不过甘南火，在原地站了一会儿，蓦地觉得自己有些碍事，战士们都在英勇战斗，只有他什么都做不了。他想了半天，虽说知道现在实在不该去打扰李维义，但还是忍不住去找了他。

"李副营长，我能做点儿什么吗？"侯江海站在忙着指挥起义军官兵反击敌人的李维义身后，略有些怯懦地问道。

李维义匆匆回了一下头，看侯江海手上并没有枪，立即猜到他大概是没有子弹了。

他本想让这个少年去帮助照顾伤员，可他还没开口，侯江海就已把伤员的情况向他做了汇报。看着侯江海急切和期盼的眼神，李维义实在不忍心打击他的战斗积极性，想了一想问他道："你会做燃烧瓶吗？"

侯江海先是愣了一下神，继而愧疚地摇了摇头。

"没关系。"李维义安慰他，"这场战斗大概还用不上，但下一场可能就得用了，你先去收集些东西，回头战斗结束，我教你做。"

"哎！"侯江海高兴地答应了。

李维义简单交代了他几句，就又回身去战斗了。侯江海猫着腰在工事里钻来钻去，到处寻找着玻璃瓶、瓷坛子、煤油、酒精和各种容易燃烧的布片等物。

敌人在强大火力的掩护下，一步步向前推进，终于在付出了沉重的代价后，冲上了起义军的阵地。起义军官兵由于连续的浴血奋战，战斗力已有所下降，陈参谋又带走了一部分兵力，左侧阵地首先被冲上来的敌人突破。邱连长急忙派预备队的战士去救援，右侧的防守力量骤减，敌人趁机靠了上来。

一个敌人靠近了工事，拉开一颗手榴弹的拉弦正要扔，幸好被钟赤星及时发现，抬手就给了他一枪。那个敌人中弹倒下，手中还攥着已经拉掉拉弦却没来得及丢出去的手榴弹，轰隆一声巨响过后，被炸上了半空。

此时中间阵地也有敌人陆续冲了上来，李维义大喊了一声："上刺刀！杀！"

李维义边喊边第一个举着驳壳枪跳出了工事，一颗子弹突然从旁边飞来，打在了他的手腕上，李维义只觉得一阵剧痛，手中的枪差点儿掉在地上。

甘南火因为受伤的缘故，上刺刀上得慢了些，此时才要冲出去，恰好看到李维义受伤，顿时急红了眼，把枪中还没来得及退出的子弹，对准那个放冷枪的家伙就是一枪，直接把他送到了地狱里去。

战士们都举着刺刀和大刀冲出了工事，有了雨

水的冲刷，这些刀上的血迹都掉了很多，显出亮闪闪的寒光来，晃得敌人心胆俱寒。

在右侧阵地，钟赤星也把刺刀插在了枪头处，上几场战斗中用的那两把刺刀都已经卷刃，他手边就只剩这么一把完好的了。

他端着上了刺刀的枪朝敌人冲过去，把刺刀当成了花枪来用。当初跟师傅学武时，各种兵刃他都学过一些，对于中国传统的武器花枪来说，威力最强的招数其实是借助枪身的弹性，将枪尖如同灵蛇探头一般抖动起来，如此既能加大杀伤力，也能让人防不胜防。可他手中的这支步枪，跟花枪的白蜡杆枪身比起来毫无弹性，只是一块死木疙瘩而已。即使这样，钟赤星也将它舞得虎虎生风。

他一枪刺向一个敌人，刺刀先贴着那人的肋骨滑过，随后刀刃向内转了九十度，刀尖划破了那人的衣服，也划破了他的皮肉。那个敌人大吃一惊，慌乱之中向一旁跳去，哪想到钟赤星早就防着他呢。他利用敌人躲闪之际留出的空隙，顺手把枪一横，向前一刺，刺刀齐着刀柄没入敌人的侧腹部，连枪杆都探进去了一截。这家伙眼看着是不行了，钟赤星也不多做耽搁，用力抽出刺刀，转身迎向下一个敌人。

和钟赤星比起来，甘南火的这场白刃战打得十分艰难，他的左臂完全举不起来，只靠一只右手根本无法完成拼刺的那些动作。躲过一个敌人的攻击后，他突然向后一退，朝着工事奔去。敌人以为他要逃跑，立刻端着刺刀，得意地紧追过去。

眼看着到了工事边上，甘南火用力一拔，把刺刀从枪上卸了下来，接着随手把枪扔进战壕，握住刀柄回身一刺，身后敌人脸上的笑容还没来得及收敛，就口角流血软趴趴地瘫倒在了地上。他哪里想得到，甘南火根本不是逃跑，只是舍不得把枪丢在外面呢。

所有起义军战士都在顽强地阻击着敌人，哪怕人数不占优势，他们依然将这场白刃战打得淋漓尽致。很快，那些胆怯的敌人再一次被打退了。

战士们拖着疲惫之身，迅速地清理了战场，将伤员和烈士的遗体安顿好后，带着能搜集到的武器，退回到工事内。

李维义和邱连长发现，此时工事内身上没伤的起义军官兵竟寥寥无几，下一场战斗，将真的是人在阵地在的生死之战了。

不畏疯蚍强撼树

第十章

·········· 执行命令 ··········

1

天已经完全黑了下来，雨珠变成了细如牛毛的密密雨丝。

甘南火靠坐在工事里，将身上翻了个遍，最后只找出了不到二十发子弹。他抬起头看了一眼周围的战友，发现每个人都和自己差不多，在看着所剩无几的弹药发呆。阵地还要守多久他们不知道，接下来反击敌人的，除了手中这点儿弹药外，就只有白刃战了。

他把那些子弹都摆在面前，又一颗一颗地拿起

167

来，用军装的下摆去把它们擦亮。每擦完一颗，他就会立刻把子弹装进兜里，生怕被雨水给打湿了。

下一次敌人进攻的时候，他擦拭的每一颗子弹，都将会消灭一个敌人。

一阵脚步声惊动了正在认真擦拭子弹的甘南火，他再次抬起头看去，原来是李维义和邱连长，他们正打算趁着敌人暂时停止进攻的间隙，再检查一下阵地上的防守准备。

甘南火看到李维义急忙起身跑了过去，眼睛死死地盯在他的手腕上，急切地问："李参谋，您的伤怎么样了？"

李维义笑着摇了摇头："没事，不过是一点儿小伤，侯江海已经帮我包扎过了。"

说着，他举起手在甘南火眼前晃了两下，甘南火看到他的手腕处缠着一圈绷带，前后都被血浸得通红，立刻猜到李维义受的应该是贯通伤。

这么重的伤，又是在手腕上，怎么可能不要紧呢？

甘南火瞪大了眼睛看向李维义的脸，只见李维义以安抚的目光看着他，用几乎微不可见的幅度摇了摇头。

他立刻明白了，李维义这是怕战士们担心自己，所以才不让甘南火声张。作为指挥官，无论情况多么危急险恶，李维义一向都会以沉稳坚毅的形象出现在战士们的面前，给他们带来信心和希望。也正是因为这一点，甘南火才把对唐教官的崇敬，转到了李维义的身上。此时，他不忍辜负了李维义的一番苦心，没有再说什么，只是快步向前走了两步，默默地站到了李维义的身后。

李维义回头看了甘南火一眼，目光在他受伤的肩头停留了一下，随后就迈开大步向前走去，并没有开口询问甘南火的伤势。

他对甘南火的了解，比甘南火对他的了解可要深得多，他知道这个少年儒雅沉稳的外表下，埋在骨子里的是清高和倔强。他只是心疼甘南火，也心疼钟赤星和侯江海，他们正是该在大人的关爱和保护下，享受大好青春的少年，却偏偏来到了这地狱一般的战场上，跟他们这些人一起，用手中的武器，担负起了保护别人的重担。

不过此刻已容不得他多想了，在敌人进攻前，把防守准备做充足才是现在最重要的。

眼前的景象让他心痛，却更让他自豪。阵地上的起义军官兵，几乎个个都挂了彩，但他们的脸上，却都洋溢着坚定而从容的光芒。他本是打算跟邱连长一起，来给大家鼓鼓劲儿的，却没想到战士们压根就不需要他和邱连长来鼓劲儿，他们的劲头都足着呢！

　　走到战士们比较集中的一段，李维义干脆找了块空地坐了下来。

　　他关切地询问着大家的伤情，又挨个问他们有没有什么要求和困难，所有战士的回答都是一致的，那就是没有。

　　甘南火听着战友们的回答，苍白的脸上闪现出笑容。这就是起义军，这就是他的战友们，跟这样一些战友并肩作战，还有什么好怕的呢？

　　他们当然不是真的没有困难，现在子弹快打光了，身上的伤得不到救治，而且还无粮少水，很多人这两天来一共才吃了两顿饭，还都是匆匆忙忙的，也不知道有几个人真正填饱过肚子。但是大家想的不是这些，想的是必须死死地守住这里，如果敌人想踏过这里进入广州城，那只能是从他们的尸体上踩过去。

　　甘南火想到这些，脸上的表情一直在变换，把旁边的钟赤星看得直纳闷儿。

　　自从李维义命他给邱连长传令后，钟赤星就一直跟在邱连长身边了，这会儿看到甘南火的样子，忙凑过来问他："甘南火，你怎么了？是不是伤口疼？我叫小猴子来给你瞧一眼吧？"

　　甘南火赶紧摇摇头："没事，只是在想一些事情罢了。"

不知道是不是侯江海表现得太像一个医护兵了，或者说这里只有他一个人在充当着医护兵的角色，反正现在战士们只要一有什么事儿，都会不自觉地想起他。就连钟赤星也渐渐把这个前天还什么都不会的兄弟，当成了半个大夫。这要是给侯江海知道了，恐怕又能让他美上半天。

不过他现在没空来听别人夸他，被李维义分配了收集制作燃烧瓶材料的任务后，他就一门心思地扑在了这上面。除了去给战士们处理伤口外，他就一直猫着腰低着头，像个拾荒的人一样，紧盯着各个地方瞅。

打仗的时候他还只是在工事里找，等战斗一结束，他马上就跳出了工事，在一片狼藉的战场上搜寻起来。功夫不负有心人，还真让他找到不少好东西。

就在李维义和邱连长给大家鼓舞士气的时候，侯江海拖着一个巨大的竹筐走了过来。

看他那费劲的样子，这竹筐应该不会太轻，钟赤星第一个发现了他，赶紧跑过去帮他。还是钟赤星力气大，三下两下就把竹筐拖到了大家面前。

"报告李副营长！这是我找到的，您看看能不能用？"侯江海站直身体，敬了个礼，学着甘南火和钟赤星他们平时报告事情时的语气。

他老早就想这样说上几句了。他已铁了心要从军，虽然李维义已经认可了他，甘南火和钟赤星也答应要为他说情，但凡是战士们应该做的，侯江海都想做上一做。似乎只要能跟他们做得一样了，他当兵的这件事，就可以板上钉钉了似的。

他原以为这样做会惹人笑话，心里还一直有些忐忑呢，没想到大家竟什么反应都没有，仿佛他本来就该这样做，甚至连一直拿他打趣的钟赤星，都没露出一丁点儿诧异的神情。

李维义更是点了点头后，就直接去看竹筐里的东西，见里面装了好些酒坛子、酒瓶子、松油、煤油，还有一些碎布片和碎麻袋片，李维义这才满意地对侯江海说："任务完成得不错！你是从哪儿找来这些的？"

"嘿！您都想不到！"听到李维义的表扬后，侯江海马上来了精神头儿，眉飞色舞地讲起了他搜集这些东西的经过。

除了那些碎布片和碎麻袋片，是他辛辛苦苦在阵地上捡来的外，别的东西都是他在工事靠后的一个角落里发现的。原来，侯江海在街头胡混时，曾听反动军队的兵痞说过，他们上战场时会偷着带酒的，就猜想敌人占领了这里挺长时间，阵地上可能

会有空酒瓶，甚至可能还有没来得及喝的，就在阵地上四处寻找。

果然在工事靠后的一个角落里，侯江海发现有个掩体似乎不大对劲儿，好像是被炸塌了一半，里面埋着什么东西。于是急忙上前用力去挖，那里的土石很松，显然是被爆炸刚翻起来的，他没挖几下，就发现浮土下面竟是灰绿色的帆布。

2

侯江海发现帆布后更来了精神，三下五除二就把那里彻底挖开了，原来帆布下面是一些箱子，看来是敌人储藏的物资。他把那些箱子一个个打开，惊喜地看到，里面不但装着不少还没来得及打开的酒坛、酒瓶，甚至还有一些松油和煤油，看来不是用来照明，就是用来给枪炮润滑用的。

"你们想啊，那我还能跟他们客气嘛！自然是全都给打包回来啦！"侯江海美滋滋地说，"要是再见到那些反动派，我还真得好好谢谢他们，帮我完成了李副营长交给我的任务呢！"

战士们看到侯江海耍宝的样子，忍不住笑了，阵地上难得出现了一阵短暂的轻松气氛。

钟赤星这时好奇地问李维义："李副营长，您让小猴子找这些东西做什么呢？"

"当然是做燃烧瓶了。"没等李维义回答，侯江海先抢着显摆了一下。

"燃烧瓶？做什么用？怎么做？"钟赤星一连串的问题，把侯江海问得张口结舌答不上来，只能求助似的望向李维义。

李维义笑了笑，拿起了一瓶酒和几块碎麻袋片，给他们示范起来。他先是打开酒瓶，准备把里面的酒倒出来一些，侯江海赶紧拿着一个军用饭盒盖接着。这么好的东西可不能浪费，做完燃烧瓶剩下的，关键时刻还能当酒精用。

倒了大概一小半以后，李维义又把瓶口重新用瓶塞子牢牢塞住。他把碎布片浸在小猴子装酒的饭盒盖中，浸透了酒，扎在了瓶口处，然后对钟赤星和侯江海他们说："这样就算做好了，到时候只要点燃这块布，把瓶子丢出去，瓶子落下就会爆炸并起火，虽然威力比不上手榴弹，但也能造成一定的伤亡。"

侯江海边看边直嗑牙花子，他举起饭盒盖对李维义说："李副营长，您这么一沾把酒都弄脏了，就不能当酒精用了。"

李维义笑了："瞧你这会过日子的样儿，这些可以专门用来沾湿布片，至于酒精，"他指了指筐里的酒坛子，"匀给你两坛够不够用？"

"够了够了！谢谢李副营长！"侯江海笑眯眯地

回答道，他现在可是医护兵，凡事都以自己的"本职工作"为优先考虑呢！

解决完酒精的问题，侯江海立刻拽着钟赤星和甘南火跟他一起做起燃烧瓶来。

阵地上的战士们一听这个可以用来杀敌，也都跟着兴致勃勃地一起做了起来。

李维义边指导他们，边跟大家拉起了家常："等仗打完了，你们都打算做些什么呢？"

这句话算是打开了大家的话匣子，他们七嘴八舌地讨论了起来。

"回家种地，等打倒了反动派和帝国主义后，咱们肯定就能有地种了，而且也不用再交那么重的租子了！到时候我就好好种上他几亩地，咱也尝尝天天吃精米白面的滋味。"一个农民家庭出身的战士说道。

另一个工人赤卫队队员则说："我得上学堂念上几年书。我小时候穷，没念过书，现在想想真是不甘心。只是不知道人家先生，到时候会不会收我这么大的学生。"他转向甘南火问道："甘南火，你是小书生，你说能行吗？"

"行的。"甘南火点点头，"你只要想学，什么时候都不晚。先生是不会计较学生年纪的。"

那个队员还是有些不放心地说："要么这样吧，等打完仗你教我！我听钟赤星说过，你讲课讲得可好了！"

甘南火苍白的脸上浮起一丝害羞的红晕，急忙谦虚地说："是他谬赞了。不过你若是不嫌弃，我定当尽心相授。"

　　"哈！那就这么定了！"那个队员一拍大腿，满意地笑了。

　　另一个战士刚要跟着开口，却没想到被侯江海先抢了话头："我！我！我也想好了！等打完了仗，我就找个好营生，赚些钱每天吃香的喝辣的！到时候我还偏要在那些反动派眼皮子底下吃。他们不是看不惯咱们过好日子吗？我就好好气气他们！"

　　"反动派？"钟赤星又来拆侯江海的台，"到时候就没有反动派了！"

　　"怎么没有？"侯江海不甘心地反驳，"等打完仗反动派肯定就都成了俘虏了，就像咱们昨天抓的那些一样。到那个时候，我就天天去气他们，什么时候气死他们，什么时候算完！"

　　"哈哈哈！"看着侯江海一脸认真的样子，战士们哄堂大笑。

　　大家你一言我一语地诉说着自己的心愿，一起畅想着美好的未来。

　　等大家都说完了，李维义才说道："你们想得都很好，我也相信，你们的这些美好愿望一定都会实现的。但前提是，我们要先守住这个阵地，战胜那些想要毁掉咱们希望的反动派。然而敌人的战斗力很强，我们谁也没有把握活着从这里离开。"

他指了指阵地后面，在一块山石下面，战士们在几次战斗的间隙，为牺牲的战友们做的临时埋骨之所。

"你们看。"李维义说，"我们的战友，我们的兄弟，都永远地留在了那里，或许下一个留在那里的，就是你我之中的一个。同志们，兄弟们，我知道有些话说出来，大家听着会不舒服，但我还是要说。如果此时你们中的任何一个人想要离开，就趁着敌人还没攻上来之前走吧，我绝不会怪大家，只会祝福你们的！"

李维义的话音刚落，钟赤星就喊了起来："我不走！我来这儿就是为了打反动派的，就算是死，我也不会逃！"

甘南火紧跟着说："我也不走。即使我真的死在这里，我想一定也会有其他人去替我实现我的理想。正所谓先天下之忧而忧，后天下之乐而乐，我虽比不得范仲淹那样伟大，但起码也知道，好男儿立于世间，当懂得有所为有所不为。我当然也愿意活下去，迎接一个美好的新世界，然而若是必须有所抉择，我更希望自己能做一个建设新世界的人。"

"就是就是！"侯江海也一蹿一蹿地嚷着，"我是说不出甘兄弟那么多大道理，但我也不会走的。大家要活一起活，要死一起死，要守阵地就一起守

阵地！"

"对！要活一起活，要死一起死！我们誓与阵地共存亡！"战士们坚定的喊声响彻天空，那声音听上去，直让人觉得比天上那正在飘落的雨水，还要干净、清透。

"好！"李维义猛地从地上站了起来，"既如此，我李维义也向各位保证，只要还有一口气在，我就一定跟大家并肩作战到底！"

"并肩作战！"

"并肩作战！"

"并肩作战！"

战士们一齐振臂高呼。甘南火、钟赤星和侯江海三个少年，被战友们的英勇气概所感染，喊得格外大声。

这时，观察哨来报告，山下的敌人又开始蠢蠢欲动，起义军官兵立刻投入到紧张的战前准备中。他们在李维义和邱连长的指挥下，士气高昂地踏在自己的战斗岗位上，紧握手中的武器，眼睛盯着夜雨中敌人来的方向。

一个总指挥部的传令兵，在这紧要关头，气喘吁吁地跑到了李维义的面前。

甘南火赶快喊了钟赤星和侯江海一声，他知道两人跟自己一样，想第一时间知道总指挥部这次下达了什么新命令，所以打算叫他们一起来听听。

可出乎他们意料的是，这次总指挥部下达的，却是一条谁也不愿意听到的命令。

3

反动派调集重兵围攻广州，妄图将革命扼杀在摇篮之中。起义军官兵和革命群众，同优势敌人进行了英勇奋战，但终因众寡悬殊，遭到严重损失，敌人已分几路突入了广州城区。在此危急时刻，临时工农红军总指挥部为了保存革命力量，留住未来革命的珍贵火种，做出了撤离广州的决定。甘南火他们听到的，就是传令兵转达的这个命令。

传令兵也是一脸的不甘，却不得不忠实地转达总指挥部的命令："山下的起义军已经在分路撤离广州了，总指挥部命令观音山上的起义军也迅速撤离，绕开敌人的攻击部队，趁夜色分路出城，到广州北部的花县集结。"

"什么？撤离？"钟赤星忍不住大叫起来，"我们牺牲了那么多战友，怎么能不打了呢？现在跑了，还算什么起义，还算什么革命啊！"

李维义回头瞧了钟赤星一眼，甘南火也在旁边按住了钟赤星的肩膀。钟赤星看看李维义，又看看甘南火，到底还是气哼哼地闭上了嘴。

李维义沉吟了一下，问道："叶副总指挥撤了吗？"

"我刚才去叶副总指挥那儿传令时，听说他正赶往长堤阵地去督战，估计会从那里接到命令直接撤离吧。"传令兵回答。

李维义和甘南火听到那个传令兵的回答后，心中都非常担心叶副总指挥的安危。

"好，我知道了。"李维义明白联系不上叶副总指挥，和传令兵说什么都没用，就对传令兵说："请报告总指挥部，我们坚决服从命令！花县再见！"

"是！"传令兵给李维义敬了个礼，转身跑了两步，忽然又像是想起了什么，停了下来。他回过头对李维义说道："李副营长，你们一定要保重！现在广州城内的敌人越来越多，你们要想办法绕开才行。"

李维义点点头，传令兵这才跑开了。

"甘南火。"李维义命令道，"叫大家都过来，我要把这个命令传达给大家。"

"是。"甘南火答应着，声音有些低沉。

战士们很快集结起来，李维义和邱连长找了个高一些的地方站好。李维义先缓缓扫视了一下眼前的起义军官兵，然后才把撤退的命令一字一句地说了出来。和他与邱连长预想的一样，听到这个命令后，战士们开始都愣了一下，随后便像炸开了锅一样。

"为什么要撤退？"一个战士大声问道，"我们流了那么多血、牺牲了那么多战友，难道都这么白

第十章·执行命令
不畏疯蚍强撼树

181

费了吗？"

"是啊！这不是便宜了那帮反动派了吗？我想不通！"另一个战士紧接着说。

"我原本也想不通，我们坚守的阵地，就这样拱手让人了，谁又能想得通呢？可是，想不通也得想。敌人已经打进了广州城，我们再这么拼下去，也改变不了这个结果，只能让咱们的战士白白牺牲。"李维义摆摆手，制止了几个要说话的战士，继续说道："我知道你们不怕死，仗打到现在，咱们之中要是有谁怕死，也不会一次又一次把敌人打下去了。可我早说过，咱们革命不是为了死，而是为了让更多的人能好好地活着。要是现在就把革命力量全都断送在这儿，我们就是死，也是罪人而不是英雄！"

即使李维义这么说，钟赤星还是咽不下这口气，他气冲冲地说："可就这么撤了，不是把什么都给毁了嘛！咱们这么辛苦地打仗是为了什么？现在都撤了，反动派就又会骑在老百姓的脖子上，穷人也还是要接着受罪吃苦，到时候大家不是又没有活路可走了吗？"

"不会的。"邱连长接过钟赤星的话说，"同志们，战友们，李副营长说得对，革命不是一朝一夕的事。我们不会因为这一场仗的胜利，就能让革命彻底成功，也绝不会因为一次撤退，就判定革命一定会就此失败。俗话说得好，留得青山在，不愁没柴烧。咱们就是那座青山，早晚有一天要将革命的烈火重新燃烧起来，到那时我们必将能为天下百姓，也为我们自己打下一条永远的活路！"

经过李维义和邱连长的反复解释劝说，战士们终于明白了总指挥部保存革命力量，留住未来革命的珍贵火种的良苦用心，同意按照命令撤退。

李维义和邱连长经过商量，决定趁着现在夜色浓，雨雾重，敌人还没攻上来的时机，由邱连长率领大家迅速撤离阵地。

"同志们，大家跟着邱连长撤退吧。"李维义看部队已准备好，下达了命令。

战士们背起装备，在邱连长的带领下，悄悄往阵地外撤走。甘南火握着枪刚要走，一回头，看见李维义还站在原地，他十分不解地问："李参谋，您怎么不走？"

李维义摇摇头："敌人还在附近，为了让大家能够安全转移，必须有人留下来牵制敌人。重伤员们都坚持留下，我作为指挥官，既然将你们带了过来，自然也要保证让你们安全离开。"

甘南火听了一惊，马上说道："那我……"

李维义打断了他的话："不！你必须走！"他语气坚定，不容置疑，"甘南火，你们这些少年是革命的希望，你更是我的希望，也是唐教官的希望。只有撤出去养好伤，你才能再继续为国家为人民效力。"

"可……"甘南火听李维义提起唐教官，就知道无法改变李维义的决定，因为李维义曾答应唐教官，等他有了稳定的去处后，一定会让甘南火去找他的。

"可您……"甘南火的眼中满是泪水，哽咽着说不出话来。

"放心！总有一天我们会再见面的，我会去找你和唐教官的。"李维义笑着说，"但是在那之前，你必须变得更加优秀才行。"

"是！我一定不会让您失望的！"甘南火立正站好，给李维义敬了个最标准的军礼，"我走了，您一定要保重！"

"去吧。"李维义慈爱地看着他，冲他挥了挥手。

甘南火转身大踏步离开，任由眼泪一滴一滴地滑落。

在钟赤星和侯江海这两个熟悉地形的少年带领下，邱连长带着这支起义军，带着未来革命的火种，沿着山间小路悄然潜行，绕开几处被敌人占领的阵地后，终于安全地撤下了观音山，在夜色的掩护下向城外奔去。

就在他们才从山脚离开之时，一阵猛烈的枪炮声忽然打破了夜晚的宁静。大家顿时一起停住脚步，转身向后望去。

敌人又一次对他们原先坚守的阵地展开了疯狂

地攻击，爆炸激起的烟尘和火光，瞬间覆盖了他们刚刚撤离的阵地，把他们身后的夜空照得亮如白昼。甘南火、钟赤星和侯江海他们回望着那片阵地，控制不住泪水直流。

过了几分钟，邱连长才用低沉的声音说道："走吧。"

战士们没有回答，只是默默转过身，跟在邱连长身后，很快消失在了夜色之中。

冰心新人新作奖得主
最新力作

星火燎原系列

珠江烽火

第四册

翘首前路已燎原

段立欣◎著

SPM 南方出版传媒·广东人民出版社

·广州·

图书在版编目（CIP）数据

珠江烽火 / 段立欣著. — 广州：广东人民出版社，
2018.6
ISBN 978-7-218-12731-6

Ⅰ．①珠…　Ⅱ．①段…　Ⅲ．①广州起义－史料　Ⅳ.
① K263.306

中国版本图书馆 CIP 数据核字（2018）第 065931 号

Zhujiang Fenghuo
珠江烽火

段立欣　著

出 版 人：肖风华

责任编辑：严耀峰　马妮璐
装帧设计：袁　涛
责任技编：周　杰　易志华

出版发行：广东人民出版社
地　　址：广州市大沙头四马路 10 号（邮政编码：510102）
电　　话：（020）83798714（总编室）
传　　真：（020）83780199
网　　址：http://www.gdpph.com
印　　刷：北京时尚印佳彩色印刷有限公司
开　　本：880mm×1230mm　1/32
印　　张：24　字　　数：320 千
版　　次：2018 年 6 月第 1 版　2018 年 6 月第 1 次印刷
定　　价：79.20 元（全四册）

如发现印装质量问题，影响阅读，请与出版社（020 - 83795749）联系调换。
售书热线：（020）83795240

目录

钟赤星 年龄 15岁

身份：
第4军警卫团第3营营部传令兵

码头工人家庭出身，原省港大罢工工人纠察队中最年轻的队员，革命积极分子。自幼因机缘巧合拜师学会一身好功夫，10余岁开始在码头上干活，对反动派的剥削压迫有深刻的仇恨。广州起义前被编入警卫团，在起义前手刃了奸细，战斗中勇敢机智，屡立战功，起义失败后意志坚定，毫不动摇。

侯江海 年龄 15岁

身份： 第4军警卫团第3营医务兵

绰号小猴子，生于贫苦工人之家，和钟赤星住在同一个码头工人的棚户区，自幼因身体弱而好逸恶劳，没钱读书，整天在街头胡混。因帮钟赤星查探杀害赵队长的凶手，被动卷入了广州起义，随钟赤星他们一起行动。在参加保卫苏维埃的战斗中，亲眼目睹了共产党人的坚强勇敢和高尚品格，受到了很强的震撼和感染，决心像钟赤星一样投身革命。

卢永明 年龄 29岁

身份：北江工农军大队长

　　原北江工农军周副总指挥下属大队长，曾在广州农民运动讲习所第六届和北江农军学校进修过，"四·一二"反革命事变后，周副总指挥率广东工农讨逆军北上支援武汉地区工农革命，卢永祥率部在曲江地区坚持斗争，抗击武友德等反动地主势力的疯狂反扑，并建立了秘密营地，多次主动出击国民党驻军和崔老四的民团。

邱连长

年龄 25岁　　身份：
第4军教导团第9连连长

　　原中国共产党秘密党员，第4军教导团第9连连长，广州黄埔军校毕业生。曾在北伐军中任见习排长，后根据党的工作需要，到国民党中央军事政治学校武汉分校任学生队长，又随分校改编入第2方面军教导团。广州起义爆发后，率部随杨代团长攻克公安局，后率预备队奉命支援观音山阵地。

崔老四

身份：
曲江龙归镇民团团长　　年龄 36岁

　　绰号催死鬼，曲江龙归镇民团团长，为人狡诈多疑，残忍贪婪，无恶不作，极端仇视农民运动和农军。本是粤北地区的惯匪，后被反动军阀部队收编，因部队被北伐军打散而逃亡，结识了返乡途中的武友德。被武友德收买后替他组织民团，勾结国民党驻军与农军为敌，对共产党人和参加农运的民众，进行疯狂地报复和迫害。

　　起义军撤出了到处是枪声、火光和敌人的广州城，在花县集结后，大部分改编为工农革命军第4师，东进海陆丰地区，加入了东江地区的革命斗争。一支精干的小分队则奉命北上韶关，一路上激战流花溪、巧过连江口，并最终与南昌起义南下部队胜利会师。在汇报了广州起义的经过后，根据党的最新指示，随南昌起义部队北上湖南、江西，与秋收起义部队会师井冈山。

翘首前路已燎原

第一章

········· 杀出重围 ·········

1

为了避开已经攻上山的敌人，钟赤星和侯江海是带着大家从观音山西侧下的山，而要离开广州前往起义军预定的集结地花县的话，则必须要先向南，绕过敌人的警戒线进入广州市区，随后从东北方向出城。

队伍马上就要进入市区了，邱连长忽然面色凝重地让大家先停下来，起义军官兵都有些不解地看着邱连长。

邱连长灼灼的目光在每个人的身上停留了一

下，随后才用遗憾而又充满激情的声音低声说道：
"同志们，我们马上就要进入市区了，总指挥部传来的消息说，反动派的军队已经攻进了广州城。为了安全起见，我们必须将这条红色的颈带，"他把手放在了自己的脖子上，深吸了一口气，停顿了一下又接着说："将这革命的象征暂时摘下来，但是这不代表我们认输，早晚有一天，我们会再把它戴回去，让它见证我们的胜利！"

邱连长一边说，一边率先将颈带慢慢摘了下来。

甘南火和钟赤星犹豫了一下，也怀着沉重的心情摘下了颈带，接着是其他起义军战士。

他们把这条红色的带子小心翼翼地拿在手中，又重新仔仔细细地看了一遍。经过了这么多场残酷的战斗，这些红色的带子早就被雨水、泥土和硝烟染得灰突突、黑乎乎的了，几乎没有哪一条，还能看出它们原本的颜色。有的颈带甚至已经不再完整，在炮火和硝烟的洗礼下，它们看上去是那样残破不堪。但在每个起义军战士的心里，这些颈带却是他们最宝贵的财富。

甘南火用手将平了颈带，雨水已经把颈带打湿了，他有些想哭，却竭力忍住了。最后他把颈带整整齐齐地折成了一个小方块，仔细地放进了胸前的口袋中。

其他战士也像他一样，将颈带折好收了起来。

他们不愿意丢弃这个"战友"，这是他们的信念，他们的荣耀，就像邱连长说的，早晚有一天，他们会戴着它去迎接胜利。

看着一群铁打一般的男子汉那轻柔的动作，侯江海愣在原地，半天没有动弹，他的眼里满是泪水，这泪水从刚刚回望观音山的时候就再没干过，他真是舍不得摘下自己那条红飘带。他既不是警卫团的战士，也不是工人赤卫队的队员，只是因为一时义气和羡慕，才跟着起义军走的。虽然在抓捕奸细石楚生的时候，他也穿上了军装，戴上了红飘带，但却还没有真正参军。所以侯江海总觉得，戴着这个，他就也是起义军战士，就是李维义的兵，现在让他摘下去，他怎么可能甘心呢？

钟赤星把自己的颈带收好后，看了看侯江海，又拍了拍他的肩膀说："摘了吧，摘了收起来，才不会丢。"

侯江海呆呆地望了钟赤星一眼，他知道钟赤星的意思。颈带不会丢，摘了不会丢，丢了也不会丢。这样说虽然有些奇怪，但却完全正确，因为这抹红色不光是戴在他们的脖子上，也早就飘在了他们的心里，不管怎样也丢不了，任谁也摘不去。

侯江海叹了口气，终于心不甘情不愿地，把双手放到了颈带上的那个结上。

队伍再次出发，冒着漫天夜雨和炮火硝烟，再一次进入了广州市区。

此时的广州城，早已被枪声和火光所笼罩，四处燃烧的熊熊大火照亮了一切。街上没有行人，只有刚刚攻进城里的反动派士兵，他们荷枪实弹在街上乱窜，一会儿开枪射击，一会儿到处放火，将好好的一座广州城，弄得全都是烟雾和各种东西烧着后发出的焦臭味。

　　他们这支队伍中，对广州城地形最熟的就是侯江海了。他自告奋勇地走在队伍的最前面给大家带路，为了保护他的安全，甘南火和钟赤星分别走在了他的左右两侧。他们小心翼翼地躲避着敌人，在一条又一条小巷中穿梭。要不是跟着侯江海走，钟赤星都不知道这广州城里，竟然还有这么多他没走过的地方。

　　就在他们准备穿过一条小巷进入下一条街道时，侯江海先是趴在墙边向外探了探脑袋，紧接着又迅速缩了回来。

　　"有敌人！"他急切地对甘南火和钟赤星说。

　　甘南火立刻向前一步，把侯江海挡在了身后，钟赤星则向后面做了个停止前进的手势。

　　邱连长看到前面三个少年的举动后，低声命令道："隐蔽！"

　　所有人都停住了脚步，迅速侧身贴着墙根或躲到隐蔽物后，举枪对着前方。

　　甘南火和钟赤星一人一边，举枪站在巷子口，紧盯着外面的动静。

一小股敌人端着枪从巷子前面的横街跑过，他们似乎是赶着要去做什么，瞧都没往巷子里瞧一眼。眼看着他们就要过去，甘南火和钟赤星刚要松口气，突然这群人中的一个大喊了一声："排长！这里！"

　　那小股敌人立刻停在了原地，甘南火和钟赤星的心又提到了嗓子眼儿，他们相互对视了一眼，悄悄把枪口对准了外面。

　　敌人的脚步声慢慢地向他们这边接近，战士们全都做好了战斗的准备。

　　邱连长小声提醒："都沉住气，没有命令不许开枪！"

　　街上骤然响起"砰"的一声，似乎是踹门的声音，紧接着刚刚那个叫喊的敌人的刺耳声音又传来："排长，是空的！"

　　踢踏踢踏，脚步声略显杂乱，听起来像是这些人进了街边的某间房子里。

　　"呸！瞧你找的这个破地方！一毛钱值钱的东西都没有！给我烧了！"说话的大概就是他们的那个排长。

　　杂乱的脚步声回到了街上，很快又消失了，有好一会儿没有再响起。

　　这些家伙似乎是站在了原地，也不知在做些什么。甘南火和钟赤星紧贴着巷子的墙壁站着，不敢向外探头。又过了一会儿，街上响起了一阵"噼噼啪啪"的声音，一股烟火气飘入了巷子，他们真的放火了！

街上响起了一阵邪恶的笑声，那个排长似乎终于满意了，得意地说道："瞧瞧这亮堂的样子，跟过年一样！这才热闹嘛！"

这群家伙侥幸没有死在起义军的枪下，比以前更加嚣张残暴了。

钟赤星咬紧了牙，死死地攥住了枪，要不是顾及身后的战友，他真想冲出去把这些反动派全都杀光。在这些反动派的压迫下，老百姓要多辛苦才能攒下钱盖一间房子啊，他们竟然说烧就烧，只因为他们没有在里面找到值钱的东西，这到底是兵还是强盗呢？

钟赤星强忍着冲出去的冲动，身体都不自觉地颤抖起来。甘南火知道钟赤星脾气急，生怕他忍不住，一个劲儿地用安抚的眼神看向他。在冲天的火光中，钟赤星看清了甘南火的担忧，他深吸了两口气，朝甘南火点了点头。甘南火放下心来，重新把目光对准了街面。

放完了火，这伙敌人又急匆匆地跑走了。听着脚步声越来越远，大家也都松了口气。

"早晚有一天！"钟赤星恨恨地低声说道。

甘南火把手搭在他的肩膀，也跟着说："是，早晚有一天。"

他们虽都没再往下说，却都明白对方的意思。

2

夜色越来越深，但广州城内四处冲天的火光，却生生地造出了一个红色的白昼。

听到放火的敌人渐渐远去，侯江海钻出去看了看外面，然后朝大家招手："行了，走吧。"

大家跟在侯江海身后，走的都是一些偏僻的小巷，而且尽量把身子隐在房屋的暗影中。

敌人无处不在，幸好侯江海知道不少小路，他们才能有惊无险地一路穿城而过。对甘南火他们这些外乡人来说，早就分不清东南西北了，只是闷着头跟着侯江海，他说走便走，他说停便停，大家对侯江海都非常有信心。

又绕过一个路口后，甘南火一抬头，忽然看见夜空中飘着什么东西。他定睛一看，居然是有幢楼顶附近的窗台上飘着苏维埃的红旗。看着那依然鲜红的旗帜，甘南火的脚步不由得慢了下来。

钟赤星最先发现了不对，低声喊了他一句："甘南火！怎么了？"

"你看！"甘南火用手指着楼顶的红旗对钟赤星说。

钟赤星顺着他指的方向看去，一下子瞪大了眼睛，双脚牢牢地定在了原地。

战士们陆续停下了脚步，他们都看到了那面红

旗，一双双激动的眼睛中，都闪着骄傲和悲痛的光芒。在观音山那几场艰苦卓绝的战斗中，正是广州城内到处飘扬的红旗，时时刻刻鼓舞着他们，激励着他们。现在虽然只剩一面敌人还没来得及摘下的红旗了，但它是那样鲜艳，那样美丽，仿佛在提醒着他们，这革命之火永不会熄灭。

甘南火盯着红旗看了半晌，最后只说了一句："我们一定会回来的。"

这句话也是所有起义军官兵的心声，他们都坚信，总有一天，他们会打回广州，再一次升起苏维埃的旗帜，让广州全城都飘满这鲜红的旗帜。

战士们又一次受到了鼓舞，带着坚定的决心再次出发。

可是他们还没走出多远，侯江海再一次发现了敌情，部队停下来之后，他指着不远处的一群人问钟赤星："阿星，你看看那是些什么人？怎么跟反动派待在一起？"

也难怪侯江海好奇，在如今这死城一般的广州城里，平民百姓们早就躲得没了影儿，街上只剩下反动派的军队和一些还没来得及撤出去的起义军。可这些人却都是一身便装，唯一跟普通百姓不一样的地方，大概就只剩下他们每个人的脖子上，都系着的那条好像在办丧事一样的白色布条了。

钟赤星一眼就认出了他们，恨得直咬牙根说："这些该死的工贼，不跟反动派待在一起，难道还会跟我们待在一起吗？"

钟赤星没有看错，这些正是"广东总工会"和"机器工会"的那些工贼。他们在省港大罢工之后，就被反动派收买了，一直潜伏在工人中间，不断地在私下里进行分化破坏活动。不光如此，甚至还有很多工贼混入了工人赤卫队的队伍中，替反动派打探了不少革命和起义的消息，那个叛徒奸细石楚生，就是跟他们一伙的。对于这么一些人，钟赤星自然是不会有什么好感的。

革命军队和工人组织举行武装起义时，这些工贼为了保命，也在脖子上系了条红带，假装支持起义，暗地里他们却时时刻刻都在盼望着那些反动派能打回来。张发奎派兵反攻广州的过程中，他们悄悄给反动派送信，又在城中接应反动派，没少做坏事。反动派进城后，对系着红飘带的起义军和革命群众进行了疯狂的镇压，这群家伙又匆匆将脖子上的红带摘了下去。为了能让反动派认出他们是自己人，这些人便想出了改系白布条这么个鬼主意。

听钟赤星这么一说，侯江海恨得连着往地上"呸"了好几下，才气冲冲地一边骂着"叛徒"一边领着大家绕了过去。走了几步，他怕被敌人听到声音，又重新将脚步放轻。只是他心中这口恶气实在出不去，忍不住又低低地骂了一阵。

眼看着已经穿过了半个广州城，越往前走，敌人的数量也越来越多。邱连长担心敌人全部进城后，会把出城的路都封死，催促大家再加快些速度。

这时，前方不远处，忽然传来一阵密集的枪声，同时还伴有一声声呼喊。

"站住！别跑！"

"快追！别让共产党逃了！"

听到喊声，大家都是一愣，邱连长立即带人躲进了一间空屋。甘南火和钟赤星主动提出要去侦察敌情，邱连长略想了一下同意了。

两个少年先是左右探查了一下，确定周围没有敌人后，随即钻出屋子向前快跑了几步，躲在一根柱子后往声音发出的地方看去。

只见几十个敌人围成了一个扇形，正端着枪朝前狠命地射击，他们前方也不时有子弹回击过来。这些家伙挡住了甘南火和钟赤星的视线，让他们看不清前面是什么人。

他们正着急，一个敌人恰好中了一枪倒在地上，给他们打开了一个缺口。顺着缺口望过去，两人发现被敌人围攻的是一幢房子，房子里面似乎藏着一些人，看不清他们的样貌和衣装，但借着火光，钟赤星还是眼尖地发现了墙后飘出来的红色飘带。

"是自己人！"他说道，"你去报告邱连长，我在这儿盯着！"

"好！"甘南火转身跑回了队伍隐蔽的地方，将情况报告给了邱连长。

报告完情况后，甘南火忍不住问道："邱连长，那些都是我们起义军的战友，我们可否去支援一下？"

邱连长点了点头，又看了一眼每个战士眼中灼灼的目光，毅然说道："既然是我们的战友，我们就绝不能坐视不管，哪怕被敌人缠上也在所不惜。"说完举起驳壳枪，低吼了一句："同志们！跟我上！"率先冲了出去。

战士们如出了闸的猛虎般跟在邱连长的身后，向敌人猛扑过去。

钟赤星正在心急，见战友们都冲了上来，马上从藏身之处跳了出去，一个点射将一名敌人从后面击倒。剩下的敌人还没等反应过来，邱连长和战士们也都开了枪，这股敌人顿时陷入起义军的前后夹击之中。

先前被包围的起义军战士们，原本都做好了英勇就义的准备，此时见来了援兵，便把打算用来和敌人同归于尽的手榴弹一股脑儿地全都投了出来。几声巨响过后，一阵浓雾升腾而起，这些敌人还来不及反应，就被炸倒了一片。

邱连长趁此机会大喊了一声："这里交给我们！你们快走！"

对面的战友们显然不愿意让邱连长他们独自面对危险，才嚷了句"不行"，却又被钟赤星的喊声打断："别废话了！快走！我们有我们的办法，再不走就都走不了了！"

对面沉默了几秒钟，似乎终于下定了决心，有人朝他们喊了句"保重"，紧接着三四十条人影，在爆炸还未散尽的烟雾中一闪，便匆匆地跑远了。

被围的起义军先撤走后，原本腹背受敌的敌人压力顿时减轻，他们回过身来朝着邱连长带领的起义军疯狂反攻，一心想缠住后面的起义军，等待他们的援兵。

激烈的战斗惊动了附近的其他反动派部队，他们听到枪声后，纷纷向这边靠拢过来。

在侧面负责警戒的哨兵，发现了最先赶过来的一股敌人，急忙飞跑着向邱连长报告。

邱连长听到哨兵的报告，朝前面望了望，见一个起义军战士的影子都看不到了。他估计那些战友们大概是走得够远了，又举枪接连射倒了几个敌人，然后喊了一声"撤！"带着大家边打边向身后的巷子里退去。

然而此时敌人的援兵已到，正从四面八方围过来，侯江海带着大家连跑了几条街，都被敌人堵了回去。好几个战友都负了伤，本来所剩无几的子弹也都要打光了，形势万分危急。

3

"你们等着，我一定会把大家带出去的！"侯江海咬着牙说，这既是对甘南火和钟赤星说，也是对他自己说。邱连长带着战士们正在阻击越来越多的敌人，三个少年负责探路，这时侯江海刚冲到了一个十字路口。这种位置视野最好，能看到周围各个方向的情况，但也最危险，无论从哪里来的敌人，都会第一个发现他。

侯江海身上的枪早就没了子弹，一直都是甘南火和钟赤星在护着他，但现在他俩的枪里也没了子弹。甘南火和钟赤星已把刺刀上在了枪口处，又把最后两枚手榴弹都掏了出来，准备随时和敌人决一死战。

"小猴子！小心！"钟赤星喊道，看到侯江海有危险，他俩赶快跟了上去。

身后的枪声越来越密，侯江海知道留给他的时间不多了，他必须立即找到能够脱身的路线，带大家离开这个险地。他不想让大家死，对现在的他来说，这里的每一个起义军战士，都是他的战友，也都是他的兄弟，无论如何他都得想法保全大家。

侯江海焦急地辨别着方向，目光扫过眼前的每一条街巷、每一栋房子。

突然，他的目光定在了前面，脸上露出了笑

容，对！就是那儿！

"找到了！我找到了！"侯江海高兴地喊着往回跑去，语气中难掩兴奋之意。

过度的欣喜让他失去了警惕，完全没有注意到，侧前方一小股敌人正朝他涌来，一个敌人对着他举起了枪。

一直在盯着他的甘南火和钟赤星发现了敌人，可两人手中除了刺刀就只剩下手榴弹了。

"小猴子！趴下！"钟赤星大喊一声，一扬手把手榴弹投了出去。

"轰"的一声，手榴弹在敌人中间炸响，这股敌人顿时都倒在了地上。

他们所在的位置恰好是一条短巷，巷子不宽，左右两边的墙也不算太厚，手榴弹投进去，威力全都被墙壁给聚拢了起来，比平时的杀伤力要大了很多。那两面墙把气浪反弹到了那股敌人中间，墙也被炸塌，碎砖碎瓦飞上半空又狠狠砸下，不少敌人原本没有被炸死，却被这些石块给砸死或活埋了。

甘南火冲上前去一把拽起了趴在地上的侯江海："快走！"

侯江海借着甘南火的拉劲儿爬了起来，叽里咕噜地往前跑了两步，又忽然停下，转身朝那些被炸翻的敌人跑了过去。

甘南火吃了一惊，紧追上前问他："你要干什么去？"

"我给你们弄点儿子弹去！"侯江海头也不回地说着，几步就跳到了几个敌人的尸体边，手脚麻利地捞起了几条子弹带背在背上。

他还要再拿，甘南火已经追了上来，他用力把刺刀刺入一个还没死的敌人身体里，然后伸手去拉侯江海："行了！别贪心！不然走不掉了！"

甘南火说着硬把侯江海给拽了回去。

钟赤星正紧贴在巷口一处房子的屋角下，攥着甘南火给他的那颗手榴弹在等他们。

侯江海和甘南火冲出去以后，他就找了这个最有利的战斗位置，在后面掩护他们。直到两人跑回到安全的地方，他才转身跟了过来。

"给！"侯江海把子弹带塞到甘南火和钟赤星手里，他一共捡回来三条，给了甘南火和钟赤星每人一条，剩下的一条留给了自己。枪里有了子弹，他就不再是一个只能带路的向导，而是一个能消灭敌人的战士了，他可不想一直靠甘南火和钟赤星来保护。

三个人提着枪迅速跑向了队伍，侯江海冒着枪林弹雨跑到了邱连长身边，兴奋地向他汇报："邱连长！我找到能甩掉这些家伙的地方了！快叫大家跟我走！"

"好！你去带路！"邱连长一面挥枪继续射击，一面组织大家紧跟在侯江海的身后。

在侯江海的带领下，他们慢慢撤到了一家旅店的门口。

"就是这儿！"侯江海指着旅店说，"我以前来过这儿，这家店里有个伙计走的后门，从后门可以直接穿到另一条街上去！"

"太好了！"邱连长立即命令侯江海带人先去打探一下情况。

此时敌人都在追着他们跑，周围的几股敌人，几乎都聚集在了他们的身后，如果能绕到另一条街上去，就可以很快摆脱敌人了。

钟赤星和侯江海上前推开旅店的大门，不出预料，店内空无一人。

邱连长得到报告后，立即带起义军官兵冲入了店里。

几股敌人本来就追得很近，加上邱连长他们又在旅店门口耽搁了一会儿，这时就快要追到旅店门口了。眼看着起义军都进了旅店，敌人也立即一拥而上想跟进来，邱连长大喊一声"快关门！"

几个战士动作迅速地关上了门，又拖了些桌椅过来，全都顶在了门上。

甘南火举枪站在窗口，对着敌人连连开枪射击，立刻引来了敌人猛烈的还击。不过也多亏甘南火及时开枪，那些怕死的敌人才不敢贸然冲过来，只是围在旅店前，或站着、或半蹲着朝里面放枪。

门板立时被打得千疮百孔，还好有那些桌椅顶着，才没有倒向屋里。

　　侯江海带着大家跑到了后门口，此时一回头看到甘南火还在阻击敌人，急得一个劲儿朝甘南火用力招手："甘兄弟！别打了！快走！"

　　甘南火没有回头，边射击边喊道："你们先走，我再拖他们一会儿，免得他们马上冲进来，大家都走不脱！"

　　钟赤星本已一只脚踏出了后门，听到这话又转了回来，几步跑到另一扇窗前，趴在窗边也扣动了扳机。

　　甘南火瞧了他一眼，钟赤星说："我来帮你！"

甘南火笑了笑，两人并肩作战，只靠着两支枪把敌人堵在了门外。

邱连长看战士们都已撤到后门外的街上，立即命令道："甘南火，钟赤星，快撤！"

"是！"两人答应后撤了下来，钟赤星在临走前，把最后一颗手榴弹顺着窗子扔了出去。

随着手榴弹的爆炸，敌人吓得全都趴在了地上，半天不敢抬头。

趁此机会，邱连长带着大家从旅店后门撤到了另一条街上，正如他们猜想的那样，这条街上连一个敌人都没有。

"太好了！"邱连长边向前冲边命令钟赤星，"告诉大家跟上，注意周围情况，别大意！"

"是！"钟赤星把邱连长的命令传了下去。

侯江海在甘南火的保护下，又一次走在了最前面，带领大家朝城外的方向奔去。

正在这时，他们身后远远地传来了一阵炮声，众人听了都是心中一惊，忍不住停下了脚步，回头望去。

翘首前路已燎原

第二章

······ 北上韶关 ······

1

炮声是从甘南火和钟赤星他们曾经坚守的长堤阵地方向传来的，甘南火非常担心叶副总指挥的安危。因为他曾在观音山上听到过总指挥部传令兵的话，知道叶副总指挥曾往长堤阵地视察，不知道他现在是否已经撤离。

邱连长现在同样担心叶副总指挥，但为了不影响战士们的情绪，他只能把一切都压在心底，挥手催促大家不要停留，尽快撤离广州城。

起义军官兵再次迈开脚步向北进发。越走前面越安静，原来敌人都忙着在市区里大肆烧杀抢掠，除了来得晚的队伍偶尔跑过外，路上基本见不到什么人影。不过大家并没有放松警惕，一直跟在侯江海身后，紧靠着街道两旁的房屋悄悄地往前疾行。夜色已深，阴雨的天气，前面没了火光的照射，路面的能见度也降低了不少。侯江海和甘南火、钟赤星一起走在最前面，慢慢往出城的方向摸索着前进。

几辆汽车突然从前面的横街呼啸着开了过去，车上站着满满的敌人的士兵，他们举着枪在大声地说着笑着叫骂着。

"呸！"侯江海狠狠地一口唾沫吐在地上，气哼哼地低声说，"有什么好得意的！看你们到底还能欢实几天！"

"行了，走吧。"钟赤星拽了侯江海一把，"为这些人，吐唾沫都是浪费！"

"也是。"侯江海舔舔裂了条口子的嘴唇，心里不免有些后悔。

在观音山上的时候，他们的水粮就全都断了，现在正是干渴难忍的时候，他这样做也显得实在太笨了！

侯江海越想越气，眯着眼睛边走边往四下乱看，好像在找什么东西。

他这样东张西望了好一会儿，甘南火觉得有些不对，他这也不像是在看路啊，就忍不住问道："侯江海，你找什么呢？"

"等一会儿你就知道了。"侯江海一边继续找，一边头也不回地答道。

甘南火不明白是怎么回事，只当是和找路有关，就不再问他而是全神警戒着四周。

又穿过了几条街巷，甘南火猛地觉得这段路似乎很熟悉，他仔细地辨认了一下，回身对邱连长说："邱连长，这好像是去教导团的路。"

走在大队最前面的邱连长停下脚步，向四周看了看，深夜的景象跟白天大不相同，更何况此时无星无月，想要看清周围的情况实在是很困难。好在邱连长战斗经验丰富，看地形是他的拿手本领，只看了一眼就点头说："没错，是去教导团的路。"

甘南火的心情有些激动，他原本就是教导团的人，虽然后来跟李维义和战友们去了警卫团，但始终还是对教导团那些同他一起从武汉分校来到广州的战友们念念不忘。他们当初带着崇高的革命理想，一路跋涉来到这里，若非是叶副总指挥、李维义等共产党员的引导，他们也不可能走上起义这么一条光荣的道路。

想到李维义，甘南火的心中非常难受，也不知道他和那些重伤员们现在怎么样了。

观音山阵地是敌人进攻的主要目标之一，从他们今天下午战斗的激烈程度就能知道，反动派是投入了重兵，不拿下观音山誓不罢休的。然而李维义和留下的战友们个个身负重伤，并且几乎弹尽粮绝，甘南火实在不敢想象最后的战斗结果会是什么样。

他现在只能默默祈祷，观音山上地势险要，但愿战友们能找到一条小路逃出生天，或是找到个藏身之处，坚持到敌人撤兵后再想办法离去。

"哈！找到啦！你们等我一下！"侯江海突然低声欢呼着，冲入一间已经没有人的民房内，打断了甘南火的思绪。

就在甘南火和钟赤星不明所以地相互对视时，侯江海捧着个木盆又冲了出来。

他将盛满清水的木盆递到甘南火的面前，关心地说："快喝吧，你受着伤，咱们没东西吃，就喝口水缓缓吧。"

甘南火的眼睛有些湿润，从午后到现在他们是断粮缺水，虽然天上的雨丝可以润湿他们的嘴唇，但每个人的嗓子其实都冒了烟。侯江海用尽心思找到水后，没来得及喝一口就先端给了自己，怎能不让他感动？

甘南火接过木盆，没有说感谢的话，也没有喝一口水，而是马上回头对邱连长说："报告邱连长，侯江海找到了水，是否让大家先喝口水，休息一下再赶路？"

邱连长看了看饥渴疲惫的战士们点了点头。

急着赶路的起义军官兵没有休息，只是痛快地喝了些水，又把随身携带的水壶都装满了水，就再次匆匆出发了。

眼看快要出城了，走在最前面的侯江海却突然停下来，并藏在屋角紧张地向前面观望。

甘南火和钟赤星被他的举动吓了一跳，甘南火急忙示意邱连长他们隐蔽，钟赤星则低声问侯江海："怎么了？是不是有情况？"

侯江海吓得急忙让钟赤星不要说话，甘南火和钟赤星见到他的表情立刻把枪举了起来。

侯江海又看了几眼，往后退到甘南火和钟赤星的中间，用手指着前方把声音压得极低说："阿星，甘兄弟，你们看，反动派好像在前面设了卡！"

甘南火和钟赤星顺着侯江海手指的方向看去，只见前方不远处灯火通明，在无数火把的照耀下，可以看到路的中央，连续摆着三排削尖了的木头做成的路障，路障前后各站着一队荷枪实弹的敌人士兵。

邱连长这时候举着驳壳枪悄悄摸了上来，仔细观察着敌人的情况。

甘南火悄声对邱连长说："这个关卡设在离教导团驻地不远的地方，一定是敌人为了防止我们或战友出城的。也不知道教导团的情形如何了。"

邱连长安慰甘南火说："你放心吧，团里的官兵全都参加了起义，原本只有俘虏和看管他们的战士，苏维埃政府建立后他们就到市区去了。"见甘南火安下心来，邱连长又接着说道："只是此处有敌人重兵把守，以我们的兵力和武器是不可能突破的。侯江海，有没有可以绕行的路线？"

侯江海想了半天，脸上露出了一丝为难的神情："没了，想出城，只能从这里走。"

这条路是当初甘南火他们进入广州城时走过的，没想到如今想出城却变得这样难。

钟赤星看邱连长和甘南火他们半天没想出好计策，急得直皱眉头，就低声冲邱连长喊道："干脆冲出去和他们拼了，或许还能闯过去。"

"不行！不能蛮干！"邱连长急忙低声严厉地制止他，"现在同志们身上已没有多少子弹，就算是一颗子弹能消灭一个，也无法全部消灭面前的敌人，一旦被他们缠住，敌人的增援再赶到，那我们就有全军覆没的危险！"

这时，甘南火突然眼睛一亮对邱连长说："报告，我倒有一个办法，不知道可不可行？"

邱连长听了甘南火的话，急忙对他说："什么办法？你快说说。"

2

甘南火看了一眼队伍中的工人赤卫队员们，有些歉意地说："我这个办法，就是怕要委屈工人赤卫队的同志们了。"

工人赤卫队的负责人马上表态说："委屈些怕什么的！只要能让大家出了城，就是受伤牺牲又能怎样！"

邱连长也点点头，鼓励甘南火赶快说出来。

甘南火在大家期待的目光中说："我的想法是，我们的军装与敌人的并无区别，只要言语上不露出破绽，他们便不可能认出我们来。稍后我们可以假扮成敌人的部队，让工人赤卫队的同志们装成被我们抓获的俘虏，以出城送俘虏为名混出去。"

"好办法！"那个工人赤卫队的负责人立即说道，大家也都纷纷点头表示同意。

一些工人赤卫队的队员们，甚至已经开始把枪交给了身边有军装的战士，并将收藏好的红飘带重新取出来戴在了脖子上。

甘南火又看向邱连长说："邱连长，咱们之中只有您最熟悉敌人了，您又是我们的最高长官，一会儿怎么和敌人周旋就全靠您了。"

邱连长点点头表示没问题，又安排战士们，暗中一定要做好准备，以防万一被敌人发现，就以武力强行闯关。

所有人都准备好了后，邱连长带着几个强壮的战士，大摇大摆地走在最前面，战士们则"押送"着工人赤卫队的同志们跟在后面。甘南火、钟赤星和侯江海身上背了很多东西，装成勤务兵的样子，走在队伍的中间。一行人急匆匆地向前走去，邱连长还时不时地喊上一句："都给老子快点，否则上头怪罪下来，都让你们吃不了兜着走！"

侯江海跟在队伍中，忍不住低声嘟囔着："没想到邱连长学问大，演戏也演得这么好！"

他们很快就走到了关卡前，防守的敌人马上举起了枪对着他们，其中一个小头目模样的敌人大声喝问道："都站住！干什么的？"

穿军装的战士们不由得暗中握紧了手中的枪，装成俘虏的赤卫队员做好了冲锋的准备。

邱连长脚步不停，带着那几个战士就冲了过

去："放肆！没看到老子在押送俘虏吗？要是耽误了事，你们负责得起吗？"

邱连长这么一横，防守的敌人反倒是先软了下来。那个小头目连忙跑了过来，点头哈腰地和邱连长说："长官别怪罪，我们也是奉命行事。现下城里到处都是共产党，听说还逃跑了好些，要是共产党从咱们这儿走了，小的我有多少个脑袋也保不住不是？所以咱们不得不多问一嘴，敢问长官是哪个部分的？"

"凭你也配问我是哪部分的？"邱连长斜着瞥了那人一眼，"你们又是谁的手下？"

那人急忙回答道："回长官的话，咱们是第4军26师的……"

"这么说你们是许师长的手下了？"邱连长总算正眼看了那人一眼。

"是是是，长官您……"那人不甘心，继续追问。

"我们长官是第4军12师缪师长的亲信。"邱连长身边的一个战士，故意摆出一副趾高气扬的样子说道。

这是邱连长给自己捏造的身份。第4军12师是张发奎当师长时的老部队，可以说是张发奎的嫡系，在他的第2方面军里向来是横着走路，谁也不当回事。别的队伍里的营长，就算是见到12师里一个小小的连长或排长，也都得客客气气的。

　　果然，那人立刻站直了给邱连长敬了个礼："长官好！哎呀呀，原来是总指挥的人，小的有眼不识泰山，望长官莫怪！"

　　"行了行了！"邱连长不耐烦地摆摆手，"赶紧给我把你这些破木头挪开！这些要造反的共产党，可是我们师长费尽心思弄到手的，他们每个人都知道不少秘密，我这正准备让他们带路去抓同党呢，要是去得晚了或走漏了消息让共产党跑了，你担得起责任吗？"

　　"担不起，担不起！还靠长官体恤，我这就给您和兄弟们放行！"那人说着，冲后面使劲儿挥手，大声喊着："还愣着做什么！耽误了长官的事，咱们的小命都别想要！"

　　路障慢慢被挪开了，邱连长带着众人大摇大摆地往前走。

　　大家眼看已过了关卡，刚要松一口气，那个小头目忽然又喊了一声："长官留步！"

　　战士们立刻紧张地握紧了枪，邱连长示意大家不要轻举妄动，慢慢地转过身去。

　　小头目嬉皮笑脸地凑上来，把一个布包塞进了邱连长的手里说："小的姓刘，他日长官有空，希望能在缪师长面前美言几句，或者长官有什么吩咐，小的愿到长官手下，为长官效犬马之劳。"

邱连长掂了掂布包，脸上露出一丝笑意，拍了拍那人的肩头说："好说，好说。"然后就带着队伍扬长而去。

前面再没有遇到敌人，部队终于有惊无险地出了城。

为了尽快摆脱敌人的追踪，邱连长带着大家一路急行军，往花县的方向奔去。

此时距离起义打响第一枪已经差不多两天过去了，战士们一直没有得到休息，也几乎没怎么吃过东西，不少人的身上还都带着伤。他们又累又饿，脚下像踩着一团团的棉花，又像是背着千斤重的巨石，可他们没有一个人停下脚步，每个人都在咬牙坚持着。

甘南火原本伤得就不轻，伤口早就发炎了，此时又被雨水激了一夜，难免发起高烧来。他一会儿冷一会儿热，喉咙发干，全身酸疼无比，仿佛全身的骨头都要从里到外炸裂开了一样。在他的额头上，细密的汗珠跟冰冷的雨水混在了一起，哪怕是一阵微风吹过，都会让他不由得打上一个冷战。他多想休息一下啊！可是不行，他必须坚持，他不断在心里告诉自己，绝不能因为他一个人耽误了大家的行程。

　　他擦掉脸上的汗珠，默默地跟在侯江海的身后。伤口忽而剧烈地疼痛起来，他悄悄用右手摸了一下，顿时一阵火烧般的痛楚深入到了骨髓。他的左半身已经有些麻木了，若不是靠着坚强的意志力，恐怕他早就倒了下去。

　　恍惚之间，一个声音似远似近地飘进了他的耳朵："甘南火，你不要紧吧？"

　　原来是钟赤星在叫他。长途的急行军中，大家都渐渐不再说话，长久的寂静让整支队伍的气氛有些沉闷。钟赤星原本想找甘南火说几句话，缓解一下压抑的心情，可没想到一歪头，正看到甘南火脸色苍白、脚步踉跄的样子。

　　甘南火听到钟赤星的声音，条件反射地转过头轻轻摇了两下，顿时觉得一阵头晕，身体也跟着晃了几晃。钟赤星赶快过去一把扶住了他，刚要说些什么，就听甘南火轻声说道："别声张，莫要因为我连累了大家。"

　　钟赤星皱了皱眉，答应了一声："好。"随后扶着甘南火继续往前走去。

　　何止是甘南火，其他战士的体力也早就严重透支了，他们好多人甚至走着走着就睡着了，但身体却还是机械地向前行进着。一些没受伤的同志主动

搀扶起了带伤的战友，大家相互鼓着劲儿，摸着黑走在泥泞湿滑的路上。

天就要亮了，在大家的相互搀扶下，这支部队总算艰难地赶到了花县。

没有人知道，接下来等待他们的会是什么样的战斗。

3

花县是一座风景秀丽的小城，四周青山环绕，城内的街道和房屋看上去古朴而又整齐。只是战士们没人有心思去看这些风景，他们好不容易抵达了集结地点，身上那股劲儿顿时松了下去。在被前来迎接的进步群众领到休息地时，大家都一屁股坐在了床边、桌旁，更多人坐在地上，累得连句谢谢都差点儿说不出来了。

这样匆匆忙忙地撤离广州，大家的情绪都难免有些低落。邱连长顾不上休息，立即去找总指挥部的领导汇报情况，同时希望能有领导来给大家做做思想工作。

总指挥部对他们的情况很重视，很快就派一位姓徐的领导和邱连长一起来到了大家休息的地方。

邱连长向大家简单做了介绍后，起义军官兵正要起立敬礼，就被徐领导及时抬手给制止了，他和蔼地对大家说："同志们一路辛苦了，敬礼就免了，还是坐着吧。"

他自己也在战士们中间找了块空地坐了下来，挨个看了大家一圈，目光在每个人的脸上都停留了一会儿，然后才用充满感染力的声音说道："同志们，我为你们感到骄傲！从你们的样子我就能猜到，你们经历了怎样艰苦卓绝的战斗，也能猜到你们每个人手中的枪，一定都击毙了不少敌人。我知道，这次撤离让你们的心里都不好受，说实话，我的心里也不好受。我们在广州举行了英勇的起义，我们在广州与敌人浴血奋战，我们在广州建立了苏维埃政府，现在却因为敌人的强大，不得不进行转移，这不能不让我们感到难过和心痛。"

他稍停顿了一下又继续说道："虽然因为敌人的强大我们暂时失利了，但我们现在的转移不是逃跑，而是为了发展和壮大力量，与敌人进行长期的斗争，去夺取最后的胜利。只要有中国共产党的领导，有亿万工农民众的支持，有你们这些英勇无畏的战士，不管反动派和帝国主义有多么强大，不管经历怎样的艰难困苦和挫折失败，我们最终一定会取得胜利，建立起一个属于人民的新世界！最后的胜利是属于我们的！"

"最后的胜利是属于我们的！"徐领导的这一番话，说得大家心潮澎湃，每个起义军官兵都不由得激动地站起身，振臂高呼起来。

他们不约而同地回想起了自己参加革命、参加起义的理由，想起了埋在自己心底的美好愿望。他们的眼神不再迷茫，他们的神情不再悲伤，他们被硝烟染黑的脸上，重新闪现着坚强和自信的光芒，闪现着对信仰的执着和对未来的憧憬。

徐领导又和大家亲切交谈了一段时间后，才匆匆赶去慰问其他的起义部队。

就在大家还兴致勃勃地讨论刚才徐领导的那番话时，邱连长又向大家宣布了一个新的任务。根据总指挥部的命令，将从他们这支队伍中抽选一部分官兵，组成一支小分队，立即北上韶关，去迎接南昌起义后南下的部队。

一听到这个消息，大家顿时都兴奋起来，个个都举高着手要求参加小分队。邱连长在他们这些人里挑来选去，好不容易才选中了七十名战斗素质和身体状态都比较好的官兵。没有被选中的人自然是满心不甘，但想到服从命令是军人的天职，便也默默忍受下来，等待着下一个任务。

但有三个人却不肯像其他人一样忍耐，自然就是钟赤星、甘南火和侯江海这三个少年了，他们缠着邱连长，像小尾巴一样跟着邱连长到处转，强烈要求一定要加入小分队。

三个人各有各的招数，钟赤星是摆功劳，他瞪着眼睛气呼呼地问邱连长："凭什么不让我们去啊！我们杀敌也不比那些人杀得少啊，我们还杀了好几个反动派军官呢。尤其是小猴子，要不是有他带路，我们能这么顺利撤出广州吗？"

侯江海则是和邱连长耍起赖来："我不管，反正要是不让我们去，我们就自己偷着去。"

甘南火毕竟是受过严格军事训练的战士，不会像钟赤星和侯江海那样和邱连长去闹，而是非常冷静地再三找邱连长，分析他们的条件，强调他们的特长。

邱连长被这三个少年磨得没有办法，又怕他们真的自己偷偷跟在队伍的后面去，到时候反而更危险。再说三个少年确实各有所长，尤其是钟赤星和侯江海还是广州人，会说粤语，懂广东的风土人情，有他们在或许能帮上不少忙。经过慎重考虑，还是答应了他们。

"为什么？"甘南火有些激动又有些奇怪地问。

"你必须留在这里养伤。"邱连长不容置疑地说，"你该知道，以你现在的身体情况，是绝不可能跟我们一起走到韶关的。"

甘南火苍白的脸颊上闪过一丝遗憾，他知道邱连长说的对，可他就是不甘心。大家并肩作战了这么久，难道只有他要被抛下了吗？

邱连长看出了他的想法，轻轻拍了拍他没有受伤的右肩说："你虽然现在不能跟我们走，但你养好伤之后，还会有更艰巨的任务，而且我们也一定会再次并肩作战的。"

邱连长告诉他们，从广州撤到花县的部队，现在已经有1300多人了，加上花县农军中的骨干，至少也能编成一个师了。在刚刚召开的党的会议上，已经决定将这些部队改编成工农革命军第4师，休整完毕后，便要向东挺进海陆丰，与澎湃领导的海陆丰农军会合。

"澎湃？广东农民运动的领袖澎湃？"甘南火眼睛里闪出了惊喜的光芒。

"正是。"邱连长笑着回答，"澎湃领导的海陆丰起义比我们要早一个月，不但取得了胜利，还在汕尾市建立了海丰、陆丰苏维埃政权。你们的工农革命军第4师就是要去找澎湃，跟他一起展开更广泛、更全面的战斗。"

"还有一个理由。你必须和工农革命军第4师去海陆丰，就是咱们的叶副总指挥，据说也去了汕尾，你要代我、代李参谋去看望咱们的老团长。"

邱连长语重心长地说道。

听说可以见到老团长，甘南火先是两眼闪出兴奋的光芒，可邱连长接着提到李维义后，他的眼中又充满了担忧和思念。不只是他，钟赤星和侯江海听到后，刚刚的兴奋也变成了担心，他们都在担心李维义的安危。现在广州城已没有了起义军，李维义和那些重伤员，能打退敌人的进攻撤下观音山，突出广州城吗？

邱连长明白三个少年的心思，但现在他也不知道该怎么安慰他们，只是告诉他们，广州地下党正在努力寻找失散的起义军官兵，之后都会秘密送到海陆丰去的，如果甘南火加入工农革命军第4师，很有可能在海陆丰见到突围的李维义。

为了李维义，为了叶副总指挥，为了革命者共同的事业，甘南火终于同意留下来养伤，然后随工农红军第4师去海陆丰。

小分队任务紧急，马上就要出发，三个刚刚成为好兄弟、好战友的少年，就要为了一个共同的革命目标，走上不同的战场。在分别前，带着满腔的不舍，他们把最好的祝福送给了对方。

最后，他们约定，等革命胜利时，三个人一定要再相聚首！

翘首前路已燎原

第三章

·············· 激战流花溪 ··············

1

送别即将编入工农革命军第4师去治伤的甘南火后，钟赤星和侯江海快步跑到小分队的集合地归队，等待出发的命令。

花县农会的干部们，这时组织当地的革命群众给小分队的战士们送来了食物，虽然都是些穷苦人家的粗茶淡饭，但已经饿了两天的战士们，却一个个吃得狼吞虎咽，仿佛这是世界上最可口的美味一样。

群众看到他们的吃相，脸上都露出了心疼和不忍的神色，他们不晓得该对这些为了他们的利益，敢把命都拿来拼的人说些什么，"谢谢"这两个字实在是太轻了，根本不足以表达他们的感情。他们嗫嚅了很久，最后却只能一个劲儿地劝战士们："再多吃些，饭还多着呢，一定要吃饱。"

在革命群众殷切的劝说下，小分队的战士们终于饱餐了一顿，精神也好了很多，感谢了农会干部和革命群众后，大家说笑了一阵，兴奋地讨论起以后的革命前景来。

邱连长把小分队将要执行的任务向大家公布后，就让大家抓紧时间休息，因为他们这支小队今晚就必须出发了。

在小分队集合的大院里，每间屋子都躺满了战士，床不够用，他们就干脆都躺在了地上。对他们来说，和阴冷潮湿的工事相比，这温暖屋子内的干燥地面，已经是非常难得的享受了。大家原还打算再聊一会儿，可话没说上两句，不知道是谁就开始打上呼噜了，而且这呼噜声就像是会传染一样，很快整个大院内都是此起彼伏的呼噜声了。

这一觉睡得可真香啊！大家连梦都没有做一个，就一觉睡到了掌灯时分。

要不是邱连长把几个饭盒敲得像锣一样响，他们怕是还醒不过来呢。

饭盒一响，钟赤星第一个"蹭"地一下蹦了起来，伸手就去摸枪，却什么也没摸到。他吓了一跳，赶快赤手空拳摆出了一个防守的姿势，这才发现眼前站着的是邱连长。

"嘻！原来是您啊！"钟赤星放下了拳头。

邱连长笑着点点头："行啊，警惕性很强，反应也很迅速，不错，不错！"

"什么不错啊？"侯江海这会儿才揉着眼睛迷迷糊糊地坐起来，"咦？阿星，你做什么呢？还有邱连长，您什么时候回来的啊？"

钟赤星没好气地轻轻踢了他一下："赶紧起来，还什么时候呢，都半天了，邱连长要是敌人，你都死八百回了！"

邱连长这时看到战士们都起来了，就告诉大家小分队马上就要出发了，让他们赶快整理一下装备，并到院子里去领新军装和配发的枪支弹药，因为他们不仅在之前的战斗中，弹药都基本耗尽了，军装也已经破烂，这对下一步行动会非常不利。

侯江海这时有点儿担心，怕邱连长不像李副营长那样好说话，关键时刻不要自己这个没参过军的兵了，急忙追在邱连长屁股后面问："也有我的吗？"

"当然。"邱连长回答道，"你现在也是小分队的一员，是一名真正的军人了，自然是少不了你的。"

"太好啦！"侯江海等不及跟大家一起，一个人蹦着高地跑去了院子里。

他第一个领到了军装和武器，只是这里不像警卫团有小号的军装，他领到的军装十分肥大，穿在身上看起来十分滑稽。负责发放军装的战士有些不好意思地说："对不起啊，同志，这已经是我们这些军装里最小的一套了。"

"没事没事！挺好挺好！"侯江海倒是不在意这个，只要能和邱连长他们穿一样的军装，他就不能不认自己这个兵了，这才是他在意的呢。

他扯着军装对赶来的钟赤星显摆地问道："怎么样，阿星？帅不帅？"

钟赤星看了他一眼，肥大的军装在他身上晃晃悠悠，看上去有些滑稽，但他还是点点头说："不错，好看！"

侯江海得意极了，又把一支崭新的"汉阳造"拿在手里，摆出个射击姿势，"还有枪呢！"

钟赤星一愣，问邱连长："这新枪也是每个人都有吗？"

"是啊。"邱连长回答，"咱们此次去执行任务，需要先伪装成敌人的一支小部队，因此不管是军装还是枪支，都要跟他们一样才好。现在张发奎部队配发的比较多的，就是这种汉阳造步枪。"

"这样啊。"钟赤星点了点头，没再说什么，跟

着去排队领衣服了。

实际上，他心里是很舍不得自己那支枪的，那支水连珠是刚进警卫团的时候配发的，跟着他一起训练，一起杀敌，甚至在用光了弹药，换上了从敌人那里缴获的步枪后，他也没舍得把它换掉。对他来说，这支枪已经像甘南火和侯江海一样，成为他最亲密的战友了。

幸好他们小分队战士们原来的武器还会分发给其他同志，让他们继续用到革命的战场上，钟赤星的心中总算是安慰了一些。

分发完武器装备，总指挥部的徐领导又来给他们做了一个简短的动员讲话。

在夜色的掩护下，邱连长带着这支七十余人的小分队，离开了花县，一路向北挺进。

由于小分队伪装成了敌人的样子，所以一路上比较顺利，即使遇到大股的敌人，也只是偶尔会被多问两句而已，没有遇到什么麻烦。只是大家越往前走，心里就越不痛快，越想找几个敌人好好打上一仗，这完全是因为那些敌人实在是太嚣张太残酷了。

花县距离广州不远，只不过一天的路程，因此这里随处可见敌人的身影。尤其是在起义后，敌人加大了对周围地区的巡查力度，到处去抓起义军和共产党。他们借着这个由头，不断闯入寻常百姓的家中，见到值钱的东西就拿，找不到值钱的东西就砸，要是有哪家的主人稍微露出一点儿不忿，他们就马上对其拳打脚踢。

小分队行军路过花县郊外的一处民房时，战士们亲眼看到两个敌人把这家洗劫一空，面对前来阻拦的男主人，他们毫不迟疑地抬手就是一枪托，正砸在男主人的额头上，直打得他头破血流。

"太过分了！不行！不打他们一顿，我实在是咽不下这口气！"跟在邱连长身后的钟赤星，气得攥紧拳头从牙缝中挤出这句话后，迈步就要从行军队列里冲出去。

邱连长回身一把拽住了他，边拖着他走边厉声说道："咽不下也得咽！你忘了我们还有更重要的任务了吗？难道你要把我们这支小分队全都暴露了吗？"

钟赤星回过头，见行进中的战友们都在以目光示意他克制，又被邱连长拖着走了几步后，终于重重吐了口长气，主动跟上邱连长的步伐。

邱连长先观察了一下四周，见路上没有敌人注意到他们，才稍缓和了一下，然后示意钟赤星再去看那两个敌人。钟赤星气鼓鼓地瞅了一眼，见那两个敌人把男主人踹翻在地，美滋滋地离开了，恨恨地说道："他们走了。"

"你看他们走的方向。"邱连长大有深意地轻声提醒钟赤星。

2

"啊！"听到邱连长的提醒后，钟赤星的眼睛亮了起来。

原来这两个敌人走的方向，正是他们来的方向，也就是起义军集结的地方。

自己怎么没想到这一点呢？起义军的驻地外有哨兵，若是敌人去得多，肯定会通知部队躲起来，要是只有这么两个，哼哼，管教他们有去无回。想到那两个家伙的下场，钟赤星总算觉得心里舒坦了一些。

邱连长带着小分队在离开那座民房不远的地方，装作休息的样子停了下来，然后自己悄悄绕到那家人的房子后面。钟赤星和侯江海看着奇怪，就蹑手蹑脚地跟在后面，看到邱连长掏出了从广州城出来时，那个敌人小头目给他的布包，从里面取出了五块大洋，用藏在身上的一角红布包上，顺着窗子丢进了屋里。

钟赤星和侯江海在远处听到，红布包掉在地上发出了轻微的"咚"的一声，稍后就是男主人发出的惊喜叫声。

邱连长回去时看了一眼他俩藏身的地方，显然是发现了他俩的跟踪。

钟赤星用敬佩的眼神看着邱连长的背影，暗暗自责，为什么李副营长、蔡连长、邱连长、赵队长，还有甘南火，他们遇到事情都能沉得住气，偏偏自己总是那么鲁莽冲动呢？他发誓一定要改掉这个毛病。

邱连长回去后，稍等了一下钟赤星和侯江海，就带着小分队继续向北进发了。沿途随处可见反动派在欺压老百姓，不光钟赤星，所有的战士都义愤填膺，他们也都受过反动派的迫害，对这种事情感同身受。有几次大家实在是气急了，想冲过去和敌人拼个你死我活，为老百姓报仇，都被邱连长拦住了。邱连长告诉大家，为了全国更多的老百姓不受欺压，他们必须暂时忍耐，完成党交给的重要使命。

大家憋了一肚子的气，只有不停地向前走才能稍微缓解一点儿，所以行进速度很快，第二天傍晚刚过，就已赶到清远县的流花溪，再往前走不远就进入英德地界了。

流花溪叫溪，其实是一条小河，有一段河水与去韶关的公路交汇。此刻在月光下，河水潺潺，闪烁着碎银一样的光芒，浪花在石头边跳跃着，发出一阵玉珠弹落似的声响。经过一昼夜的行军，战士们都已经很疲惫了，可一个喊苦喊累的都没有。邱连长看到有这么一个好地方，就命令大家在河边休息一下喝口水。

侯江海第一个扑到河边，把手伸了进去，紧接着便低呼起来："哈！好凉！好舒服！"

战士们马上都奔了过去，用手捧着水送到了嘴边。溪水清凉甘甜，战士们精神为之一振。喝完以后，大家又把随身的水壶都拿出来装满。经过这两天的战斗和从广州到花县的撤退，他们深受没有水的痛苦折磨，所以只要有机会，大家就一定会先把饮水补足。

正当大家收好了水壶打算离开之时，前方忽然传来一声喝问："什么人？"

战士们立刻被惊动，一下子把枪都端了起来，做好了战斗准备。

"沉住气。"邱连长悄声叮嘱，"先不要冲动，看看情况再说。"

公路上影影绰绰的，好像是一支敌人的巡逻队，邱连长叮嘱完大家，向敌人迈了几步反问道："兄弟是第4军的，你们又是什么人？"

因为驻防韶关一带的都是李福林的第5军，不是张发奎的嫡系，所以对张发奎嫡系第4军的人都比较忌惮，而且邱连长在第4军待过很长时间，对第4军的情况比较了解，所以出发前小分队就预先定好冒充是第4军的。

"第4军的？"敌人的队伍中晃出一个人向他们走了几步。

借着月光，能看出这人腰间佩着一把手枪，显然是这个巡逻队带队的军官。

"第4军哪个师的？师长是谁？"那个敌军官用审问的语气继续追问道。

"12师的，缪师长手下。"邱连长又往前走了一步，"敢问长官是哪个部分的？"

"我们也是12师的，我怎么没见过你呢？"那个敌军官皱着眉盯着走向他的邱连长。

邱连长哈哈一笑："瞧长官您这话说得，咱们12师那么多人，您还能都认识不成？"

"不对！"那军官眼睛紧盯着邱连长摇了摇头，"看你的样子是个军官，12师上至师长下至连排长，所有军官我都见过，怎么偏你就这么眼生呢？"

"完了，碰上个硬茬。"侯江海悄悄对钟赤星说，"还所有都见过，这家伙记性挺好啊！阿星，我看咱们八成混不过去了。"

"混不过去就打，还怕他们不成？"钟赤星把枪攥得紧紧的。

邱连长显然也看出了对方并不相信他们，若是一直这么纠缠下去，恐怕会有很大麻烦。趁那个敌军官尚在狐疑之际，邱连长把左手背到了身后，冲钟赤星他们打了个手势，让他们做好随时战斗的准备。

然后趁那个敌军官还想再问的时候，突然迅速拔出枪，冲着敌人就是一枪。

"叭"的一声枪响，打破了夜晚的宁静。子弹旋转着飞向那个敌军官。他看到邱连长拔枪后，原本也想掏枪来的，可哪儿还来得及呢？邱连长一枪就打穿透了他的脖子，立刻让他一命呜呼了。

邱连长开枪后，小分队的战士们也迅速投入了战斗。

钟赤星率先消灭了一个敌人，侯江海也一枪打在了一个敌人的肋骨上。

一连串的枪声响起，敌人的巡逻队都愣住了。在他们看来，两边的长官刚刚还说得好好的，虽然自家的长官总有些怀疑的样子，可也不至于一下子就打起来啊！他们被打了个措手不及，直到死了十几个同伙才想起来要反击。

小分队对着敌人猛烈地开火，战士们把从广州撤退到花县，再到这一天来看到的反动派暴行所积压的全部怒火，都发泄到了对面敌人的身上。

敌人的巡逻队人数虽然并不多，但火力却非常凶猛，竟有一半人用的是花机关。刚开始他们被小分队打了个措手不及，让小分队打得狼狈不堪，但很快就凭着火力的优势，趴在公路上和小分队形成了相持的局面。邱连长几次想指挥小分队冲上公路，消灭残余的敌人，但都被他们凶猛的火力给压制住。

钟赤星经过这两天的连续激战，已有了很丰富的战斗经验，这时看到战友们冲锋受阻，立刻发挥他会功夫的优势，就地一连串的翻滚，很快就到了公路的路基下，匍匐着投出了两颗手榴弹，炸飞了几个用花机关的敌人。

战友们见钟赤星的战术管用，立刻有几个战士匍匐着快速冲到公路下，相继投出了手榴弹。爆炸声在公路上不断响起，敌人的火力顿时减弱了很多。

邱连长正为不能迅速拿下残余的敌人焦急呢，因为这里四周都驻有敌人的军队，一旦被敌人缠住，后果将非常严重。此刻见钟赤星反应这么快，给战友们做了个示范，隐蔽接敌，用手榴弹消灭敌人的火力，不由暗自庆幸让他加入了小分队。

眼看敌人的火力已被压制住，邱连长刚想组织战士们再次发起冲锋，却被一阵突如其来的猛烈枪声把命令给堵在了喉咙里。

"糟了！是敌人的援兵来了！"邱连长立刻意识到了危险。

敌人的援兵来得非常快，只一会儿工夫就从侧面接近了小分队。

公路上原本被小分队打得抬不起头的敌人，此刻在敌人的增援下也缓过神来，仗着有了靠山，竟对小分队展开了疯狂地反攻。

小分队面临着马上就要被敌人两面夹击的巨大危险。

3

公路上敌人的反扑，虽然被小分队英勇的还击打了回去，但敌人利用公路高于河滩的地形优势和花机关凶猛的火力，死死地守在公路上，也挡住了小分队从前面突围的线路。

从侧面增援的敌人不仅人数多，居然还带来了两挺轻机枪，他们将轻机枪对准小分队隐蔽的地方，进行猛烈地扫射。河滩上顿时出现了无数的孔洞，流花溪中水花四溅，溪旁的树干也被打得千疮百孔。

小分队被两面敌人的火力压制，身后又是流花溪，只能在邱连长的指挥下，一面进行英勇地还击，一面缓缓向没有敌人的一侧撤退。

邱连长边指挥战斗，边观察着地形，这一次他没有去问侯江海。因为此处已远离广州，侯江海对广州地形的熟悉，在这里派不上什么用场了。

侯江海自己却不这么想，给部队带过几次路后，他就以向导自居了。这会儿见到邱连长边打仗边四下观看，马上就明白了他是在寻找撤退的道路。

由于自小身体就弱，所以侯江海在广州街头胡混时，奉行的是打不过就跑的策略，天长日久竟将找路逃跑练成了一项保命绝技。这里虽然不熟悉，但他不信凭自己的本事，还找不到一条带大家求生的路来。

想到这里侯江海冲钟赤星喊了一声："阿星，你们先打着，我去找路。"

"找什么路？"钟赤星刚问了一句，侯江海已经跑远了，他急得冲着侯江海的背影喊："危险！你给我回来！"

"放心吧！我一会儿就回来！"侯江海朝身后摆摆手，七拐八扭地钻进了一片树林里。

昨天下过的雨虽然不大，但还是把树林中的泥土都淋湿了，地上滑溜溜的，侯江海每跑几步，脚底就会踉跄一下，有几次还不小心摔了跤，亏得他及时用手撑住了地，才算没五体投地趴在地上。不过即使这样，他那套新军装的裤子，从膝盖到裤腿也全都粘上了泥，这让他心疼不已。

侯江海一路连跑带爬，找到了一个制高点。要想查看清楚周围的情况，就必须站得更高一些，这一点他从小在广州城混的时候就明白，这对他来说，可是保命的本事。

以前侯江海在广州，经常被小混混小流氓满街追着跑，要不是他平时没事，总去一些茶楼客栈的楼上转悠，偶尔还要爬到人家的房顶上去耍一耍，也不会知道广州城中那么多隐蔽的小路，否则就是不横尸街头，也早被人打残了。

此时侯江海站在一块高高的大石头上，眯着眼睛往四处看去。银色的月光洒落下来，在树枝间投下点点光影。夜色还是很浓，视野有限，能看到的东西不多。侯江海仔细辨认了一下，才在小分队撤退方向的前方，找到了一条弯曲的黑线，按照他的经验，这条黑线应该就是林中的一条小路。

他沿着黑线一点点看过去，只见黑线先是向东延伸了一段，继而拐了个弯往南探出了一点，接着一个直角折上去回到东，又立即转向了北，随后便一直往北直插到公路上。

"太好了！虽然绕了点儿，但一定安全！"侯江海找到路，心满意足地从石头上爬了下来。

可没想到乐极生悲，他一时大意，脚下一滑，最后几步没站住，竟滚了下去，这下他的新军装算是彻底完了。

侯江海爬起来抻着衣襟左右看看，欲哭无泪："该死的反动派！早晚让你们赔我的衣服！"

侯江海气哼哼地跑回去，钟赤星看到他的样子吓了一跳："你做什么去了？怎么弄的？"

"先别问这个了，"小猴子四处张望，"邱连长呢？"

"那边。"钟赤星指给侯江海看。

邱连长换了个战斗位置，正继续查找撤退路线呢。

侯江海迅速猫着腰，小心地凑了过去："邱连长，我找到路了！"

　　邱连长有些惊讶，自己什么都没说，这个少年怎么知道自己在找路呢？战况紧急，他简单问了一下侯江海找路的情况，就立即指挥小分队，跟在侯江海的后面撤退。

　　小分队边打边撤，敌人紧追不舍。侯江海带着大家绕了几个弯，钻过一小片树林，又越过几处山石，指着前面一个黑漆漆的地方说："那儿有个大坑！咱们进去躲躲！"

　　战士们立即全都跳进大坑中隐藏了起来。

　　这个大坑是侯江海刚刚从石头上滚下来时发现的，坑不算太深，却也有半人多高，而且位置隐蔽，趴在里面只要不出声，外面是轻易发现不了的。

　　一阵急促的脚步声伴着枪声响起，大家又往下压了压身子，屏住呼吸支着耳朵去听。脚步声停也没停逐渐远去，敌人果然被甩掉了。

　　"好小子！行啊！"邱连长高兴地拍了侯江海肩膀一下，结果却蹭了一手泥，"你这是怎么搞的？受伤了吗？"

　　"没，摔了一跤。咱们快走吧。"侯江海催促道，他一点儿也不想把刚刚的事情告诉大家，那实在是太有损自己的"光辉形象"了。

在侯江海的带领下，大家稍稍绕了个弯，一直在树林和山间小路上穿行，一路都没有再碰到敌人。正如侯江海想的那样，这条路线虽然远了些，却十分安全。

小分队又连续急行军几个小时，终于彻底摆脱了敌人，进入了英德地界。

英德位于南岭山脉的东南部，向来有"岭南古邑"之称。这里四处被群山和森林环绕，若是在夏天，水汽蒸腾起来，到处都会是一片氤氲的景象。然而现在是冬天，这种地形却让这里比广东其他的地方要冷上很多。

钟赤星身体壮实倒还不觉得有什么，侯江海滚了一身湿泥，这会儿难免有些哆嗦起来。

进山后邱连长找了一处更隐蔽的地方，让大家先稍微休息一下。为了防止再突遇敌人出现意外，他派了几名侦察兵到前方去探查道路和敌情。

"呼！终于可以休息啦！"侯江海"扑通"一下坐在地上。

他自小就懂得偷懒，能两步走到的地方，他绝不会多走一步，这两天接连不断的战斗和奔波真是把他给累垮了，到花县后睡的那一小会儿，对他来说解痒都不够。他靠在一棵大树上呼哧呼哧地喘着气，又咕咚咕咚地喝了几口水，这才觉得缓过来了一些。

侯江海把肩上背着的那个从广州带出来的急救箱抱到了身前，这是他进入起义军后的第一项任务，不管走到哪儿，他都不想丢掉这个急救箱。离开花县的时候，他特意找到起义军的救护所，补充了些纱布、绷带和药品，还跟人家正牌医生护士请教了几遍处理和包扎伤口的方法，现在是这只急救箱派上用场的时候了。

因为有的战士身上的伤从起义开始到现在就一直没时间好好处理，伤口结了痂又撕裂，不断地渗着血丝，此刻终于有一个难得的休整时间，他要尽一个医护兵的本分了。

未来的路还有多远，还要经过多少战斗，谁也不知道，作为一个医护兵，他要保证每个战士都要有一个强壮的身体，去迎接这一切。

翘首前路已燎原

第四章

········· 巧过连江口 ·········

1

　　"阿星,我给你清理一下伤口。"侯江海先凑到离他最近的钟赤星身边。

　　钟赤星瞧了他一眼,又看了看战友们:"我这小伤不用清理,你还是先帮大家去看看吧。"

　　"小什么小!你这伤口刚才打仗时又流血了,就算流得不多,也不能不治啊!"侯江海忽然显出气呼呼的样子,"你知不知道甘兄弟的伤就是因为没及时治,人家花县那边的起义军医生说,他的伤口都发炎得很厉害了,还得开刀把脓放出来呢。"

"啊？"钟赤星吃了一惊，"你怎么不早说，那他要不要紧？"

"当然要紧了。不过医生说只要好好休养，有个把月就能好了。"侯江海的声音低了下去，一种内疚的感觉紧紧攥住了他的心。眼下甘南火不跟他们在一起，他更不愿意放着钟赤星这个兄弟不管了。

他一把摘下钟赤星的帽子说："我知道你在想什么。放心吧，我向起义军的医生要了不少酒精、纱布还有伤药，够大家用的。"

钟赤星往他的急救箱里看了一眼，东西还真是不少。他完全想不到，以侯江海这种瘦弱的小身板儿，到底是怎么把它一路背过来的，更何况他还要背着自己的枪和子弹呢。他不再拒绝，任由侯江海把头上的绷带解开，把伤口露了出来。

这个伤口还是在进攻军械库的时候留下的。钟赤星身手好，其他的几场战斗虽然危机重重，但他也只是受了些剐剐蹭蹭的小伤而已，即使不包扎也不打紧。唯有这一处被炮弹炸起的碎石在他的头部侧面砸出的伤口，由于他经常做翻滚等大幅度动作的牵扯，不但一直没能结痂，而且还被撕裂得更大了些。

点点血丝掺着些许脓水从伤口中渗出来，虽然当初侯江海给他在头部缠了一圈绷带，但在尘土和硝烟的侵袭下，绷带早就变成了黑色，连带着把伤口也给弄得脏兮兮的。侯江海把解下来的绷带丢到了一边，将自己的水壶拿来，用刚刚在流花溪灌的水给钟赤星清洗了一下，等伤口周围稍微干了些，这才用酒精消了毒，上了一些伤药，垫了一块纱布，最后又用绷带把伤口包扎了一遍。

"好了，幸亏没像甘兄弟那样发炎，不然看你还怎么打仗！"侯江海抱起急救箱说。"你先歇一会儿，我瞧瞧别人去。"

侯江海虽然是半路出家，但好在他脑子聪明，短短几天时间已经是做得有模有样了。

战士们的伤口都得到了妥善的处理，也算是少了一个后顾之忧。

大家一边休息，一边低声地聊着天，小分队的气氛难得轻松了一些。邱连长在一旁看着，越发觉得带着这两个少年一起走，还真是一个意外的惊喜呢。

又等了一段时间，几个侦察员回来报告，据他们的侦察，敌人攻占广州后，对城中的起义军进行了大肆搜捕，不过由于起义军大部分都已撤离，敌人只是空折腾了一番，所以很快就松懈了下来。他们自鸣得意地认为，起义军已经被他们彻底消灭了，再也难成气候了，此时正忙着在广州城里开庆功会呢。

"就让他们再多得意一阵吧。"邱连长愤恨地说，随后又问侦察员："这附近有发现敌人吗？刚刚咱们碰上的那些人还在不在？"

"不在了。"侦察员回答道，"那些人大概看追不上咱们，所以就回去了。这些反动派向来是能偷懒就偷懒。咱们周围这一片也没看到敌人。别说，侯江海这个小向导还真能钻！"

"是啊！我都没想到。"邱连长笑着看了正在那边跟战友们说话的侯江海一眼。

邱连长让几个侦察员短暂休息一下后，就带着小分队再次出发了。

经过刚刚跟敌人的那场遭遇战，邱连长意识到，从此一路往北的敌情，还是十分严峻的。为了避免小分队再次直接撞到敌人的枪口上，他命令侦察员在前面开路，自己则带着队伍在后面不远不近地跟着。

钟赤星自告奋勇地要跟着侦察员一起去，邱连长考虑了一下，决定让他和一个侦察员一起，另两个侦察员一起，分作两路，在小分队的前面探路。同时又派了三个侦察员在小分队的后面，监视是否有敌情。

小分队经过几个小时的休整，体力和精神都得到了很好的恢复，迅速向北开进。

此时已是凌晨时分，经过前两天雨水的冲洗，冬天的夜空显得越发高远、清澈。半个月亮挂在天上，释放出柔和的光芒。月朗则星稀，为数不多的几点星星点缀在夜空中，像是一幅留白恰到好处的画作，让人一看就觉得心静。

月光下的山间小路上，钟赤星紧跟着侦察员，一步也不肯落下。他时不时低声问上几句，把侦察的要领全都打听清楚，默默地记在了心里。

一路上什么情况都没有，就像侦察员说的，那些反动派个个都是懒骨头，长官不打着，自己是绝不肯前进的。更何况此时是凌晨，小分队又是在山里，那些惯会享清福的家伙们，是绝不可能出现在这儿的。

经过一阵急行军，钟赤星和那个侦察员率先来到了小分队北上的必经之路连江口。

连江口位于英德县的南面，地处北江和连江的交汇处，由于航道便利，自古就是一处兵家防范要地。汉代赵佗在南越称王时，就在浈阳峡下游不远处的江口修筑了一座城池，屯兵万人据险以守，防范汉兵南下攻击，真可谓是一夫当关万夫莫开。如今在连江口外筑有一座江桥，作为进城的必经之路，江桥通则路通，江桥堵则路断。

侦察员没有带钟赤星贸然上桥，而是从侧面迂回着靠近江桥附近。

在临近江边时，钟赤星发现江桥上灯火通明，仔细看去，竟有重兵把守。

"这些反动派真是下足本钱了！"侦察员感叹道，"这下可难办了。钟赤星，我在这儿盯着，你快回去告诉邱连长一声，让他给拿个主意。"

"好！"钟赤星答应一声，猫着腰在树丛中悄然返回，将情况报告给了邱连长。

邱连长听了，皱起了眉头："若是如此还真麻烦了。按照正常的军事部署，在这种军事要地，要是派下重兵直接驻守在桥上的话，说明防范十分严密，不但会对每个过桥的人进行详细的盘查，如果有队伍要通过，还需要答对当天的口令才行。"

听了邱连长的话，钟赤星有些着急，他们穿着军装却不知口令，想要扮成百姓又不能带着武器，他忍不住问邱连长："那可怎么办？"

邱连长想了想说："让部队暂时隐蔽，我跟你再去探查一下，看看能不能找到别的过桥方法，顺便再问问侦察员那边有什么动静。"

"好，我这就去通知大家。"钟赤星把原地隐蔽的命令传达了下去，部队找了个安全的地方先隐蔽好，邱连长这才带着钟赤星，重新赶到江边，与侦察员会合。据侦察员报告，他守着的这段时间内，一个过桥的人都没有。

"嗯，现在是凌晨，没人是正常的。"邱连长趴在江边树丛中，往桥上看了几眼，又站起来说："不行，这里守备太严，咱们这样根本过不去，回去跟大家会合以后再想办法吧。"

2

三个人往回走了没多远，公路上忽然由远及近地传来了一阵汽车的轰鸣声，听声音大概有两三辆车，而且车速似乎并不太快。邱连长一挥手，带着钟赤星和侦察员跑到了公路边，顺着声音传来的方向看去。

就见前方公路上，有三辆军用卡车，正排成一列往江桥的方向驶来。

车上看着像拉了不少东西，车速并不快。钟赤星眯着眼睛看了看，对邱连长说："邱连长，第一辆车里有两个人，其中一个好像是个军官。"

邱连长看着前方想了想，眼睛忽然亮了一下："这是敌人的运输队。有办法了。钟赤星，咱们想办法把他们拖住。侦察员，你立即去把队伍带过来，将运输队包抄起来，等我命令，再把他们一举拿下。记着，不许开枪。"

侦察员领了命令，飞快地跑远了。邱连长冲钟赤星使了个眼色，带着他从树丛中绕出来，走到了公路上。

他们故意走在路中间，大声说笑着，敌人的运输队离他们越来越近了。

敌人的卡车迎面驶来，明晃晃的车灯把路面照得雪亮，邱连长和钟赤星却像是没看见一样，丝毫没有让路的打算。

第一辆卡车离他们只有不到三十米了，钟赤星瞧了邱连长一眼，见他一副胸有成竹的样子，忽然想起来从广州撤离时的情形，他猜想这位邱连长恐怕又要把那一套戏拿出来演上一演了，只是这次给他配戏的却换成了自己。钟赤星暗暗偷笑，特意挺起了胸膛，昂首阔步地跟着邱连长，摆出一副目空一切的样子。

　　眼看着敌人的卡车离他们不到十米远了，司机突然一个急刹车，紧接着卡车轮胎强烈摩擦地面的刺耳声传来，车头在离邱连长和钟赤星不到两米的地方骤然停下。后面两辆卡车，也相继传来急刹车的刺耳声。

　　第一辆卡车上的司机，猛地打开驾驶室的门，怒气冲冲地跳了下来。

　　他边冲过来边骂："找死啊你们！没长眼睛吗？这么大的车过来都看不到吗？"

　　没等他骂完，钟赤星迈步上前，一个巴掌就扇了过去。

　　他把练武时打下的底子，一点儿都没浪费地用在了这个司机的脸上，只听"啪"的一声脆响，那人被打得原地转了个圈，左脸颊顿时肿了起来。

　　那个司机被钟赤星打蒙了，捂着脸半天才缓过神来，指着钟赤星大喊："你，你敢打人！反了你了！来人啊！"说着向后扭头喊他的同伙。

　　钟赤星一脚踹过去，直踹到他小肚子上，那司机经不起这一脚，"噔"的一下子坐在了地上。钟赤星这才蛮横地说："活该！骂人前也不打听打听，就你这样的，少爷我就是毙了你都不用偿命！"

那个司机被钟赤星的话吓了一跳，他们这些反动派一贯是欺软怕硬，现在听钟赤星这么说，显然是有很硬的靠山，他再也不敢多嘴了。

　　眼瞧着司机被人打了，车上的那个军官坐不住了，他还以为司机下去就能把这两个挡路的人给解决掉，没想到却被一个小子给打成这样。他们的对话隐隐约约也传到了车上，军官暗自纳闷儿，别是碰上什么难惹的人了吧？

　　想到这儿他赶紧从车上下来，满脸堆笑地走向钟赤星："哎呀，小兄弟，有什么大不了的事，都是自家弟兄，有话好好说，何必打人呢？"

　　钟赤星挑衅似的看着他问："怎么？你不服？"

　　邱连长这时才慢慢悠悠地从后面走过来，似劝不劝地说了一句："阿星啊，怎么能对长官这种态度呢？还有，我不是跟你说过很多遍了吗，打人是不对的。"

　　话虽这么说，但他的语气中却一点儿责怪的意思都没有。

　　钟赤星微微退了一步，站到了邱连长身后，一副得理不饶人的样子说道："营长，是他先骂您的，我没揍死他就不错了。别的团长们见了您都客客气气的，这么一个不知道哪儿冒出来的货色，也敢这样冲撞您！"

　　邱连长虽然年龄不大，但黄埔军校严格的训练和多年战场上的浴血拼杀，锻造了他优秀的军人品质和威仪，此刻他看似随意地站在那里，但自有一股不怒而威的气势，加上钟赤星张口叫了他声营长，敌人的那个小军官吓了一跳，生怕自己无意中闯下什么祸来。

"行了，行了。"邱连长摆了摆手，漫不经心地说，"打了也就打了，以后可不能如此鲁莽了。况且这样的话可不好到处乱说，显得咱们12师好像多瞧不起人似的。"

"是。"钟赤星好像受了多大委屈似的答应了一句。

邱连长算是赖上了12师，没办法，谁让这个番号用起来方便又管用呢？他仔细分析过，在这一带活动的，应该都是李福林第5军的部队，只要把12师的大名搬出来，没有吓不倒的。另外据情报，12师现在应该刚刚移防到肇庆，像昨天晚上在流花溪遇到的那种情况，应该不会再发生了。

果然，邱连长的话让那个一直被晾在一边的敌军官心惊肉跳，他自己无非就是第5军一个小小的排长，平时见了营长这级别的军官，根本没有说话的份，更何况还是张总指挥嫡系12师的营长，就是自己的团长见了他也得让三分呢。

那个军官顿时话都说不利索了，赶紧老老实实地把自己的部队番号和职务都说了出来，还结结巴巴地向邱连长道着歉，一边说自己和手下有眼不识泰山，一边又上去踹了自己的司机两脚让他滚蛋，算是给眼前的这位"营长大人"解恨。

邱连长瞥了卡车几眼漫不经意地问道："车上装的什么啊？"

"报告长官，是一些军需物资。"那个敌人排长巴结地站到邱连长身边，小心翼翼地给介绍着，"这不到处都在打仗吗，上面让我们运些物资到前面去。"

"噢。"邱连长做出一副饶有兴趣的样子，"这可是个肥差啊！阿星，我记得上次让你去跟着跑了一趟，兄弟们没少赚吧？"

钟赤星嘿嘿笑着说："这还不都是营长您关照嘛。"

那个排长一听就知道这里有猫腻，他们在反动派手底下做事，不是为了当官就是为了发财，当官也只是敛财的一种手段，所以归根结底，就是为了一个"钱"字。此时一听邱连长和钟赤星的对话，那个排长的眼睛就亮了，只是碍于自己身份低微，实在不好去问邱连长。他悄悄蹭到钟赤星身边，低声问他："小兄弟，长官此言何意啊？这里面难道还有什么门道不成？能不能跟哥哥说说，有财大家一起发嘛，哥哥绝不会亏待兄弟你的。"

"就你也想发财？"钟赤星故意装作看不起他的样子。

那个排长还想去缠钟赤星，邱连长却好像发现了他们说悄悄话一样，突然转过身来，问道："怎么了？阿星，你们在说什么呢？"

"没什么。"钟赤星故意撇撇嘴，"排长大人想发财，跟我打听事儿呢，我不想告诉他。"

"怎么能这样呢？"邱连长装作好像突然来了兴趣一样，轻声责备了钟赤星一句，"相逢就是有缘，有财大家一起发嘛。"

"对对对。"那个排长一听邱连长的话，感觉有希望，急忙小鸡啄米一样，冲着邱连长连连点头。

3

邱连长此刻的表现，就像是反动派军队中常见的一个贪官那样，他两眼闪着贪婪的光，详细地给那个排长讲了军需物资在某些地方是多么抢手，只要拿出一部分变卖，就能赚一大笔钱。要是胆子小不敢直接拿去卖，还能以次充好，用市面上差一等的相同东西把物资换出来，虽然赚得少了些，但好在安全。

邱连长说得有鼻子有眼，把那个排长听得眼睛都直了，其实这都是邱连长亲眼目睹张发奎手下那些反动军官们常干的事，当然就是跟真的一样了。那个排长才开始当这个差没几天，早听人说这是个肥差，可到现在也没找到门道，如今遇上了这位"营长大人"，简直就像天上掉下个贵人一样。邱连长的态度让他心生幻想，居然大着胆子追问起"营长大人"是不是有什么门路来。

邱连长听到他的问话后，顿时眯起眼死死盯着他，这可把那个排长吓坏了，赶紧解释自己只是好奇，并赌咒发誓说绝不会把他们今晚的谈话说出去。邱连长这才好像放了心，告诉他自己在英德就有一条线，这次偷偷跑来就是想去找那个下线谈这件事的。

"我们这样单独离队也是冒了风险的，可谁想到连江口竟换了口令，害老子白跑了一趟。"邱连长故意叹了口气装作很扫兴的样子。

那个排长顿时觉得机会来了，先是恭维了邱连长他们几句，随后都没用人问，他自己就乖乖地把口令说了出来。

邱连长又看似随意地问了那个排长几句城里的情况，然后言语之中不时透露出看到他有眼力见儿、会做事，可以把他介绍给自己下线的意思。那个排长高兴得忘乎所以，把他知道的一股脑儿都说了出来。没一会儿，邱连长和钟赤星已经对城中驻扎部队的番号、人数、配备情况等了如指掌了。

就在这时钟赤星发现，路旁树丛中人影一闪，接着一只手悄悄从树丛上伸了出来，对着他打了个暗号。钟赤星知道，小分队的战友们已按照计划赶到，并将敌人包围了。

钟赤星凑到邱连长身边，拽了拽他的衣襟，对他做了个暗示。

　　邱连长看到暗示后脸上露出笑容，向前迈了一步，故作亲热地攥住了那个排长的手腕。那个排长刚有点受宠若惊的感觉，没想到邱连长随手就把枪顶在了他的太阳穴上。

　　钟赤星立即举手一挥，小分队的战士们迅速从树丛后跃出来，三两下就把敌人都缴了械。

　　眼看着自己和手下都被人捆了起来，那个排长才明白自己上当了。

　　邱连长迅速把这三辆卡车装的物资都查看了一遍，发现车里既有生活物品，也有干粮罐头，甚至还有几箱药品。他决定利用缴获的敌人卡车，让小分队乔装成敌人的运输队，用掌握的敌人口令混过桥去。

　　他立即命令大家集合，先把那些捆得像粽子一样的敌人都堵住嘴，丢到路边的树丛深处去，然后在队伍中找出了三个会开车的战士。这三个人以前都是教导团的，他们开车的技术还都是邱连长亲自教的呢。邱连长让这三个人每人开一辆车，小分队其他的战士都分散着坐到这三辆卡车的车后去。

　　战士们很快就分别上了三辆卡车，邱连长坐进了第一辆卡车的驾驶室，钟赤星坐进了第二辆卡车的驾驶室，以防万一需要战斗，这样能更快速地出手。

　　侯江海强烈要求一定要坐在车后面，钟赤星看着他眼睛冒着绿光地往车上爬，一把扯住他叮嘱道："少拿点儿，咱们还得赶路呢！"

　　大家这才知道侯江海肚子里打的小九九，他们光想着如何杀敌如何过桥了，谁也没往那方面寻思。侯江海算是给他们提了个醒，大家飞快地爬上卡车，在里面翻了些军用背包，捡着有用好拿的东

西，每个人都塞了满满一包。

侯江海正装着呢，车身突然摇晃了一下，卡车重新启动，快速地朝着江桥奔去。侯江海被这一晃弄得摔了一跤，咕噜噜地在车厢里滚了两圈，刚装好的东西又洒了一半。他赶快爬了起来，蹲在地上手忙脚乱地捡着，生怕浪费掉一丁点儿。周围同车的战士们，被他这财迷的样子逗得直乐。

车子很快就开上了江桥，车厢里的战士们都静下来，做好了战斗准备。

和邱连长判断的一样，桥上的守备果然很严，他们这三辆卡车中的第一辆才开到桥上，就立刻被守桥的敌人给拦了下来。

"干什么的？"守桥的敌人大声盘问。

开车的战士把头探出去，沉稳地回道："第5军运输队的，去前方送物资。"

"口令！"守桥的敌人又大声问道。

开车的战士将邱连长从敌人那儿打探到的口令说了出来，这时大家都悄悄握紧了手中的武器，准备一旦敌人提供的口令有误，就强行冲过去。

那个敌人排长没有说谎，口令是正确的，盘问他们的守军回了口令，大家顿时都松了一口气，然而那些守军并没有马上放行。

邱连长把头从另一边的车窗探出，沉声问道："怎么，还不能走吗？"

守桥的敌人被邱连长的气势震慑住，猜测邱连长的官可能不小，马上恭恭敬敬地敬了个礼，语气也客气了不少："回长官，上面规定我们要仔细盘查来往人员，车辆也必须接受检查才行。"他这话说得小心翼翼，似乎生怕得罪了这位长官。

邱连长倒是显得十分配合，向后挥了挥手，随意地说了一句："查吧。不过可快着些，耽误了事你我都承受不起。"

"是！谢谢长官配合！"守桥的敌人忙又打了个敬礼。

几个守军跑着来到车后，把每辆车后面的挡帘都掀了起来。车上的战士们可没有邱连长那么好的演技，听到这些敌人的脚步声时，他们的身体就变得僵硬了，此时更是攥紧了手中的武器，板着的脸上现出不自然的神情来。幸好此时夜色很浓，加上又在车里，外面那些敌人看不清楚他们的样子。而且由于不愿意得罪长官，这些敌人也只是走程序一样随便瞅了两眼，便放下挡帘走开了。

守军的小头目还特意跑到第一辆车前，向邱连长又敬了个礼，感谢他肯这样配合。

邱连长点了点头问道："怎么样，这下可以走了吧？"

"可以可以！当然可以！"守军的小头目小鸡啄米般点着头，挥手让手下把路障搬开，给邱连长他们放行了。

小分队乘坐的卡车，顺利地通过了连江口江桥，朝着韶关的方向开去。

翘首前路已燎原

第五章

················· 千钧一发 ·················

1

　　小分队乘坐的卡车，过了连江口江桥后，一路向北加速疾驶。由于打着敌人运输队的幌子，沿途再没遇到什么危险，这也让大家的心情轻松了不少。

　　眼看就快要离开英德地界了，车子刚转过一个急弯，坐在第一辆车里的邱连长，突然发现前面的公路上，敌人用路障设了一个临时关卡，将公路完全封死了。路障旁边还有一个用沙包垒的临时工事，上面架着一挺轻机枪，约有一个排的敌人守在那里。

邱连长第一时间想到的，就是抢夺卡车的事被发现了，敌人在此设卡拦截。

前面是一条直道，关卡就在几百米远的地方，敌人应该已经看到了卡车，现在停车或倒回去都已经来不及了，只有往前硬闯了。

邱连长迅速用手连续敲打了三下身后驾驶室的后壁，这是他事先定下的暗号，通知小分队的战士们，做好战斗准备。第一辆车上的战士们收到信号后，马上有人打开车后的挡帘，连挥三下手向第二辆车驾驶室的钟赤星发出了暗号，钟赤星如法炮制，将信号向后传递。很快三辆车上的战士们都收到了信号。原本还在休息的他们，立刻绷紧了神经，将武器紧紧握在手中，做好了随时投入战斗的准备。

"俘虏都被藏在丛林深处，按理不应该这么快被发现的。"邱连长还在考虑着各种可能。

几百米的距离转瞬即至。第一辆卡车停在了关卡前，一个守敌跑上来盘查，司机从车门上的窗子探出头，沉着地应对着，邱连长则把手放在了枪柄上。

从司机和守敌的对话中，邱连长得知原来敌人设卡不是针对小分队，而是韶关和曲江地区的农军活动频繁，英德的守敌怕农军打过来，所以才在这里设卡盘查的。司机又和守敌啰唆了几句，小分队有惊无险地过了关卡。

卡车继续向北疾驶，很快过了英德地界，这时邱连长坐的那辆车，忽然发出了几声老牛喘气一般的声响，继而猛地晃动了几下就停了下来。开车的战士下车检查了一下，向邱连长报告，说车上的汽油都用光了。

邱连长早就料到这些车的汽油跑不了多远，他果断命令战士们下车，把这三辆车丢在路边，小分队沿山路继续北上。

大家下车列队时，发现队伍中少了一个人，细一查才知道是侯江海不见了。

卡车从连江口江桥到这里，中间没停车休息过，如果侯江海是在那里就被丢下的，此时已经离得非常远了，再回去找是不可能的了，可又不能丢下他不管。邱连长急忙问，刚刚是谁和他坐同一辆车的，几个战士站了出来。经过询问，这几人都说直到他们下车前，侯江海还一直在车上。

"这就怪了。"邱连长有些疑惑，他叫过来钟赤星，让他去车上再检查一遍。

钟赤星一开始以为侯江海是躲角落里睡着了，战友们没找到，但当他在侯江海坐的第二辆车上翻了个遍也没找到时才着了急。他怕是自己记错车了，又跑到第一辆车上还是没找到，就更着急了。

还剩最后一辆车了，要是这里再没有，侯江海怕就真是凭空消失了。钟赤星深吸一口气，"呼"

地掀开了挡帘往里看去，这一看不要紧，差点儿给他气得背过气去。

这家伙不知什么时候溜到了这辆车上，正拎着一个军用背包在往里装车上的物资，更夸张的是他身上已经有两个大背包，加上他的急救箱，眼看就要被这些东西给埋住了。

眼见侯江海还在忘我地装着东西，钟赤星"噌"地跃上车，气呼呼地照着他的屁股就是一脚。侯江海向前一扑，趴在了眼前的一个箱子上，他吓了一跳，随手捡了个不知道什么东西就往身后丢，钟赤星闪身躲开，低低地吼了一声："住手！"

侯江海这才大着胆子回头看了一眼，发现身后站的是钟赤星，他顿时松了一口气："哎呀，阿星啊，你这是做什么，不晓得人吓人吓死人啊！"

"我呸！你还好意思说，你知不知道大家都以为你丢了，现在都在为你担心呢。"钟赤星真恨不得再揍他几下，他懒得跟这个贪心的家伙废话，一甩胳膊就把他扔到了车下。看到背着大包小包的侯江海，邱连长和战友们总算放下心来。

侯江海原以为钟赤星是在小题大做，还很不以为意，可到了队伍中看到大家担忧的神情，这才觉得既愧疚又感动。

他本想跟大家道个歉，可又不知道该说什么。

邱连长见人都到齐了，就带着小分队下了大

路，急匆匆往山里走去。因为他们刚才在公路上耽误太长时间了，出危险的可能越来越大，至于对侯江海的批评，只能等休息的时候了。

侯江海连走带跑地紧跟在钟赤星身后，想跟他说上几句话，可钟赤星这次是真的生气了，只管自己迈着大步往前走，瞧都不瞧侯江海一眼。才跟了几步，侯江海就落到了后面，他本来身子就瘦弱，一路上还比别人多背了一个急救箱，早就累得不行了。更何况他现在背了好几个包，哪一个分量都不轻，再想追上钟赤星，显然是根本不可能的。

他心里着急，把背包往上拽了拽，紧跑几步，忽然脚下一滑，"扑通"一声趴到了地上。

后面的几个战士见状，赶快过去扶他，边扶边问："小猴子，你没事吧？"

钟赤星听到声音，总算回过头来，看到侯江海人还没爬起来，就先满地去捡包里掉出来的东西，"哼"的一声走过来，拽着他身上的背包带，把他拎了起来，生气地训他："你还真是舍命不舍财！"

侯江海却像是掉了宝贝似的，又弯腰边捡边喊："不能舍，不能舍。"

钟赤星还想训他，但忽然看到他捡起来的东西，眼睛一下湿润了，再也说不出挖苦他的话了。原来侯江海捡起来的，竟是药品和绷带，钟赤星马上明白了他的用意。

钟赤星暗恨自己为什么又这么鲁莽，也不问清楚就训侯江海，还害他摔了个跟头。

　　这时邱连长走过来，双手按在两个少年的肩上，尽量控制自己的语气平静地说道："咱们先赶路吧。"说完帮侯江海背起他的枪往前走去。

　　钟赤星把侯江海身上的背包都拽了下来，背到了自己的身上。另外几个战士见了，也要帮忙背，钟赤星拗不过大家，只好一人一个把背包分了出去，他自己留了个最沉的。侯江海背着急救箱，又追在钟赤星的身后，开始没完没了地说起来。

　　小分队一口气走了四五个小时，黄昏时分来到了山路和公路的交汇处，路口有一个供人歇脚的茶棚，还兼卖一些简单的吃食。

　　由于他们一直走的都是山路，沿途人烟稀少，看不到敌人，自然也没遇到什么危险。

　　但战士们此时已是又累又饿，邱连长决定在这里暂时休息一下，让侦察员先去侦察前面的情况，然后再继续赶路。

　　就在开茶棚的老两口战战兢兢地接待小分队时，从公路上下来了一支散乱嘈杂的队伍，战士们立刻都警惕地将武器拿在了手中。

2

　　邱连长先示意大家不要轻举妄动，照常吃喝休息，暗中做好战斗准备。然后又仔细看这支队伍，发现他们虽然人数不少，但里面有很多伤兵，三五成群地互相搀扶着，好像刚从战场上败退下来的样子，不由得心中一动。

这里离广州已经很远了，这些伤兵不可能是从广州来的，附近再没听说有革命的友军，难道是自己要找的南昌起义南下的队伍，已经打到这里了吗？

那些伤兵吵吵嚷嚷、骂骂咧咧地直奔茶棚而来，开茶棚的老两口本就被穿军装的小分队吓得不轻，现在更是吓得哆哆嗦嗦的。

小分队的战士们当然知道老人家害怕什么了，钟赤星更是感同身受。他当初就最恨这身老虎皮了，为了这个还差点儿在沈家夜档和甘南火他们打了一架，当然他恨的不是衣服，而是穿这衣服欺压百姓的反动派。只是他们现在不能表明身份，看到老人家凄苦害怕的样子，心里如同被刀扎了一般地难受。

邱连长看到那些伤兵马上就要来到茶棚前了，突然心生一计，站起身来迎了上去，钟赤星怕邱连长有危险，急忙跟了上去，又有几个士兵也站起来跟在钟赤星的身后。

"你们是哪个部分的？"邱连长趾高气扬地喝问道。

那些伤兵看邱连长带人拦住他们的去路，本来气势汹汹地想冲上来，但被邱连长一喝问，竟被邱连长的气势压迫得有些不知所措。

"你又是哪一个？"远处有个老兵不服地喊道。

"我是第5军军法处执法队的，现在奉命抓捕逃兵。"邱连长示威地拍了一下腰间的驳壳枪继续说："你们是哪个部分的？来这里干什么？说不清楚的话，统统押回执法队。"

"是！"钟赤星故意大声在后面配合邱连长喊道，另几个战士也急忙喊是。

那些伤兵被吓了一跳，有个小头目模样的敌人，急忙跑过来，连声说："长官息怒！长官息怒！"

他乖乖地报上了部队的番号和来这里的原因。

这些家伙还真是邱连长判断的那样，是第5军的，昨天被江北工农军伏击，打了败仗，正一路逃一路祸害老百姓呢。

小分队的战士们听了后，恨不得马上将这些残忍的家伙都就地消灭干净了，但没有邱连长的命令，他们只能是咬牙忍耐。其实邱连长又何尝不想这么干呢，但是小分队还有更重要的使命，要为更多的百姓去消灭敌人。

"那你们还不赶快归建，在这里磨蹭什么，想当逃兵吗？"邱连长黑着脸拔出驳壳枪，战士们看到邱连长的举动，也全都把枪举了起来，对准那些伤兵。

"长官息怒！长官息怒！"那些伤兵被小分队吓坏了，那个小头目急忙连连向邱连长赔着笑脸说："我们这就走，我们这就走。"

那些伤兵被赶走了，小分队的战士们长长地出了一口气。

没打探到自己想要的消息，邱连长心中有些焦急，他等战士们都简单吃了点儿东西后，就带着小分队又匆匆出发了。

出发前邱连长给了那老两口三块银元，两个老人家看着手中的银元简直不敢相信，天底下还有这么好的兵，吃过东西不赖账，还帮他们赶走了那些祸害人的伤兵。

邱连长指挥小分队趁公路上没有敌人的时候，快速越过公路，消失在粤北连绵的山岭之中。这里的山间小路还有些湿滑，不知道是否前两天下雨的原因，战士们走在上面，时不时会有个踉跄。什么时候能找到南昌起义的部队还不知道，为了保存体力，小分队走了一段时间后，邱连长就命令大家暂时休息，凌晨时分才开始继续赶路。

天将黎明的时候，小分队赶到了曲江的沙口附近。

队伍越往前走，前面的山势越险恶，邱连长多年战场拼杀磨炼出来的直觉，让他隐隐感到前面好像隐藏着巨大的威胁。他立刻命令小分队原地休息，同时派出几个侦察员先去前面查看。以向导自居的侯江海主动请命，钟赤星担心他的安全，也向邱连长请求一起去，邱连长考虑了一下，同意了让侦察员带上他俩。

侦察员和钟赤星他们出发后，邱连长仔细观察着周围的地形，发现这条狭长的山路，被两侧的山崖紧紧夹住，山崖不高但很陡峭，不易攀爬，除了山路两头的出口，再没有其他的地方可以离开山路，是一个非常适合打伏击的地方。

就在邱连长命令一小队战士，迅速退守来路的路口时，侦察员回来了。

据侦察员的报告，还是侯江海眼睛尖，他竟然发现黑漆漆的山崖上好像趴着人。钟赤星听他说后想爬上去看看，虽然没能爬上去，但却看到了上面确实有许多人影。

"什么？有敌人的埋伏？"听到侦察员报告的战士们都有些吃惊。

邱连长早料到可能会是这样的结果，所以冷静地问钟赤星他看到的情况。钟赤星指着山崖报告邱连长，上面的树丛和山石后好像藏着不少人，因为天还没亮，他看不清那些人的穿着样貌，但通过月亮的反光可以确定，这些人手里都有武器，就是不知道是什么武器。

"敌人原本是在山崖上埋伏，想等我们全部进入山崖中间的路段后，再把两边的路口堵住，打我们一个伏击。"听了钟赤星的报告后，邱连长给大家分析道。

"那我们怎么办？"钟赤星焦急地问道，"那个山崖很难爬上去的。"

"别着急，我们现在还没完全进入他们的埋伏，我已让人守住后面的路口，只要我们慢慢退回，就可以突围走别的路了。"邱连长轻声安慰大家，同时示意钟赤星小声说话。

为了安全起见，邱连长没有让小分队马上同时撤离，而是把战士们分成几组，让大家交替掩护着慢慢向来路退去。

这时，山崖上的敌人也发现了小分队的行动，就见两面山崖上影影绰绰的，好像是有不少人在沿着山崖追了过来。小分队完全退到路口后，战士们迅速各自寻找掩体，将枪口对准了追来的敌人，敌人立即停了下来。双方在崖上崖下紧张地对峙起来，但谁也不肯先开第一枪。

小分队是怕枪声引来更多的敌人，可敌人不知为什么，也只是用枪口对着他们，却没有动静，这让邱连长感到十分奇怪。

"难道敌人是在等援兵？"为了弄明白到底是怎么回事，邱连长决定再派人去侦察。

钟赤星和一个侦察员接受任务后，在树丛中尽量猫着腰或匍匐着向前靠近，终于慢慢接近了山崖上的敌人。

此时天已微微泛亮，黑夜被从东边撕开了一个口子，一道亮光从这条口子里透了出来。借着亮光钟赤星往山崖上的敌人望去，突然发现敌人的阵地上，好像有什么东西在飘，他赶快定睛一看，居然是一面旗子。

钟赤星立刻返回去，把这个情况报告给了邱连长。

邱连长心中一动，追问道："你可看清那旗帜上的图案了吗？"

3

钟赤星仔细回想了一下，摇摇头说："没看清，只看到是红色，上面绣着一堆东西。"

"是红色，上面绣着东西，你确定吗？"邱连长眼睛里闪着兴奋的光问道。

钟赤星又想了想，笃定地点头说："确定！"

邱连长的脸上立刻露出了笑容，他想起了英德哨卡和昨晚茶棚前伤兵说的话。他让小分队原地待命，自己则往前走了一段，进入了对方的视线之内。

"邱连长，危险！"钟赤星在后面追着喊道，邱连长连连摆手示意不让他跟着。

邱连长把双手都举过头顶，一步一步向着山崖边走去。大概是看出邱连长没有敌意，对方并没有开枪。估计距离差不多了，邱连长才停下来，用低沉却能让对方听清的声音问："请问你们是农军的兄弟吗？"

对方一开始没有反应，邱连长又问了一遍后，才有人问："你是谁？"

"我们是从广州撤下来的起义军。我是原第4军教导团的。"邱连长镇定自若地回答道。

"怎么证明你是起义军？"那个声音又问道。

"我不带武器，你让我过去，我证明给你们看。"邱连长说着把驳壳枪解下放在地上。

"过来吧。"那个声音回答道。

小分队的战士们看到邱连长独自一人走向山崖，都非常担心，迅速向前靠过去，但因为没有邱连长的命令，他们不敢靠得太近，只能在山崖前握着枪焦急地等待。

好在他们刚才听到邱连长和对方的对话，认为对方有可能是农军，否则就是没有邱连长的命令，他们也不会让邱连长一个人去冒险的。

邱连长没有让大家等太久，他很快就和一个便装的男子，一路说笑着走下山崖。

两个人身后跟着一支便装的队伍，但他们的枪都已经背上了肩，战士们看到他们每个人左臂上都有一个红袖标，立刻认出那是和工人赤卫队一样的袖标，立刻一拥而上，钟赤星在跑过去的时候，捡起了邱连长放在地上的驳壳枪。

和邱连长站在一起的那个人，看上去不到三十岁，个头比邱连长要矮上一点儿，虽然脸和身体看上去都很瘦，却莫名给人一种很有力量的感觉。他梳着一个小平头，淡淡的一对眉毛下是一双细细的、闪着机警的光芒的眼睛，一支驳壳枪斜插在他腰间的那条粗布腰带上。

邱连长向战士们介绍，这人是北江地区农军的卢永明大队长。

卢永明当年追随北江工农军周其鉴副总指挥参加革命，一直在曲江地区组织农会和农军，南昌起义爆发前，他的哥哥随同周副总指挥北上，先是支援北伐，后又参加南昌起义。他自己和一些农军骨干留在当地，率领当地的农会会员和部分农军继续坚持开展武装斗争。

这次他们是把小分队当成了来围剿的敌人，所以才准备打小分队一个伏击。

误会解除了，两支革命的队伍，在黎明即将到来的一刻，胜利会师了。

赵队长曾和钟赤星说过，在广东全省都活跃着一支农民的武装叫农军，和他们的工人纠察队一样，都是穷苦人自己的队伍。唯一的区别不过是农军受农会领导，成员是以农民为主，工人纠察队受工会领导，成员是以工人为主。但赵队长没来得及教导他，农会和工会都是受共产党的领导，都是为天下穷苦人谋福祉的。

后来在守卫长堤阵地时，李维义告诉过钟赤

星，所谓的工农红军，就是由工人和农民组成的队伍，是一支真真正正的人民的队伍。现在他们这些军人、工人，终于和卢队长带领的农军会师了，这就是一次工农红军的大会师，一次革命力量的大会师。

就在钟赤星激动得眼眶湿润时，他听到卢队长对邱连长说："这里不是说话的地方，咱们还是到我们农军的驻地再谈吧。"

在卢队长和农军战士的带领下，邱连长和小分队来到了农军的秘密驻地。

　　这是隐藏在群山深处的一个小村庄，村庄坐落在一个山坳里，周围山坡上有一小片一小片的稻田，村中有几排低矮的、灰色的房屋。在村子最东边，是一个不大的场院，场院往南，是几间简陋而又干净的房子，这里就是农军的驻地。他们平时就住在这些房子里，早晚在场院上训练，白天还要跟着百姓们一起做一些农活。

　　小分队随农军进了村子后，卢队长看出战士们都十分疲惫，于是交代两名农军队员，尽快安排战士们去休息，自己则拽着邱连长进了大队部。

钟赤星和侯江海好奇，也顾不上休息，就跟在邱连长身后，一起进了卢队长的大队部。

卢队长一回身，看到两个少年跟了进来，不觉有些奇怪。

邱连长知道他俩是想多听点儿农军的事，就笑着把他俩的来历简单地给卢队长介绍了一下。卢队长显得很高兴，他连连夸这两个少年是小英雄，还特意拿了几个周围山上产的砂糖橘给他们吃。

甜甜的橘子让侯江海吃得十分满意，他一口气吃了三个，才想起来要跟卢队长道谢。为了感谢卢队长的橘子，他十分大方地从背包中翻出一个竹筒来，递给了卢队长。

卢队长接过竹筒，瞅了瞅邱连长，又看了看侯江海问道："这是什么？"

"您打开看看就知道了。"侯江海故意卖关子。

"盐！"卢队长打开竹筒惊讶地叫道，这时邱连长和钟赤星也看到竹筒里满满的都是盐。

侯江海告诉大家，他在敌人的运输车上翻药品的时候，发现有一箱装的都是这样的竹筒，当时车上太黑，他没看清楚，以为这个是药品呢，就装了一筒。后来他才发现这是盐，小分队一路都是急行军，根本用不上，他又没舍得扔，现在看农军的驻地有人家，估计能用上，这才拿出来送给卢队长。

卢队长惊喜地连声感谢。原来，反动派为了削弱农军的战斗力，对食盐进行了严苛的控制，他们在山里最缺的就是盐、武器和药品了。

邱连长听到卢队长这么说就和他商量，准备从小分队中拨一些武器和药品支援农军，卢队长怕影响小分队执行任务，一再推辞，又问起了小分队来这里的任务。邱连长把此去韶关的目的告诉了卢队长，又顺便向他打听，有没有听到过南昌起义部队的消息。

"我倒也听说过有南昌起义的部队南下，但具体什么情况不清楚。"卢队长摇了摇头说。

"邱连长，反正暂时没有南昌起义部队的消息，要么你们就干脆先留在这里吧。我们这儿离韶关近，又比较隐蔽，打探消息也方便些。况且你们留下，一来可以好好休整一下，二来还可以帮我们训练训练农军啊。"卢队长兴奋地给邱连长提了个建议。

邱连长一想，这倒确实是个好主意。他又向卢队长了解了一些这里农军的斗争情况，随后终于下定了决心："钟赤星，传令战士们，小分队暂时驻扎此处。至于其他事，我跟卢队长定好后，再告诉大家。"

翘首前路已燎原

第六章

·········· 农工一家 ··········

1

　　火红的太阳从天边慢慢升起，散发出朝阳特有的炫目光彩，和不足以驱散冬日早晨寒冷的温热。为了不打扰小分队的战士们休息，今天的晨操农军没有在场院训练，而是绕着村子跑步去了。跑完步之后，农军都去田里山上帮做农活了，场院附近一片寂静。

　　黎明时听钟赤星传令说要留在这里，原本准备暂时休息一下随时出发的小分队战士们都立刻放松了下来。他们靠坐在床上、凳子上或地上，甚至等不及吃农军送来的食物，便敌不住那汹涌而来的困意，直接进入梦乡了。

钟赤星和侯江海本想再聊上几句，可脑袋一沾到枕头，便立刻沉沉睡去。

或许是到了农军驻地，战士们就感觉像到了自己的家一样吧，这一觉他们睡得格外香甜。

侯江海从床上爬起来的时候，天色早已暗了下来。

钟赤星也刚刚起床，正坐在桌边擦拭着自己的步枪。和他们同屋的战友们也已起来了，为了不打扰这个一心想照顾他们的少年医护兵，都悄悄地去了别的屋子找人聊天了。

"阿星，你什么时候醒的，怎么不喊我一声？"侯江海打着哈欠爬下了床。

钟赤星回头看了他一眼，边擦枪边答道："也就一会儿。你去洗漱一下吧，卢队长说一会儿就可以吃饭了。"

"好。"侯江海像是没睡醒一样晃晃悠悠地往外走去。

连续几天的高强度战斗和行军，让从未接受过一点儿军事训练的侯江海疲惫不堪。打仗和赶路的时候，一直绷紧着一根弦倒还不觉得，现在一放松下来，他顿时觉得浑身酸疼，哪怕睡了一个白天，手脚也全都是软的。

他勉强洗漱了一下，回到屋里，一屁股坐在凳子上，拿过茶碗，咕嘟咕嘟地连着喝了两碗水，这才想起来问大家都去哪儿了。

钟赤星正要说话，一个农军队员忽然挑开门帘进屋，看到他俩都醒了，马上用大嗓门说道："哎呀，正好，队长说让你们去吃饭呢。"

"吃饭？太好啦！"侯江海欢喜地叫了一声，要不是他现在胳膊腿都疼，非得再蹦跶两下不可。这几天下来，他都快不记得，自己上一次按时吃饭是什么时候了。他们跟着那个农军队员，去了卢队长的大队部，卢队长和邱连长都在，显然聊了有一会儿了。

虽然农军中也有很多岁数与钟赤星和侯江海差不多大的少年，但卢队长还是很奇怪，邱连长带的这支精英小分队，为什么还会有他们两个大孩子跟着。邱连长又把两个少年从观音山战斗、撤出广州到农军驻地，他和这两个少年并肩战斗的经历，都给卢队长讲了一遍。卢队长听了后对他俩非常喜爱，便让人把他们喊到了自己屋里，来跟他和邱连长一起吃饭。

桌上摆了卢队长能拿得出的全部好吃的，因为小分队是第一天来，卢队长说什么也要给他们接风，邱连长推辞不掉，也就只好随他了。

钟赤星和侯江海坐在凳子上，看着桌上好吃的偷偷咽口水。他们的面前各摆着一大碗白米饭，卢队长和邱连长面前还有一个酒碗，里面倒满了农家自酿的米酒。几个粗瓷的大碗和盘子里，装着油亮亮的蒸腊肉、煲野味、焖笋干、炒青菜。

看着两个少年眼睛放光的样子，卢队长笑着催促他们："都别看着了，快吃吧！"

钟赤星和侯江海"哎哎"地答应着，谢过了卢队长后，迅速端起了饭碗。

米饭可真香啊！白胖胖的米粒抱成一团挤在碗中，散发着阵阵清香气。米粒紧实弹牙，嚼上一口细细品去，还有一股甘甜的味道。

焖笋干用的是西牛笋干，这是连江口下游英德县西牛镇的特产，早在明朝的时候，就已经是远近闻名了。这种笋干在刚刚晾晒好时是金黄色的，吃的时候用油和辣椒一焖，香中带辣，正是米饭的绝配。

钟赤星和侯江海呼噜呼噜地大口吃着饭菜，筷子不停飞舞在桌子上方，心里觉得无比满足。在广州打仗的时候，他们哪想过还能吃上这么美味的饭菜呢！

卢队长和邱连长看他们吃得香，也觉得很高兴，这才是他们这年纪孩子该有的样子呢。

两人对视一眼，忽而一起轻轻叹了口气。这些孩子原本应该一直这样，生活安逸、平静，哪怕稍微穷一点儿，起码也能按时吃上一顿安稳饭。但如今，这一切却都成了一种奢望，这怎能不让人觉得心酸呢？

钟赤星和侯江海好像没听见两人的叹息，自顾自地大口吃着。

卢队长和邱连长则一边喝着酒，一边慢慢聊了起来。

卢队长语带自豪地告诉邱连长，他是1924年加入的中国共产党，是广宁县的第一批中共党员。当时的入党仪式，是在周副总指挥家中举行的，还是由周副总指挥和广东农民运动的主要领导人澎湃亲自主持的呢。

"入党后我一直在这一带和同志们一起开展武装斗争、宣传革命，只是越干越觉得，不管是革命知识还是战斗技巧，我都差得很远，于是就去了广州农民运动讲习所，希望能多学点儿东西。"卢队长对邱连长说。

"农民运动讲习所？是不是番禺学宫那个？"钟赤星听到这后，赶紧把嘴里的饭咽了下去，接着卢队长的话说，"我原来在工人纠察队的时候，曾经在那附近活动过一段时间。我们赵队长说了，在那里学习的，都是农民运动的骨干，他们后来都去组织农民运动了，还给北伐战争帮了不少忙呢。"

"是啊。"卢队长点点头说，"就是那个，我们的同志都很了不起啊。我参加的是第六届，也是最后一届。前面五届讲习班的学员，都是咱们广东本省人，后来为了给全国农民运动培养人才，就决定招收外地的学员。到我们那一届，学员就有300多人了，而且是从全国20多个不同的省赶过来的。大家回去后，把在讲习所学到的东西，都用到他们本地的农民运动中，对各地农民运动的帮助很大呢。"

"后来呢？"侯江海已经把肚子填饱，饶有兴趣地听着他们的谈话，这些东西对他来说都还很陌生。

过去，侯江海只听钟赤星说过反动派就是大坏蛋，他们革命军是消灭反动派的，所以就是大好人。除此之外，像他们这些普通的老百姓，工人啊，农民啊，就只能被坏人欺压，别的什么都做不了。

后来他机缘巧合加入了起义军，听李维义和他讲，他们那些军人原来也都是些普通人，包括参加起义的工人赤卫队，都是平平凡凡的工人，他这才知道，原来谁都可以去起义，去反抗那些反动派。现在又认识了卢队长他们这些农军，侯江海更确定了李维义的话——"人人皆可革命，凡是有压迫的地方，必然会出现反抗。"

"后来……"卢队长停顿了一下没再说话，而是眼中射出仇恨的光，侯江海吓了一跳，以为自己问错话了。

2

卢队长稍微平复了一下情绪，才又接着往下说。原来，他从讲习所毕业后，又去北江农军学校学习了三个月，那是一所专门培养农民运动骨干和农军指挥员的学校。卢队长在那里系统地学习了军事课和政治课后，就投入到粤北的农民运动和农军组建工作中，正干得红红火火时，蒋介石和汪精卫这些反动派却背叛了革命。上海"四·一二"和武汉"七·一五"之后，粤北也被一片血雨腥风所笼罩，反动军队和地主豪绅勾结，疯狂镇压共产党和农民运动，制造了一连串骇人听闻的惨案。

卢队长和粤北的中共党团员、农会骨干、农军学校的学员们一起，组织韶关、曲江、仁化等地的农会会员和进步群众，积极扩大农军武装，坚持粤北地区的革命斗争，寻找机会打击反动地主势力和李福林部的驻军。

卢队长讲完，脸上的表情十分复杂，既有对牺牲战友和群众的悲痛，又有对反动派刻骨的仇恨，还有坚持革命到底的勇气与信心。

邱连长他们听了卢队长的话后，都恨不得帮当地的农军立刻把这些反动派消灭干净。

"现在好了，你们来了，我们的力量更强大了。"卢队长大概觉得自己的话太沉重了，于是把话题转到了两支部队的配合上。

此时，钟赤星和侯江海早已吃饱，邱连长和卢队长简单再吃点东西后，就开始商量派人外出侦察和寻找南昌起义部队，以及帮助农军训练的事。侯江海非要拉着钟赤星在村子里转转。

这会儿天已经黑了下来，村里灯火点点，透过窗缝闪烁着昏暗却柔和的光芒。走在村中的小路上，钟赤星和侯江海忽然有了一种奇怪的感觉，这里如此安宁平和，让广州的那些战斗，都变成了一场遥远的梦境。

侯江海看着天上刚刚露出的几颗星星叹了口气："阿星，你说要是能不打仗该有多好。"

"是啊。"钟赤星点点头，"谁愿意打仗呢，还不都是那些反动派逼的。放心吧，早晚有一天咱们能把那些家伙全都打倒，到时候就不用再打仗了。"

"嗯！"侯江海高兴起来，"到时候咱们就去找甘兄弟，天天去小霞妹子家，让沈大叔给咱们做好吃的！"

钟赤星白了他一眼："就知道吃！"

在场院附近逛了逛，钟赤星和侯江海就回了给他们做营房的屋子，早早地睡下了。他们在养精蓄锐，准备第二天早上抢任务呢，因为钟赤星听邱连长和卢队长商量，准备第二天让农军的队员配合，派人出去侦察呢。

第二天一大早，还没等部队出操呢，钟赤星和侯江海就跑到邱连长那里抢任务去了。但邱连长却告诉他俩，昨天晚上和卢队长分析，觉得最近农军活动得太频繁了，小分队又刚抢了敌人的汽车，估计敌人正在疯狂地寻找他们呢。为了避免不必要的损失，他们决定暂时先潜伏三天，小分队在这三天时间中帮农军进行训练，也可以同时休整一下，外出侦察的任务也暂时取消了。

早操结束后，邱连长和卢队长宣布了这三天的训练计划。

邱连长率领的这支小分队中，既有原教导团士兵训练委员会的教官和学员，也有工人赤卫队的骨干成员。大家多是穷苦人家出身，再加上又差不多都参加过跟反动派的斗争，很是能说到一起，前一天晚上吃饭时，他们就已经相处得十分融洽了。农军的队员们听小分队的战士们讲了广州的几次战斗，又是羡慕又是敬佩，现在一听要让小分队的战士们帮他们训练，那真是没有不愿意的。

农军原来在卢队长的带领下，已经积累了一些游击战的战术技巧，邱连长决定根据农军的特点，强化他们射击、投弹、刺杀、隐蔽、行进等基本军事技能的训练。

另外，对农军指挥人员和战斗骨干，再教授一些基本的军事常识和军事策略。

小分队的战士们，都尽心竭力地帮助农军提升战斗技能，同时自己也在进行休整。

钟赤星和侯江海也被编入了训练的队伍中，不过钟赤星是学员队长，侯江海则是他的手下。农军中也有些少年队员，邱连长向卢队长建议，将他们单独编成一队，由原教导团的一名教官对他们进行单独的训练。

短短的三天时间很快就过去了，有了小分队这些教官们的悉心教导，农军的面貌焕然一新，不仅技战术动作标准到位了很多，军容军姿也像一支正规的部队了。

钟赤星和侯江海也跟农军中的那些少年打成了一片，其中有一个叫安仔和一个叫阿龙的少年，跟他们最是说得来。阿龙的拳脚功夫不错，安仔机灵聪明，简直就是钟赤星和侯江海的翻版。他们四个天天凑在一起，要不是钟赤星和阿龙压着，侯江海和安仔就能把驻地给闹得翻过来了。也亏得他们，驻地中每天笑声不断，也算是苦中有乐了。

小分队来农军驻地第五天的早上，出完早操后，邱连长和卢队长在两支队伍中各挑选了几个侦察员，把他们分成了三个小组，让每组中小分队战士在农军队员的配合下，化装前往韶关、曲江、仁化等地，侦察当地敌情，探听南昌起义南下部队的消息。

任务分配完毕后，邱连长和卢队长命令全体官兵继续前三天的训练。在他们正转身准备回大队部，商量一下接下来的工作重心时，就听钟赤星和侯江海在旁边喊了一句："等一下，还有我们呢。"

邱连长看了他俩一眼，知道这两个少年又因为没被派任务而不高兴了。

只是这次侦察不比以往在阵地上查看敌情，而是要在敌人重兵集结的地区，寻找一支被敌人追击的部队。这支部队的行踪必然隐蔽难寻，因为敌人也一定挖空心思在寻找他们，要是派出去的人不够谨慎和经验丰富，别说侦察到消息，还极有可能会暴露自己。要是再被敌人跟踪到农军的秘密驻地，那损失就更严重了。

可要是不让他们去，这两个刚参加革命的少

年，未见得就能严格执行命令，老老实实地待在这里进行训练。

邱连长皱着眉头半天没有说话，侯江海好像看懂了他的心思，嬉皮笑脸地凑上去说："邱连长，您可想好了，您要是不同意，明天我俩可能就'丢'了。"

"你敢不服从命令？"邱连长瞪了侯江海一眼。

但也正是侯江海这句带有"威胁"性的话，让他一下子想通了，有这么个小滑头在，应该也不会出什么问题。钟赤星虽然是冲动了些，可在关键时刻，侯江海似乎总能有办法制住他。而且他们年纪小，相对来说反而更加不容易引人怀疑。

邱连长又仔细考虑了一下，终于松了口："去侦察可得会说客家话才行。"

"会会会！"侯江海猛点头说，"阿星在码头干活的时候就学会了，我是在街上混的时候学的，怕是比他说得还好呢！"

"那，好吧。"邱连长点点头，看两个少年脸上都露出了喜出望外的表情，他一瞪眼睛接着说道："别高兴得太早！我可是有条件的。"

3

"您说您说，什么条件我们都答应。"侯江海抢着对邱连长说，钟赤星也跟着点点头。

邱连长这才继续说："第一，你们去侦察，一路上要小心，绝不可暴露身份，也不能暴露农军的位置。第二，这一路不管遇到什么事，都要忍耐，不得冲动，否则，"他顿了一下，为了让两个少年重视起来，特意把后果说得严重些，"否则就地开除出革命队伍。"

钟赤星和侯江海一脸震惊，一齐使劲儿摇脑袋："不会不会，我们绝不冲动！"

邱连长看了他们一眼："第三，不管有没有打探到消息，到了归队时间都必须按时回来，绝不能耽搁迟到。这些你们要是都能做到，我就同意让你们去侦察。"

"保证能做到！"钟赤星一脸惊喜，笑着给邱连长敬了个礼。

侯江海赶快也跟着敬了个礼，学了一句："保证能做到！"

邱连长这才算彻底同意了。为了让钟赤星和侯江海的侦察行动能够更顺利，他特意请卢队长找了两个农军少年队员来给他们当向导，并在身份上适当地掩护他们。让钟赤星和侯江海惊喜的是，来配合他们的农军少年队员正是安仔和阿龙。

邱连长又叮嘱了钟赤星和侯江海几句，便让他们换上便装出发了。

分配给这四个少年的目的地，是在曲江和韶关一带。他们四个人整理好行装，带好活动经费，兴致勃勃地出发了。

离开农军驻地后，他们准备先去曲江县城。路上钟赤星、侯江海、安仔和阿龙四人商量好，对外宣称是同族兄弟，打算在曲江和韶关一带找份工，赚些钱贴补家里。到了曲江后，他们找了一家不起眼的客店住下，然后以外出找事情做为名上街打探消息。

由于他们都是在街面上跑惯了的，在处事方面都有一些经验，加上客家话说得又溜，看上去也都是一副会干活的样儿，因此并没有人怀疑他们的身份。但他们四个人连续在街上转了两天却一无所获。安仔提出再去韶关看看，大家商量了一下认为也只能如此，就对客店老板说没找到事情做，准备去韶关碰碰运气。

客店老板看侯江海虽然在四人中相对瘦弱些，但却十分机灵，一瞧就知道是个当伙计的好料子，有意把他留下来帮忙。为了跟他说这事儿，还特意煮了两个张溪香芋给他们吃，不过侯江海收了香芋，却找了个借口拒绝了老板。惹得钟赤星一个劲儿说他不地道，不答应人家的事儿还收人家的东西。

侯江海啊呜啊呜地吃着软绵绵的、香气四溢的甜香芋，白了钟赤星一眼："我要是地道了，你能吃到这么好的香芋？再说了，你没看那老板被我哄得挺高兴的吗？"

他这说的倒是事实，靠着一张巧嘴，那老板虽然被侯江海拒绝了，却一点儿也没有生气，反而还很开心，觉得侯江海是个老实仁义的孩子，还说有机会帮他介绍别的事情做呢。

钟赤星他们一直追问侯江海，到底跟老板说了什么，可他嘴严得很，死活不肯告诉他们。

他当然不能说，要是他告诉钟赤星，自己跟老板说的是他这个阿星兄弟憨，自己怕人欺负他，所以一定要跟他在一起做事的话，钟赤星非得把他揉成香芋泥不可。

四个人到了韶关后，还是一连几天在街上转悠，什么有用的消息都没打探到。

就在大家正着急的时候，侯江海出了个主意，他说这么找不是办法。南昌起义部队既然行踪隐蔽，就不可能随便什么人都能知道他们的消息，自

己这几个人在街上遇到的，都不是能知道这种消息的人。但起义部队也是人，无论如何他们总要买米买粮，所以莫不如去卖粮食的地方打探，或许还能有点儿希望。

钟赤星他们都认为这个办法可行。第二天早上他们就分头行动，去几个卖粮食的地方监视打探。但从早上到中午，又从中午到下午，他们连一个可疑的人影都没看见。所有来买粮的人，都只买个半升一升的，碰到个稍微阔气些的，也不过买上半斗一斗的，这么点儿米，就算100个人买上一整天，也不够一支队伍吃的。

眼看着太阳就要落山了，由于粤北农军活动频繁的关系，最近城里都在实施宵禁，为了不引起不必要的麻烦，他们只好决定先回客店，再去想别的办法。

他们四个人在卖粮食的地方盯了一天，都是又饿又累，趁着宵禁前的这点儿时间，安仔带着大家去了一个小食档解决晚餐。

那个小食档里的食物虽然还算不错，但钟赤星和侯江海却总觉得，没有沈家夜档的东西好吃。他们把沈老板做的那些美食，挨个给安仔和阿龙说了一遍，馋得他们恨不得立刻就到广州城去吃上一顿。

几个人正边吃边聊，不远处忽然飘过来一阵香气。这香气由肉香和油香混合而成，才钻进几个人的鼻子里，就让他们忍不住流下了口水。

侯江海好奇地问安仔，这到底是什么东西的香味。安仔告诉他，这是有名的南雄板鸭。

南雄板鸭算得上是粤北地区最著名的腊味，皮薄肉嫩味鲜，不光鸭肉好吃，就是骨头都香脆可口。侯江海听了安仔的介绍后越发嘴馋，真想弄上一只好好尝尝滋味，可惜他们身上没有多少钱，若是买了这个，以后几天怕是要饿着肚子露宿街头了。没办法，他只好暂时压制住了自己的食欲。

钟赤星也馋，但他的自控力比侯江海强多了，他劝侯江海："忍着些，以后打完了仗，我天天请你吃。"

"这可是你说的！"侯江海最后看了看旁边摊位上那几只油亮亮的板鸭，跟着钟赤星他们回了客店。

接连又盯了两天卖粮食的地方，还是没有任何收获，他们四个人又返回了曲江。

在曲江又待了几天，还是没有一丁点儿关于南昌起义部队的消息，四个人急得不得了。

就在几组侦察人员奔波于韶关、曲江、仁化各处，打探南昌起义南下部队消息的同时，留在农军驻地的邱连长和卢队长他们，得到英德地界、曲江等多地农会会员的报告，说当地的反动地主恶霸，勾结民团和李福林部的驻军，对共产党员和农会会员进行疯狂地屠杀和残酷地迫害，强烈要求农军为他们报仇。

北江地区的农民运动，始于中国共产党创立之初，到国共合作时期更是发展得如火如荼，几乎乡乡都有农会。后来经过了"四·一二"和"七·一五"反革命政变，周副总指挥又组织了农军，领导农民暴动，惩治了不少地主恶霸，让他们对农军和革命军充满了仇恨。

现在张发奎也撕下了"左派"的面具，公开参加对工农运动的镇压，让粤北地区的反动地主恶霸觉得有了靠山，对农民运动和革命群众的迫害更是变本加厉了。

为了保护群众，也为了打击反动势力的嚣张气焰，邱连长和卢队长带着农军的同志们开了几次会，终于决定要联合起来，一起惩治恶霸，消灭民团，打击李福林的驻军。

第七章

翘首前路已燎原

······ 英雄出少年 ······

1

　　白色恐怖笼罩下的曲江县城，四个穷苦人家打扮的少年，郁闷地走在萧条的街市上，看上去比三伏天被晒蔫了的小草还要无精打采。

　　这四个少年正是钟赤星、侯江海、阿龙和安仔，他们这些天，几乎走遍了韶关和曲江城的大街小巷，却依然探听不到一丁点儿南昌起义部队的消息。眼看着归队时间只剩下两天了，他们只能做好回去的准备，毕竟当初是跟邱连长做了保证的，如果这次说话不算话，以后再有什么任务，邱连长一定不会派给他们了。

但他们四个实在不甘心就这样一无所获地回去。

尤其是从韶关回曲江路上遇到的两件事，让他们始终耿耿于怀，急于找到南昌起义的部队，和农军、小分队一起，为当地的穷苦百姓报仇。

那天他们在回曲江的路上遇到一对爷孙，老爷爷须发皆白，衣衫褴褛。粤北的冬天还是比较阴冷的，老爷爷四处破洞的单薄衣衫，让他冷得不时瑟瑟发抖。他步履蹒跚，摇摇晃晃地走着，手里紧紧握着一个小孩子的手。

那孩子看上去不过五六岁，身体瘦弱，细小的脖子上顶着一个大脑袋，被老人抓住的小手露出了手腕，干瘦得似乎只是一层皮包着他的小骨头。他那一双小脚丫上套着两只破破烂烂的草鞋，鞋底大概是漏了洞，走过的地方偶尔会留下一点儿血红，显然脚底已经被磨破了。可即便这样，小孩儿也是一声不吭，默默地任由爷爷拖着走。在荒凉破败的土路上，这一老一少的背影更显得格外凄惨。

四个少年见状心中不忍，急忙从后面追上去，钟赤星帮着抱起了小孩。侯江海机灵，看出这爷孙俩的饥饿，让安仔把他们带的干粮都给了这爷孙俩。

这爷孙俩应该是饿极了，老爷爷竟顾不上和他们客气，就跟小孙子一起狼吞虎咽地吃了起来。侯江海怕孩子噎着，一边轻轻拍着孩子的后背，一边建议到前面不远处的一块大石旁喝点水再慢慢吃。

大家一起来到那块大石旁，侯江海照顾小孩坐下后，一边看着爷孙俩喝水吃东西，一边跟老爷爷打听到底是怎么回事。

老爷爷这时认准了四个少年都是好人，就把自己家的事，原原本本地跟他们说了一遍。

原来，老爷爷家祖祖辈辈都是种地的，起初靠着几亩薄田，还勉强可以度日。后来那些恶霸地主，被上面的反动派派了税，三天两头就要征军费。反动派找地主要钱，地主自然不愿意让自家的银子白花花地流出去，于是要么就提高佃户的租子，要么就想方设法地霸占贫苦农民的田地。

有一年老爷爷家收成不好，没能留下稻种，到了该播种的时候，没办法就去地主家借了些钱买稻种。没想到黑心的地主竟然放高利贷，驴打滚、利滚利，三分息变五分息，五分息还要变成十分息，老爷爷家哪还得起啊！

一年还不起，两年还不起，最后田地全都归了地主不说，他们全家还得给地主种地还债。

后来农民运动发展到了老爷爷的家乡，惩治了地主恶霸，把田地也都分还给了他们。老人的儿子、媳妇为了感谢农会，还特意做了顿好饭要招待人家，没想到人家水都没喝一口。

可就是这样，却还是让地主记上了仇，前段时间反动派背叛革命，镇压农民运动。农会干部和农军只好暂时撤退。恶霸地主又有了靠山，愣是把老人的儿子和媳妇抓去活活打死，还抢了他们被发还的田地，把老人和小孩都赶出了家门。

钟赤星和阿龙都"腾"地站了起来，钟赤星原地快速地转了几圈，重重地跺了一下脚，骂道："这群混蛋也太不是人了！"

侯江海和安仔急忙劝住他俩，又问老爷爷这是要去哪儿。老爷爷告诉他们，自己在汕尾那边还有一门亲戚，打算带着小孙子去投奔他们。

老爷爷左右看了看，小心翼翼地低声说道："听说那里的农军更厉害，把那些给地主撑腰的当兵的全都打跑了。有农军的地方，才是咱们穷人能活命的地方，我就算自己去不了，也得想办法让这孩子去。"

老爷爷说的时候，眼睛一直在看着孩子，眼里满是慈爱和希望。

听老爷爷提到汕尾，钟赤星不由想起在花县时邱连长和甘南火说的话，不由得惦念起甘南火来，他的伤应该都养好了吧？

侯江海看到钟赤星的眼神，就知道他在想甘南火了，其实自己也非常想甘南火呢。

关于农军的事，四个少年不好说什么，只是宽慰老人，他们一定能到汕尾过上好日子。

又坐了一会儿，见老爷爷和孩子吃饱了，侯江海帮忙把剩下的干粮都包了起来，塞到了老爷爷怀里。几个人又将身上的钱凑了凑，送给了老爷爷，钱虽然不多，但起码在他们讨不到饭的时候，能够他们买点儿吃的充饥。

老爷爷推脱几次没有推脱掉，只好含着眼泪收下了。侯江海还细心地把钱分成了几份，分别仔细地藏在了老爷爷和孩子的身上，以防他们弄丢了或被坏人抢了去。对于这一老一少来说，前面的路还很长，他希望能尽量帮这爷孙俩想得周到些，至少可以让他们平安抵达汕尾的可能性再增加几分。

送走这爷孙俩，四个少年心里就像堵了一块大石头，难受得谁也没有心情说话，正在默默地赶路时，身后忽然传来一阵杂乱的脚步声，紧接着几声粗野的呼喝声响起："滚开！快滚开！再不让路打死你们！"

四个少年还没来得及闪开，几个穿着军装的人就已经冲了过来。这些人都衣衫不整，表情凶恶，一看就知道是反动派。

"你们是聋子啊！让你们滚开没听见吗？信不信老子毙了你们！"这些敌人横冲直撞地跑来，其中一人撞到走在最外边的钟赤星肩膀上，立时高声喝骂道。

钟赤星本来就憋了一肚子的火，这会儿见了反动派，又被这么一吼，压在心底的怒气一下子冲上了头顶。他想也不想，撸起袖子猛地向前迈了一大步，一下子就迈到了那个敌人的面前，瞪起充满怒火的眼睛看着对方。

那个敌人被吓了一跳，下意识地把枪抓在了手中，确定枪还在手里后，他才回过神来，大声喊道："怎么，你还想造反不成？"

另外几个敌人听到他的喊声，慌忙围了过来，都举起枪对准了钟赤星他们四个。

2

侯江海赶紧站到钟赤星身前，赔着笑脸说："几位老总，误会，误会，我们怎么可能造反呢？您也瞧见了，我这兄弟有点憨，脑筋不好的，您几位大人有大量，千万别计较。"

阿龙和安仔在钟赤星身后，一个劲儿拽他，安仔趴在他耳朵边提醒他："你忘了邱连长当初是怎么说的了吗？"

"若是冲动，就地开除出革命队伍！"邱连长言犹在耳，钟赤星攥紧的拳头又放开了，极不情愿地后退了一步。

前面的侯江海眼角瞥见钟赤星退了一步后，心底总算松了一口气，接着跟那几个敌人道歉："老总们也看见了，他不敢跟老总们闹的，这不是让我两个兄弟拽走了吗？几位老总就饶了我们这一次吧。"

几个敌人似乎还有急事，没时间跟他们纠缠，又骂了几句以后便离开了。

侯江海擦擦脑门儿上的汗，又回头去劝钟赤星："好了阿星，我知道你生气，咱们谁不生气啊？可就凭咱们几个，能做些什么呢？到时候把命搭进去多不值！还不如忍他一时，以后让邱连长带着咱们端了这些混蛋的老窝。"

"就是，就是，别生气了，侯江海说得对，早晚咱们会把这些该死的家伙都给消灭掉的。"阿龙和安仔也从旁劝道。

钟赤星过了好半天才算压住气，他满脸歉意地对侯江海说："对不起啊，让你受委屈了。"

侯江海笑嘻嘻地对钟赤星说："行了吧，咱俩谁跟谁啊，还用说这些，我还怕你觉得我胆小，瞧不起我呢。"

"怎么可能。"钟赤星摇了摇头，"算了，不想了，咱们走吧。"

四个少年就这样忍着气重新来到曲江，没想到几天过去，还是没有任何收获。

他们刚才已经商量好，再侦察一天，如果还是没有南昌起义部队消息的话，明天就准备归队了，所以此刻才显得这样郁闷。

太阳已经越过中天，向西偏去，眼看着最后一天的侦察，又要无果而终。

当他们就要转到城南门，准备返回客店的时候，侧前方突然传来一阵撕心裂肺的哭声。

几个人对视一眼，侯江海和安仔立刻同时摇头："不能冲动。"

　　就在他们还犹豫不决时，那哭声却越来越大，越来越凄惨，侯江海犹犹豫豫地说："要不，咱们就去看一眼？"

　　钟赤星和阿龙早已按捺不住，听侯江海这么说，马上迈开步子就往哭声传来的方向奔去。侯江海和安仔紧随其后，很快就到了一条略有些偏僻的小巷。

　　小巷不长，总共也就二十几米。巷子尽头是一座砖木大房，高大的正门，门下铺的都是青砖，门外的方形柱上雕刻着精美的图案，一看就知道是个大户人家。

　　小巷口处，两个精壮的大汉正拖拽着一个女孩。那女孩大概有十七八岁的样子，小巧的五官看上去十分秀美，但一条乌黑的大辫子却有些散乱。她的眼睛很大，按理说应该是一双很漂亮的杏核眼，可此时汹涌流淌的泪水却遮住了这双眼睛。那撕心裂肺的哭声，就是这个女孩子发出的。

　　在那两个大汉的拖拽下，女孩伸直了双腿，想要用力坐在地上，以此来抵抗那两个人的蛮力。可她一个弱小的女子，在这种情况下，不管做什么样的努力都是徒劳的。两个大汉根本无视她的抵抗，只是用力拽着她的胳膊，把她往前扯。女孩实在没有办法，只能放声大哭，同时叫喊着救命。

　　那两个大汉被她哭得不耐烦，其中一个生气地喊了句："够了！再哭再喊也不会有人来救你的。太爷看中你，那是你的福气，进了家门当个姨太太，每天吃香的喝辣的，不比嫁个穷汉子强？"

女孩子听了这话后，哭得更厉害了，她边哭边骂："呸！谁要给那个老不死的当姨太太，我就是死也不会答应。你要是觉得好，怎么不把你姑娘送给那老不死的？"

四个少年这会儿早就听明白了，气得脸都白了。

"畜生！"钟赤星大骂一句，紧握双拳刚要冲过去，忽然觉得衣襟一紧，他回头一看，是侯江海拉住了他。

钟赤星有些急了，喊了声"小猴子"，刚要再说些什么，就看到侯江海用力咬了咬嘴唇，又把手松开了。他狠狠地说："不管了！阿星，我跟你去！邱连长要怪就怪吧，不让我当兵我也认了！"

"好！"钟赤星飞身上前，一脚就踹翻了一个大汉。

侯江海刚要冲出去，有一个身影比他更快，直奔另一个大汉而去，侯江海一看原来是阿龙抢在了自己身前。

那两个家伙没想到，半路会杀出这么两个"程咬金"，竟都愣住了。他们本就是地主土豪的恶奴，欺负不敢还手的老百姓还可以，哪里是钟赤星和阿龙的对手，一个照面就被打趴在地上了。

有一个家伙看情况不对，张嘴就要喊，侯江海

121

急了，要是真给他把那房子里的人喊出来，他们就谁也跑不了了。他往前蹿了一步，一伸手就死死捂住那家伙的嘴，阿龙趁势给他来了一下重的，他就和钟赤星拳下的那个一样昏了过去。

钟赤星稍缓了一口气，问刚从巷口跑回来的安仔："那女孩呢？"

"我把她送上大路，让她跑了。我跟她说了让她别回家，她说她城外还有亲戚，打算先去躲一阵子。"安仔喘着气答道。

"那就好。咱们也快撤！"钟赤星一挥手，四个人急匆匆地从小巷中跑了出去。

他们急着脱身，没有注意到，就在他们刚跑出小巷后，有几个身穿黑色短衫的人，从角落中拐出来，跟在了他们的身后。

跑出去几条街之后，侯江海和安仔两个嘀咕了几句，对钟赤星和阿龙说，不能再回客店了，他们闹出这么大动静，一会儿那家的地主恶奴肯定会像疯了似的四处去找他们。好在他们刚才已经商量过了，原本就打算第二天一早走，在客店里又没留什么东西，不如现在就赶快出城，免得被人找到麻烦。

钟赤星和阿龙点头同意，四个人就急匆匆直奔城门而去。

那几个黑衣人，不远不近地跟着他们四人也出了曲江城。

出了城走了没多远，过了最初的紧张后，四个

122

少年慢慢地镇定了下来。

多年习武练就的敏感，让钟赤星总觉得哪里不对劲儿，好像有人跟踪他们似的。

他扯了扯阿龙的袖子，冲后面努了努嘴，阿龙以几乎微不可见的弧度点了点头，钟赤星知道，自己的感觉没错，阿龙也发现了。他大声喊着让阿龙他们先走，自己则假装要去路边林子中方便，转身钻进了小树林。

后面跟踪他们的黑衣人，见钟赤星进了树林，也都停下脚步找了个地方躲藏起来。

这些黑衣人没想到自己的行踪被发现，刚才听到钟赤星的喊声，以为他真的去小树林方便，为了不暴露，就想等钟赤星追上侯江海他们后，再继续跟踪。

几个人躲在路边的树后，没有进树林去跟踪钟赤星，而是悄悄聊起天来。

钟赤星这时蹑手蹑脚地，已经从树林中绕了一圈，跑到他们身后去了。

3

钟赤星原想着探听一下他们的身份，若只是刚才那两个恶奴的同伙，或是别的想要劫道的土匪，为了避免麻烦，想办法甩掉这些人也就是了。

可当钟赤星悄悄接近他们后，竟隐隐约约听到那几个黑衣人在说什么"共产党""姓周的""打回来""抓住带路""重重有赏"之类的。

钟赤星立刻想到，这几个跟踪他们的黑衣人肯定没那么简单。看来，必须得把他们都抓起来好好审问个清楚才行。这么想着，他又悄无声息地离开了。转眼间，他就从刚刚进树林的地方钻了出去，紧跑了几步，追上了侯江海等人。

那几个跟踪他们的黑衣人，看到钟赤星已经出来了，也赶快紧紧地跟了上去。

侯江海他们正有些担心地等着钟赤星呢，见他回来，赶忙低声问他："怎么样？"

钟赤星面朝前方，目不斜视地轻声回答："他们果然有问题，得抓起来问问。"

侯江海一听有些担心地问："他们有几个人？咱们抓得住吗？"

"他们五个人，这么抓肯定不行，但要是想想办法，设个陷阱应该就可以了。"钟赤星说着，低声把自己的想法跟大家说了一遍。

他这办法虽然有些冒险，但还算可行。侯江海他们略想了一下便同意了。

四个少年不动声色地继续赶路，那几个黑衣人也一直保持着一段距离跟着他们。这些人跟得实在专心，竟没发现钟赤星和侯江海他们越走越偏，越走越僻静。当他们又经过一片树木比较密的树林时，钟赤星对侯江海使了个眼色。

侯江海突然一屁股坐在了地上，大声说道：

"不行了！我走不动了，我不走了！"

钟赤星上前踢了他两脚："少耍赖！赶紧起来！咱们今天必须赶回去！"

"就不！说什么也不走！"侯江海屁股往旁边一挪，死活不肯起身。

钟赤星还要再踢，安仔赶快拦住了他说："行了，大家都累了，咱们就休息一下吧。"

"哼。"钟赤星似乎很不满意，任他们原地休息，自己一个人到周围转悠起来。

阿龙看了看并排坐在路边的安仔和侯江海说道："我去附近看看有没有水，你们两个在这儿等着。要小心些。"

"去吧去吧！"侯江海大模大样地摆摆手，"有什么好小心的，这破地方，连只鸟都没有。"

见到四个少年停了下来，后面的黑衣人也跟着停了下来，躲在路边的树后看着他们。

这时，阿龙装作找水的样子转身离开了，只剩下侯江海和安仔两个人坐在路边。侯江海好像是很不满意地大声对安仔抱怨道："你说咱们这革命军当的窝囊不窝囊，竟然被那些反动派打得到处跑。"

安仔故意装作很激进的样子，高声回答道："有什么窝囊的，长官们不是说了嘛，胜败都是常事，咱们这次既然回来了，肯定是要好好教训教训那些反动派的。对了，长官说让咱们去哪儿找增援部队来着？"

"哎呀，瞧你这记性，当然是……"侯江海忽然谨慎起来，他左右看了看，才放低了声音继续说道，"当然是……"

侯江海后面说话的声音太小，实在听不清了。

那五个跟踪他们的黑衣人，被他们俩的对话吊起了胃口，正打算偷听到了后去报告请赏呢，哪想到侯江海越说声音越低，最关键的地方一个字都没听见。他们正在生气，就听安仔又追问了一遍："你能不能大点声？这附近又没人。"

那五个人一听，老天这是又赏了个机会给他们啊，这次无论如何都得把握住。他们相互递了个眼神，轻轻地又往前靠近了一些。五个人躲在一棵树后，抻着脖子撅着屁股去听。眼看着就要听到了，突然几支硬邦邦的东西，抵在了他们的背上，凭感觉那东西大概有枪口粗细，紧接着一个低沉的声音响起："不准动！否则就崩了你们！"

他们吓得顿时定在了原地，一动也不敢动。侯江海和安仔转过身来，几下就把他们身上的一支驳壳枪和几把匕首给搜了出来。

侯江海举着枪对着他们哈哈大笑："阿星啊，你们也太厉害了，就用几根破树枝，就把他们给缴了械了。"

五个人这才知道上了当，但此时枪真的到了人家手中，想反抗也反抗不了了。

侯江海又从那五个黑衣人的身上，搜出了一团

126

粗粗的麻绳，把他们结结实实地绑了起来。

　　四个少年押着五个跟踪他们的黑衣人进了树林，找了个隐蔽的地方开始审问他们。

　　那五个人实在是没什么骨气，简直是问什么说什么，回答得痛快极了。

　　经过审问，四个少年才知道，原来那几个人都是民团的眼线。

　　那几个人在曲江城中看到了他们几个人救人的事，对他们的身份起了疑心，所以才打算跟踪他们，若是能找到他们的"大部队"，便能上报立功，即便不成，把他们送去巷子中那个大户家，也能得到不少赏钱。

钟赤星把枪顶在其中一个人的额头上问："说，你们说的大部队，是怎么回事？"

那个人一脸惊诧地反问道："小英雄难道不知道吗？"

侯江海挤过来笑嘻嘻地拍拍他的肩膀："我们当然知道，这么问你们，是想看看你们到底老不老实。要是你敢说一句谎话，嘿嘿……"

"不敢不敢！小英雄饶命！我都说！"那个人的脸吓得苍白，竹筒倒豆子一样，把他知道的全都说了出来。

原来半个多月前，仁化和韶关附近出现了一支军队，他们人数虽然不算多，但却很能打仗，打败了好几股当地的驻军和民团，而且枪毙了几个地主恶霸，还帮着当地的农民重新建起了农会，给农会发了枪。韶关、仁化、曲江的很多地主恶霸都传说，是前几年在这里搞农运的那个姓周的又回来了，这让他们非常恐慌，怕原来的农军回来后找他们算账复仇。因此就让民团派出了大量的眼线，每日里都去街上搜查，只盼着能找到这支队伍的踪迹，上报给反动派的军队，好让他们派重兵来剿灭这些革命军，让他们能继续骑在人民的头上作威作福。

听了那几个人的话，钟赤星他们简直是大喜过望。

反动派不知道那支重建农会、支持农民运动的队伍是什么人，还以为是卢队长的老上级，周副总指挥率领北上的农军回来了呢，但钟赤星他们却知道，如果那支队伍是周副总指挥率领的话，早就会和卢队长他们会合了。因此这支突然出现的革命队伍，极有可能便是南昌起义后南下的部队了。

他们万万没想到，自己苦苦打听了这么多天，都没有打听到的消息，居然就这么被一个民团的眼线给说了出来。这才真是踏破铁鞋无觅处，得来全不费工夫呢。

四个少年正高兴地聚在一起讨论呢，侯江海一抬头，发现那几个家伙居然趁他们不注意跑了，只是因为被绑着，他们并没能跑出多远。

侯江海抬起手就要开枪，钟赤星却喊了句："不行，会惊动敌人的。"

他一边说一边飞快地蹿了出去，几步就追上了那几个人，跟他一同追过去的还有阿龙，两个少年用刚缴获来的匕首，迅速解决了那几个敌人。处理过他们的尸体后，钟赤星、侯江海、阿龙和安仔高兴地踏上了归途。

他们准备连夜返回农军驻地，将这个好消息报告给邱连长。

翘首前路已燎原

第八章

······ 陷 阱 ······

1

农军驻地不远处的一个山坡上，绣着镰刀斧头的农军红旗随风飘扬，红旗下有一小队农军，正在几个小分队教官的指导下，分组进行各种军事训练：有练习匍匐前进的，有练习卧姿射击的，有练习投掷手榴弹的，还有对练拼刺刀的。此刻，他们个个都是满脸汗水，虽然太阳已经升上了中天，但冬日正午的阳光，并没有多少热度，农军队员们脸上的汗水，当然和阳光没多少关系，而是他们辛苦训练的结果。

训练场的侧面有一处断崖，断崖上有一小片不太茂密的树林，这时候正有几十号人从断崖下偷偷攀上来，悄悄潜入了树林中。这些人中有十几个穿着军装，其他人都是便装，每个人身上都背着枪，其中还有一挺轻机枪。

　　这些人借着树木的掩护，悄悄接近了正在训练的农军，而农军对他们却没有任何察觉。

　　就在这些人马上要穿过树林时，那组练习投掷手榴弹的农军中，突然有一个队员，冲着和教官们站在一起的一个农军指挥员，大声喊了起来："队长，有敌人。"

　　那个队员的喊声，立刻惊动了双方所有的人。小分队教官和那个队长立即指挥农军队员们各自寻找掩体，将枪口对准了敌人。而敌人也在那十几个穿军装的带领下，呐喊着冲出树林，呈散兵线队形向农军冲来，敌人的两个机枪手也迅速把那挺轻机枪架了起来。

　　但非常奇怪的是，双方虽然大声呐喊着，将手中的枪瞄向对方，紧张地向对方做出各种战术动作，却没有一颗子弹从他们紧握的枪中射出。

　　眼看着敌人越来越近，很快就冲到了农军的训练场边，农军队员们都一跃而起，迎着敌人冲了上去，双方转瞬间就拼杀在了一起，但奇怪的是好像所有人都忘了上刺刀。

就在这时邱连长和卢队长从训练场旁的一块巨石后走了出来，大声把大家喊停。

原来这是邱连长和卢队长他们精心组织的一场实战演习。

几组侦察员分头在韶关、曲江、仁化各地，辛苦寻找南昌起义部队的消息之时，留守在农军驻地的小分队和农军也一刻没闲着，日夜不停地抓紧时间休整训练，好等侦察员打探到消息回来后，就马上出发去与南昌起义部队会合，消灭当地的反动地主武装和民团。

经过多日的训练，邱连长看到农军队员们的基本动作，都已有了很大提高，就向卢队长建议，为了增强训练效果，根据当地革命斗争的特点，搞一些偷袭和反偷袭的实战演习，这样就有了刚刚那一幕"敌人"偷袭的好戏。

组织小分队帮助农军进行军事训练的同时，邱连长和卢队长还做了任务上的分工。由于邱连长是外地人，对当地的情况不了解，所以他主要负责农军的训练和小分队的休整工作，保证两支队伍做好随时进行战斗的准备。卢队长主要负责联系当地的革命群众，侦察反动地主武装和民团的情况，为消灭这些反动派做好情报上的准备。

据卢队长通过革命群众侦察到的情况，韶关、曲江、仁化各地的反动地主武装和民团，依靠李福林部的驻军当靠山，不仅到处破坏农会组织，镇压农民运动，还对参加农会和农民运动的进步群众进行报复和迫害，其中民愤最大的就是曲江龙归镇的地主武友德，和绰号催死鬼的当地民团团总崔老四。

卢队长向邱连长介绍，这武友德是曲江地区有名的地主恶霸，霸占着数百亩良田，豢养着数十名打手，仗着有钱有势，勾结贪官污吏，为非作歹，无恶不作。当年北伐军路过粤北时，得到北伐军支持的农会想抓捕他进行公审，却被他逃脱了。"七·一五"反革命事变后，逃亡在外的武友德返回龙归，纠集流氓土匪，勾结民团和驻军，对农会进行疯狂地反扑，残忍地杀害了很多农会干部和会员，是个非常凶残的反动派。农军几次想伏击他，但都没能成功，因为他和崔老四的民团住在一起，农军的攻击力有限，所以一直没能将他除掉。

那崔老四更是个十恶不赦的反动派，本是一个出名的恶匪，因有一身好功夫，后来被反动军阀的部队给收了编。北伐时他的部队被革命军给打散了，他就又开始亡命江湖。有一次在曲江作案时遇到武友德，被武友德拉拢收买，出面替武友德组织民团，和武友德狼狈为奸，对当地贫苦农民做尽了坏事。

邱连长和卢队长经过商量，决定把武友德和崔老四定为打击目标，并加强了农军的实战训练，刚刚的演习已经是今天的第二场演习了，黎明前他们还在农军的驻地内，搞了一次偷袭和反偷袭的实战演习。

卢队长看到农军队员们在演习中的良好表现非常高兴，正要感谢邱连长和小分队的教官们时，一个农军队员突然从山坡下气喘吁吁地跑上来向卢队长报告，说崔老四的民团明天要去坳头村征粮。

"我呸！"卢队长气得狠狠地唾了一口，涨红了脸大声说道："征粮？他们这些家伙有什么资格征粮？不过是仗着反动派撑腰的一群土匪！"

卢队长说得没错，崔老四的这个民团，和粤北各个地方的民团差不多，都是由各个地方的地主恶霸出钱，由一些土匪、兵痞或反动的乡保长出面，纠集一些地痞流氓土匪组成的反动武装，打着县乡政府的招牌，拿驻军做靠山，维护的都是地主恶霸们的利益。

邱连长急忙劝说了卢队长几句，又让那个队员详细说一下情况。

坳头村是一个小村子，离龙归镇大概七八里远，在大山的边上，有一条山路通龙归镇，山路穿过几个石岗和密林。

前几天有个民团的小头目到村子里，说民团为了保境安民要征粮，让坳头村必须在后天中午前准备好，他们民团要来拿。

邱连长认为这是个好机会，可以趁民团去拿粮食的时候，打他们个伏击。

卢队长一听要打崔老四的民团，立刻就来了劲头。

"但必须要知道民团从龙归镇出来的具体时间才行。"邱连长对卢队长说。

"放心，这个就交给我们吧。"卢队长兴奋地拍着胸脯说。

农军的驻地离龙归镇有三十多里路，卢队长当即命令那个来报告的队员和另外两个队员，马上到龙归镇去侦察民团的情况。

2

第二天一大早，小分队的战士和农军的队员们还在出早操呢，那三个奉命去龙归镇侦察的队员就回来了。邱连长看着他们熬得通红的眼睛和疲惫的神态，猜想他们一定是一夜都没合眼，连夜赶山路回来的。

邱连长和卢队长急忙让他们先到大队部喝点儿水缓缓气，再汇报去侦察的情况。

据那三个农军的队员报告，他们一口气跑到坳头村时天已经黑了，他们连着走了好几家，大家都说民团给出的最后交粮期限，是后天的中午，地点就在村子中央的场院上。坳头村到农军驻地，比龙归镇到农军驻地还要远上几里，他们三个怕耽误事，就连夜跑回来报信了。

　　邱连长和卢队长听完他们的汇报后，先让他们去吃饭休息，才开始研究行动计划。

　　卢队长在粤北搞了几年农民运动，对曲江各乡镇的地形早就熟得跟自家后院一样，听完那三个队员的汇报后，脑海中立时就浮现出了坳头村到龙归镇的地形。

　　不过邱连长却对这些地形一无所知，还好卢队长在北江农军学校学习过使用地图，他用邱连长带来的一张地图，把坳头村找出来指给邱连长看，又把村里的情况和坳头村到龙归镇的地形对邱连长详细地讲了一遍。

　　邱连长向卢队长分析说："照你所说，在村子附近动手是肯定不行的，那样很容易牵连到无辜的群众。不如我们把地点选在这里，"他用手在地图上画了一个圈，那是村外的一座小山岗，"此处离村子不远不近，坳头村到龙归镇只有这一条路，因而一定是民团的必经之路。山岗便于埋伏，山岗后面就是大山，有利于伏击后尽快撤退。"

　　卢队长又看了几眼地图，点了点头说："没错！这里确实很适合埋伏。这座小山上下都有很多大树，路两边的树林也很茂密，特别适合藏身。"

"那就这么定了。"邱连长对卢队长说。

把伏击的位置定下来后，邱连长和卢队长又商量了一下该如何部署兵力。卢队长原本还想让邱连长来安排，但邱连长却说卢队长对这里更熟悉，更知道该如何最大限度地将部队的战斗力发挥出来，所以还是把这个重要的任务交给了卢队长。卢队长倒也不再推辞，考虑了一会儿，就把此事安排妥当了。

因为伏击的地点离农军驻地比较远，邱连长和卢队长商量，部队第二天黎明就出发，午后在民团返回龙归镇之前，一定可以到达预定的伏击地点。第二天部队出发和行军都很顺利，在卢队长的带领下，如期进入伏击阵地隐蔽起来。

太阳一点点从天空的正中慢慢地向西斜去，战士们始终安安静静地躲在树后，趴在草丛中，耐心地等待着。

出村的道路空荡荡的，从部队进入阵地到现在，也就过去了三五个人而已。卢队长有些心急，怕是他们到晚了，民团已经过去了，刚要派人去打探一下消息，却突然看见前面走来几个推车的人。这几辆小推车上装着几个麻袋，鼓鼓囊囊的，看上去正像是粮食。

"来了！"卢队长喜上眉梢，对邱连长说，"打吧！"

邱连长却皱了一下眉说："等等，他们人怎么这么少？而且穿的衣服也太破了些。"

卢队长又仔细看了看，发现推车的那几个虽都是青壮年，但身上却没有枪，而且穿的衣服也都是普通农民常穿的，还都打着补丁，民团绝不可能是这样的。

"我看看去。"卢队长边说边把枪藏好，直奔路上的那几人而去。

经过一番仔细的询问，他这才知道，那几个都是村里人，他们要出去卖粮食的。

卢队长吃了一惊，问："民团没来征粮吗？"

几人中的一个矮壮小伙子回答说："说是要来呢，可不知道为什么没来，所以我们才要急着把粮食赶紧拿出去卖了，免得被他们抢了去。"

"嘻！"卢队长一跺脚，向邱连长挥了挥手，没想到农军的队员们，以为卢队长在招呼他们，就都跑了过去。

邱连长刚要拦，却没想到大家动作太快，已经拎着枪跑了过去。

那几个推车的乡亲吓了一跳，卢队长赶紧告诉他们，自己是农军，听说民团要来抢百姓的粮食，所以才带人过来帮乡亲们的。

那几个乡亲听说他们是农军，拉着他们诉了一通苦，请他们一定要把民团消灭了，给乡亲们报仇，然后才匆匆地离开了。

邱连长把卢队长拽到一边悄声说："卢队长，快让队员们回来，他们这样在路上很可能会打草惊蛇，要是现在有民团的人在附近，我们的计划就暴露了。"

"糟糕。"卢队长一拍脑袋，"我太着急了，没想到这一点。"

"我们还是先撤回去，再寻找机会吧。"邱连长劝了卢队长两句，和他把队伍带了回去。

邱连长的担心并不是多余的，他们此次的行动，果然很快便传到了民团的耳朵中。

消息是那几个乡亲传出去的，他们原本也是好意，想告诉百姓们不要害怕，说农军的人就在附近，只要民团的人敢来征粮，肯定会被他们消灭的。

附近的老百姓听了后非常兴奋，自然是要把这个好消息宣扬出去，让所有人都知道。民团的眼线常年在各个村子里转悠，他们最怕再出现什么革命军、农军，来帮着那些泥腿子跟他们作对，所以对这种消息最是敏感，此时听到了风声，再想方设法地一细打听，马上把这件事弄了个一清二楚。

武友德和崔老四得到这个消息后吓坏了，如果农军真的回来了，那一定不会轻饶了他们，因为他们对农会和穷苦百姓做了太多坏事了。这两个罪大恶极的反动派和几个帮凶商量了两天，终于想出了一条毒计。他们一面派人到县城去找反动派驻军，让他们来帮忙对抗农军，另一面则到处散布消息，说他们这几天就要去龙归附近的几个村子征粮，因为征得多，他们民团还要全体出动。

民团驻地平时防守严密，所以农军才一直没能消灭他们。如果农军知道他们要倾巢出动，是绝对不会放过这个机会的。武友德和崔老四打的如意算盘，是打算这样把农军引出来，设个陷阱，跟反动派驻军一起围攻他们，就此将农军一网打尽。

这个消息很快被传到了农军驻地，一天之内，卢队长和邱连长已经接到四五个农军队员的汇报了。

卢队长敲着桌子，皱着眉头对邱连长说："邱连长，我怎么总觉着不对呢。"

邱连长点点头："确实不太对劲儿。民团以前有行动时，也是这样大张旗鼓吗？"

"不是啊。"卢队长想了想回答说，"他们的行动一向很随意，常常冷不丁就跑到哪个村子里搜刮一通。一般等我们得到信儿再赶过去，早就晚了。我带着农军跟他们打了这么久交道，还从没遇到过这种情况呢。"

"所以，这里面一定有问题。"邱连长思索着，说出了自己的结论，"我认为这很可能是敌人故意放出的消息。他们可能跟咱们想到一起去了，怕是还想打咱们的伏击呢。"

"哼！这些该死的反动派！"卢队长把拳头砸到了桌子上。

他同意邱连长的看法，决定再去探查一下。为了保险起见，这一次他打算亲自去。

邱连长原本不同意卢队长去，他认为卢队长是这支农军的领导人，他的任务是带领大家战斗，而不是去当一个侦察员。况且敌人对他的兴趣，肯定比对一个普通的农军队员大，他亲自去的危险，也就比别人多了好几倍。

"放心吧，邱连长，我自有门路。"卢队长眯着眼，有些得意地对邱连长说，"而且我这个门路，不但更安全，得到的消息还能更准确呢。"

邱连长有些好奇，忍不住问卢队长到底是什么门路，可卢队长却凑到他耳边，神秘兮兮地丢下两个字就跑了。他虽然声音不大，但邱连长分明听到那两个字是"保密"。邱连长哭笑不得，只有盼着卢队长人熟路熟，能早些安全地回来。

3

卢队长是下午离开农军驻地的，在刚入夜时，他悄悄来到驻着民团的龙归镇。

残月如钩，一弯细细的月牙，歪歪地挂在树梢，散发着极其微弱的光芒。星星也没有几颗，又被薄纱般的云彩挡住了不少，更谈不上什么光亮了。

到处都是一片寂静，古老的小镇还保持着日出而作日落而息的生活习惯，这虽然是祖辈一直传下来的习惯，但另一个重要的原因，则是实在没有闲钱去购买多余的灯油。就像钟赤星他们遇到的那个老爷爷说的，这年头穷人是没有活路的，他们每日里累死累活地做工，到最后别说灯油，就是能吃上一顿饱饭他们也就满足了。

可就是这样朴素的愿望，那些反动派、地主、民团，也不愿意让老百姓实现。他们巴不得榨干老百姓身上最后一滴血，只为了维持他们自己那穷奢极欲的罪恶生活。

卢队长搞农民运动的时候，不止一次来过龙归镇，对这里的每一条街巷都很熟悉。

借着夜色他悄悄地在镇中穿行，尽量贴着墙壁的阴影走。此时街上一个行人都没有，只有偶尔传来的打更声。

　　他绕过了武友德家的深宅大院，绕过了民团堡垒般的驻地，轻手轻脚地来到离民团驻地不远的一栋房子后。房子后窗的窗缝中，一丝昏黄的灯光流水般泻了出来，只要看这灯光，就知道这家人比一般镇上的人要富裕一些。

　　"咚咚咚。"卢队长轻轻敲了窗棂几下。

　　屋里顿时传来一个透着几分不安的声音："谁？"

　　"卢永明。"卢队长用极低的声音简短地回答道。

　　一阵窸窸窣窣的声响过后，窗子被打开了。一

个男人的上半身从窗子里探了出来："卢大哥！你怎么来了？你知不知道崔团总抓你们抓得紧呢？"

这个人就是卢队长说的门路，崔老四专用的厨子阿土仔。

卢队长当年搞农民运动的时候，曾救过阿土仔全家的性命，阿土仔对此一直牢记在心，始终把卢队长当成大恩人，老想着要报恩。

后来崔老四来到龙归镇，组织了民团之后，有一次偶然吃到阿土仔做的饭菜，竟对了他的口味，所以强迫阿土仔做了他的厨子，不过给阿土仔的赏钱倒也不少。阿土仔为了活命和生计，不得不每天去民团给崔老四做吃的。但他知道民团是坏事做尽，和卢队长带领的农军势不两立，也就不大好意思见卢队长了。况且农军行动隐蔽，就算他想见，也不一定见得到。

此时见到卢队长，阿土仔真可以说是又惊又喜。喜的是恩人没有恨上自己，还肯来见他。惊的是如今形势紧张，若是卢队长因此被抓，那他阿土仔可不是恩将仇报了吗？

也亏得他还有这样的良心，所以卢队长才会来找他打探消息。

卢队长对阿土仔说："放心吧，阿土仔，我有分寸，这次来找你是有事求你。"

"卢大哥你怎么说这样的话，当初若不是有你相救，我全家人早就都死了。"阿土仔急吼吼地说，"你说吧，就算要了我这条命，我也不在乎。"

卢队长点了点头说："好，阿土仔，我没看错你，虽然你给催死鬼当了厨子，但只要你帮了我这个忙，就还是我卢永祥的朋友。"

阿土仔面上一红："卢大哥，你知道的，我这也是为了家里人能吃上口饱饭……"

卢队长摆了摆手说："不说这个了，我来就是想跟你打听一下，听说民团要全体出动去各个村里征粮，这事儿是真的吗？"

听卢队长这么一问，阿土仔的面色凝重起来。他又把身子往外探了些，左右看看确定没有旁人后，才小声对卢队长说："卢大哥，这个事情也就你来问我才肯说，否则让崔团总知道了，我是要掉脑袋的。征粮的事情是假的，崔团总已经让人去了县里搬救兵，要给你们设个圈套，想一下子吃掉你们呢。那天崔团总和武友德他们喝酒商量这事时，我刚好给他们送菜时听到的。"

顿了顿，阿土仔又接着说道："卢大哥，我知道你们都是好人，是我走错了路。但我一家老小都指望我一个呢，我们一家都死过一次了，我实在不能撇下他们，让他们再死一次。卢大哥，你还肯信我，我真是高兴，求你听我这个弟弟一句劝，能躲就躲吧，崔团总他们这次是下了狠心，县里那些大兵也不是好惹的呢。"

"放心吧，我们自有我们的办法。"卢队长拍了拍阿土仔的肩膀说，"你自己小心，最近找个由子别去民团了。还有，我来找过你的事……"

卢队长还没说完，就被阿土仔急促地打断了："我当然不会出卖你！卢大哥，你把我当成什么人了！"

卢队长笑了笑说："我是怕别人知道你跟我有关系，会给你带来麻烦的。行了，我走了，你自己要小心。"

"哎，卢大哥，你们可千万保重啊！"阿土仔小声地跟卢队长告别。

卢队长感到事态紧急，像上次那三个队员一样，一夜未合眼，黎明前赶回了农军的驻地。

邱连长被叫到农军大队部后，急忙问卢队长："怎么样？打听到消息了吗？"

卢队长点点头说："真让咱们猜着了，果然是个计！"

接着，卢队长把打听来的情况跟邱连长详细说了一遍，又问他接下来该怎么办。

邱连长略一思索，提出了一个大胆的想法："我觉得咱们可以将计就计，利用这个机会，反过来消灭民团。"

卢队长有些担心地问："只靠我们这点儿人能

行吗？民团本身人就不少，又找了反动派的驻军来当援兵，怕是不好对付啊。"

"是啊。"邱连长皱起了眉头，"我担心的也是这个，看来咱们得好好计划一番才行。"

邱连长和卢队长一起坐在桌子前反复研究起来。

他们制订出了一个又一个的方案，紧接着再一个又一个地否决掉。

他们研究了一整天，中午饭都没顾得上吃，直到小分队的战士和农军的队员们都结束了一天的军训马上要吃晚饭了，还是没能想出一个稳妥满意的方案。

正当他们两个人还在冥思苦想的时候，突然外面一阵"啪嗒啪嗒"的脚步声，打断了他俩的思路，还没等他俩问是怎么回事，四个人影就一阵风似的卷进了屋子里。

其中一个人大声喊道："报告邱连长，报告卢队长，我们按时归队了！"

邱连长和卢队长仔细一瞧，这几人正是连夜赶路回来的四个少年——钟赤星、侯江海、阿龙和安仔。

翘首前路已燎原

第九章

·············· 将计就计 ··············

1

看着四个少年风尘仆仆却又满脸喜悦的样子，邱连长和卢队长对视了一眼，终于舒展开紧皱了一天的眉头，露出兴奋的笑容。看来这四个少年一定打探到了南昌起义南下部队的消息，解了他们一直担忧的伏击民团兵力不足的大难题。

离预定归队的时间还有两天，没想到另外几组侦察员都还没回来，倒让钟赤星他们这四个少年抢了一个头功。

"报告邱连长，报告卢队长，我们侦察到南昌起义部队的消息了！"侯江海没等钟赤星再往下说，就拍着胸脯抢先说道。

"我们知道了。"邱连长看了卢队长一眼后笑着回答。

"你们知道了？你们怎么知道的？"侯江海疑惑地问出了另三个少年的心中所想。

"看你们的表情就知道了。"邱连长此时心情好，逗了侯江海一句。

"快说说，是什么情况？"卢队长心急地问他们四个。

侯江海立即口若悬河地把他们从民团眼线那里审问得来的消息，一字不漏地说了一遍。

当侯江海说到他们被跟踪的原因时，钟赤星还因为觉得违背了邱连长的命令，在心中暗暗自责，却发现邱连长正在用十分赞许的眼神看着他，这让他有些摸不着头脑。

他挠挠头有些不好意思地问："邱连长，你不怪我们吗？"

"当然不怪。"邱连长说，"我们是穷人的队伍，我们就是要帮助老百姓，不让他们再受反动派和地主恶霸的欺压。若是看到那种情况都袖手旁观，那以后我们还有何颜面见老百姓？还有何颜面自称革命军？况且在那种情况下，这已经是你们能想到的最好的办法了。"

"可你不是说不准我们冲动吗？"侯江海有些不明白地追问。

邱连长解释说："我是怕你们冲动，主动去找反动派惹事。不过此事既是为了救老百姓，不是你们主动惹事，我认为就不算你们冲动，自然不会责怪你们了。"

听邱连长这么一说，钟赤星他们终于放下了一直悬着的心。

侯江海的肚子这时候突然"咕噜噜"叫了起来，邱连长和卢队长看看他们都笑了，卢队长指着侯江海的肚子说："看你这咕咕叫的小肚皮，八成是你们把钱都花光了，所以就只能饿着肚子跑回来了吧？"

"嘿嘿嘿……"侯江海不好意思地摸着自己的肚子尴尬地笑了。

原来，钟赤星他们四个把自己的干粮和一部分经费，给了路上遇到的那爷孙俩后，剩下的钱只够他们在曲江住店和每天勉强买两顿半饱的干粮了。刚才收拾了民团那几个眼线，着急回来报告连水都没顾得上喝一口，这会儿他们四个早就饿坏了。

卢队长先让安仔带着他们去吃饭休息，然后又回到地图前，和邱连长商量起来。

周副总指挥和卢队长长期在粤北领导农民运动，对韶关和曲江的情况非常了解，在各地的群众基础也非常好，如果真是周副总指挥率领北上的部队回来的话，卢队长敢肯定，周副总指挥也一定能找到他们。邱连长和卢队长认为钟赤星他们猜测的对，敌人发现的这支部队，极有可能便是南昌起义后南下的部队。

"只是我有些想不通，敌人为什么会说那支队伍的人数不多呢？"卢队长不解地问。

"有可能是他们对粤北的情况不熟悉，为了部队的安全，所以把大部队隐蔽了起来，只派出一些小分队。"邱连长想了想又补充说："这些小分队，极可能就是在寻找我们呢。"

邱连长说着手指向地图，对卢队长说道："卢队长，你来看看，根据钟赤星他们侦察回来的情况，南昌起义的部队最有可能隐蔽在哪里呢？"

"好。"卢队长答应了一声，就趴在地图上仔细研究了起来。

过了好一会儿，卢队长才用手指在地图上画了一个圈，对邱连长说："邱连长，根据现在韶关和曲江敌人的情况和钟赤星他们侦察的结果，我认为部队应该隐蔽在这里。"

邱连长凑过去看了看，卢队长画圈的地方，是韶关西北的一个古镇——犁铺头。

犁铺头是曲江的一个古镇，离韶关城区十五公里左右，这里水陆交通极为方便，人口也比较稠密。最重要的是，这里的群众基础非常好，百姓们都十分拥护革命军，地主恶霸和民团的势力也相对较弱。

邱连长听了卢队长的介绍后，不禁称赞了一句："真是个好地方。"然后又仔细在地图上研究了一番，有些歉意地对卢队长说："你的判断应该没错，看来他们就隐蔽在犁铺头。你昨天赶了一夜的路，本来今晚应该让你好好休息一下的，但现在军情紧急，只能辛苦你再跑一趟了。"

"你是说让我去侦察一下？"卢队长问邱连长。

"不只是侦察。我是想如果你去了后，确认南昌起义南下的部队就在犁铺头的话，马上和他们取得联系。"邱连长稍作停顿后又继续说："我们研究了一天，一直在为兵力不足无法制订出消灭民团的计划而困扰，如果你此次去能联系上他们的话，那么兵力不足的问题不就解决了吗？"

"好！邱连长，还是你脑子反应快。"卢队长兴奋地答应道。

邱连长又在地图上把他设想的作战方案详细地向卢队长讲解了一遍，然后请卢队长见到南昌起义南下的部队后，尽快向他们的负责人请示汇报，请他们派兵协助小分队和农军，一起将崔老四的民团全部彻底消灭掉。

为了赶时间，卢队长不顾疲劳，简单吃了点儿东西后，就连夜出发去犁铺头了。

卢队长出发后，邱连长传令小分队和农军暂时停止原定的军事训练，好好休息待命，做好随时投入战斗的准备。

随后他又连夜从小分队和农军中挑选了十几个人，分成几个小组，前往龙归镇崔老四民团驻地和县城敌人驻军可能来援的几处必经之地，对敌人的动向进行严密监视，一旦发现有异常情况，让他们马上返回农军驻地向自己报告。

邱连长又根据敌我双方的各种情况，连夜制订了几套预案，既有跟友军部队一起夹击敌人的计划，也有小分队和农军独立作战的方案。这样做是为了防止万一卢队长找不到友军，小分队和农军也能够按照计划出击，即便不能将崔老四的民团一举歼灭，也可以对其予以重创，并威慑曲江地区的地主恶霸和反动民团势力。

2

卢队长赶到犁铺头的时候天刚黎明，东方的天边已经有了鱼肚白，渐渐开始透出一片红影。树枝草丛上的晨露，慢慢蒸发成一团团的淡雾轻烟，映着远处的苍翠山色，竟让人生出一种世外桃源般的宁静感。

此时，小镇上已传来各种劳作的声音，伴着越来越多的炊烟升起，应是勤劳的百姓们开始了新一天的忙碌。

卢队长看到镇子上的所有出入口，都有穿着新军装的士兵把守，他们的帽徽和李福林部的一样，不好确认是不是南昌起义的部队。为了稳妥起见，他想先潜入镇内，找几个熟悉的人打探一下消息再说。没想到就在他准备躲开哨兵，偷偷溜入镇子的时候，却被两个藏在角落里的暗哨给抓住，并搜去了他身上带着的驳壳枪。

那两个暗哨把卢队长绑了后，押到了镇子边上一个大一些的院子里，卢队长估计这个院子，应该是这支部队的指挥部了。

"报告，抓到一个奸细，身上还带着枪。"两个暗哨在一个房间外大声报告。

房间的门帘很快被掀起，一个年轻的军官走了出来。三十岁不到的样子，中等个头，身形略瘦，但身姿挺拔，英俊的脸上带着军人特有的威仪，神情间竟仿佛和邱连长有几分相似。

"你是干什么的？"那个军官上下打量了卢队长一番，然后用平静的语气问道。

"你们又是干什么的？凭什么抓我？"卢队长摸不透对方的底，于是反问道。

那个军官听了卢队长的反问后，并没有呵斥或嘲笑他，而是将头转向了那两个暗哨。

"报告营长，这个奸细一直在镇外窥视，几次想潜入镇中，都被我们的哨兵给吓回去了。"一个暗哨边向那个营长报告，边把卢队长的驳壳枪递了过去，"这是在他身上搜到的。"

"你是哪部分的？奉谁的命令来刺探我们？"那个营长接过驳壳枪，在手中掂了掂，用严厉的口吻质问道。

"你们又是哪个部分的？"因为不知道对方的底细，卢队长没敢贸然说出自己的身份，而是想先探听一下对方的身份，所以继续反问道。

"我们是第16军第140团的，奉命在此驻扎。"那个营长听了卢队长的反问后，微微一笑，好像看透了卢队长的用意，先是自报家门后，又继续问道："你现在知道我们是什么人了，可以告诉我你是什么人了吧？"

"第16军第140团，没听说过这支部队呢。"卢队长心里起疑，不敢确定这是支什么样的部队，更不敢轻易告诉对方自己的真实身份。那个营长又问了两遍，卢队长还是没有回答，双方一时僵持在了那里。

"永祥，是你吗？"就在两个暗哨建议，把卢队长先关押起来再慢慢审问时，从旁边屋子陆续出来的几个军官中，有一人突然冲上前来抓住他的胳膊问道。

听到有人叫自己的名字，卢队长吃了一惊，急忙扭头向身边看去。

"兆怀！你们回来了？周副总指挥呢？"卢队长看到一张熟悉的脸，惊喜地大叫起来。

"欧排长，你们认识？"营长问那个和卢队长说话的军官。

"报告营长，这位是曲江农军的卢永祥大队长，和我是北江农军学校的同学，我们随周副总指挥北上后，他奉命留在曲江地区坚持斗争。"欧排长立正报告。

知道卢队长是自己人后，营长一面命人立即松绑，一面连连致歉地将他让到屋里。

卢队长并没有介意因为误会被绑的事，而是迫不及待地问起了欧排长他们北上的情况。

欧排长大名叫欧兆怀，也是粤北一支农军的大队长。夏天时他们千余农军武装随广东工农讨逆军周副总指挥北上支援武汉地区工农运动，之后参加南昌起义，编入起义军第20军第3师第6团。南昌起义后部队南下广东，主力在潮汕地区失利，他随起义军阻击部队的朱总指挥，在三河坝执行掩护任务，与周副总指挥失去联系，后听组织通报说周副总指挥所部已转进潮汕地区。之后朱总指挥率领这支部队西进湖南，与国民党军的第16军达成默契，获得了第16军的军饷和物资补给，并以第16军第140团的番号展开活动。他们本来是接到命令，要南下支援广州起义，但部队到达韶关后，得知广州起义已经失败，于是转驻曲江犁铺头进行休整和新式练兵运动。

欧排长又向卢队长介绍了那位姓王的营长，他本是黄埔一期的高材生，随第4军参加北伐，因功升至团参谋长，在南昌参加起义后，一直追随朱总指挥南下西进，现在是第16军第140团第1营营长。

卢队长确认了这支部队就是自己要找的南昌起义南下部队后激动万分，但没能见到周副总指挥，让他感到很失望。

在欧排长的追问下，卢队长又把农军的情况，从他们离开后一直到现在的艰苦斗争，详细地向王营长作了汇报，并请求王营长派兵支援他们消灭崔老四的民团。王营长听了，请欧排长先陪卢队长去吃饭休息，自己则马上去向朱总指挥进行汇报。

欧排长陪卢队长走出营部的大院时，部队已经开始一天的战术训练了。南昌起义部队的新式练兵，立刻让卢队长大开眼界。他们把旧式的疏开队形改为梯次配备，以减少密集队伍在接敌运动中受敌火力杀伤的可能性。把旧式的一字散兵线，改为弧形和纵深配备的散兵群，以构成阵前纵深和交叉的火力网，创造以少胜多的条件。

训练场上战士们高昂的士气，娴熟的战术动作，流畅的组织协同，让卢队长对消灭崔老四民团和前来增援的敌人驻军充满了必胜的信心。

卢队长吃完饭后，这支部队的最高负责人朱总指挥亲自接见了他，再次听取了他的汇报和请求，并让他详细介绍了农军驻地、龙归镇到犁铺头附近的地形和民情、敌情。随后，朱总指挥召开作战会议，经过慎重研究，决定由王营长带领部队在白水寨附近的山地设伏，全歼敌人民团和援军。先让邱连长和卢队长带领部队离开驻地，向敌人设置的陷阱逼近，并故意让敌人得到消息，然后佯装中了敌人的诡计败退，将敌人引入王营长他们的伏击圈。

为了确保联系畅通，保护小分队和农军不受太大损失，朱总指挥又命令欧排长率领他的一个排，护送卢队长回农军驻地，并随小分队和农军一起行动。

卢队长带着欧兆怀的那个排，走小路避开各地民团的眼线，晚饭前赶回了农军驻地。

邱连长看卢队长不但找到了部队，还带来了一支战斗力极强的援军，立即激动地将欧排长他们迎进了农军的驻地。

　　欧排长将作战计划向邱连长作了详细汇报，又把农军队员刚侦察回来的情报说了一下。邱连长、卢队长和欧排长都觉得，崔老四民团这两天的活动，有太多可疑的地方，而且到目前，敌人援军的情况还不明了，卢队长想再去龙归镇侦察一次。

　　邱连长和欧排长虽然同意卢队长的想法，但他已经两夜没怎么合眼了，都劝他休息一夜再去。但卢队长担心情况有变，谢过两人的好意后，只认认真真地吃了顿饭，休息了几个小时，午夜时分就又在月光下出发了。

3

　　天刚蒙蒙亮，卢队长再次潜入了龙归镇，镇上的人大多还没起来呢。

　　在阿土仔家的后窗，卢队长叫醒了还在睡梦中的阿土仔。看到是卢队长后，阿土仔立刻睡意全消。他轻声地告诉卢队长，崔老四已经把陷阱布置好了，县城来的驻军一个连，也藏在民团驻地的大院里，现在就等着农军上当呢。

卢队长再次叮嘱阿土仔，最近一定不要和崔老四外出。

阿土仔隐约察觉到了什么，但没有多问，只是对卢队长说："卢大哥你放心，我什么都不会说的，等以后要是……"他说到这就不再往下说了，只是用期盼的目光看着卢队长。

卢队长明白他的意思，什么都没说，只重重拍了他肩膀一下，便迅速地离开了。

赶回驻地后，卢队长立刻向邱连长和欧排长详细说了侦察到的情况，经过分析研究，他们决定马上按原定计划行动。

欧排长派一个班长带着两个士兵在两个农军队员的领路下，连夜返回犁铺头，向朱总指挥和王营长汇报这里的情况。

邱连长和卢队长命令小分队和农军全体官兵，提前吃晚饭然后马上休息，第二天黎明前吃过早饭后出发，赶往崔老四民团设伏的地方。因为他们算过时间，如果是黎明前出发，到敌人设伏的地方，再把他们引入王营长的伏击圈时，刚好是黄昏时分，便于王营长发起攻击。

听到第二天出发去打民团的命令，小分队的战士和农军的队员们都兴奋得不得了，尤其是钟赤星、侯江海、阿龙和安仔这四个少年。

昨天晚上看到卢队长领回来一支威武雄壮的队伍，他们四个就猜是卢队长找到了南昌起义的部队，这是派来支援他们的。本想找邱连长或卢队长问清楚，但邱连长一直忙着接待这支队伍，后来又和欧排长研究事情到后半夜，卢队长则是吃过晚饭倒头睡了几个小时后就消失了，他们只能把这个疑问闷在心里了。

现在命令终于下达了，他们也不用再想方设法去找在大队部正忙的邱连长他们了。

几个少年翻来覆去睡不着，就开始讨论起新来的这支队伍了。阿龙和安仔对他们的夸赞，让钟赤星有些不服气，在心里暗暗较劲，明天一定要打出个样子来，给邱连长和小分队争光。

第二天黎明前，邱连长、卢队长和欧排长率领三支合在一起的队伍，趁着还没完全散去的夜色，悄悄地离开驻地，朝着敌人的陷阱"自投罗网"去了。钟赤星他们四个少年，虽然一夜没怎么睡，但走在队伍中依然是精神饱满。

这支部队离开农军驻地后，虽然走的多是偏僻的山路或小路，尽量做出隐秘的样子，实际上却到处留着破绽，希望民团的眼线能早点发现他们，尽快回去报告。

走了很久，眼看已经日上三竿了，却还是没有看到民团眼线的影子。

侯江海最近在小分队教官的指导下，射击训练有了很大进步，这时候总想着尽快找个敌人来露一手，好在钟赤星、阿龙和安仔面前显一显。但走了好几个小时，还是看不到敌人的影子，不禁有些着急地冲钟赤星抱怨道："阿星，你说这些家伙怎么还不出来啊，不会是太笨了还没有发现咱们吧？"

"哼，还真没准儿。"钟赤星冷笑一声，"也许是咱们的破绽太不明显了吧。"

就在这时候，跟在钟赤星身边的阿龙，突然轻轻扯了一下他的衣襟，低声对他说："钟赤星，你看那边，好像有个人。"

钟赤星微微侧头看了一下，果然发现路边的草丛中，探出了半个脑袋来。

侯江海这时也看见了，顿时高兴了起来："嘿，说曹操曹操就到了。"

说完这句话，他猛然间提高了声音："阿星，这枪我背不动了，你帮我拿一下呗。"说着他把枪从背上拿下来，枪口朝上递给钟赤星。

钟赤星伸手去接枪，却看到侯江海朝他挤了挤眼睛，立刻心领神会，一手握住枪杆，帮他把枪拿稳。侯江海食指在扳机上轻轻一勾，"叭"的一声枪响，把大家都吓了一跳。邱连长和卢队长立刻赶

了过来，大声喝问是谁开的枪。

钟赤星和侯江海这时才想起，引诱敌人上当是他们偷听邱连长和卢队长说话时得知的，部队并没有下达这个命令，只说是要去打击崔老四的民团。现在他们不经批准擅自开枪，已经严重违反了纪律，邱连长一定会重重处罚他们的，说不定真的要开除他们。想到这里，他们俩刚才的玩笑心情早丢到九霄云外了，两张小脸都憋得通红。

子弹从草丛中那个人的头上飞过，把那人吓得差点儿尿了裤子，钟赤星他们猜得没错，那人果然是民团的眼线，被这一枪吓得连滚带爬地跑回去送信了。

邱连长得知是侯江海开的枪后，正准备让人将他和钟赤星带回驻地。卢队长看到逃走的那个民团眼线后，向邱连长示意。邱连长也明白钟赤星和侯江海的想法是好的，但这种违反军纪的事情，是绝不能姑息的。后来在卢队长的劝说下，邱连长同意让钟赤星和侯江海参加这次战斗，等战斗结束后再宣布对他们的处罚。

钟赤星和侯江海有了这次教训后，马上把对战斗的渴望和兴奋压在心底，像小分队和欧兆怀排的战士们一样，严格按军纪要求行动，再也不敢有任何松懈。

邱连长、卢队长和欧排长估计，那个被侯江海吓跑的民团眼线，应该会很快把他们的行军路线报告给崔老四和驻军的那个连。为了给敌人留出充足的时间全部集中，他们命令战士们放缓行军速度，一点儿一点儿地接近敌人的埋伏。

敌人果然在得到眼线的报告后，乱哄哄地倾巢而出，在邱连长他们前面赶到埋伏地点。

眼看快要到敌人埋伏的地方了，走在最前面的邱连长又特意嘱咐了一下扮成他传令兵的钟赤星和侯江海。

又走了一会儿，邱连长发现了山路两边敌人的埋伏，轻轻地咳嗽了一声。

"报告，我肚子疼，要解手。"侯江海听到咳嗽声高喊起来。

"你和他一起去。"邱连长指着钟赤星大声命令道。

"是。"钟赤星装作不情愿地答应道，一边和侯江海走向路边一边抱怨。

就在他们两个马上走到敌人的埋伏前，突然同时大声喊起来："不好，有埋伏。"

敌人早就看到听到他们的情况了，恨侯江海坏了他们的好事，立刻有两个敌人站起来想对他俩开枪，被早有准备的邱连长抬手两枪给打倒。

队伍这时故意装作乱成一团的样子停了下来，其实是有组织地在掩护飞跑回来的钟赤星和侯江海。看到他们俩跑回自己的身边，邱连长一边举枪射击一边大喊："同志们，咱们中埋伏了，快撤，快撤！"

部队听到命令后，马上掉头向来路乱纷纷地退去。

邱连长带着大家一边跑一边时不时地放上几枪，几乎每次都能撂倒几个敌人。

敌人原本以为埋伏在山路两边，可以轻松将农军包了饺子，没想到被两个小农军给发现了，煮熟的鸭子眼看要飞了，马上到手的奖赏要泡汤了，急得不顾一切地从隐藏的地方冲出来，向"落荒而逃"的农军追去。

为了坚定敌人追来的信心，邱连长命令战士们故意在沿途丢下一些旗子、衣服、背包、水壶，甚至一些枪支弹药，显出他们"逃得慌乱"。

敌人看到这些战利品后，越发追得来劲儿了，渐渐追到了白水寨附近。

翘首前路已燎原

第十章

········ 会师犁铺头 ········

1

　　白水寨位于龙归镇和犁铺头的中间位置，王营长他们的伏击阵地，是一连串几百米高的山岭，山上草木茂盛，怪石林立。

　　王营长是下午率部队进入伏击阵地的，此时已是黄昏时分，红红的夕阳有一小半已隐在远山之后，四周的山岭笼罩在苍茫的暮色中，隐隐有几分萧杀之气。这支部队训练有素，久经沙场，在此处埋伏了几个小时，竟是每个人都纹丝不动。

　　眼看暮色越来越重，远处依稀传来阵阵枪声，全体官兵立刻瞪大了双眼，紧盯枪声来处。

首先进入他们视线的，是看似慌慌张张跑来的小分队战士和农军队员，但是如果对这两支队伍稍有了解的话，一定会对眼下这种极不正常的情况感到奇怪。

莫说是刚刚参加完广州起义，经历过战火洗礼的小分队，就是对农军来说，也从未如此慌张地溃逃过。他们甚至都担心戏演得太过，让敌人看出破绽来呢。

幸好跟在他们后面冲过来的，只是一群心急立功的家伙。这些愚蠢的敌人，看到小分队和农军丢弃的东西后，就像见到了肉的饿狼一样，死死咬在小分队和农军后面穷追不舍。

但是边打边追到了这里后，民团那些好吃懒做的家伙，却累得快跑不动了，如果不是崔老四拼命地吆喝，又想捞点儿好处，他们早就不跑了。

敌人的驻军虽然比民团强一些，但也没了最初的队形，只管胡乱地边放枪边追。

小分队和农军跑过去没多久，敌人就出现了，胡乱射击的子弹，乱纷纷从埋伏的战士们头上飞过，但却没有一个人稍稍动一下。

王营长举着手枪，紧紧盯着越来越近的敌人，当最后一个喘着粗气的民团团丁也终于进入伏击圈

后，他猛地站起身，对着那个敌人就是一枪，随着
"叭"的一声枪响，那个敌人应声倒地。

王营长的枪声就是命令，他身旁的两挺轻机枪
立刻喷出猛烈的火舌，拖在最后的敌人，很快就被
扫倒了一大片。

埋伏在山路两侧的战士们，对拖拖拉拉像一条
长蛇一样的敌人队列猛烈开火。

敌人被这突如其来的攻击打蒙了，惨叫着纷纷
倒地。不过敌人的驻军到底还是经过训练并有一定
战斗经验的，在最初的慌乱过后，很快就都趴在地
上胡乱地还击起来。

王营长他们的枪声响起后，邱连长、卢队长和
欧排长也带着队伍迅速掉头，向敌人展开反攻。钟
赤星和侯江海逃了一路，早就憋了一肚子火了，这
会儿可算抓到了发泄的机会，顿时如猛虎般冲向了
敌人。

钟赤星率先一枪，正中一个穿着军装的敌人左
胸。

侯江海则盯上了一个一直咋咋呼呼的民团小头
目，瞄了几下后扣动了扳机。经过在农军驻地这段
时间的严格训练，他的枪法有了很大的进步，这一
枪算是跑步急停射击，比平时站位或跪姿射击都要
难上很多，居然也给他打中了那个敌人。虽然没能

169

打中要害，但子弹也穿过了那人的右肩，让他疼得一下丢掉了手中的枪，捂着肩膀嗷嗷叫唤。

就在钟赤星和侯江海射中敌人的同时，小分队和农军的战士们也不甘落后，举着枪对准追了他们半天的敌人就是一通射击。

来自四面的攻击让这些敌人失了方寸，他们只知道趴在山路上拼命地反抗。

这时，在山路旁的一块巨石后，瘦高得像竹竿一样的敌军连长正在和两个民团的头目一起商量怎么逃命呢。

这两人一个五十多岁的样子，圆脸宽额，略有秃顶，面带凶恶之色，一身绸缎的长袍马褂，身材矮胖，肚大腿短——真不知道他刚才是怎么跑过来的。另一个人大约三十多岁，马面光头，满脸横肉，身材壮硕，双眼透着一股狠毒之色，一身武师的打扮，双手提着两把驳壳枪。如果卢队长在这里的话，一眼就可以认出这两个罪大恶极的反动派，老的那个就是武友德，秃头的那个就是崔老四。

敌人此时已经明白是中了埋伏，那个连长对武友德和崔老四说，现在两面和后面的火力都非常猛，只有前面是农军和一小队正规军，要想活命的话，除了从前面杀出一条血路，别无他途。

武友德听说要和农军去硬拼就有点哆嗦，那崔老四本就是个亡命徒，到了这生死关头，反倒是豁得出去，点头同意敌连长的办法。

于是敌连长把全连的五挺轻机枪都集中了起来，崔老四也纠集了民团中的那些亡命之徒，突然对他们前面的小分队和农军，发起了不要命的冲锋。

小分队的战士们都有丰富的战斗经验，丝毫不受敌人疯狂进攻的气势影响，继续沉着地向敌人射击。农军的队员们虽然也经常和敌人战斗，又刚刚经过小分队教官的指导训练，但像这种规模的恶战，还是头一次遇到。

尤其是与钟赤星和侯江海一起训练过的农军少年队员，有很多人都是第一次上战场。原先卢队长一直把他们当宝贝护着，虽然也会对他们的训练严格要求，偶尔也会派他们执行一些侦察任务，但真刀真枪地跟敌人对阵，在他们来说可是从来没有过的。此刻眼见敌人和身边的战友，不断有人中枪倒下，竟有了一瞬间的迟疑。

就在这些农军少年队员犹豫不决的时候，钟赤星猛地大喊一声："为乡亲们报仇！跟我冲啊！"率先向敌人冲去。

侯江海明白钟赤星的用意，因为在广州起义的前一刻，他第一次在警卫团参加战斗时，也曾有过类似的恐惧。此时他毫不犹豫地跟在钟赤星的身后向敌人冲去，紧接着阿龙和安仔也冲了出去。

钟赤星的喊声用尽了全身的力气，少年们被他喊醒过来，他们不约而同地想起了那些被地主恶霸和民团迫害至死的乡亲们，那些被反动派剥削压迫的苦难日子，胆怯被仇恨所替代，复仇的血性被激起，他们呐喊着，跟在钟赤星、侯江海、阿龙和安仔的身后，像一群初生的牛犊一样冲向了敌人。

2

少年队员们的英勇，迅速带起了整个农军的斗志，他们和小分队的战士们一起，对狗急跳墙的敌人发起了反冲锋。

但敌人机枪的凶猛火力，很快就压制住了小分队和农军的反冲锋。

邱连长和卢队长只得指挥小分队和农军，依托山路两旁的树木和山石进行殊死的阻击，防止敌人从这个方向逃脱，为王营长从三面发起总攻赢得时间。

敌人似乎也知道这是鱼死网破的时刻了，像发了疯一样，不计伤亡地向小分队和农军据守的阵地发动不间歇的冲锋。

关键时刻朱总指挥的预先安排起到了重要作用，欧兆怀排长把他的那个排以班为单位分开，插进农军的防守阵地中，相互策应，像支点一样撑起了农军阵地的防守。

这个排的战士从南昌起义开始，到南下广东，西进湖南，可以说每天都在浴血奋战，早已淬炼成精英中的精英，现在他们将战斗力发挥到极致，有力地支援了农军和小分队。

有了欧兆怀排的支撑，小分队和农军的阵地守得就像是坚固的堤坝一样，任凭敌人如狂涛巨浪般地疯狂冲击，仍是岿然不动。

王营长此时率领全营从三面对敌人发起了总攻，早已是强弩之末的敌人，瞬间就全面崩溃了。

大多数敌人都被当场消灭，剩下的则漫山遍野地四处逃窜。敌人那个竹竿连长还想负隅顽抗时，被卢队长和欧排长同时击中，当场毙命。

虽然此时天已经完全黑了下来，但眼尖的安仔还是发现了混在人群中逃向山林的武友德和崔老四。

武友德是又惊又怕又累，四肢着地连滚带爬地没跑多远，就被侯江海和安仔追上抓获了。

那崔老四虽然右肩和左腿外侧各中了一枪，伤口还在滴着血，但到底是练过功夫的，这时候左手提着一支驳壳枪，飞奔着马上就要逃入一片树林中。

钟赤星和阿龙当然不会看着他逃走，急忙舍了其他敌人，纵身追了过去，紧跟在崔老四的身后进了树林。虽然他俩练武的时候，师父都和他们说过"逢林莫入"，但为了抓住这个罪大恶极的反动派，两个人都顾不上什么江湖禁忌了。

崔老四回头看到有人追来，扬手就是两枪，幸好钟赤星和阿龙的功夫都不错，看到崔老四扬手立即闪身到树后，两颗子弹都落了空。

钟赤星和阿龙举枪还击，崔老四却已躲在了树后。

双方追追打打，眼看树林越来越密，崔老四就要消失在黑暗之中。

钟赤星急中生智，示意阿龙单独去追，自己则单膝跪地，举枪瞄准。阿龙明白钟赤星的意思，立即连开两枪，趁崔老四听到两声枪响后蹿出树后的一瞬间，钟赤星扣动了扳机，崔老四应声倒地。

钟赤星和阿龙拖着崔老四的尸体返回战场时，正遇上侯江海和安仔押着武友德去找邱连长报告。

看到崔老四的尸体，武友德的眼中射出仇恨的凶光，但马上就一闪而没，面上又装出一副可怜兮兮的样子。

侯江海他们找到邱连长的时候，他正和卢队长、欧排长向王营长汇报呢。

残敌此时已基本肃清，战士们正忙着打扫战场呢。

卢队长一眼瞥见武友德，立刻跨到他的面前，死死地盯着他说："武阎王，你想不到自己也会有今天吧？"

武友德哼哼唧唧装作很害怕的样子，没有回答卢队长的话。

听说抓到了武友德，农军队员们都围了过来，很多人恨不得上去狠狠揍他一顿，但都被卢队长制止了，其实卢队长自己更想一枪崩了他，为牺牲的战友和死难的乡亲们报仇，可共产党有共产党的纪律，他只好生生地把心中的怒气给压了下去。

一个少年农军队员这时悄悄走到侯江海的旁边，在他的耳边低声嘀咕起来。

"先押下去。"卢队长朝几个农军队员挥挥手说，"等开了公审大会再处理他。"

"等一下！"侯江海突然拦住了那几个农军队员，把脸凑到武友德面前说："喂，听说你有把不错的手枪，一般人都不知道是吧？"

武友德的脸色顿时变得铁青，双眼闪出凶恶的目光，原来他身上始终藏着一把手枪，就是准备关键时刻脱身用的。这件事很少有人知道，此时却被侯江海突然揭了出来，这让他不由得又惊又怒，对侯江海是恨之入骨。

刚才和侯江海耳语的那个少年，父母家人都是被武友德的那把手枪杀害的。那个少年怕自己过来控制不住，会忍不住违反军令杀了武友德，就把这个秘密告诉了侯江海。

侯江海眯起眼睛看着武友德的表情，知道那个少年说得没错，这把枪现在应该就在他身上。

想到这里，再看到武友德凶恶的目光，侯江海立时提高了警惕。

这个凶残狡猾的反动派，竟然还留了这样一件凶器在身上，要是看押他的战友一时疏忽，没准就会被他打伤甚至打死。

看到武友德这时还不交出武器，侯江海气得上前一脚踹在他的肚子上，没想到武友德的肚子里，不知道装了多少好东西，不但大，还很有弹性。

侯江海没有提防，居然被他的肚皮反弹了回去，向后连退几步，差点儿摔倒。这下他更气了，"噔噔噔"地跺着脚走了回来，原想再踹一脚，可又怕摔跤，只好暂时作罢。

侯江海伸手在武友德的身上仔细地搜了一遍。找东西向来是他的强项，才一眨眼的工夫，他就在武友德的腰间，找到了那把手枪。

这是一把勃朗宁手枪，黑色的枪身泛着阵阵寒光。侯江海虽没见过这种枪，但也知道是高级货，他不敢私吞，赶紧上交给了邱连长。

卢队长命令把垂头丧气的武友德押下去，准备第二天在龙归镇开公审大会。

安排完后一转身，才发现被钟赤星和阿龙拖来的崔老四尸体，问清楚是钟赤星击毙的后，拍着他的肩头连连称赞："好样的，干得好！龙归的老百姓会感谢你的。"

钟赤星听到卢队长的表扬很高兴，赵队长和李维义都和他说过，共产党领导的军队，是一支属于百姓自己的队伍，最大的心愿就是帮助百姓，消灭剥削和压迫他们的反动派，让他们能够过上好日子，百姓的感谢，正是他们做这些事的意义所在。

卢队长让把崔老四的尸体也抬回去，第二天公审大会的时候，一起给龙归的百姓看。

邱连长看卢队长处理完武友德和崔老四的事，就向王营长请示，几支部队都行军作战一整天了，第二天还要和龙归镇的百姓一起开公审大会，是否先找个适合的地方宿营休息，第二天天亮后再出发去龙归镇。

王营长和邱连长同是黄埔军校毕业，在军校时虽然未曾见过面，但相似的经历，共同的信仰，在他们的身上塑造出很多相像之处，这就难怪卢队长第一次见到王营长时，就下意识地觉得他和邱连长很像呢。

此刻，他们一见面就都有相见恨晚的感觉，王营长正要同意邱连长的请示，先安排部队宿营休息，他和邱连长也可以借这个机会好好聊聊。

就在这时，负责外围警戒的哨兵，带着朱总指挥的一个传令兵，急匆匆地跑来。

传令兵将一份文件递交给王营长，王营长接过去后，就着战士们燃起的火把，马上打开阅读起来。

他身旁的邱连长和卢队长，看到王营长的脸色越来越凝重，知道一定是有什么情况发生，就静静地等待王营长读完。

王营长读完之后，稍微思考了一下，然后向邱连长他们说出了新的部署。

邱连长和卢队长带领小分队和农军，在白水寨附近寻找一个合适的地方宿营休息，第二天清晨出发去龙归镇，和当地百姓一起开公审大会。

为了加强小分队和农军的战斗力，欧兆怀排继续随他们行动，由邱连长负责统一指挥各部。

王营长自己则率领第1营连夜返回犁铺头，参加朱总指挥召开的重要军事会议，领取新的作战任务。

听完王营长的命令，邱连长、卢队长和欧排长立刻意识到，一定是有重大军事行动了。

3

情况确实非常严重，朱总指挥为了保密，在文件中并没有写得太详细，只是说有两路敌人大军，正向以韶关为中心的粤北地区逼近。命令王营长火速率部回师归建，参加重要军事会议，共同商讨对敌方案。

为了不影响战士们刚刚获得胜利后的喜悦心情，王营长让邱连长和卢队长对小分队和农军宣布，他将率部去支援另一支农军的作战，所以必须马上出发。

随后王营长又命令，将缴获的武器弹药优先补充给农军，随即率领来不及休息的第1营官兵，在小分队和农军的热情欢送下，高举着火把连夜赶回了犁铺头。

小分队和农军在白水寨宿营一晚后，第二天一早就在邱连长和卢队长的率领下，押着武友德，抬着战利品，浩浩荡荡地向龙归镇出发了。

武友德的公审大会是在崔老四的民团驻地前召开的，卢队长派农军中原先的农会骨干提前赶到龙归镇，一面布置公审大会的会场，一面把消息告知附近的老百姓。所以当他们的队伍进入龙归镇时，随他们一同入镇的，还有附近各村的老百姓。这些乡亲得到消息后，都想来亲眼看看这个欺压他们多年的地主恶霸的最后下场。

公审大会开得非常成功。一开始还站在台角面露凶相的武友德，在踊跃上台的老百姓的哭诉声和台下一浪高过一浪的愤怒声讨呼喊中，最后竟吓得瘫倒在台上。

主持大会的卢队长最后宣布对武友德的公审结果，立即执行枪决。

两个身材壮实的农军队员，将已经瘫软的武友德架离了会场。随着会场外一声枪响，武友德在无数人的唾弃中，结束了他罪恶的一生。公审武友德大大鼓舞了百姓们的斗志，百姓无不拍手欢庆，都说革命军给他们办了件大好事。

钟赤星、侯江海、阿龙和安仔，成了公审大会最受欢迎和最忙碌的人，当百姓们知道抓捕武友德击毙崔老四的是这四个少年后，都挤过来对他们表示感谢。

劝走一定要感谢他们的乡亲后，邱连长和卢队长立刻带着队伍返回农军驻地，一面抓紧时间休整，一面等待朱总指挥的命令。因为邱连长、卢队长和欧排长他们商量过，王营长的匆匆归建，应该是马上要有重大的军事行动。

就在他们焦急地等待了两天后，王营长果然派人来传达朱总指挥的命令。

原来，王营长刚赶回犁铺头，朱总指挥就立即召开了紧急军事会议，通报了最新的敌情变化。据第16军军长给他的一封密信上说，有人把朱总指挥和南昌起义部队在第16军的消息，报告给了蒋介石。蒋介石接到密报后，一面电令第16军军长解除南昌起义部队的武装，秘密关押朱总指挥，一面命令第13军迅速派出部队，由湖南进驻粤北，以武力威胁南昌起义部队和第16军。

第16军军长同情革命，珍惜和朱总指挥的友情，不愿看到朱总指挥和南昌起义部队陷入危险之中，因此派人送密信将实情告诉朱总指挥。

与此同时，据广东省委通报的情况，张发奎在镇压了广州起义后，得知粤北农军活动频繁，已有多地爆发农民暴动，深怕粤北地区再次掀起农民运动的高潮，于是急令李福林从江门等地抽调重兵，迅速向粤北增援。

目前，南下的方鼎英第13军先头部队已逼近仁化，北上的李福林第5军先头部队已逼近曲江，军情万分紧急。

此外，朱总指挥急召王营长回来开会，还有一个天大的好消息，就是井冈山的秋收起义部队派出的联络员终于在犁铺头找到了朱总指挥。

联络员向朱总指挥报告了井冈山的情况和他这次受命下山的经历，朱总指挥也向联络员详细介绍了部队南下的经过，和前段时间派人去井冈山联系的情况。

因部队当下正受广东省委指示支援粤北地区的农民暴动，同时还在策划湘南暴动，对如何前往井冈山，与秋收起义部队会师，急需商量出一个妥善的方案。

邱连长他们接到命令时，军事会议已有了决定，但为了保密起见，王营长只是转达了朱总指挥要到农军驻地的消息。小分队的战士们和农军队员们听到这个消息后无不欢欣鼓舞，都盼着早日见到朱总指挥。

两天后的中午，朱总指挥在王营长的陪同下，来到了农军驻地，受到了当地军民的热烈欢迎。

朱总指挥给当地军民作了热情洋溢的动员报告，号召农民组织起来，恢复农会，扩建农军，开展武装斗争，随后又向农军赠送了一批枪弹。

朱总指挥又慰问了在围歼民团战斗中受伤的小分队和农军官兵，之后才在农军的大队部和王营长、邱连长、卢队长等人举行会议。

　　钟赤星和侯江海非常幸运地作为邱连长的传令兵，和朱总指挥、王营长的卫兵一起守在大队部的外面。他俩表情庄严地立正站在门口两侧，屋内的声音透过门缝，清清楚楚地传到了他俩的耳中。

　　他俩听到邱连长向朱总指挥报告了广州起义的经过，和他们奉命北上迎接南昌起义南下部队的情况。朱总指挥听了以后，先是表扬了小分队的行动，又让他们保持信心，一定要跟反动派斗争到底。

　　随后，朱总指挥又通报了最新的敌情我情，并宣布了犁铺头军事会议的决定，北上湖南、江西，到井冈山与秋收起义部队会师。邱连长率领的小分队，马上开赴犁铺头随他们一起行动。原定东进海陆丰的计划取消。

　　听了朱总指挥的话，守在门外的钟赤星和侯江海不由得愣住了。

　　他们原想着很快就能再跟甘南火见面，和他一起并肩作战，哪想到现在要离得更远了。虽然他们只经历了不到一个月的战火考验，但此刻却已深知服从命令对于革命的重要性，可钟赤星的眼前还是

183

不自觉地闪过了甘南火、小霞和梅傲雪这些人的面容。

钟赤星不会知道，当他和侯江海这样想着他们的时候，甘南火已经跟着工农革命军第4师的战友们，高举着鲜艳的红旗，行进在了去往海陆丰的路上。而梅傲雪也在叶一民的介绍下，加入了广州的地下党组织，跟党员们一起研究要如何继续开展革命事业。

至于沈家小姑娘小霞，由于起义结束后被工贼出卖，反动派砸烂烧毁了她家的夜档，杀害了她的父母。好不容易保住性命的她，这会儿正站在夜档的废墟前，将那枚红色的发卡小心翼翼地收在了包袱中。她跟逝去的父母道过别后，背起包袱，面容坚毅地离开了夜档。她下定决心要去海陆丰，加入起义军，要为被反动派残害的父母和千千万万穷人报仇雪恨！

几个少年暂时只能天各一方了，但他们每个人都深信，随着革命事业的迅猛发展，他们很快就将再聚首，一起向着同一个目标共同前进。